dumont taschenbücher

Martin Kuckenburg, 1955 in Erfurt geboren, gewann während einer Ausbildung in der Druckindustrie Interesse an der Geschichte der Kommunikationstechniken und vertiefte dieses Interesse im Rahmen eines Studiums der Vor- und Frühgeschichte, Urgeschichte und Völkerkunde in Tübingen.

Martin Kuckenburg

Die Entstehung von Sprache und Schrift

Ein kulturgeschichtlicher Überblick

DuMont Buchverlag Köln

Umschlagabbildung: Oben: Jungpaläolithische Knochenritzung aus Les Eyzies in der Dordogne (ca. 14 000 vor heute). *Mitte:* Archaische Schrifttafel (Vorder- und Rückseite) aus Uruk, Mesopotamien (ca. 3000 v. Chr.). *Unten:* Früh- griechische Steininschrift von Thera (7. Jh. v. Chr.)

Frontispiz: Kalkstein-Skulptur eines altägyptischen Schreibers aus der 5. Dyna- stie (nach 2500 v. Chr.)

*Meinem Vater
in dankbarer Erinnerung
gewidmet*

CIP-Titelaufnahme der Deutschen Bibliothek

Kuckenburg, Martin:
Die Entstehung von Sprache und Schrift / Martin
Kuckenburg. – Köln: DuMont, 1989
  (DuMont-Taschenbücher; 232)
  ISBN 3-7701-2195-3

Erstveröffentlichung
© 1989 DuMont Buchverlag, Köln
Alle Rechte vorbehalten
Satz, Druck und buchbinderische Verarbeitung: Boss-Druck, Kleve

Printed in Germany   ISBN 3-7701-2195-3

Inhalt

Vorwort 7

Die Entstehung der Sprache
Auf der Suche nach dem Ursprung der Sprache 11
Kommunikationssysteme im Tierreich 25
   Exkurs: Die ›Tanzsprache‹ der Honigbiene 43
Sprachorgane, Gehirn und die Stammesgeschichte des Menschen 46
   Exkurs: Sprachversuche mit Menschenaffen 71
Sprache als kulturell-technologisches Erfordernis 74

Die Entstehung der Schrift
Vorstufen und Vorläufer der Schrift 100
   Exkurs: Schriftsysteme schon in der Steinzeit? 127
Die Schrift – ein Produkt der Hochkulturen 131
Von der Zählmarke zum Zahlentäfelchen –
   frühe ›Buchführung‹ in Vorderasien 143
Die Entstehung und Entwicklung der mesopotamischen
   Keilschrift 158
›Heilige Zeichen‹ – die ägyptische Hieroglyphenschrift und
   ihre Ableger 186
   Exkurs: Die Entwicklung der Schrift in Mittel- und Ostasien . . 204
Die frühe Schreibkunst als Herrschaftsmittel und
   soziales Privileg 210
   Exkurs: Die altamerikanischen Schriftsysteme 222
Die Entstehung und Ausbreitung der Buchstabenschrift . . . 227

Glossar 252
Literaturverzeichnis 258
Zitatennachweis 284
Abbildungsnachweis 286
Namenregister 288
Sachregister 291

Die Bezeichnung durch Töne und Striche
ist eine bewundernswürdige Abstraktion.
Vier Buchstaben bezeichnen mir Gott;
einige Striche eine Million Dinge.
Wie leicht wird hier die Handhabung
des Universums, wie anschaulich
die Konzentrizität der Geisterwelt!
Ein Kommandowort bewegt Armeen;
das Wort Freiheit Nationen.

Friedrich von Hardenberg,
genannt Novalis

Vorwort

Der vorliegende Band kann und soll kein Handbuch der Schriftgeschichte und erst recht keines der Sprachwissenschaft sein. Sein Gegenstand ist vielmehr die evolutions- bzw. kulturgeschichtliche Entstehung der für uns heute so selbstverständlichen Kommunikationsmittel Sprache und Schrift. Dieser Themenbereich bleibt zumindest in der modernen europäischen Linguistik völlig ausgeklammert. In den großen schrifthistorischen Standardwerken wird er zwar behandelt, freilich auf dem Forschungsstand der Zeit, in der die meisten dieser bis heute grundlegenden Werke erschienen sind (60er Jahre oder früher). Gerade zu den Fragen der Ursprünge und der Evolution von Sprache und Schrift fanden aber in den letzten zwei bis drei Jahrzehnten neue und neuartige Forschungen mit teilweise aufsehenerregenden Ergebnissen statt, die bisher noch kaum in die zusammenfassende Literatur eingingen und oftmals nur in Aufsätzen und Artikeln der großenteils englischsprachigen Fachliteratur vorliegen. Diese neueren Forschungsansätze und -ergebnisse vorzustellen, und zwar in einer für breite Leserkreise interessanten und verständlichen Form, ist Ziel dieses Überblicks, der daher keineswegs eine Konkurrenz, sondern vielmehr eine aktuelle Ergänzung zu den sprachwissenschaftlichen bzw. schriftgeschichtlichen Handbüchern sein soll.

Diese Aufgabenstellung wie auch der Rahmen des Taschenbuchs erfordern eine thematische und materialmäßige Konzentration und Beschränkung. Vieles muß vergleichsweise knapp ausgeführt oder kann nur angedeutet werden, und mancher an sich interessante Aspekt, der aber nicht unmittelbar zum Thema gehört, muß ganz wegfallen. So streift der erste Teil die allgemeineren sprachwissenschaftlichen Probleme, mit denen sich die Linguistik befaßt, nur am Rande, und auch die Frage der Sprachentwicklung beim heutigen Kind bleibt bewußt ausgeklammert. Die Darstellung konzentriert sich ganz auf die evolutionsgeschichtliche, ›phylogenetische‹ Entstehung der Sprache im Zusammenhang mit dem Jahrhunderttausende dauernden Prozeß der Herausbildung des Menschen aus dem Tierreich, wobei natürlich auch ein Blick auf die Kommunikationsformen eben in diesem Tierreich – die gleichsam den Ausgangspunkt menschlicher Sprachentwicklung verdeutlichen – geworfen werden muß.

Was den zweiten Teil des Buches betrifft, so wäre es vermessen und verfehlt, hier einen auch nur ansatzweisen Überblick über die ›Schriften und Alphabete aller Zeiten und aller Völker‹ geben zu wollen, wie das in den großen Standardwerken (von denen eines der ältesten diesen Untertitel trägt) der Fall ist. Mir geht es vielmehr darum, das historisch-gesellschaftliche Milieu, in dem die Schrift entstand, die Triebkräfte und Bedürfnisse, die zu ihrer Herausbildung beitrugen, sowie ihre grundlegenden Entwicklungswege und -mechanismen exemplarisch nachzuzeichnen. Dies geschieht in erster Linie am Beispiel der mesopotamischen Keilschrift und der ägyptischen Hieroglyphenschrift, denn zum einen handelte es sich bei ihnen um die frühesten ›Schriftschöpfungen der Menschheit‹, zum andern vollzogen in ihrem Verwendungsbereich und unter ihrem Einfluß semitische Völker den Übergang zur heute fast weltweit verbreiteten Buchstabenschrift, die im letzten Kapitel behandelt wird. Die großen Schriftsysteme der anderen Kontinente und Kulturkreise hatten, so bedeutsam sie auch waren und im Falle der chinesischen Schrift bis heute sind, keinen Anteil an dieser Fortentwicklung. Um sie trotzdem nicht völlig außen vor zu lassen, werden die wichtigsten unter ihnen in zwei kurzen Exkursen beschrieben und in ihrer historischen Rolle gewürdigt. Nicht zuletzt aber möchte ich durch die ausführliche Behandlung mündlicher und graphischer Memorierungs- und Überlieferungsmethoden in schriftlosen Kulturen seit der Altsteinzeit dem Vorurteil entgegenwirken, Schriftlosigkeit sei gleichbedeutend mit kultureller Armut oder Stumpfheit – dies ist keineswegs der Fall.

Die hier kurz umrissene Themenstellung umfaßt natürlich ein weites Feld und berührt die Forschungsbereiche sehr vieler unterschiedlicher Einzelwissenschaften. Wie bei allen fachübergreifenden, multidisziplinären Arbeiten ist es auch hier einem einzelnen Autor schlechterdings unmöglich, sich in alle Einzelfragen gleichermaßen gründlich einzuarbeiten. Der Fachmann wird also trotz aller Sorgfalt und Gewissenhaftigkeit, um die ich mich bei der Niederschrift des Buches bemüht habe, sicherlich hier und dort einen Fehler, eine Unstimmigkeit im

Detail entdecken. Im großen und ganzen aber glaube ich, den aktuellen Wissensstand auf den einzelnen Gebieten adäquat und korrekt zusammengefaßt zu haben, was nicht immer leicht war, denn in sehr vielen Fragen gehen die Meinungen innerhalb der Fachwelt (wie es in einem lebendigen Wissenschaftsbetrieb auch nicht anders sein kann) erheblich auseinander. Ich habe mich in diesen Fällen bemüht, die widerstreitenden Positionen gegenüberzustellen, um so dem Leser ein eigenes Urteil zu ermöglichen.

Gerne hätte ich die Arbeit mit einem Anmerkungsteil versehen, der jedoch zuviel Raum beansprucht hätte. Um dem interessierten Leser dennoch eine eingehendere Beschäftigung auch mit Einzelaspekten des Themas zu ermöglichen, erklärte sich der Verlag dankenswerterweise einverstanden, das Buch mit einem umfangreichen, nach Einzelthemen geordneten Literaturverzeichnis auszustatten, das mit wenig Mühe auch speziellere im Text erwähnte Untersuchungen bzw. Veröffentlichungen auffindbar macht.

Zu den im Text verwendeten Zeitangaben ist zu sagen, daß Daten aus dem ›historischen‹ (d. h. durch Schriftquellen erschlossenen) Zeitraum der letzten 5000 Jahre in der üblichen historischen Zeitangabe ›v. Chr.‹ bzw. ›n. Chr.‹ wiedergegeben werden. Die älteren ›prähistorischen‹ Daten, die in der Regel auf naturwissenschaftlichen Methoden (C-14-Datierung und andere) basieren und eine größere Unsicherheitsspanne aufweisen, sind dagegen in der fachwissenschaftlich üblichen, auf das Jahr 1950 bezogenen Zeitangabe ›vor heute‹ angegeben. 15 000 vor heute entspräche dabei ungefähr 13 000 v. Chr.

Eckige Klammern in Zitaten enthalten erklärende Zusätze von mir. Fußnoten dienen dem Zitatennachweis.

Herzlich zu danken habe ich drei Fachwissenschaftlern aus verschiedenen Disziplinen, die trotz ihrer zeitlichen Belastung so freundlich waren, einzelne Teile des Manuskripts durchzusehen und kritisch zu kommentieren, nämlich Dr. Robert K. Englund, Dr. Dietrich Mania und Dr. Ulrich Veit. Es versteht sich von selbst, daß ich trotz ihrer hilfreichen Hinweise die alleinige Verantwortung für den Inhalt des Buches trage. Mein besonderer Dank gilt weiter meinem Bruder Michael Kuckenburg sowie Frank Rainer Scheck, Alfred Stolz und Sabine Kaehne vom DuMont Buchverlag, die mir bei der Abfassung und Korrektur des Gesamtmanuskripts sowie bei der Beschaffung des Bildmaterials zur Seite standen. Zu danken für Anregung, Hilfe und Unterstützung in unterschiedlicher Weise habe ich außerdem Wolfgang Bogner, Adelhelm Dietzel, Karin Erdelt, Anne Harrer, Prof. Dr. Rudolf Herschel, Sigrid Hepting, meiner Mutter Hedwig Kuckenburg, meiner Schwägerin Bärbel Kuckenburg-Diehl, Marcus Müller und Andrea Wolf. Mein Dank geht schließlich auch an Prof. Dr. Franz Fischer vom Institut für Vor- und Frühgeschichte der Universität Tübingen, dem ich mit meinem außeruniversitären Engagement viel Geduld abverlangt habe. Widmen möchte ich das Buch meinem 1988 verstorbenen Vater Heinz Kuckenburg, der mir durch seine langjährige und stets wohlwollende Unterstützung die Beschäftigung mit dem vorliegenden Thema wie auch mein ganzes Studium erst ermöglichte.

Ulm, im Mai 1989   M. K.

Die Entstehung der Sprache

Auf der Suche nach dem Ursprung der Sprache

Der ägyptische König PSAMMETICH I. führte – so berichtet der griechische Geschichtsschreiber HERODOT – im 7. Jh. v. Chr. ein Experiment durch, um herauszufinden, welches die älteste Sprache und das älteste Volk der Menschheit sei. Er ließ zwei neugeborene Knaben in einer einsamen Hütte aussetzen, bei einem Hirten, der nicht mit ihnen sprechen durfte, sondern nur zu bestimmter Zeit die Ziegen zu ihnen führte, damit sie von deren Milch tranken. »Das tat und befahl Psammetichos«, so HERODOT, »weil er bei diesen Knaben hören wollte, was für ein Wort, wenn das undeutliche Lallen vorüber wäre, sie zuerst von sich geben würden.« Er hoffte, sie würden ohne Beeinflussung durch andere Menschen in der Sprache ihrer ältesten Vorfahren zu reden beginnen, die – so offenbar seine Überzeugung – noch in ihnen schlummere. Als die beiden Knaben nach zwei Jahren immer wieder einen Laut ausstießen, der wie das phrygische Wort *bekos* (›Brot‹) klang – tatsächlich aber vielleicht nur dem Meckern der Ziegen nachempfunden war –, glaubte der König, der Fall sei entschieden: Das Phrygische mußte die Ursprache der Menschheit sein, die Phryger in Kleinasien (und nicht, wie zuvor angenommen, die Ägypter selbst) waren das älteste Volk. »So gaben es die Ägypter denn zu und richteten sich darin nach diesem Geschehnis, daß die Phryger älter seien als sie selber«, schließt HERODOT nicht ohne Ironie seinen Bericht.[1]

Jüngeren Quellen zufolge wurde dieser grausame Menschenversuch im Mittelalter zweimal wiederholt, und zwar im 13. Jh. von dem Stauferkaiser FRIEDRICH II. und um 1500 von Schottlands König JAKOB IV. Im ersten Fall starben die Kinder, im zweiten Fall gaben sie nach einiger Zeit Laute von sich, die man als hebräisch deutete. Später soll das Experiment von einem indischen Großmogul wiederholt worden sein, und noch im 18. Jh. forderten europäische Gelehrte eine erneute Durchführung. Die Frage nach der ›Ursprache‹, nach den Ursprüngen und Anfängen artikulierter Verständigung, hat also die Menschen seit jeher bewegt und durch die Jahrtausende hindurch nicht mehr losgelassen. Die dazu verfaßte Literatur ist immens: Eine Bibliographie von 1975 führt nicht weniger als 11 000 Bücher und Aufsätze zu diesem Themenkreis auf.[2] Die Art und Weise, wie man sich dem Problem näherte und es zu lösen versuchte, war dabei natürlich höchst unterschiedlich und hing vom Weltbild und den geistesgeschichtlichen Voraussetzungen in den verschiedenen Epochen und Kulturkreisen ab.

Die einfachste Antwort auf die Frage, wie die Sprache entstand, ist die Annahme, sie sei überirdischen Ursprungs, ein Werk der Götter, von denen sie der Mensch bei seiner Erschaffung fertig verliehen bekam. Und in der Tat kannten die meisten frühen Kulturen einen Schöpfungsmythos, der die Sprachentstehung (ebenso wie den Ursprung der Welt und des Menschen), ja oft sogar die Benennung der Dinge und damit die Herkunft der Wörter, aus göttlichem Wirken erklärte. Für die alten Ägypter war der Sprachenspender der Gott Ptah, »der den Namen aller Dinge verkündet hat«, Amun, der »seine Rede inmitten des Schweigens öffnete«, oder der Schreiber- und Wissensgott Thot. Nach dem babylonischen Weltschöpfungsepos *Enuma elisch* traten alle Dinge – Himmel, Erde und Götter – ins Dasein, als der Schöpfergott Apsu ihnen Namen gab: »Mit Namen wurden sie genannt.« Im *Rigveda*, einem Hymnenbuch aus dem Indien des späten 2. Jts. v. Chr. heißt es: »Die Göttin Vāc« – die Rede – »haben die Götter erzeugt«, und in einem anderen altindischen Hymnus wird der Gott Brahma als der Schöpfer der menschlichen Sprachfähigkeit verehrt: »In Kinnladen die vielgewandte Zunge baut er, der Rede Kunst in sie zu legen.« Nach der germanischen *Snorra-Edda* wurden die Menschen von den göttlichen Söhnen des Allvaters geschaffen und neben den anderen Lebenskräften mit »Antlitz, Rede, Gehör und Sehkraft« ausgestattet, und im altenglischen Runenlied der Angelsachsen heißt es: »Der Ase (Wodan) ist der Urheber aller Rede.«[3]

Am meisten wurde unser Kulturkreis natürlich durch den biblischen Schöpfungsmythos beeinflußt. »Im Anfang war das Wort, und das Wort war bei Gott und Gott war das Wort«, heißt es zu Beginn des Johannes-Evangeliums. »Alles ist durch dasselbe erschaffen, und ohne

1 »Im Anfang war
das Wort, und das
Wort war bei Gott« –
Darstellung der
biblischen Schöp-
fungsgeschichte
auf einem Gemälde
des 16. Jhs.

dasselbe ist nichts, was da ist, erschaffen.« Die *Genesis* schildert im einzelnen, wie Gott die Welt und alle Dinge durch sein Wort schuf und sie
benannte. »Und Gott sprach: Es werde Licht! Da wurde Licht. (...)
Und Gott nannte das Licht Tag und die Finsternis nannte er Nacht.
Und so ward es Abend; so ward es Morgen – der erste Tag.« Bei der
Erschaffung des ersten Menschen – Adam – »nach seinem Bilde« gab
Gott ihm auch die Sprache: Er führte Adam »alle Tiere des Feldes und
alle Vögel unter dem Himmel« vor, »zu sehen, wie er jedes nennen
würde; und alle belebten Wesen sollten den Namen behalten, den
ihnen der Mensch beilegte. Da sprach der Mensch«, so die Genesis.
Gott aber blieb der Herr über die Dinge und damit auch über das Wort:
Als Adams und Evas Nachkommen, die zu Anfang »auf der ganzen
Erde einerlei Sprache und einerlei Worte« geredet hatten, den Turm

von Babel erbauten, »verwirrte« Gott als Strafe für diese Anmaßung ihre Rede, so daß sie einander nicht mehr verstehen konnten, und »zerstreute sie (...) von da über die ganze Erde.« Damit begann die Sprachen- und Völkervielfalt.[4]

Die biblische Überlieferung steckte auch den Rahmen ab, in dem sich die Sprachphilosophie des christlichen Abendlandes bis zur Zeit der Aufklärung überwiegend bewegte. Zwar gab es vereinzelt Häretiker, unabhängige Geister und Querdenker, die einen natürlichen oder menschlichen Sprachursprung erwogen (darunter THOMAS VON AQUIN), insgesamt aber standen die Erörterungen des christlichen Mittelalters ganz im Zeichen der göttlichen Offenbarungslehre und der biblischen Exegese. Diskutiert wurde über Einzelheiten, die die Bibel offenließ - etwa, ob Gott den Menschen nur mit einer allgemeinen Sprachfähigkeit oder aber mit einer konkreten Sprache ausgestattet hatte und ob dies tatsächlich das Hebräische war, wie man traditionsgemäß annahm. Die göttliche Herkunft der Sprache als solche wurde aber nicht in Zweifel gezogen, so daß auch kaum jemand über alternative Möglichkeiten nachdachte. Die christlichen Dogmen hemmten hier, wie auf vielen anderen Gebieten, die Neugier, den Forschungsdrang und die schöpferische Phantasie der mittelalterlichen Denker und Gelehrten.

Diese kreative Phantasie wurde dagegen freigesetzt, wo kritische, vernunftgemäße Betrachtung der Dinge die Oberhand über religiöse Dogmen gewann. Dies geschah erstmals in der antiken Philosophie, und schon hier entstand eine jahrhundertelang dauernde, kontroverse und fruchtbare Diskussion über sprachphilosophische Fragen. Zwar galt auch im alten Griechenland der Überlieferung zufolge ein Gott, nämlich Hermes, als der Bringer der Sprache, doch schon unter den klassischen Philosophen des 4. Jhs. v. Chr. war von diesem göttlichen Ursprung kaum mehr die Rede. Statt dessen entbrannte ein heftiger Streit (wiedergegeben in PLATONs Dialog ›Kratylos‹) über die Frage, ob die Wörter und Begriffe der Sprache ihre Geltung *physei* hätten, d. h. mit Naturnotwendigkeit aus dem Wesen der Dinge selbst resultierten, oder ob sie *thesei*, d. h. durch menschliche Übereinkunft gesetzt seien.

Die hellenistischen Philosophenschulen der Epikureer und der Stoiker verfochten dann mit Nachdruck die Lehre einer Sprachentstehung aus der Natur bzw. dem menschlichen Wesen heraus. Die Legende vom Sprachbringer Hermes war für die Epikureer nurmehr »unnützes Gerede«. Im 1. Jh. v. Chr. schrieb der in ihrer Tradition stehende römische Dichter LUKREZ in seinem Lehrgedicht ›De rerum natura‹, daß »der Zwang der Natur verschiedene Laute der Sprache bildete und das Bedürfnis die Namen der Dinge hervorrief«, und daß es »Wahnsinn« sei, »an einen Erfinder zu glauben, der einst Namen den Dingen verliehn und den Menschen die ersten Wörter gelehrt«.[5] DIODOR VON SIZILIEN, ebenfalls im 1. Jh. v. Chr. lebend, gab in seiner ›Bibliothek der Geschichte‹ zeitgenössische Auffassungen wieder, die

Verſuch
eines
Beweiſes,
daß die erſte Sprache
ihren Urſprung nicht vom Menſchen, ſondern
allein vom Schöpfer erhalten habe,

in der academiſchen Verſammlung
vorgeleſen
und zum Druck übergeben

von

Johann Peter Süßmilch,
Mitglied der Königl. Preußiſchen Academie der
Wiſſenſchaften.

Berlin,
zu finden im Buchladen der Realſchule.
1766.

2 Titelblatt einer 1766 erschienenen Streitschrift von Johann Peter Süßmilch gegen die ›profanen‹ Sprachursprungstheorien

man bereits als eine regelrechte Entwicklungstheorie der Sprache bezeichnen kann. »Die Menschen, die im Anfang entstanden waren«, schrieb er, »hatten eine ungeregelte, tierische Lebensweise. (...) Ihre Stimme war ein Gemisch von undeutlichen Tönen, die aber allmählich in artikulierte Laute übergingen, und indem sie sich über bestimmte Zeichen für jeden Gegenstand einigten, fanden sie ein Mittel, sich gegenseitig über alles verständlich auszudrücken. Weil solche Gesellschaften überall auf der Erde zerstreut waren, hatten sie nicht alle eine gleichlautende Sprache; denn jede derselben setzte, wie es der Zufall gab, die Laute zusammen. Daher entstanden die vielerlei Arten von Sprachen, und jene ersten Gesellschaften machten die Urstämme aller Völker aus.«[6]

**Abhandlung
über den Ursprung
der

Sprache,**

welche den

von der Königl. Academie der Wissenschaften

für das Jahr 1770

gesezten Preis

erhalten hat.

Von

Herrn Herder.

Auf Befehl der Academie herausgegeben.

Vocabula sunt notae rerum. *Cic.*

Berlin,
bey Christian Friedrich Voß, 1772.

3 Titelblatt von Johann Gottfried Herders berühmter, 1772 erschienener Preisschrift über den Ursprung der Sprache

Die große Zeit des Nachdenkens und Debattierens über das Sprach-problem begann dann, als im Europa des 17. und 18. Jhs. die tradi-tionelle christliche Weltsicht auf nahezu allen Gebieten ins Wanken geriet und die Aufklärung einer neuen geistigen Epoche den Weg ebnete, der Epoche des *Rationalismus.* Eine forschende, kritische Denk-weise trat nun an die Stelle der bisherigen vermeintlichen Sicherheit über Charakter und Ursprung der Dinge, und die althergebrachten Traditionen und Dogmen wurden schonungslos verworfen, wenn sie nicht den Maßstäben einer vernunftgemäßen Überprüfung standzu-halten vermochten. In diesem geistigen Klima bereiteten sich gesell-schaftliche Umwälzungen vor, wurden die Grundlagen der modernen Wissenschaft und Forschung gelegt und führte man auch die Sprach-diskussion in neuem, rationalistischem Geiste fort. Konservative Denker versuchten zwar, die überkommenen Positionen zu retten – so etwa der deutsche Theologe JOHANN PETER SÜSSMILCH, der 1766 eine Schrift mit dem programmatischen Titel veröffentlichte: ›Ver-such eines Beweises, daß die erste Sprache ihren Ursprung nicht vom Menschen, sondern allein vom Schöpfer erhalten habe‹ (Abb. 2).[7] Derartige orthodoxe Bekenntniswerke vermochten freilich die neu entbrannte Debatte nicht zu stoppen. Eine große Zahl von Philoso-phen und Gelehrten – viele davon durchaus fromme Männer – gaben sich nicht mehr mit der Lehre von der fertig in den Menschen ver-pflanzten Sprache, mit dem Dogma vom ›Gottesgeschenk‹ zufrie-den, sondern bemühten sich in ausführlichen Schriften und Trak-taten darum, natürliche, vernunftmäßig erklärbare Möglichkeiten des Sprachursprungs herauszuarbeiten. Stellvertretend für diese viel-fältigen Bemühungen, die sich oft mit der Überzeugung einer letztlich doch göttlichen Inspiration verbanden, seien hier nur die Namen PIERRE LOUIS DE MAUPERTUIS, JEAN-JACQUES ROUSSEAU, CHARLES DE BROSSES, ÉTIENNE BONNOT DE CONDILLAC und Lord MONBODDO (alle 18. Jh.) genannt.

Als berühmtester Versuch dieser Art darf JOHANN GOTTFRIED HERDERS 1772 veröffentlichte ›Abhandlung über den Ursprung der Sprache‹ (Abb. 3) gelten, die einen 1769 von der Preußischen Akade-mie der Wissenschaften ausgeschriebenen Wettbewerb gewann, der unter der sehr vorsichtig formulierten Fragestellung stand: »Sind die Menschen, wenn sie ganz auf ihre natürlichen Fähigkeiten angewiesen sind, imstande, die Sprache zu erfinden? Und mit welchen Mitteln gelangen sie aus sich heraus zu dieser Erfindung?«[8]

HERDER plädierte in seiner preisgekrönten Schrift vehement für eine natürliche Entstehung der Sprache aus einfachsten Anfängen und bezeichnete »die Hypothese eines göttlichen Ursprungs« als »Unsinn«, als »fromm, aber zu nichts nütze«. »Hätte ein Engel oder ein himmlischer Geist die Sprache erfunden«, so schrieb er, dann müßte »ihr ganzer Bau ein Abdruck von der Denkungsart dieses Geistes sein. (...) Wo findet das aber bei unsrer Sprache statt? Bau und Grundriß, ja selbst der ganze Grundstein dieses Palastes verrät Menschheit.« Die ersten Worte, so vermutete HERDER, seien wahrscheinlich Naturlauten nachempfunden gewesen – der Mensch habe Tiere und Naturerscheinungen zunächst ganz einfach nach ihren Tönen bezeichnet. »Das Schaf blökt, (...) die Turteltaube girrt, der Hund bellt! Da sind drei Worte. (...) Der Baum wird der Rauscher, der West Säusler, die Quelle Riesler heißen – und da liegt ein kleines Wörterbuch fertig (...) – die ganze vieltönige, göttliche Natur ist Sprachlehrerin und Muse.« »Was war diese erste Sprache«, so HERDER weiter, »als eine Sammlung von Elementen der Poesie? Nachahmung der tönenden, handelnden, sich regenden Natur! Aus den Interjektionen [Ausrufen] aller Wesen genommen und von Interjektionen menschlicher Empfindung belebt! Die Natursprache aller Geschöpfe vom Verstande in Laute gedichtet.« Sein Fazit: »Der Mensch erfand sich selbst Sprache! – aus Tönen lebender Natur! – zu Merkmalen seines herrschenden Verstandes!«[9]

Die von HERDER hier vertretene *Nachahmungstheorie*, die den Ursprung der Sprache in der Nachempfindung von Naturlauten (griech. *onomatopöie*) sah und daher später spöttisch als ›Wau-Wau-‹ oder ›Mäh-Mäh-Hypothese‹ bezeichnet wurde, war nur eines von mehreren im 18. Jh. gängigen (und teilweise bis in die Antike zurückreichenden) Erklärungsmodellen der Sprachentstehung. Daneben existierte die bei HERDER ebenfalls anklingende *Interjektionstheorie*, die eine Entstehung der ersten Wörter aus emotionalen Ausrufen der Freude, der Angst, des Schmerzes, der Lust usw. annahm und deshalb ›Puh-Puh-‹ oder ›Aua-Aua-Hypothese‹ genannt wurde. Zahlreiche Anhänger hatte auch die sogenannte *Gestentheorie*, der zufolge die früheste menschliche Verständigung überhaupt nicht aus Lauten, sondern aus stummen Handzeichen und Gebärden bestand. Diese drei ›klassischen‹

4 Darstellung verschiedener zeichensprachlicher Symbole in einem Buch des 17. Jhs. Derartige Hand- und Körperzeichen sah die ›Gestentheorie‹ als den Beginn der Sprachentstehung an

Theorien tauchten in der an Ideen und Positionen reichen, kontrovers geführten Sprachursprungsdiskussion des 18. Jhs. immer wieder in den unterschiedlichsten Variationen und Kombinationen auf.

Alle diese Erklärungsmodelle und Entwürfe hatten gemeinsam, daß sie sich mehr auf allgemeine philosophische Erwägungen stützten denn auf konkretes Tatsachenmaterial, das damals noch kaum vorhanden war. Dies begann sich im 19. Jh. zu ändern: War die Beschäftigung mit der Sprachentstehung, der *Glottogenese,* bis dahin fast ausschließlich eine Domäne universal gebildeter Philosophen, Gelehrter und Literaten gewesen, so nahmen sich nun verschiedene wissenschaftliche Spezialdisziplinen unterschiedlicher Teilaspekte des Problems an und versuchten, auf dem Wege empirischer Forschungen einer Lösung näherzukommen.

Die zu Beginn des 19. Jhs. begründete *historisch-vergleichende Sprachwissenschaft* bemühte sich nicht nur, durch Analyse von Bau und Wortschatz die Verwandtschaftsverhältnisse zwischen den modernen und überlieferten Sprachen der Welt zu klären, sie hoffte darüber hinaus lange Zeit, bei einzelnen der auf diesem Wege herausgearbeiteten Sprachfamilien die ursprünglich zugrundegelegene gemeinsame ›Stammsprache‹ erschließen zu können, ja womöglich noch weiter ins Dunkel der Vergangenheit, in Richtung auf die ›gemeinsame Ursprache‹ der Menschheit, vordringen zu können. »Die Sprachwissenschaft«, schwärmte Mitte des 19. Jhs. etwa der in Oxford lehrende Professor MAX MÜLLER, »führt uns so zu jenem höchsten Gipfelpunkt empor, von dem wir in das erste Frührot des Menschenlebens auf Erden hinabblicken und wo die Worte ›Es hatte aber alle Welt einerlei Zunge und Sprache‹ eine natürlichere, verständlichere, überzeugendere Bedeutung annehmen, als sie je zuvor besaßen.«[10]

Derartige Hoffnungen erwiesen sich freilich als Illusion. Schon die Rekonstruktion der vermuteten, nur einige Jahrtausende zurückliegenden indoeuropäischen bzw. indogermanischen Ursprache, aus der nach den vergleichenden Analysen die indischen und iranischen ebenso wie die mit ihnen verwandten europäischen Sprachen sich entwickelt haben mußten, blieb hochgradig hypothetisch und umstritten. Der Versuch, durch Sprachenvergleich noch weiter in die Vergangenheit vorzustoßen, scheiterte völlig. Um die Jahrhundertwende stellte der Forscher BERTHOLD DELBRÜCK nüchtern fest: »Ob es eine

die **Katz** mautzet/ *Felis* f. 3. clamat,	nau nau	N n
der **Fuhrmann** rufft/ *Auriga* m. 1. clamat,	ó ó ó	O o
das **Küchlein** pipet/ *Pullus* m. 2. pipit,	pi pi	P p
der **Kukuck** kucket/ *Cuculus* m. 2. cucúlat,	kuk ku	Q q
der **Hund** marret/ *Canis* c. 3. ríngitur,	err	R r
die **Schlange** zischet/ *Serpens* c. 3. síbilat,	si	S s
der **Heher** schreyet/ *Gráculus* m. 2. clamat,	tae tae	T t
die **Eule** uhuhet/ *Bubo* m. 3. úlulat,	ú ú	U u
der **Hase** quäcket/ *Lepus* m. 3. vagit,	vá	W w
der **Frosch** quacket/ *Rana* f. 1. coáxat,	coax	X x
der **Esel** ygaet/ *Asinus* m. 2. rudit.	y y y	Y y
die **Breme** summet/ *Tabánus* m. 2. dicit,	ds ds	Z z.

5 Illustration aus einem Buch des 17. Jhs., in der gemäß der ›Nachahmungstheorie‹ ein Bezug zwischen tierischen Lautäußerungen und den Einzellauten der Sprache hergestellt wird

21

Ursprache des Menschengeschlechts gegeben hat, wissen wir nicht; das aber wissen wir sicher, daß wir sie durch Vergleichung nicht wiederherstellen können.«[11] Und dabei ist es bis heute geblieben: Das *linguistische* (sprachwissenschaftliche) Wissen beschränkt sich auf das bereits vollentwickelte Sprachenspektrum der letzten Jahrtausende, vermag also zum Sprachursprungsproblem unmittelbar nichts beizutragen.

Ebenso zerschlug sich die (nicht zuletzt aus ethnozentrischer Überheblichkeit gespeiste) Hoffnung, man könne vielleicht unter den sogenannten ›wilden‹ Völkern Relikte einer primitiven, älteren Stufe der Sprachentwicklung finden und so die Erforschung urtümlicher Verständigungsweisen gleichsam ›am lebenden Objekt‹ vornehmen. Dieser Forschungsansatz war, so zeigten eine Reihe von völkerkundlichen und linguistischen Studien, von seinen Voraussetzungen her falsch, denn die Sprachen der überlebenden ›Naturvölker‹ erwiesen sich in ihrer Grundstruktur als ebenso hoch entwickelt wie diejenigen der sogenannten ›zivilisierten Welt‹, keineswegs als urtümliche Überbleibsel. »Was die linguistische Form anbelangt, geht Plato Seite an Seite mit dem mazedonischen Schweinehirten, Konfuzius mit dem Kopfjäger von Assam«, faßte der amerikanische Linguist EDWARD SAPIR diese Erkenntnis 1921 zusammen.[12] Insgesamt trugen die Studien des 19. Jhs. also viel zur Entwicklung der Sprachwissenschaft als Disziplin bei, erbrachten im Hinblick auf das Problem der Sprachentstehung aber eher enttäuschende und desillusionierende Ergebnisse.

Neue Hoffnungen wurden dagegen von naturwissenschaftlicher Seite geweckt. Zwei medizinische Teildisziplinen, die *Anatomie* und die *Neurologie,* befaßten sich u. a. eingehend mit Sprachorganen und Gehirn des Menschen und waren bemüht, ihre Funktionsweise und ihr Zusammenwirken beim Sprechen zu ergründen. Dies schien die Möglichkeit zu eröffnen, durch Vergleich mit den entsprechenden Organen der Tiere (und später mit fossilen Urmenschenfunden) Hinweise auf die Entwicklungsgeschichte der anatomischen und physiologischen Sprachgrundlagen, sozusagen die *Phylogenese* (Stammesgeschichte) der Sprachfähigkeit, zu gewinnen. Daß es eine solche Phylogenese gegeben haben mußte, legte eindrucksvoll die 1859 von CHARLES DARWIN veröffentlichte biologische Evolutionstheorie nahe, deren rascher Siegeszug die Forschung dazu zwang (und zugleich befähigte), über die Entwicklung aller Erscheinungen in der Natur, auch der Kommunikation und Sprache, aus niederen zu höheren Formen nachzudenken.

Dieser naturwissenschaftliche Zugang zum Sprachentstehungsproblem sollte sich als äußerst zukunftsträchtig erweisen. Man beginnt die in ihm steckenden Möglichkeiten erst heute richtig auszuschöpfen – wir werden noch ausführlicher darauf zurückkommen (vgl. S. 58 ff.).

Auch die philosophischen Debatten und Spekulationen über den Sprachursprung waren im 19. Jh. nicht beendet, sie schossen vielmehr geradezu ins Kraut. Nach wie vor Konjunktur hatten die bereits erwähnten ›klassischen‹ Theorien und Erklärungsmodelle (vgl. S. 18), neben denen im 19. und frühen 20. Jh. noch weitere entstanden, deren Spannweite vom Einleuchtend-Genialen bis hin zum Skurrilen reichte: Man erklärte die Sprachentstehung etwa aus unwillkürlichen Begleitlauten bei der körperlichen Bewegung und Arbeit (wegen des vermuteten physiologischen Zusammenspiels unterschiedlicher Körperorgane als *Sympathie-Theorie* bezeichnet), aus koordinierenden Lauten oder Gesängen bei kollektiver Tätigkeit (*Arbeitsgesang-Hypothese* oder ›Yo-he-ho-‹ bzw. ›Hauruck-Theorie‹), aber auch aus gesanglicher Begleitung von Tänzen, aus der Anbetung des Mondes oder einem speziellen ›Sprach-Gen‹, das mit seinem Auftauchen in der Evolutionsgeschichte plötzlich die Fähigkeit zu artikulierter Verständigung hervorgebracht habe.

Die Spekulationen nahmen derart überhand und bewegten sich zum Teil auf einem solch phantastischen Niveau, daß die Beschäftigung mit dem Sprachursprungsproblem schließlich einen unseriösen Beigeschmack bekam und in Verruf geriet, besonders bei der nunmehr streng positivistisch und empirisch ausgerichteten Sprachwissenschaft. 1866 verbot die *Société de Linguistique de Paris* in ihren Statuten alle Erörterungen über dieses Thema, ebenso wie die Diskussion von Vorschlägen für eine Weltsprache. Bei dieser selbstauferlegten Zurückhaltung ist es bis heute im wesentlichen geblieben, wie ein Blick auch in die deutschsprachige linguistische Fachliteratur unschwer erkennen läßt (nur Amerika macht hier in jüngerer Zeit eine Ausnahme).

Nun ist es in der Tat unbestreitbar, daß die erwähnten älteren Theorien und Modelle sich auf jeweils sehr spezielle Erscheinungen des heutigen Sprach- und Kommunikationsverhaltens (Empfindungslaute, lautmalerische Wörter, Gestik und Mimik bzw. Zeichensprachen, begleitendes Murmeln oder Singen bei körperlicher Arbeit usw.) stützen und diese recht unbekümmert in die frühe Entwicklungsphase der Gattung Mensch zurückprojizieren, sie als die dort maßgeblichen Ansätze und Triebkräfte der Sprachentstehung ausgeben. Alle diese Theorien und Modelle, ob man sie nun im einzelnen erwägenswert und plausibel oder schlicht abwegig findet, lassen sich weder beweisen noch widerlegen, sind also rein spekulativ. Denn die ersten sprachlichen Äußerungen des frühen Menschen haben keinerlei Zeugnis hinterlassen, sie sind für alle Zeit verklungen und vorüber, und keine Methode ermöglicht es, herauszufinden, ob diese ersten Sprachäußerungen nun aus Empfindungslauten entstanden, Naturtöne nachahmten, von einem Arbeitsrhythmus inspiriert wurden oder vorwiegend aus Gesten bestanden. Mehr als gewisse Anregungen geben und Möglichkeitsfelder abstecken können diese Theorien also kaum, und deshalb soll von ihnen im folgenden nur noch am Rande die Rede sein.

Die Beschäftigung mit den Anfängen der Sprache ist heute dennoch wieder lohnend und auf fundierter Grundlage möglich, wenn man die Frage von einer anderen Seite her aufrollt. Das genaue *Wie* der Sprachentstehung, das im Mittelpunkt der früheren Theorien und Überlegungen stand, wird zwar im dunkeln verbleiben, dafür sind in den vergangenen Jahrzehnten aber eine Reihe von Tatsachen ans Licht gekommen, die die Fragen nach dem *Wann* und dem *Warum* ein Stückweit zu erhellen vermögen – die Fragen also, mit welcher Zeittiefe für die menschliche Sprache zu rechnen ist, aus welchen Triebkräften und Bedürfnissen heraus sie wahrscheinlich entstand und nicht zuletzt, welche biologischen und intellektuellen Entwicklungsprozesse sie ermöglichten. Diese Probleme werden seit einiger Zeit von Wissenschaftlern verschiedener Disziplinen intensiv erforscht und diskutiert, allein die in den USA seit den 60er Jahren dazu erschienene Literatur ist kaum mehr zu überschauen. Einigkeit und ›endgültige‹ Klarheit hat diese Diskussion bis heute auch nicht gebracht, wesentliche Fragen bleiben heftig umstritten. Anders als früher kreist die Debatte aber nicht mehr nur um Spekulationen, sondern um Fakten und ihre Interpretation. Zusammengetragen wurden diese Fakten in jahrzehntelanger Forschungsarbeit von so unterschiedlichen Wissenschaftszweigen wie der Biologie und der Archäologie, der Paläanthropologie (Wissenschaft von den fossilen Menschenfunden) und der Gehirn- und Kehlkopfforschung. Ohne einen solchen multidisziplinären Ansatz ist heute an eine sinnvolle Erörterung des Sprachentstehungsproblems nicht mehr zu denken.

Zu den in diesem Zusammenhang wichtigen Wissenschaftsdisziplinen gehört auch die vergleichende Verhaltensforschung *(Ethologie)*, die sich als Spezialzweig der Zoologie neben vielem anderen auch mit der Verständigung zwischen den Tieren beschäftigt. Sie kann uns helfen, ein Bild davon zu bekommen, was die menschliche Sprache von der tierischen Kommunikation unterscheidet und was sie mit ihr gemeinsam hat, wie sozusagen der Ausgangspunkt aussieht, von dem aus sich unsere Sprache in den frühesten Anfängen der Menschwerdung einmal entwickelt haben muß. Und sie kann helfen, die Frage zu klären, ob der Mensch das einzige Wesen ist, das ›Sprache‹ besitzt, oder ob es bereits im Tierreich Verständigungsformen gibt, die diese Bezeichnung verdienen – Themen, denen wir uns zunächst zuwenden wollen.

Kommunikationssysteme im Tierreich

Jeder Spaziergang in der freien Natur vermittelt einen Eindruck von der Vielfalt tierischer Laute – man hört den Vogelgesang oder das Zirpen der Grillen, das Blöken der Schafe oder das Pferdegewieher. Am vertrautesten sind uns natürlich die Lautäußerungen unserer häufigsten Haustiere: das Miauen oder Schnurren der Katze und das Bellen des Hundes. Hunde knurren, winseln oder heulen auch, je nach Stimmungslage und Situation, und machen dadurch deutlich, daß diese Laute Empfindungen zum Ausdruck bringen und etwas mitteilen. Es handelt sich um *Signale,* die der Verständigung dienen und bei Artgenossen bestimmte Reaktionen auslösen: Der angebellte Hund bellt heftig zurück, die Entenküken folgen den Locklauten ihrer Mutter, ein ganzer Vogelschwarm erhebt sich auf einen Warnruf hin in Sekundenschnelle in die Luft und fliegt davon.

Nicht ohne Grund umfaßten die eben genannten Beispiele ausschließlich *akustische* Signale, denn diese nehmen wir Menschen, die wir an eine *Laut*sprache gewöhnt sind, am deutlichsten wahr. Tatsächlich aber spielen in der Tierwelt, und zum Teil auch bei uns selbst, *visuelle* bzw. *optische* Signale (Formen, Farben und Bewegungen, Gestik und Mimik), *chemische* bzw. *olfaktorische* Signale (über Geruchs- oder Geschmacksstoffe) und *taktile* Signale (mittels Berührungen) eine ebenso wichtige Rolle für die Verständigung. Beim Hund gehört beispielsweise nicht nur das Bellen oder Knurren zum Kommunikationsverhalten, sondern ebenso die Körperhaltung, das Wedeln mit dem Schwanz oder das Fletschen der Zähne. ›Körpersprache‹ und Mimik sind ja auch im Sozialverhalten und in der ›nichtverbalen Verständigung‹ des Menschen nicht zu unterschätzende Ausdrucksformen. Dagegen vermögen wir kaum nachzuvollziehen, welch immense Bedeutung Duftstoffen (etwa dem Absondern und Beschnuppern von Urin) bei einem so stark geruchsorientierten Tier wie dem Hund zukommt und wie sie sein Verhalten zu beeinflussen vermögen. Die Harnmarke einer läufigen Hündin kann einen Rüden in Erregung versetzen, der Geruch eines Rivalen in Furcht oder Aggressivität. In ähnlicher Weise besitzen bei so unterschiedlichen Tieren wie Fischen und Vögeln die Körperfarben, die nicht umsonst während der Balz- und Brunftzeit oft zu besonders auffälligen Tönen wechseln, eine enorme Signalfunktion im Konkurrenz- und Paarungsverhalten.

Kurz gesagt, die Signalvariationen und -kombinationen, die Methoden und Mittel der Verständigung im Tierreich sind schier unermeßlich, und zahlreich sind auch die Funktionen, die diese Verständigung erfüllt: Sie reguliert den Zusammenhalt oder die gleichmäßige Verteilung der Tiere, grenzt Reviere und Territorien gegeneinander ab, begründet soziale Ordnungen und Hierarchien, stiftet Kampf oder Frieden, erleichtert das schnelle Reagieren auf Bedrohungen durch natürliche Feinde, dient der Fortpflanzung und der Aufzucht der Jungen und ermöglicht den Ausdruck so unterschiedlicher Empfindungen wie Aggressivität oder Zuneigung, Angst oder Wohlbefinden.

Zur Erfüllung all dieser Aufgaben hat die Natur wahrhaft bewundernswerte Kommunikationsformen hervorgebracht: Die Duftstoffe weiblicher Schmetterlinge, vom Winde verweht, vermögen Männchen aus kilometerweiter Entfernung anzuziehen. Die ›Rufe‹ von Finnwalen lassen sich im Ozean noch in über 100 km Entfernung auffangen, und als die Weltmeere noch nicht von Motorschiffen befahren

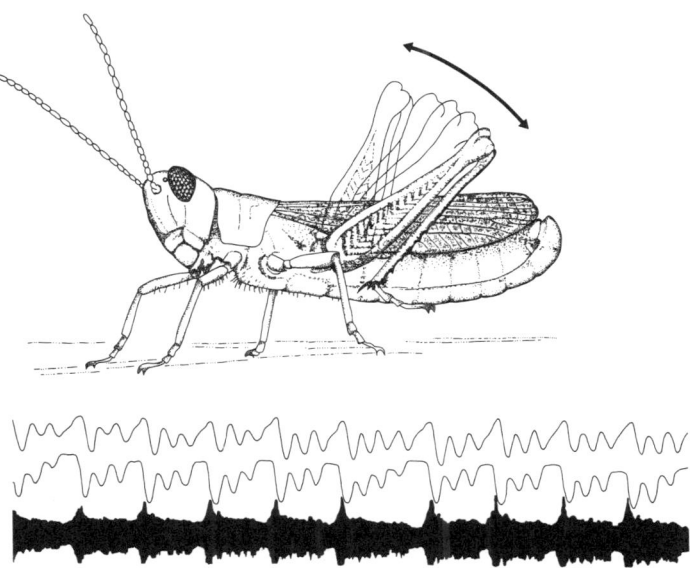

6 Feldheuschrecken erzeugen charakteristische ›Gesangs‹-Muster, indem sie eine ›Feile‹ an der Innenseite ihrer Hinterbeine gegen die ›Schrilladern‹ der Vorderflügel reiben. Obere Kurven: Oszillogramme der Beinbewegung. Unten: Oszillogramm des ›Gesanges‹

und ruhig waren, können sie im Wasser Hunderte von Kilometern weit vernehmbar gewesen sein. Bei vielen Tieren ist der Austausch eines genau festgelegten Kanons wechselseitiger Signale und Schlüsselreize unabdingbar, damit Männchen und Weibchen die Paarung vollziehen können (als bekanntestes Beispiel gilt der ›Hochzeitstanz‹ der Stichlinge), und bei einigen helfen vom Männchen abgesonderte Stoffe *(Pheromone)* sogar, den Sexualzyklus des Weibchens zu regulieren. Die noch im Ei befindlichen Jungen einiger Vogelarten bereiten sich durch Lautsignale auf ein gemeinsames Schlüpfen vor, und bei einem koloniebrütenden Vogel, der Lumme, nimmt der Nachwuchs schon im Ei Lautkontakt mit den Eltern auf und erkennt sie an der Stimme, noch bevor er sie zum ersten Mal gesehen hat. Selbst der sprichwörtliche ›stumme Fisch‹ ist in Wahrheit keineswegs stumm, sondern vermag mit Hilfe seiner Schwimmblase oder anderer Körperteile rhythmische Töne zu erzeugen, die Signalcharakter besitzen.

Die vergleichende Verhaltensforschung, zu deren Begründern Forscher wie KONRAD LORENZ und NIKOLAAS TINBERGEN zählen, und die in noch jüngerer Zeit entstandene *Zoosemiotik* (etwa: Wissenschaft von den Tiersignalen) haben gerade erst damit begonnen, in dieses verwirrende Universum an Kommunikationsformen hineinzuleuchten. Sie versuchen, den Kosmos ein wenig zu ordnen und zu gliedern, indem sie all die unterschiedlichen Verständigungsweisen nach ihrem Medium bzw. ›Kanal‹ (akustisch, optisch, chemisch, taktil), nach ihrer Funktion (Fortpflanzung, Revierabgrenzung, Warnung vor Feinden usw.), nach Nah- und Fernkommunikation und einigen anderen Kriterien unterteilen. Neben der Entschlüsselung und beschreibenden Klassifizierung dieser Systeme geht es ihnen aber vor allem auch um deren tiefergehende Analyse, um ihre physiologischen und neurologischen Grundlagen und um die Frage, mit was für Entwicklungsstufen von Kommunikation wir es hier zu tun haben, wo die Unterschiede zur menschlichen Sprache liegen und wo eventuell Gemeinsamkeiten bestehen. Dahinter verbirgt sich natürlich auch die uns hier besonders interessierende Frage, ob der Mensch tatsächlich, wie die traditionelle abendländische Auffassung lautet, als einziges Wesen über Sprache verfügt und dieser Sprachbesitz sein wichtigstes Unterscheidungsmerkmal gegenüber den Tieren bildet.

Diese Auffassung läßt sich bis in die Antike zurückverfolgen. Der griechische Philosoph ARISTOTELES schrieb im 4. Jh. v. Chr., daß »der Mensch unter allen tierischen Wesen allein im Besitz der Sprache (ist), während die Stimme, das Organ für Äußerungen von Lust und Unlust, auch den Tieren eigen ist. Denn soweit ist ihre Natur gelangt, daß sie Lust- und Unlustempfindungen haben und dies einander mitteilen können.« »Tierische Rufe«, so führte er weiter aus, »lassen sich nicht zu Silben vereinigen, noch lassen sie sich – wie die menschliche Sprache – auf Silben zurückführen.« Und: »Ein Laut ist nicht durch sich selbst ein Wort, sondern wird es erst, wenn er vom Menschen als Zeichen verwendet wird.«[13]

Waren diese bemerkenswerten Einsichten bei ARISTOTELES das Resultat sorgfältiger Beobachtung, so verfocht das christliche Mittelalter die Lehre von der Einzigartigkeit der menschlichen Sprache auf dogmatischer Grundlage: Gott habe den Menschen als sein Ebenbild geschaffen und nur ihn, als die Krone der Schöpfung, mit Bewußtsein, Sprache und Religiosität ausgestattet; dadurch sei er weit aus der Tierwelt herausgehoben, und irgendein anderes Wesen mit ihm auf eine Stufe zu stellen, komme einer Gotteslästerung gleich.

In der Zeit der Aufklärung wurden viele christliche Dogmen zerstört, die Überzeugung vom Monopol des Menschen auf Sprache und Vernunft blieb dagegen, allerdings in ein anderes Gewand gekleidet, bestehen. Der Vater des modernen Rationalismus, der französische Aufklärer RENÉ DESCARTES, begründete diese Überzeugung im 17. Jh. neu, indem er die Tiere als vernunft- und seelenlose, lediglich nach den mechanischen Gesetzen ihres Körpers funktionierende »Automaten« oder »Maschinen« beschrieb und nur dem Menschen zusätzlich zu dieser Körper-Maschine eine »vernünftige Seele« zubilligte, »deren Natur das Denken ist.« In seinem 1637 veröffentlichten ›Discours de la Méthode‹ führte er als Beweis dafür die Sprache ins Feld: »Denn es ist ganz auffällig, daß es keinen so stumpfsinnigen und dummen Menschen gibt (…), der nicht fähig wäre, verschiedene Worte zusammenzuordnen und daraus eine Rede aufzubauen, mit der er seine Gedanken verständlich macht; und daß es im Gegenteil kein anderes Tier gibt, so vollkommen und glücklich veranlagt es sein mag, das ähnliches leistet.« DESCARTES' Schlußfolgerung: »Dies zeigt nicht bloß, daß Tiere weniger Verstand haben als Menschen, sondern vielmehr, daß sie gar keinen haben.«[14]

In eine ähnliche Kerbe hieb Mitte des 19. Jhs. der schon einmal zitierte Sprachwissenschaftler MAX MÜLLER, als er den Evolutionstheoretikern entgegnete: »So weit nun auch die Grenzen des Tierreichs ausgedehnt worden sind, so daß zu Zeiten die Demarkationslinie zwischen Tier und Mensch nur von einer Falte im Gehirn abzuhängen schien, e i n e Schranke ist doch stehen geblieben, an der bisher noch niemand zu rütteln gewagt hat – die Schranke der Sprache.« Selbst die ärgsten Zweifler sähen sich »gezwungen, einzugestehen, daß bis jetzt noch keine Tierrasse irgendeine Sprache hervorzubringen vermocht hat«, und dabei werde es bleiben[15] – eine Auffassung, die sich bis in unsere Tage gehalten hat.

Ganz unangefochten war dieser Standpunkt freilich nie. Der Volksglaube neigte immer dazu, den Tieren menschenähnliche Züge zuzuschreiben, sie zu ›vermenschlichen‹, wie eine Unzahl von Sagen, Märchen und Geschichten dokumentiert, in denen Tiere sich wie selbstverständlich nicht nur untereinander, sondern ebenso mit den Menschen unterhalten. Aber auch unter den Literaten, Philosophen und Naturfreunden regte sich hier und dort Opposition gegen die menschliche ›Überheblichkeit‹ den anderen Geschöpfen gegenüber. Wenn wir die Tiere nicht verstehen, so fragte im 16. Jh. etwa der französische Schriftsteller MICHEL DE MONTAIGNE, warum unterstellen wir ihnen dann Sprachlosigkeit, wo die Ursache doch auch in unserem eigenen Unvermögen liegen kann? »Wenn die Tiere sprechen, dann sicher nicht mittels einer (der unseren) ähnlichen Sprache«, bemerkte der jesuitische Gelehrte Abbé GUILLAUME BOUGEANT 1739 in einem Büchlein, das ihm einen Skandalerfolg und große Schwierigkeiten mit seinen geistlichen Vorgesetzten einbrachte. »Aber kann man sich«, so fragte er auf die Tiere bezogen weiter, »nicht auch ohne dieses Hilfsmittel hinreichend verständigen und im wahrhaften Sinne sprechen?«[16] Dieser Standpunkt wurde von manchem Zeitgenossen und später Lebenden geteilt. So veröffentlichte zu Beginn des 19. Jhs. der französische Adlige DUPONT DE NEMOURS zwei Lexika für ›Krähensprache-Französisch‹ und ›Nachtigallensprache-Französisch‹ – es sollten nicht die einzigen derartigen Werke bleiben.

Von einem wissenschaftlichen Standpunkt aus rückten dann erstmals CHARLES DARWIN und seine Mitstreiter dem Dogma von der unüberbrückbaren Kluft zwischen Mensch und Tier, im Hinblick auf die Sprache wie auch sonst, zu Leibe. DARWIN selbst belegte in einem 1874 erschienenen Werk mit dem Titel ›Der Ausdruck der Gemütsbewegungen bei dem Menschen und den Tieren‹ ausführlich, daß das menschliche (nichtverbale) Kommunikationsverhalten Vorläufer und Parallelen im Tierreich hat, und er nahm solche Vorstufen auch für die Sprache an, ohne die »unendlich größere Fähigkeit« des Menschen in diesem Bereich zu leugnen.[17] Der deutsche Zoologe ERNST HAECKEL, einer der glühendsten Verfechter der Entwicklungstheorie, ging noch einen Schritt weiter. »Die verschiedenen Laute, durch welche die Affen ihre Empfindungen und Wünsche, Zuneigung und Abneigung mitteilen«, schrieb er, »müssen von der vergleichenden Physiologie ebenso als ›Sprache‹ bezeichnet werden wie die gleich unvollkommenen Laute, welche kleine Kinder beim Sprechenlernen bilden, und wie die

7 Ausdrucksverhalten bei Wölfen. Von links nach rechts: Zunehmende Angriffstendenz. Von unten nach oben: Zunehmende Angst

mannigfaltigen Töne, durch welche soziale Säugetiere und Vögel sich ihre Vorstellungen mitteilen. (...) Das alte Dogma, daß nur der Mensch mit Sprache und Vernunft begabt sei, wird auch heute noch bisweilen von angesehenen Sprachforschern verteidigt. (...) Es wäre hohe Zeit, daß diese irrtümliche, auf Mangel an zoologischen Kenntnissen beruhende Behauptung endlich aufgegeben würde.«[18]

Der Streit um die ›Sprachfähigkeit‹ der Tiere, den dieser kurze Blick in die Forschungsgeschichte verdeutlichen sollte, dauert bis heute an, wenngleich in weniger extremer Form und auf stärker faktenorientierter Basis. Auch in der modernen Kommunikationsforschung stehen sich zwei unterschiedliche Grundpositionen gegenüber: Das eine Lager sieht, ohne die prinzipielle Überlegenheit der menschlichen Sprache in Abrede zu stellen, Vorstufen, Ansätze und Elemente sprachlicher Verständigung bereits im Tierreich und hofft, durch deren Erforschung Hinweise auf eine stufenweise Evolution der artikulierten Sprache aus solchen tierischen Anfängen gewinnen zu können (sogenannte *Kontinuitätstheorie*). Die andere Forschungsrichtung dagegen lehnt die Vorstellung einer letztlich nur graduellen Abstufung scharf ab und bestreitet die Existenz jeglicher sprachlicher Elemente in der tierischen Kommunikation. Ihr gilt die menschliche Sprache als völlig anders- und einzigartiges System, das nicht auf irgendwelche Vorläufer im Tierreich zurückgeführt werden kann (sogenannte *Diskontinuitätstheorie*). Beide ›Schulen‹ berufen sich zur Untermauerung ihrer Position auf Erkenntnisse, die Ethologie und Zoosemiotik bei der Untersuchung der tierischen Kommunikation mittlerweile gewonnen haben.

Sehr viele Signale in der Tierwelt, das scheint heute festzustehen, basieren auf gleichsam automatisch ablaufenden Reiz-Reaktions-Mechanismen. Auslöser für solche Signale können emotionale Zustände sein, z. B. bei der Fortpflanzung, oder äußere Faktoren wie die Annäherung natürlicher Feinde, die (verbunden mit einer entsprechenden Empfingungsreaktion) Alarm- und Warnlaute auslöst. In beiden Fällen erfolgt die Signalaussendung offenbar ›aus dem Gefühl heraus‹ *(emotional)* oder im Affekt *(affektiv)* und oft ohne bewußte Kommunikationsabsicht *(nicht-intentional)* – zumindest läßt sich das aufgrund der Tatsache vermuten, daß viele dieser Signale auch dann gegeben werden, wenn kein Artgenosse als Adressat und Kommunikationspartner in der Nähe ist (so wie wir Menschen ja auch dann vor Freude jauchzen, vor Schreck aufschreien oder vor Schmerzen wimmern, wenn uns niemand dabei hört). Gehirnuntersuchungen an Rhesusaffen stützen diese Vermutung: Sie ergaben, daß die Lautäußerungen dieser Tiere nicht vom *Neocortex* gesteuert werden – der Großhirnrinde also, die die meisten ›intellektuellen‹ Prozesse lenkt –, sondern vom sogenannten *limbischen System,* das mehr für den Gefühls- und Instinktbereich zuständig ist.

Dieser emotionale und affektive Charakter der meisten Tiersignale ändert freilich nichts daran, daß sie den Artgenossen, sofern solche als Kommunikationspartner vorhanden sind, wichtige Informationen vermitteln – nicht nur über Gefühlszustände wie Paarungsbereitschaft, Hunger oder Aggressivität *(Empfindungs- und Motivationsübermittlung),* sondern auch über äußere Faktoren wie Bedrohungen, Futterquellen und anderes mehr *(Umweltinformation).* Und diese Informationen werden teilweise in präziserer Form gegeben, als es reine Stimmungsäußerungen erfordern würden: So reagieren viele Vogelarten auf das Herannahen eines Feindes nicht einfach mit einem unspezifischen Alarmlaut, sondern besitzen verschiedene Warnrufe für Luft- und Bodenfeinde, die jeweils ein unterschiedliches Verhalten auslösen. Bei bestimmten afrikanischen Affen (Meerkatzen) wurden drei derartige spezifische ›Rufe‹ nachgewiesen: Einer warnt vor Raubtieren, die sich am Boden bewegen, und veranlaßt zur Flucht auf die Bäume, ein zweiter meldet Greifvögel, vor denen im Unterholz Schutz gesucht wird, und ein dritter macht auf Schlangen aufmerksam, die man dann gemeinsam vertreibt.

Fast alle bis heute untersuchten derartigen Signalsysteme gehören zum Instinktverhalten und sind genetisch verankert, brauchen also im Prinzip nicht erlernt zu werden, sondern werden von Geburt an beherrscht. Erfahrung und Lernen spielen teilweise dennoch eine Rolle und führen zu bestimmten Modifikationen: Junge Meerkatzen stoßen z. B. die arteigenen Warnlaute anfangs beim Auftauchen aller möglichen Tiere aus und lernen erst allmählich, die gefährlichen von ungefährlichen zu unterscheiden, d. h. richtige ›Kategorien‹ zu bilden.

Angeborene und unbewußte Mechanismen, die gleichsam automatisch nach genetisch festgelegten Programmen funktionieren und nicht variabel oder erweiterbar sind, wo derselbe Reiz immer wieder aufs neue dieselbe Reaktion auslöst – dieses Bild tierischer Kommunikationsprozesse erinnert an DESCARTES' oben zitierten Begriff der »belebten Automaten« und könnte jede Diskussion über Ansätze von Sprache im Tierreich als abwegig erscheinen lassen. Doch gibt dieses Bild nicht die ganze Realität wieder. Tierische Verständigung, das haben gerade die Forschungen der letzten Jahrzehnte erwiesen, kann auch sehr viel komplexer sein und auf andere Weise funktionieren. Sie kann Züge besitzen, die man noch vor nicht allzulanger Zeit als ausschließliches Merkmal der menschlichen Sprache ansah.

Das beginnt schon beim vertrauten Gesang des Vogels vor dem Fenster. Auch hier handelt es sich um eine Art von Signal, jedoch um ein vergleichsweise kompliziert aufgebautes. Der Vogel reiht beim Singen einzelne Lautelemente (Töne) von unterschiedlicher Höhe, Dauer und Intensität zu Sequenzen aneinander, die als *Phrasen* und *Strophen* bezeichnet werden. Dies geschieht mit einer solchen Geschwindigkeit, daß das menschliche Ohr die Feinheiten erst beim langsamen Abspielen vom Tonband zu erfassen vermag. In seiner Grundstruktur ähnelt der Vogelgesang damit der Musik (und diente nicht ohne Grund einigen Komponisten als Inspirationsquelle), aber in einem allgemeineren Sinne auch der menschlichen Sprache, die ja ebenfalls aus gegliederten Lautfolgen besteht.

Bemerkenswerterweise ist der Gesang vieler Arten nicht vollständig angeboren, sondern muß auf der Basis einer ererbten Disposition von älteren Artgenossen gelernt werden. Fehlt dieses Vorbild, d. h. wächst ein solcher Vogel isoliert heran, dann singt er in der Regel nur sehr unvollkommen. Umgekehrt können manche Vögel artfremde Gesangsmotive (oder auch menschliche Worte und Sätze) erlernen und nachahmen – ein Vorgang, der als *Spotten* bezeichnet wird. Ein im Experiment von Kanarienvögeln aufgezogener Gimpel übernahm den Gesang seines Pflegevaters und gab diesen Kanariengesang anschließend an seine eigenen Jungen weiter.

Das Beispiel solcher Singvögel zeigt, welche Rolle Lernelemente in der tierischen Verständigung spielen können, und widerlegt die früher gängige Auffassung, es existiere eine eindeutige Grenze zwischen der ›Lernsprache‹ des Menschen und der ›Erbsprache‹ der Tiere. Dennoch hat der Vogelgesang mit ›Sprache‹ im eigentlichen Sinn natürlich nichts zu tun. Da der Vogel seine Gesangselemente zu immer wieder denselben Strophen reiht, bleibt sein Repertoire (das je nach Art nur eine, mehrere oder Dutzende solcher Strophen umfassen kann) so festgelegt und eingeschränkt, daß er daran nicht nur als Angehöriger einer Art und ›Dialektgruppe‹, sondern sogar als Individuum identifizierbar ist. Und der Informationsgehalt dieser immer aufs neue wiederholten Strophen ist nach heutigem Wissen nahezu so begrenzt wie der ande-

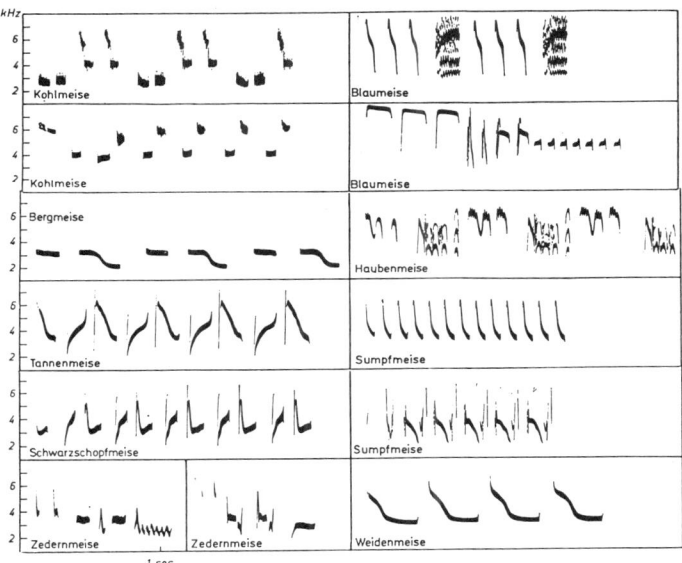

8 Mit einem Klangspektrographen aufgezeichnete Gesangstrophen mehrerer Meisenarten, die die Unterschiedlichkeit des Gesangs selbst zwischen verwandten Vogelarten veranschaulichen

rer, ungleich einfacherer Tiersignale. Die Mitteilung enthält offenbar nicht viel mehr als »Männchen XY im Besitz eines Reviers« – eine Botschaft, die potentielle Rivalen vor dem Eindringen warnt, ledige Weibchen dagegen während der Paarungszeit anlockt und damit der Revierabgrenzung und der Fortpflanzung dient.

Die seit mehreren Jahrzehnten durch KARL VON FRISCH und seine Schüler erforschte ›Tanzsprache‹ der Honigbiene, vielleicht das differenzierteste unter den bislang untersuchten tierischen Kommunikationssystemen, vermag dagegen bei der Informationsübermittlung Erstaunliches zu leisten. Mit ihrer Hilfe kann eine Sammlerin ihren Stockgenossinnen nicht nur das Vorhandensein einer lohnenden Futterquelle, sondern – durch Geschwindigkeit und Orientierung der Tanzbewegungen – auch deren Entfernung und Himmelsrichtung präzis mitteilen (vgl. S. 43 ff.). Die Weitergabe von Information mittels eines symbolischen Codes, früher oft als Monopol des Menschen angesehen, ist hier in einem solchen Maße verwirklicht, daß VON FRISCHS Entdeckung für erhebliches Aufsehen in der wissenschaftlichen Welt sorgte. Der den Bienentänzen zugrundeliegende ›Code‹ ist freilich angeboren, genetisch verankert und daher auch nicht variabel, wie verschiedene Versuche zeigten. Er entwickelte sich möglicherweise aus rein physiologischen Erregungszuständen und Bewegungen, die ursprünglich keine Mitteilungsfunktion hatten (vgl. S. 46). Daß vielleicht dennoch auch ein ›bewußtes‹ Element bei dieser Kommunikationsform eine Rolle spielt, läßt die Beobachtung vermuten, daß die Bienen in einem leeren Stock kaum tanzen und daß Heftigkeit und Dauer ihrer Bewegungsfolgen (wie auch die Reaktion der Stockgenossinnen) von der Ergiebigkeit der Futterquelle und vom Nahrungsbedarf der Gemeinschaft abhängen.

Was schließlich unsere nächsten Verwandten im Tierreich, die Menschenaffen, betrifft, so enthüllten die in den letzten drei Jahrzehnten durchgeführten Studien einer Reihe von Primatologen und Verhaltensforschern – darunter die langwierigen und einfühlsamen Forschungen der Engländerin JANE GOODALL unter wilden Schimpansen im Gombe-Nationalpark in Tansania – eine Vielzahl von teilweise rührenden, teilweise auch erschreckenden Ähnlichkeiten im Verhalten dieser Tiere mit demjenigen des Menschen. Noch vor 30 Jahren hätte dies kaum jemand in solchem Ausmaß für möglich gehalten.

Derartige Ähnlichkeiten finden sich auch im Kommunikationsverhalten. So besitzen die Menschenaffen für den Nahkontakt (Sichtkontakt) innerhalb der Gruppe ein reiches Arsenal an ausdrucksvollen Körperhaltungen, Gebärden und Variationen des Gesichtsausdrucks, von Signalen der *Gestik* und *Mimik* also, die ja auch bei uns Menschen eine wichtige und oftmals unterschätzte Rolle spielen. So wie wir uns durch die ›Körpersprache‹, durch Gesten, Blicke und unser Mienenspiel (Lächeln, Stirnrunzeln, zusammengebissene Zähne usw.) wortlos verständigen können, und zwar weltweit und zumindest teilweise auf der Basis angeborener ›Programme‹, so können das auch die Menschenaffen. Ihre visuellen Signale sind dabei mit verschiedenen Lautäußerungen und Berührungsreizen verbunden, so daß sich insgesamt ein sehr fein abgestuftes System kombinierter Reize zur Mitteilung von Stimmungen, Motivationen und anderen Informationen ergibt.

Dieses System ist in seiner Anwendung bemerkenswert flexibel und vielschichtig. Ein und dasselbe Signal kann je nach Kontext eine unterschiedliche Bedeutung haben. Die sehr häufige und beliebte gegenseitige Fellreinigung *(grooming)* etwa drückt normalerweise liebevolle Zuwendung unter Partnern und Verwandten aus, kann aber auch zur Beschwichtigung eines Gegenspielers in einer aggressiven Situation dienen. Das Präsentieren des Hinterteils (Abb. 9), eigentlich ein Paarungssignal, fungiert auch als Begrüßungs- oder Unterwerfungsgeste. Im Gegensatz zu den einfacher strukturierten Tiersignalen löst eine solche Geste auch keineswegs immer den gleichen Reflex aus, vielmehr existiert ein gewisser Reaktionsspielraum, bei dem die Umstände von großer Bedeutung sind. Beispielsweise kann das aus dramatischem Auftreten, Imponiergehabe und manchmal auch körperlichen Attacken bestehende Herausforderungs- und Angriffsverhalten eines Affenmännchens gegenüber einem anderen ebensogut eine aggressive Gegenreaktion des Adressaten wie eine unterwürfige und beschwichtigende Gebärde auslösen, je nach Stärke, Stimmung, Alter und sozialem Status der beiden Individuen.

Auch die akustische Verständigung scheint durch Erfahrungswerte und soziale Faktoren beeinflußt zu sein, denn Lautäußerungen finden oftmals unterschiedlich starke Beachtung, je nachdem, welches Individuum sie von sich gibt. Das im wesentlichen angeborene Signalinventar wird also situationsbedingt flexibel gehandhabt, was ohne ein starkes Lernelement unmöglich wäre. Auf diesem anpassungs- und leistungsfähigen Verständigungssystem beruht zu einem guten Teil die hochentwickelte Gruppenstruktur und soziale Hierarchie der Affengemeinschaften.

Vervollständigt wird dieses komplexe Bild durch die vor allem in den 60er und 70er Jahren durchgeführten aufsehenerregenden Versuchsreihen, die bewiesen, daß Schimpansen unter menschlicher Anleitung in der Lage sind, Zeichensprachen mit zum Teil Hunderten von Symbolen zu erlernen und sinnvoll und kreativ anzuwenden (vgl. S. 71 ff.). In der Natur konnte man derartiges allerdings niemals bei ihnen beobachten, und es ist nicht auszuschließen, daß unbeabsichtigte Dressurvorgänge bei diesen Versuchen eine Rolle spielten (vgl. S. 73).

Die Tierkommunikationsforschung ist noch ein vergleichsweise junger Wissenschaftszweig, und weitere überraschende Ergebnisse sind jederzeit möglich. Dies gilt beispielsweise für die mittlerweile schon berühmt gewordenen ›Gesänge‹ der Buckelwale, minutenlang andauernde und oft stundenlang wiederholte charakteristische Lautfolgen, deren Struktur man besser kennt als ihre Funktion.

Eine gewisse Skepsis gegenüber allzu sensationell aufgebauschten Hypothesen und Forschungsresultaten scheint jedoch angebracht, wie etwa das Beispiel der Delphine gezeigt hat. Deren umfangreiches Repertoire an unterschiedlichsten Lauten wurde in den 50er und 60er Jahren von einigen Wissenschaftlern als Hinweis auf ihre Fähigkeit zur bewußten und abstrakten Kommunikation gedeutet, und großangelegte Versuchsprojekte zielten letztlich darauf ab, in eine Art von ›sprachlichem Dialog‹ mit diesen Meeressäugern zu kommen. Die seitherige Forschung gelangte demgegenüber zu einer eher nüchternen Einschätzung und beurteilt die Lautäußerungen der Delphine, soweit sie nicht der Orientierung unter Wasser nach dem Echolotprinzip und mittels Ultraschall dienen, überwiegend als ebensolche stereotypen Lock-, Warn-, Stimmungs- oder Erkennungssignale, wie sie auch sonst im Tierreich üblich sind.

Trotz der gebotenen Vorsicht läßt sich aber sagen, daß die tierische Verständigung in ihrer Komplexität und Leistungsfähigkeit lange unterschätzt wurde, daß sie sich keineswegs immer in den eingangs beschriebenen simplen Reiz-Reaktions-Mechanismen erschöpft und daß manche starre definitorische Grenze, die man zwischen ihr und der menschlichen Sprache errichten zu können glaubte, hinfällig oder fragwürdig geworden ist. Viele Forscher vertreten heute sogar die Auffassung, es gebe kaum ein Merkmal, das unsere Sprache allein besitze, das sie nicht mit dem einen oder anderen tierischen Kommunikationssystem gemeinsam habe. Die Einzigartigkeit der menschlichen Sprache liegt ihrer Meinung nach nicht in einzelnen Unterscheidungskriterien mit absoluter Gültigkeit, sondern in der Art und Weise, wie sie viele solcher auch im Tierreich anzutreffenden Einzelmerkmale und

9 Begrüßungszeremoniell zweier Schimpansen: Ein ankommendes Weibchen ▷ präsentiert sein Hinterteil und wird vom Männchen zuerst an der Genitalregion, dann am Gesicht berührt. Es beugt sich vorn über und das Männchen deutet mit einer Geste die soziale Hautpflege an

-leistungen miteinander kombiniert, zu einem überlegenen neuen System verknüpft.

Nach welchen Prinzipien funktioniert nun aber unsere Sprache, was unterscheidet sie von den bisher besprochenen Verständigungssystemen? Tiersignale sind – wie wir sahen – in der Regel an unmittelbare Stimmungen und Situationen gebunden und daher nicht für eine Verständigung über abstrakte Dinge, über Fernliegendes, Vergangenes oder Zukünftiges geeignet. Im Leben und ›Denken‹ der Tiere spielen solche Kategorien offenbar keine Rolle, weshalb sich auch kein entsprechendes kommunikatives Instrumentarium zu entwickeln brauchte. Ein einzelnes Tiersignal übermittelt außerdem zumeist eine ganze ›Botschaft‹, so daß die Gesamtmenge an mitteilbarer Information schon durch die Anzahl der jeweils zur Verfügung stehenden unterschiedlichen Signaltypen (bei den meisten Tierarten weniger als hundert) begrenzt wird. Die tierischen Verständigungssysteme funktionieren aus diesen beiden Gründen, trotz aller Feinheit und oft auch Komplexität, nur innerhalb beschränkter Grenzen und sind nicht ausbaufähig oder erweiterbar. Sie bilden in diesem Sinne gleichsam *geschlossene* Kommunikationssysteme. Wollte man sie als *Sprache* bezeichnen, so müßte man diesen Begriff so weit fassen (etwa als ›Medium der Informationsübermittlung von einem Sender zu einem Empfänger‹), daß er faktisch mit dem allgemeineren Begriff der *Kommunikation* identisch würde, was kaum sinnvoll erscheint.

Die menschliche Sprache (und damit Sprache im eigentlichen Sinn) zeichnet sich demgegenüber durch ihre Vielseitigkeit und Variabilität aus. Sie ist ein *offenes* System, sowohl im Hinblick auf die Art wie auch auf die Menge der übermittelbaren Information – für beides existieren praktisch keine absoluten Grenzen. Grundlage dieses enormen Leistungsvermögens ist ihr Strukturprinzip, das in der Linguistik als sogenannte *doppelte Gliederung der Sprache* bezeichnet wird: Vergleichsweise wenige (zwischen 20 und 60) für sich bedeutungslose artikulierte Grundlaute, die *Phoneme,* erlauben durch unterschiedliche Kombination die Bildung einer großen Zahl von Bedeutungseinheiten *(Morphemen)* und Wörtern – von Lautfolgen also, die als Symbole für bestimmte Dinge und Begriffe stehen und die sich ihrerseits zu einer unbegrenzten Zahl von größeren Sinneinheiten mit höherem Informationsgehalt, den Sätzen, zusammenstellen lassen. Die Regeln der

Gepreßtlippengesicht
(Imponiergehabe,
Aggressivität)

Huuh-Machen

Spielgesicht

Offenes Vollgrinsen
(Erregung, Furcht)

Geschlossenes Vollgrin-
sen (Erregung, Nervosität)

Schmollen
(Frustration)

10   Beispiele für das Mienenspiel bei wildlebenden Schimpansen

Grammatik bzw. *Syntax,* nach denen diese Satzbildung erfolgt, sind ebenso wie die Wörter und ihre Bedeutungsinhalte – der Wortschatz bzw. das *Vokabular* – durch gesellschaftliche Übereinkunft festgelegt und werden durch Tradition weitergegeben. Sie müssen also – auf der Basis einer angeborenen Sprachdisposition und vielleicht auch genetisch verankerter sprachlicher Grundmuster – gelehrt und gelernt werden, unterscheiden sich von Sprache zu Sprache und unterliegen im Laufe der Zeit gewissen Wandlungen. Die Grundstruktur des ganzen Systems aber ist weltweit bei allen bekannten und überlieferten Sprachen die gleiche – auch bei denen der sogenannten ›primitiven‹ Völker, die daher keineswegs ›zurückgeblieben‹ oder weniger leistungsfähig sind.

Dieses Strukturprinzip, der »unendliche Gebrauch von endlichen Mitteln«[19], macht die menschliche Sprache zu einem einzigartig rationellen, anpassungs- und ausbaufähigen Kommunikationsinstrument.

Da nur gesellschaftliche Übereinkunft die Beziehung zwischen einem Ding oder Begriff und dem Lautgebilde, durch das es symbolisiert wird, herstellt (in der Linguistik bezeichnet man das als die *Willkürlichkeit* der Wortsymbole, eine Ausnahme bilden lediglich die lautmalenden Wörter), ist es ebenso einfach möglich, hochkomplexe Gedankengänge und abstrakte Kategorien ›in Worte zu fassen‹ wie die alltäglichen Dinge des Hier und Jetzt. Dank der Sprache können wir uns über alle nur erdenklichen Themenbereiche miteinander verständigen, über Liebe und Haß ebenso wie über Computerprogramme oder die philosophischen Grundfragen der Menschheit, über Lust und Leid ebenso wie über die Klassengesellschaft, den Weltfrieden oder die Entstehung des Universums – und sollte es in irgendeiner Sprache noch kein Wort für einen dieser Begriffe geben, so kann es bei Bedarf jederzeit problemlos erfunden werden, denn die menschliche Sprache ist fast unbegrenzt *produktiv* und *kreativ*.

Sie leistet aber noch mehr: Sie schärft, systematisiert und strukturiert unser Denken, sofern sie es nicht überhaupt erst ermöglicht, und sie hilft uns, die vielfältigen Erscheinungen der Welt, in der wir leben, zu gliedern und zu ordnen, indem wir uns von den einzelnen Dingen und Vorgängen ›einen Begriff machen‹ – übrigens in den unterschiedlichen Kulturen auf teilweise ganz verschiedene Weise, wie linguistische Studien erwiesen haben. Die zunächst einmal mündliche, *gesprochene Sprache* läßt sich außerdem in diverse abgeleitete, *sekundäre* Kommunikationsformen übertragen und umsetzen – etwa in unterschiedliche Gesten- und Gebärdensprachen, in Trommel- oder Funksignale (wie z. B. beim Morsealphabet) und in verschiedenartige graphische Aufzeichnungssysteme: also die *Schrift* in ihren vielfältigen Ausformungen.

Die Sprachentstehung läßt sich zusammenfassend definieren als Herausbildung eines ›offenen‹ Kommunikationssystems, das auf der ›willkürlichen‹ und bewußten Verknüpfung bestimmter Lautfolgen mit bestimmten Bedeutungsinhalten beruht. Ausgangspunkt dieses Prozesses waren wahrscheinlich bereits hochentwickelte, aber im Prinzip noch ›geschlossene‹ Verständigungssysteme, die denen der heutigen Menschenaffen ähnlich gewesen sein könnten. Dabei fand möglicherweise auch eine allmähliche Schwerpunktverlagerung von vorwiegend visuellen Kommunikationsformen – wie bei den heutigen Menschenaffen – zur überwiegend lautlichen Verständigung statt. Der

Begriff der ›Lautsprache‹ darf jedoch nicht an unsere heutigen Vorstellungen hinsichtlich Artikulationsvermögen, Laut- und Wortfülle und Sprechgeschwindigkeit gebunden werden, denn ein erst allmählich sich entwickelndes System besitzt selbstredend in seinen Anfängen noch nicht die gleiche Vollkommenheit wie an seinem (vorläufigen) Endpunkt. Auch wenn die Lautäußerungen unserer frühen Vorfahren in unseren Ohren noch sehr plump, schwerfällig und roh geklungen hätten – sie waren Sprache von dem Augenblick an, wo sie bewußt hervorgebracht wurden, um nach kollektiver Übereinkunft verschiedene Dinge zu benennen und unterschiedliche Bedeutungsinhalte auszudrücken. Ab welchem Punkt der menschlichen Evolutionsgeschichte wir damit rechnen dürfen, soll uns im folgenden beschäftigen.

Exkurs: Die ›Tanzsprache‹ der Honigbiene

Die Entdeckung und Entschlüsselung der ›Tanzsprache‹ der Honigbiene durch den Zoologen KARL VON FRISCH und andere Biologen gehört zu den bislang spektakulärsten Erfolgen der Verhaltensforschung. VON FRISCH fand heraus, daß die Honigbiene in der Lage ist, Informationen über ergiebige Nahrungsquellen durch tanzartige Bewegungsfolgen im Bienenstock an andere Sammlerinnen weiterzugeben.

Liegt die entdeckte Futterquelle weniger als etwa 50–100 m entfernt, so führt die Biene den sogenannten ›Rundtanz‹ auf (Abb. 11): Sie trippelt auf der Wabe in kleinen Kreisen links und rechts herum, wobei andere Sammlerinnen mit den Fühlern ihren Hinterleib berühren und ihren Bewegungen folgen. Dieser je nach Ergiebigkeit der Futterquelle

nur wenige Sekunden oder bis zu einer Minute dauernde Tanz, der an mehreren Stellen des Stockes wiederholt wird, veranlaßt die alarmierten Bienen, im näheren Umkreis nach der gemeldeten Nahrungsquelle zu suchen. Dabei dienen ihnen der der Kundschafterin anhaftende Blütengeruch und Nektar-Geschmacksproben, die diese auf der Wabe verteilt, als Anhaltspunkte.

Liegt die Futterquelle in größerer Entfernung, etwa 100 m oder weiter, so führt die Entdeckerin den komplizierteren ›Schwänzeltanz‹ auf (Abb. 12). Die Bewegungsfigur ähnelt dabei einer Acht, wobei die Sammlerin – wiederum gefolgt von sie berührenden Stockgenossinnen – auf der geraden Strecke zwischen den beiden Schleifen heftig mit dem Hinterleib ›schwänzelt‹, d. h. hin- und herwak-

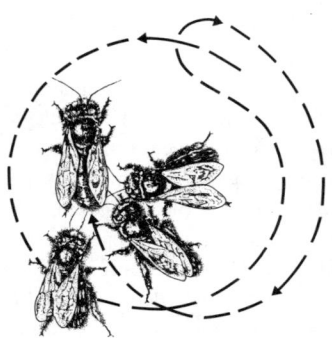

11   Rundtanz der Honigbiene

kelt. Dieser Tanz vermittelt genaue Informationen über die Lage der entdeckten Nahrungsquelle, so daß die alarmierten Bienen sogar kilometerweit entfernte Zielobjekte relativ zuverlässig finden. Die Länge des Weges wird dabei u. a. durch das Tempo des Tanzes mitgeteilt, das sich bei zunehmender Distanz (und damit Flugdauer) verlangsamt. VON FRISCHS Bienen tanzten bei einem 100 m weit gelegenen Ziel die Achterfigur in einer Viertelminute zehnmal, bei einem 5 km entfernten Ziel dagegen nur zweimal. Vermutlich informieren noch weitere Elemente des Tanzes über die Distanz – so die Dauer der Schwänzelbewegungen und akustische Signale, die die tanzende Biene durch Vibrationen ihrer Flügel hervorbringt.

Die Richtung der Nahrungsquelle teilt die Entdeckerin ihren Artgenossinnen durch die Orientierung ihres Schwänzeltanzes mit. Führt sie ihn unter freiem Himmel auf dem horizontalen Anflugbrett des Bienenstocks auf, so weist ihre Bewegungsrichtung bei dem geradlinig zurückgelegten Teil des Tanzes direkt auf das Ziel. Vor bzw. nach dem geradlinigen Abschnitt beschreibt sie Schleifen, die sie zu dessen Anfangspunkt zurückbringen. Tanzt die Sammlerin dagegen, wie zumeist der Fall, im dunklen Inneren des Stockes auf den senkrechten Waben, so gibt sie die Richtung bezogen auf den Sonnenstand an. Erfolgt die geradlinige Schwänzelbewegung senkrecht nach oben, so signalisiert dies, daß die Nahrungsquelle direkt in Richtung Sonne liegt; weist sie hingegen senkrecht nach unten, so ist das Ziel mit der Sonne im Rücken anzufliegen (deren Position vermögen die Bienen auch bei mäßig bedecktem Himmel durch die ultraviolette Strahlung und das polarisierte Licht zu erkennen). Abweichungen von der Sonnenrichtung werden winkelgenau angegeben: Liegt ein Ziel z. B. 60° links von der Sonnenrichtung, so ist die Bewegungsachse des Tanzes (d. h. sein geradlinig

12   Schwänzeltanz der Honigbiene

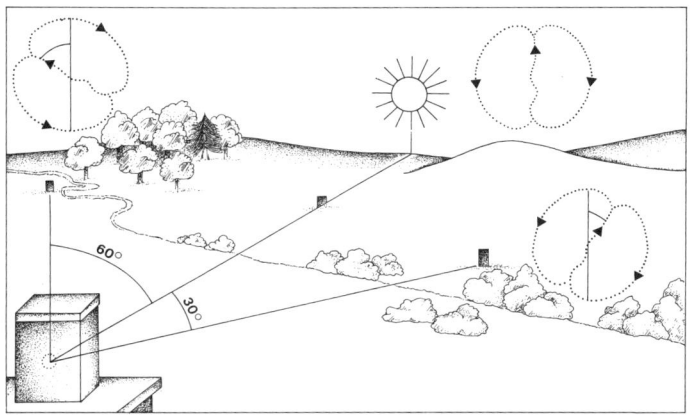

13 Positionsangabe von Futterquellen in bezug zur Sonne durch den Schwänzeltanz

verlaufender Abschnitt) entsprechend gegenüber der Senkrechten nach links geneigt, ist das Futter 30° rechts von der Sonnenrichtung zu finden, so erfolgt eine proportionale Drehung der Tanzachse nach rechts usw. (Abb. 13).

Dieser erstaunliche Mitteilungscode kommt auch zur Anwendung, wenn ein Bienenvolk schwärmt, d. h. sich auf die Suche nach einem neuen Nistplatz begibt. Kundschafterinnen (die sogenannten ›Spurbienen‹) fliegen dann in alle Himmelsrichtungen aus und melden nach ihrer Rückkehr durch Schwänzeltänze die Position der von ihnen entdeckten Unterkunftsmöglichkeiten, wobei Heftigkeit und Dauer der Tänze offenbar von der Güte und Eignung der jeweils aufgefundenen Objekte abhängig sind. Diese werden anschließend von anderen Bienen inspiziert, die wiederum

mehr oder minder heftig tanzen. Schließlich einigt sich das Volk nach zahllosen Erkundungsflügen und tagelangem ›Wett-Tanzen‹ mehrheitlich auf einen der Nistplätze. Es findet also nicht nur eine codierte Informationsübermittlung statt, sondern sogar eine Art von ritualisierter ›Diskussion‹ und ›Abstimmung‹!

Der genaue Code des Schwänzeltanzes variiert bei den verschiedenen Unterarten der Honigbiene, so daß die Forschung von unterschiedlichen ›Dialekten‹ der Bienensprache spricht. Viele Unterarten kennen noch eine weitere Tanzfigur, den sogenannten ›Sicheltanz‹, der bei mittleren Entfernungen zur Anwendung gelangt.

Diese faszinierende ›Tanzsprache‹ der Honigbiene ist im Tierreich einzigartig, baut aber auf Verhaltensweisen und Fähigkeiten auf, die auch andere Insekten besitzen. So lassen sich z. B. bei Motten, die von einem Flug zurückkehren, rhythmische Bewegungen beobachten, deren Dauer offenbar in Relation zur Länge des Fluges steht, die aber keinerlei Mitteilungsfunktion besitzen.

Auf eine lange Evolutionsgeschichte der ›Tanzsprache‹ deutet auch die Tatsache, daß bestimmte Vorformen existieren: So erfolgt z. B. bei den tropischen stachellosen Bienen eine Entfernungsangabe durch Lautsignale und eine Richtungsweisung durch Zickzackflüge, tanzen können sie jedoch nicht.

Sprachorgane, Gehirn und die Stammesgeschichte des Menschen

Im Jahre 1859 veröffentlichte CHARLES DARWIN sein epochemachendes Werk ›Die Entstehung der Arten durch natürliche Zuchtwahl‹, in dem er die Prinzipien der von ihm (und fast zur gleichen Zeit unabhängig auch von dem englischen Biologen ALFRED RUSSEL WALLACE) aufgestellten Evolutionstheorie darlegte. Obwohl er in diesem Werk nur in einem einzigen orakelhaften Satz direkt auf den Menschen Bezug nahm (»Licht wird auch fallen auf den Menschen und seine Geschichte«)[20], wurden seine Gedanken von einer Reihe anderer, weniger zurückhaltender Wissenschaftler – in England etwa von dem Biologen THOMAS HUXLEY und dem Geologen CHARLES LYELL, in Deutschland von den Zoologen ERNST HAECKEL und KARL VOGT – sogleich begeistert aufgegriffen und auch auf die Ursprünge des Menschen angewandt. So geriet von Anfang an jene provokante These in den Mittelpunkt der öffentlichen Diskussion über den ›Darwinismus‹, die DARWIN selbst erst zwölf Jahre später (1871) in seinem Buch ›Die Abstammung des Menschen‹ formulierte: daß nämlich »der Mensch von einer niedrig organisierten Form abstammt«[21], und zwar von einem affenartigen Vorfahren.

Obwohl DARWIN und seine Mitstreiter betonten, es gehe nicht um die Abkunft von einer der heutigen Affenarten, sondern um einen gemeinsamen Urahnen in grauer Vorzeit, der nicht »mit einem jetzt noch lebenden Affen identisch oder einem solchen auch nur sehr ähnlich gewesen« sei[22], fiel die öffentliche Reaktion denkbar heftig aus:

14 Ernst Haeckels
›sprachloser Affen-
mensch‹ in einer
Darstellung des
Malers Gabriel
von Max

enthusiastische Zustimmung bei den einen, peinliche Berührtheit, amüsierter Spott oder erregte Ablehnung bei den anderen. Besonders die Kirche und das konservative Bürgertum, nach deren Weltbild der Mensch von Adam und Eva abstammte und seine Existenz dem göttlichen Schöpfungsakt im Jahr 4004 v. Chr. verdankte (dieses Datum hatten christliche Gelehrte in mühevoller Arbeit aus der Bibel errechnet), empfanden die Verlängerung des menschlichen Stammbaums in unabsehbare Zeittiefen und bis in die Niederungen der Tierwelt hinein als gotteslästerlich, unwürdig und als Zumutung. Für sie war die neue Theorie ganz einfach ein Skandal. »Nachfahren von Affen! Mein Gott, hoffen wir, daß es nicht wahr ist; sollte es aber doch wahr sein, so laßt uns dafür beten, daß es nicht allgemein bekannt wird«[23] – dieser berühmtgewordene Stoßseufzer der Frau des Bischofs von Worcester nach einem Streitgespräch mit Thomas Huxley im Jahre 1860 doku-

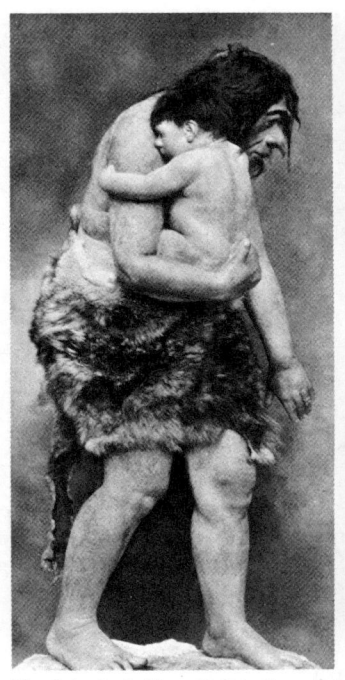

15 Betont primitiv gestaltete Neandertaler-Figuren von 1929 aus einem amerikanischen Museum

mentiert die Pikiertheit und Empörung der sogenannten ›besseren Kreise‹; eine Empörung, die freilich den Siegeszug der Evolutionstheorie in den nachfolgenden Jahren und Jahrzehnten nicht aufhalten konnte.

Über die Sprachbegabtheit der hypothetischen Urahnen des Menschen äußerte sich DARWIN nur sehr zurückhaltend, wenngleich er vermutete, daß vielleicht »die Größe des menschlichen Gehirns zum großen Teil dem frühen Gebrauch einer einfachen Form von Sprache zu verdanken« sei.[24] Sehr viel konkretere Vorstellungen brachte dagegen der bereits erwähnte deutsche Zoologe und Entwicklungstheoretiker ERNST HAECKEL in einer Reihe seit den 1860er Jahren veröffentlichter Schriften zum Ausdruck. Er entwarf eine Anzahl von Stammbäumen

16 Moderne Neandertaler-Plastik

der Entwicklung des Lebens auf der Erde und nahm dabei als ersten direkten Vorläufer des modernen Menschen ein Wesen an, für das noch keinerlei empirische Belege existierten und das er als *Pithecanthropus alalus,* als ›sprachlosen Affenmenschen‹, bezeichnete. »Der sichere Beweis«, so HAECKEL, »daß solche sprachlose Urmenschen oder Affenmenschen dem sprechenden Menschen vorausgegangen sein müssen, ergibt sich aus der vergleichenden Sprachforschung.« Obgleich diese Wesen nach seiner Vermutung bereits aufrecht gingen und »nicht bloß durch ihre äußere Körperbildung, sondern auch durch ihre innere Geistesentwicklung dem eigentlichen Menschen schon viel näher als die Menschenaffen gestanden haben werden, fehlte ihnen dennoch das eigentliche Hauptmerkmal des Menschen, die artikulierte menschliche

Wortsprache und die damit verbundene Entwicklung des höheren Selbstbewußtseins und der Begriffsbildung. (...) Die echten Menschen entwickelten sich aus den Affenmenschen durch die allmähliche Ausbildung der tierischen Lautsprache zur gegliederten und artikulierten Wortsprache. Mit der Entwicklung dieser Funktion ging natürlich diejenige ihrer Organe, die höhere Differenzierung des Kehlkopfs und des Gehirns, Hand in Hand.«[25] Das war eine Entwicklungstheorie der Sprache, wie sie ähnlich schon von antiken Autoren wie LUKREZ und DIODOR formuliert wurde (vgl. S. 15 f.), nun aber verbunden mit dem evolutionsbiologischen Ansatz der darwinistischen Ära.

Trotz des Spotts und heftiger Kritik, denen HAECKEL sich wegen dieser Thesen ausgesetzt sah, hielt er an seinem Konzept des ›sprachlosen Affenmenschen‹ fest und veranlaßte sogar den angesehenen Maler GABRIEL VON MAX, nach seinen Angaben einige Bilder des hypothetischen Vorfahren anzufertigen. Sie zeigen diesen als bereits menschenartiges Wesen, das jedoch durch seine halbgebückte Körperhaltung, durch dichte Rückenbehaarung, Schmerbauch und abgespreizte ›Affenzehe‹ sehr plump und primitiv wirkt und dessen dümmlicher Gesichtsausdruck wohl die noch gering entwickelten geistigen (und damit auch sprachlichen) Fähigkeiten veranschaulichen soll (Abb. 14).

Diese Vorstellung vom halb tierhaften, intellektuell unentwickelten und sprachunfähigen Urmenschen, zu HAECKELs Zeit noch eine neue und fruchtbare Arbeitshypothese, wurde später mehr und mehr zum bequemen – weil dem Selbstbewußtsein der ›zivilisierten‹ Menschheit schmeichelnden –, für den wissenschaftlichen Fortschritt aber eher hinderlichen Klischee. Viele der Ur- und Frühmenschenfunde, die die Pioniere der prähistorischen Archäologie im späten 19. und frühen 20. Jh. ans Tageslicht brachten, wurden unter dem Einfluß derartiger Voreingenommenheiten falsch bewertet und interpretiert. So sah man etwa den Neandertaler – im Bewußtsein der breiten Öffentlichkeit bis heute *der* Urmensch schlechthin – lange Zeit als ein stumpfsinniges, kretinhaftes Wesen, eine Art ›Dorftrottel der Menschheitsgeschichte‹ an, und noch immer weckt sein Name wenig schmeichelhafte Assoziationen, ja besitzt fast den Charakter eines Schimpfworts. Auch heute noch werden unsere urgeschichtlichen Vorfahren in Kinofilmen, Karikaturen oder Comics vorzugsweise als gebückte, hängeschultrige und bestenfalls röchelnde oder stammelnde Geschöpfe mit äußerst beschränktem Verstand vorgeführt. Dabei legte die prähistorische Forschung derartige Vorstellungen bereits vor geraumer Zeit zu den Akten. Das Bild der menschlichen Entwicklungsgeschichte hat sich durch die Forschungsergebnisse dieses Jahrhunderts und speziell der letzten Jahrzehnte gründlich und tiefgreifend verändert.

Mensch und moderne Menschenaffen gehen nach heute vorherrschender Auffassung auf eine vor etwa 25–10 Millionen Jahren existierende gemeinsame Stammgruppe ausgestorbener Menschenaffenarten, die *Dryopithecinen,* zurück. Irgendwann während dieses Zeitraums – die Schätzungen der meisten Paläontologen liegen bei etwa 14–12 Millionen Jahren vor heute – trennten sich der Entwicklungszweig der *Pongiden,* aus dem die heutigen Menschenaffen hervorgingen, und der der *Hominiden* (Menschenartigen), der über eine Reihe von ausgestorbenen Formen schließlich zum modernen Menschen führte.

Die ersten Jahrmillionen dieses Weges liegen trotz aller Forschungen nach wie vor weitgehend im dunkeln. Viele Wissenschaftler nehmen an, daß ein vor etwa 15–8 Millionen Jahren in Asien, Europa und Afrika lebender hochentwickelter Primat, der *Ramapithecus,* der hauptsächlich durch Gebiß- und Schädelteile bekannt ist, dabei eine wesentliche Rolle spielte und wahrscheinlich der erste Vertreter der neuentstandenen Hominidenlinie war. In den letzten Jahren hat ein neuer, molekularbiologisch arbeitender Forschungszweig diese vor allem durch anatomische Studien gewonnenen Ergebnisse jedoch in Zweifel gezogen. Aufgrund von vergleichenden Untersuchungen der Bluteiweißstoffe und der Erbsubstanz (DNA) von Mensch und Menschenaffen vertreten diese Wissenschaftler die Meinung, daß die Trennung der Hominiden- und Pongidenlinie wesentlich später erfolgt sei, als bisher angenommen, daß Mensch und Schimpanse noch vor etwa sieben bis fünf Millionen Jahren einen gemeinsamen Vorfahren besessen hätten und daß daher Ramapithecus, der vor dieser Zeit lebte, noch kein Hominide gewesen sein könne, sondern ein Vorfahre der Menschenaffen gewesen sein müsse. Weitere Forschungen bleiben hier abzuwarten.

Deutliche Konturen gewinnt die zum Menschen führende Linie erst mit den vor etwa vier Millionen Jahren auftauchenden und durch zahlreiche Funde relativ gut bekannten *Australopithecinen.* Der Name bedeutet wörtlich ›Südaffen‹ und verweist darauf, daß die bislang entdeckten fossilen Exemplare dieser Hominidengattung auf Afrika, und zwar Süd- und Ostafrika, beschränkt sind, so daß nach heutigem Wissen vermutlich dort das ursprüngliche Zentrum der Entwicklung zum Menschen lag. Die Gattung der Australopithecinen umfaßte mehrere verschiedene Arten. Die Paläanthropologen unterscheiden nach Schädelgröße und -form, Zähnen, Körperbau usw. beispielsweise *Australopithecus afarensis, africanus, robustus* und *boisei.* Diese Unterteilungen können wir hier vernachlässigen. Angemerkt sei lediglich, daß vor etwa zwei Millionen Jahren eine Hominidenart auftauchte, die offenkundig höher entwickelt und ›fortschrittlicher‹ war als die zur gleichen Zeit lebenden Australopithecinen, und die als *Homo habilis* (›befähigter Mensch‹) bezeichnet, d. h. bereits der Gattung Homo zugerechnet wird.

Mit Sicherheit zur Gattung Mensch gehörte dann der von etwa 1,5 Millionen bis 300 000 Jahre vor heute lebende *Homo erectus* (›aufgerichteter Mensch‹), der im Gegensatz zu den Australopithecinen nicht nur in Afrika, sondern auch in weiten Teilen Asiens und Europas verbreitet war. Die Paläanthropologie unterscheidet mehrere Unterarten und regionale Sonderformen wie z. B. den Java-Menschen (ursprünglich *Pithecanthropus erectus*), den Peking-Menschen (ursprünglich *Sinanthropus*), den *Homo heidelbergensis* und andere, die früher als jeweils eigene Arten galten, bis man ihre Zusammengehörigkeit erkannte und sie in der Homo-erectus-Gruppe zusammenfaßte.

Etwa zur Zeit des Verschwindens dieses Hominidentyps, vor ca. 300 000 Jahren, tauchte in Europa eine andere Menschenform auf, nach

17   Übersichtstabelle zur Entwicklungsgeschichte des Menschen und seinen ▷
     frühesten technologisch-kulturellen Errungenschaften. Es handelt sich um
     eine stark vereinfachte und schematisierte Zusammenstellung – die einzelnen
     Hominidentypen und archäologischen Kulturen folgten in der Realität nicht
     immer linear aufeinander, sondern ›überlappten‹ sich teilweise oder liefen
     über weite Zeiträume nebeneinander her. In der Spalte ›Archäologische Kulturen‹ ist beim Mittel- und Jungpaläolithikum die für Mittel- und Westeuropa
     gültige Gliederung angegeben

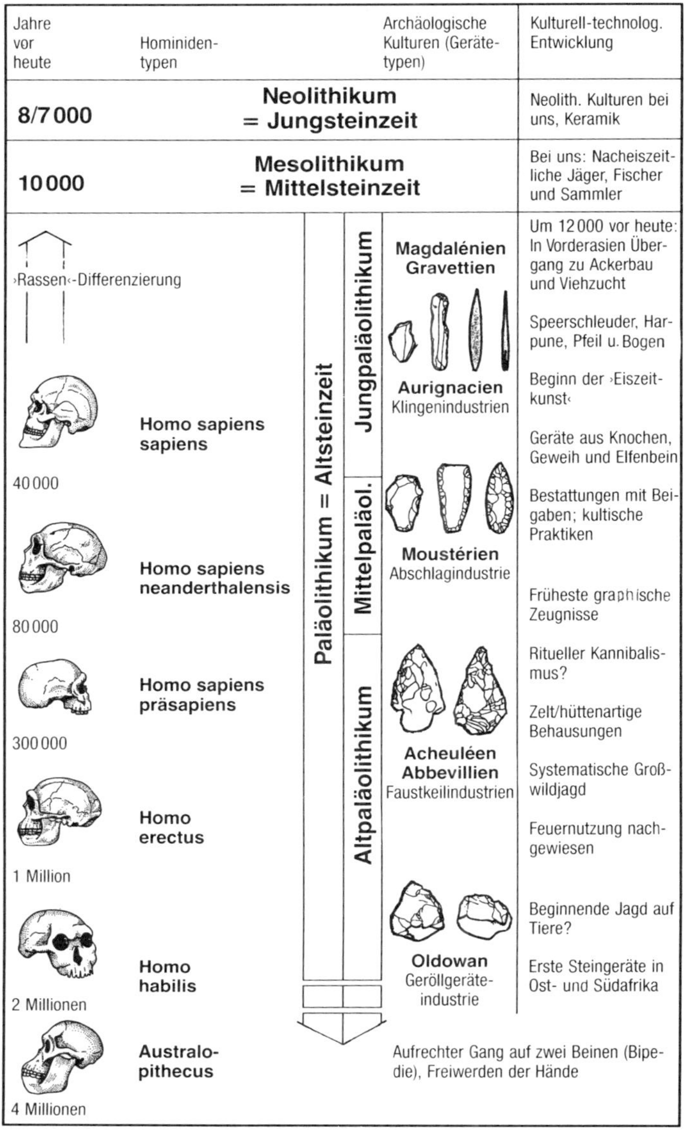

Jahre vor heute	Hominiden-typen				Archäologische Kulturen (Geräte-typen)	Kulturell-technolog. Entwicklung
8/7 000	**Neolithikum = Jungsteinzeit**					Neolith. Kulturen bei uns, Keramik
10 000	**Mesolithikum = Mittelsteinzeit**					Bei uns: Nacheiszeit-liche Jäger, Fischer und Sammler

Column structure below (left to right): Hominidentypen with skull illustrations, then a large vertical arrow labeled **Paläolithikum = Altsteinzeit** subdivided into **Jungpaläolithikum**, **Mittelpaläol.**, **Altpaläolithikum**; then archäologische Kulturen; then kulturell-technologische Entwicklung.

›Rassen‹-Differenzierung

Paläolithikum = Altsteinzeit

Jungpaläolithikum

Magdalénien Gravettien

Um 12 000 vor heute: In Vorderasien Über-gang zu Ackerbau und Viehzucht

Speerschleuder, Har-pune, Pfeil u. Bogen

Aurignacien Klingenindustrien

Beginn der ›Eiszeit-kunst‹

Homo sapiens sapiens

40 000

Geräte aus Knochen, Geweih und Elfenbein

Mittelpaläol.

Bestattungen mit Bei-gaben; kultische Praktiken

Moustérien Abschlagindustrie

Homo sapiens neanderthalensis

80 000

Früheste graphische Zeugnisse

Ritueller Kannibalis-mus?

Homo sapiens präsapiens

300 000

Zelt/hüttenartige Behausungen

Altpaläolithikum

Acheuléen Abbevillien Faustkeilindustrien

Systematische Groß-wildjagd

Homo erectus

Feuernutzung nach-gewiesen

1 Million

Beginnende Jagd auf Tiere?

Homo habilis

Oldowan Geröllgeräte-industrie

Erste Steingeräte in Ost- und Südafrika

2 Millionen

Australo-pithecus

Aufrechter Gang auf zwei Beinen (Bipe-die), Freiwerden der Hände

4 Millionen

ihren beiden bekanntesten Fundorten *Steinheim-* bzw. *Swanscombe-Mensch* genannt. Sie gilt vielen Fachleuten als unmittelbarer Vorläufer des modernen Menschen und wird auch als *Homo sapiens präsapiens* bezeichnet.

Gleichzeitig mit und nach ihr existierten andere, archaischer wirkende Formen, deren spätester und bekanntester Vertreter der ›klassische‹ Neandertaler der letzten Eiszeit war. Dieser sehr robuste Menschentyp beherrschte vor etwa 80 000–40 000 Jahren die Szenerie des vorgeschichtlichen Europa. Er war somit bereits eine vergleichsweise junge Entwicklungsform und gilt vielen Experten als ein später ausgestorbener spezialisierter Typus, der sich in besonderer Weise an die extremen eiszeitlichen Klimaverhältnisse angepaßt hatte. Man betrachtet ihn heute oft als Seitenzweig, gleichsam als ›toten Ast‹ des menschlichen Evolutionsstammbaums. Trotz seiner ›archaisch‹ wirkenden körperlichen Erscheinung war er aber zweifellos hochentwickelt und wird daher als *Homo sapiens neanderthalensis* unserer eigenen Art *Homo sapiens,* dem ›vernunftbegabten Menschen‹, zugerechnet (Abb. 16). Vor etwa 40 000 Jahren verschwand er aus unbekannten Gründen und auf ungeklärte Weise von der urgeschichtlichen ›Bildfläche‹ und machte dem modernen Menschen, dem *Homo sapiens sapiens,* Platz, der sich schließlich auch in die zuvor unbewohnten Kontinente Amerika und Australien ausbreitete und wohl schon in mehrere unterschiedliche ›Rassen‹ und Varianten differenziert war.

Wie dieser kurze Überblick zeigt, lösten die verschiedenen Hominidenarten einander keineswegs in einer geradlinigen Entwicklung ab (wie es eine chronologische Tabelle nach Art von Abb. 17 suggerieren könnte), sondern existierten oft über lange Zeiträume hinweg nebeneinander, so daß sich insgesamt ein sehr verwickelter und komplizierter Evolutionsstammbaum mit zahlreichen verschiedenartigen Entwicklungszweigen ergibt. Über die präzisen ›Verwandschaftsverhältnisse‹ innerhalb dieses Stammbaums ist sich die Forschung bis heute keineswegs immer einig. Dies kann auch nicht verwundern, wenn man bedenkt, daß bislang aus mehreren Jahrmillionen und weit voneinander entfernten Weltgegenden die fossilen Überreste von kaum tausend urgeschichtlichen Individuen der unterschiedlichen Gattungen und Arten und jeweils unterschiedlichen Geschlechts bzw. Alters vorliegen, z. T. nur ein paar einzelne Knochenstücke oder

Zähne. Gewisse Grundlinien des Menschwerdungsprozesses zeichnen sich heute aber dennoch deutlich ab, vor allem aufgrund der seit einigen Jahrzehnten von Forschern wie RAYMOND DART, ROBERT BROOM, LOUIS, MARY und RICHARD LEAKEY und DONALD JOHANSON (um nur einige zu nennen) in Süd- und Ostafrika durchgeführten Ausgrabungen, die z. T. sensationelle Ergebnisse erbrachten.

Von den spezifisch menschlichen Merkmalen war offenbar der aufrechte Gang, die *Bipedie,* am frühesten ausgeprägt. Nicht erst Homo erectus besaß ihn, wie man früher annahm, sondern schon die ersten bekannten Australopithecinen, wie u. a. Analysen ihrer Bein- und Beckenknochen beweisen. Zu den in diesem Zusammenhang spektakulärsten Funden zählen ein rund drei Millionen Jahre altes und fast zur Hälfte erhaltenes Skelett eines weiblichen Australopithecinen, das unter dem Namen *Lucy* in die Forschungsgeschichte eingegangen ist, sowie versteinerte Fußspuren von drei aufrechtgehenden Hominiden, die in Laetoli (Tansania) in einer etwa 3,6 Millionen Jahre alten Schicht aus gehärteter Vulkanasche entdeckt wurden.

Der aufrechte Gang – das zeigen diese Befunde – dürfte sich als Anpassung an eine offene Landschaft schon vor oder bei den Australopithecinen entwickelt haben. Dadurch wurden die Hände frei für andere Tätigkeiten, und sie erlangten im Laufe der menschlichen Evolution eine Geschicklichkeit, die sie bei anderen Primaten nicht besitzen – vor allem die Fähigkeit zum sogenannten ›Präzisionsgriff‹ mittels des opponierbaren Daumens, ohne den etwa eine Werkzeugherstellung kaum möglich wäre. Dieser Schritt zur Geräteproduktion folgte freilich – soweit man heute weiß – nicht sofort, sondern Hunderttausende oder Millionen von Jahren nach der Entwicklung des aufrechten Gangs, so daß ein direkter Zusammenhang zwischen beiden Prozessen nicht anzunehmen ist.

Die frühesten grob zurechtgeschlagenen Steinwerkzeuge, sogenannte Geröllgeräte *(pebble tools)* stammen aus 2,5–2 Millionen Jahre alten Schichten in Ostafrika und werden in der Regel dem Homo habilis zugeordnet. Ob auch die Australopithecinen solche Geräte herstellten, bleibt umstritten. Sie dienten wohl vorwiegend zur Zerlegung von (durchaus auch größeren) Tieren, die man vielleicht teilweise schon jagte. Einen Übergang von der ursprünglich rein vegetabilischen Kost zu gemischter Pflanzen- und Fleischnahrung läßt auch die Beschaffenheit des Gebisses bei einem Teil der Australopithecinen und beim Homo habilis vermuten.

Was die Gehirnentwicklung betrifft – früher gern als der Initiator und Hauptschrittmacher der menschlichen Evolution angesehen –, so ging sie den eben beschriebenen Veränderungen nicht voraus, sondern folgte ihnen mit erheblichem zeitlichem Abstand nach. Am Anfang der Menschwerdung, so läßt sich daraus folgern, stand nicht der ›Geist‹, sondern der Übergang zu einer neuen Lebens- und Ernährungs-

18 Übersicht über das Schädelvolumen des Schimpansen, der wichtigsten fossilen Hominiden und des modernen Menschen (schwarze Balken = Variationsbreite, Mittelstrich = Durchschnittswert). Mit der Vergrößerung des Gehirns ging eine Verkleinerung des Gesichtsschädels einher

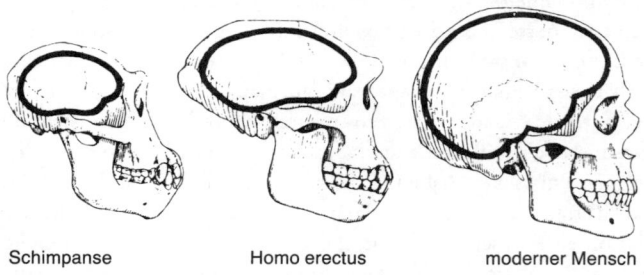

Schimpanse   Homo erectus   moderner Mensch

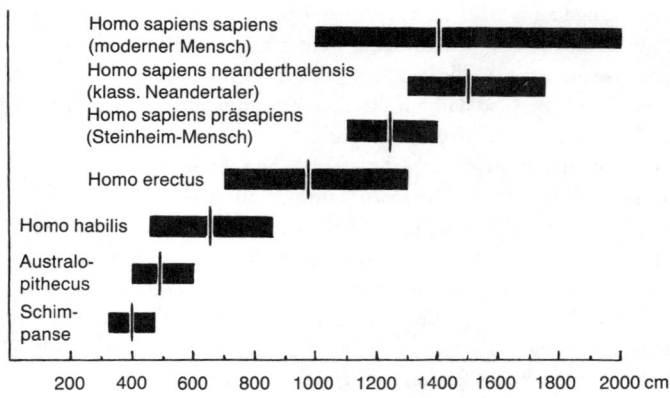

weise, und erst durch deren Erfordernisse bildeten sich in einem Jahrmillionen dauernden, schrittweisen Prozeß die neuen, ›menschlichen‹
intellektuellen Fähigkeiten und das dazu erforderliche Gehirn heraus.

Dieser Vorgang läßt sich nur unvollkommen durch die Zunahme der
absoluten Größe des Gehirns veranschaulichen, denn diese sagt noch
nichts über dessen Struktur und ›Verschaltung‹ aus. Das Hirnvolumen
unterliegt auch beim heutigen Menschen erheblichen individuellen
Schwankungen und muß überdies zum Körpergewicht in Beziehung
gesetzt werden, das bei den frühen Hominiden erheblich geringer
war als beim modernen Menschen. Dennoch vermag diese Zunahme
zumindest einen gewissen Eindruck von der stattgefundenen ›intellektuellen Evolution‹ zu vermitteln, weshalb hier die wichtigsten Eck-
daten genannt seien (Abb. 18): Das Gehirnvolumen der *Australopithecinen* lag mit etwa 400–600 cm³ nur geringfügig höher als das der
heutigen Schimpansen oder Orang-Utans, die ebenfalls 450 cm³ errei-
chen können. Es entsprach damit rund einem Drittel der Gehirnkapa-
zität des rezenten Menschen, die durchschnittlich 1400 cm³ beträgt
(mit einer individuellen Schwankungsbreite zwischen etwa 1000 und
2000 cm³ ohne ersichtliche Unterschiede in der geistigen Leistungsfähigkeit). Die als *Homo habilis* bezeichneten ›fortschrittlicheren‹
Typen besaßen bereits Gehirne von rund 500–850 cm³, und beim
Homo erectus fand eine gewaltige Vergrößerung auf 700–1300 cm³ statt.
Das entsprach einer Verdoppelung gegenüber den Australopithecinen
auf rund zwei Drittel der heutigen mittleren Gehirngröße (die über
1000 cm³ liegenden Werte stammen vorwiegend von jüngeren Homo-
erectus-Typen aus der Zeit seit etwa 500 000 Jahren vor heute). Der
Steinheim- und der *Swanscombe-Mensch* besaßen Gehirnvolumina von
1100–1300 cm³, und die Werte der klassischen Neandertaler lagen dann
mit 1350–1750 cm³ im Größenbereich des modernen Menschen, des
Homo sapiens sapiens, mit durchschnittlich 1500 cm³ sogar etwas
darüber. Ohne auf Einzelheiten einzugehen, kann weiter gesagt werden, daß mit dieser zunehmenden Vergrößerung des Gehirns und
Hirnschädels eine entsprechend fortschreitende Verkleinerung des
Gesichtsschädels, insbesondere ein Zurücktreten der sonst bei den
Primaten üblichen Schnauzenbildung einherging. Ergebnis war eine
schrittweise Annäherung an die typisch ›menschliche‹ Gesichtsform,
wenngleich bestimmte ›primitive‹ Merkmale wie die berühmten Über-

augenwülste, die fliehende Stirn oder das fehlende Kinn noch sehr lange weiterbestanden.

Insgesamt erkennen wir ein kompliziertes Geflecht von sich wechselseitig bedingenden Evolutionsfaktoren und entsprechenden körperlichen bzw. geistigen Veränderungen. Gibt es innerhalb dieses durch Funde fossiler Knochen belegten Entwicklungsprozesses nun irgendwelche Hinweise auf die Herausbildung der Sprache, sozusagen ›versteinerte‹ Zeugnisse früher menschlicher Sprachfähigkeit? Die Suche danach ist fast so alt wie die Paläanthropologie selbst, und von Anfang an richtete sich dabei das Augenmerk auf zwei Ansatzpunkte: das Gehirn und den Lautbildungsapparat, also die Sprachorgane. In beiden Fällen griffen die Urmenschenforscher auf Erkenntnisse über die Sprachmechanismen beim heutigen Menschen zurück, die medizinische Disziplinen wie die Anatomie und die Gehirnforschung seit Mitte des 19. Jhs. gewonnen hatten.

Im Jahr 1861 untersuchte der französische Arzt PAUL BROCA die Gehirne zweier verstorbener Patienten, die unter einer bestimmten Art von Sprachstörung *(Aphasie)* gelitten hatten. Er fand in beiden Fällen eine Schädigung im Stirnlappen der linken Großhirnrinde, und zwar am Fuß der sogenannten dritten Frontalwindung – einem Hirnbereich, der bald unter dem Namen *Broca-Zentrum* bekannt wurde (Abb. 19). BROCAS Vermutung, das gesamte menschliche Sprachvermögen lasse sich in diesem einen Hirnareal lokalisieren, hat sich zwar als falsch erwiesen. Man betrachtet das Gehirn heute nicht mehr als Zusammenschluß vieler autonomer Einzelbereiche, sondern als funktionelles Ganzes, bei dem alle Teile zusammenwirken, zumal in bezug auf eine so komplizierte Erscheinung wie die Sprache. Innerhalb dieses funktionellen Ganzen existieren gleichwohl spezialisierte Bereiche, und einen solchen bildet ohne Zweifel das von BROCA entdeckte Sprachzentrum. Es liegt in der Nähe der Steuerungsregionen für Lippen, Zunge, Gaumen und Kehlkopf und spielt eine wichtige Rolle bei der Lenkung der artikulierenden Sprechbewegungen, beim aktiven Hervorbringen von Sprache also, weshalb es auch als *motorisches Sprachzentrum* bezeichnet wird. Nervenbahnen verbinden es eng mit dem 1874 von dem deutschen Arzt CARL WERNICKE im Schläfenlappen der linken Hirnrinde entdeckten *Wernicke-Zentrum,* das beim Verstehen von gehörter Sprache und für die ›Wahl der richtigen Worte‹ von

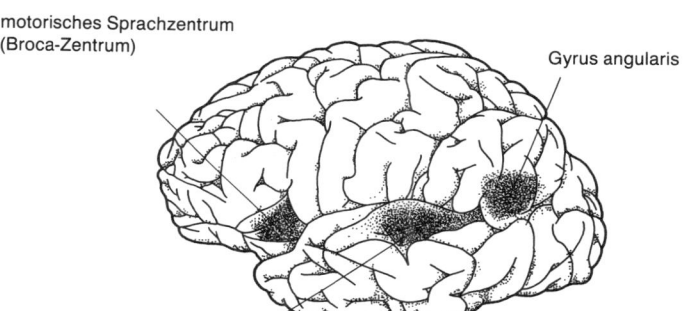

motorisches Sprachzentrum
(Broca-Zentrum)

Gyrus angularis

sensorisches Sprachzentrum
(Wernicke-Zentrum)

19 Die Sprachzentren in der Großhirnrinde des heutigen Menschen, gewöhnlich in der linken Gehirnhälfte gelegen

entscheidender Bedeutung ist. Es wird auch als *sensorisches Sprachzentrum* bezeichnet (Abb. 19).

Während eine Schädigung des Broca-Zentrums zur Störung des Artikulationsvermögens und des Redeflusses führen kann, zu einer sinnvollen, aber schwerfälligen und schleppenden Sprache *(motorische Aphasie)*, hat eine Verletzung des Wernicke-Zentrums oft eine andere Sprachstörung zur Folge, bei der die Rede zwar fließend und artikuliert, aber vom Inhalt her fehlerhaft und wirr ist, bei gleichzeitiger Störung des Sprachverständnisses *(sensorische Aphasie)*.

Einen dritten für das Sprachvermögen besonders wichtigen Gehirnbereich bildet der dicht hinter dem Wernicke-Zentrum liegende *Gyrus angularis* (Abb. 19), eine Art Verbindungsstation zur Verknüpfung unterschiedlicher Reize. Er ermöglicht es etwa, das Aussehen eines Gegenstandes mit der Lautung seines Namens zu assoziieren und diese Verbindung im Gedächtnis zu speichern – ein wichtiger Faktor beim kindlichen Spracherwerb.

Alle drei Zentren befinden sich normalerweise in der *linken* Gehirnhälfte, die bei den meisten Menschen (etwa 95% der Rechts- und 70% der Linkshänder) die Sprachfunktionen steuert. Bei manchen Personen, vorwiegend Linkshändern, ist dagegen die rechte Gehirnhälfte sprachlich dominant, und allgemein kann sie bei Schädigungen der linken Hemisphäre deren Funktionen übernehmen, zumindest bis zu einem gewissen Lebensalter. Noch nicht völlig geklärt ist, inwieweit diese für das menschliche Gehirn charakteristische *Lateralisation,* d. h. Seitenspezialisierung, mit (üblicherweise) *Dominanz der linken Hemisphäre* auch im Tierreich vorkommt. Der Gesang einer Reihe von Vogelarten scheint interessanterweise ebenfalls linksseitig kontrolliert zu sein.

Nun stehen die Gehirne unserer hominiden Vorfahren der Forschung leider nicht zur Verfügung, da sie wie alle Weichteile des Körpers verwest und vergangen sind. Nur die Knochen haben sich erhalten und sind in fossiler, d. h. ›versteinerter‹ Form überliefert. Von den wichtigsten Hominidenarten liegen aber einzelne annähernd vollständige Schädelfunde vor, und bei manchen von ihnen hat sich die ehemalige Gehirnoberfläche im Inneren der Schädeldecke als negatives Relief abgedrückt und ist noch heute zu erkennen. Gießt man einen solchen Schädel mit einem Material wie etwa Gips oder Latex aus, dann erhält man einen positiven Abdruck des Schädelinneren, des *Endocraniums,* der zwar nicht in den Details, aber doch in groben Umrissen die Oberflächenstruktur des längst vergangenen Gehirns wiedergibt oder zumindest erahnen läßt. Von einigen Australopithecinen sind aufgrund besonderer Einlagerungsbedingungen sogar fossile, auf natürliche Weise entstandene Endocraniumabdrücke überliefert (Abb. 20).

Bereits seit Beginn unseres Jahrhunderts haben Forscher versucht, aus solchen Schädelabgüssen Aufschlüsse über die intellektuelle Entwicklungsstufe und speziell auch über das Sprachvermögen der Ur- und Frühmenschen zu gewinnen – eine Forschungsrichtung, die heute als *Paläoneurologie* bezeichnet wird. 1911 veröffentlichten etwa die beiden Anthropologen MARCELLIN BOULE und RAOUL ANTHONY die Ergebnisse einer Untersuchung am Schädelausguß eines klassischen Neandertalers von La Chapelle-aux-Saints in Westfrankreich. Sie äußerten die Auffassung, daß das Gehirn des betreffenden Individuums trotz seiner Größe (über 1600 cm³) dem des modernen Menschen weit unterlegen gewesen sei, »in den meisten Details seiner Morphologie dem der Menschenaffen« nahegestanden habe und nur »rudimentäre geistige Fähigkeiten« zugelassen haben könne – alles Thesen, die heute weitgehend indiskutabel sind, die sich jedoch sehr gut in das damals vorherrschende Bild vom noch halb tierartigen Urmenschen einfügten (vgl. S. 50). Dazu paßte auch BOULES und ANTHONYs Feststellung, daß der Fuß der linksseitigen dritten Frontalwindung des Gehirns, also das Broca-Zentrum, nicht oder nur sehr gering entwickelt gewesen sei, woraus sie auf »das wahrscheinliche Fehlen artikulierter Sprache« oder eine nur »rudimentäre artikulierte Sprache« schlossen, obwohl nach ihrer eigenen Beobachtung »eine leichte Dominanz der linken Hemisphäre über die rechte« vorlag.[26]

Mehr als zwei Jahrzehnte später, im Jahre 1933, untersuchten der Anatom DAVIDSON BLACK und seine Mitarbeiter den Endocraniumabdruck eines der Homo-erectus *(Sinanthropus)*-Schädel der berühmten Fundstelle von Zhoukoudian in China. Sie stellten ebenfalls eine leichte Gehirnasymmetrie mit Übergewicht der linken Hemisphäre fest und schlossen daraus (da die Steuerungsfunktionen des Gehirns über Kreuz laufen) auf Rechtshändigkeit des untersuchten Individuums. Darüber hinaus gelangten sie zu dem Ergebnis, »daß das Gehirn dieser [immerhin etwa 400 000 Jahre alten] Art in allen wesentlichen Punkten ein typisch menschliches war.« Insbesondere verzeichneten sie eine »außerordentlich ausgeprägte Entwicklung (…) der Broca'schen Windung«, ein gewichtiges Indiz dafür, »daß diese Art wahrscheinlich bereits mit einem Gehirnmechanismus für die Hervorbringung artikulierter Sprache ausgestattet war.«[27]

1946 glaubte der Forscher G. W. H. SCHEPERS die relevanten Sprachzentren sogar an den fossilen Schädelabdrücken südafrikanischer Australopithecinen (Abb. 20) entdeckt zu haben und folgerte, diese Hominiden seien bereits »fähig gewesen, erworbene Information an ihre Familien, Freunde und Nachbarn weiterzugeben« und hätten damit »eine der ersten Bindungen des komplexen menschlichen Soziallebens begründet.«[28]

Nachdem auf diese Weise die Herausbildung eines an Sprachfunktionen angepaßten Gehirns Jahrhunderttausende und Jahrmillionen in die menschliche Evolutionsgeschichte zurückverlegt worden war, kam es schließlich auch zu einer Neubeurteilung des vergleichsweise jungen Neandertalers. Die amerikanische Forscherin MARJORIE LE MAY schrieb 1975 (anders als seinerzeit BOULE und ANTHONY): »Das im Abguß des Schädels von La Chapelle-aux-Saints erkennbare Gehirn ähnelt in dem für die Sprache wichtigen Bereich demjenigen des modernen Menschen und läßt daher vermuten, daß der Neandertaler die für die Sprache nötige Gehirnorganisation besaß.«[29]

Die Unterschiedlichkeit der Forschungsresultate und ihr Zusammenhang mit den jeweils zugrunde liegenden Konzeptionen und Prämissen lassen bereits erahnen, daß bei diesen Untersuchungen ein recht großer subjektiver Beurteilungs- und Deutungsspielraum besteht, und in der Tat stehen die meisten heutigen Fachleute solchen Thesen und Ergebnissen skeptisch bis ablehnend gegenüber. Die Abdrücke in den fossilen Schädeln, so geben sie zu bedenken, seien viel zu verschwommen und schattenhaft, als daß man daraus ein hinlänglich zuverlässiges Bild vom Gehirnaufbau der Hominiden gewinnen könne. Selbst wenn es gelänge, dort eindeutig Strukturen nachzuweisen, die beim heutigen Menschen der Sprache zuzuordnen sind, ließe sich daraus noch keineswegs zwingend schließen, daß sie auch bei unseren Vorfahren die gleiche Funktion erfüllten – dazu sei die Organisation des menschlichen Gehirns, im Vergleich etwa zu dem der Menschenaffen, noch viel zu wenig bekannt. Eine Ausbuchtung an der richtigen Stelle, so könnte man diese Position salopp zusammenfassen, beweist noch kein Sprachvermögen – oder, wie der Anatom und Primatologe DIETRICH STARCK es formulierte: »Aussagen über geistig-psychische Leistungen und Erwerb der Sprache bei Vor- und Frühmenschen auf Grund morphologischer Befunde am Endocranialausguß (sind) nicht wissenschaftlich begründbar.«[30]

Nichtsdestoweniger bringt auch die Mehrzahl der heutigen Fachleute das enorme Wachstum insbesondere des Großhirns im Verlauf der menschlichen Evolutionsgeschichte, die sogenannte *Neencephalisation,* mit einem wahrscheinlich schon frühen Auftreten des Evolutionsfaktors Sprache in Zusammenhang. Der amerikanische Anthropologe RALPH L. HOLLOWAY, einer der besten Kenner fossiler Schädel, vertritt etwa die Auffassung, daß »bereits die Gehirnabdrücke der frühen Hominiden Beweise für eine Neuorganisation (des Gehirns) in Richtung auf ein menschliches Muster hin liefern« und »nicht pongid [äffisch], sondern menschenartig« seien.[31]

Es erscheint wenig glaubhaft, daß an dieser Entwicklung und Neustrukturierung die Sprache als eine der fundamentalsten Funktionen des menschlichen Gehirns nicht auch beteiligt gewesen sein sollte. Dagegen ist es wohl kaum möglich, eine genaue größenmäßige Grenze

20 Versteinerte Abdrücke des Schädelinnern südafrikanischer Australopithecinen, die die Oberflächenstruktur des Gehirns erahnen lassen – das Exemplar
rechts zeigt noch Reste des Gesichtsschädels

zu ermitteln, von der an das Gehirn zu sprachlichen Leistungen in der Lage war, eine Art ›Rubikon der Sprachfähigkeit‹, wie ihn einige Wissenschaftler in Form eines (unterschiedlich hoch angesetzten) ›Mindest-Gehirnvolumens‹ vorgeschlagen haben. Fraglich bleibt auch, ob die bei den Hominiden schon früh gegebene linksseitige Gehirndominanz (festgestellt an Endocraniumabdrücken und gefolgert aus der von den Archäologen nachgewiesenen ›rechtshändigen‹ Herstellungstechnik von Steinwerkzeugen) eine bereits ›sprachliche Strukturierung‹ des Gehirns beweist. Die Zusammenhänge zwischen Hemisphärendominanz, Rechts- und Linkshändigkeit und Sprache sind für derartige Schlußfolgerungen noch zu wenig erforscht, selbst beim heutigen Menschen.

Dagegen haben sicherlich die auf S. 71 ff. beschriebenen Sprachversuche mit Schimpansen im Hinblick auf das Sprachvermögen der frühen Hominiden eine gewisse Aussagekraft: Wenn die heutigen Menschenaffen über ausreichende kognitive Fähigkeiten zur Erlernung einfacher Symbol- und Zeichensysteme verfügen, so dürfen wir unseren hominiden Vorfahren mit ihren bereits erheblich höher entwickelten Gehirnen mindestens das gleiche, wahrscheinlich aber ein deutlich größeres intellektuelles Vermögen zur Begriffsbildung und zur symbolischen Verständigung zutrauen.

Die von den Schimpansen im Experiment erlernten ›Sprach‹-Systeme basierten auf Gesten und der Zusammenstellung farbiger Plastiksymbole, waren also visueller Natur. Die menschliche Sprache ist dagegen zunächst ein *akustisches* System und erfordert neben der angemessenen Gehirnorganisation entsprechend ausgebildete Sprachorgane, einen *Lautbildungsapparat,* der differenzierte Artikulationen ermöglicht. Beim heutigen Menschen geraten die *Stimmbänder* des Kehlkopfs durch den Luftstrom aus der Lunge in Schwingungen und erzeugen dadurch ›Grundtöne‹, die im darüberliegenden Bereich von Rachen, Mund und Nase – dem sogenannten *Stimmtrakt* – durch vielfältige Bewegungen von Rachenmuskeln, Zunge, Wangen und Lippen moduliert, d. h. ›geformt‹ werden. Auf diese Weise bringen wir gezielt und kontrolliert die unterschiedlichen Vokale und Konsonanten hervor, artikulieren wir die Einzellaute *(Phoneme)* unserer jeweiligen Sprache, was natürlich eine entsprechend bewegliche und differenzierte Muskulatur voraussetzt.

In seinem Grundaufbau entspricht dieser menschliche Lautbildungsapparat zwar dem der Affen und anderer Säugetiere, im einzelnen bestehen jedoch einige für das Sprachvermögen bedeutsame Unterschiede. Der Kehlkopf sitzt etwa beim Schimpansen relativ weit oben im Hals, so daß der Kehldeckel über dem sogenannten Gaumensegel liegt und dafür sorgt, daß sich Luft- und Nahrungsweg nicht überkreuzen (Abb. 21). Unter dem Gesichtspunkt von Atmung und Ernährung ist das von Vorteil, denn ein Tier kann unter solchen Umständen gleichzeitig atmen und z. B. trinken, ohne sich zu verschlucken. Unter dem Gesichtspunkt der Lautbildung ist es dagegen von Nachteil, denn ein zur Stimm-Modulation geeigneter Rachenraum existiert bei einem solchen anatomischen Aufbau nur in sehr eingeschränktem Maß, die Lautformung bleibt weitgehend auf Mund und Lippen beschränkt. Beim Menschen dagegen wandert der Kehlkopf, der beim Säugling noch vergleichbar hoch sitzt, ab dem zweiten Lebensjahr allmählich so weit in den Hals hinunter, daß Kehldeckel und Gaumensegel keine Berührung mehr miteinander haben (Abb. 21). Die Folge: Luft- und Nahrungsweg sind nicht mehr so gut gegeneinander abgeschirmt, wir können uns verschlucken und sogar an einem in den Kehlkopf geratenen Stück Nahrung ersticken. Dafür aber hat sich der Modulationsraum des Rachens und damit die Leistungsfähigkeit des Stimmtrakts erheblich erweitert.

Ganz offensichtlich handelt es sich hier um eine evolutionäre Anpassung, die durch den aufrechten Gang ermöglicht und durch den Selektionsvorteil der Sprache, die durch sie gegebenen besseren Überlebenschancen, begünstigt wurde, trotz der Nachteile, die damit hinsichtlich Atmung und Ernährung entstanden. Man kann daraus schließen, daß die Lautsprache zu der Zeit, als diese Umgestaltung des Stimmtraktes begann, bereits ein wichtiger Evolutionsfaktor gewesen sein muß und daß wir, könnten wir den entwicklungsgeschichtlichen Beginn dieser anatomischen Veränderung genauer bestimmen, daraus auch Hinweise auf das wahrscheinliche Alter der artikulierten Sprache gewinnen würden.

Nun entzieht sich leider, wie schon beim Gehirn, auch der Stimmtrakt der Ur- und Frühmenschen jeder direkten Untersuchung anhand der Fossilien, denn die Muskeln und organischen Gewebe, aus denen er bestand, sind natürlich vollständig vergangen. Dennoch haben schon

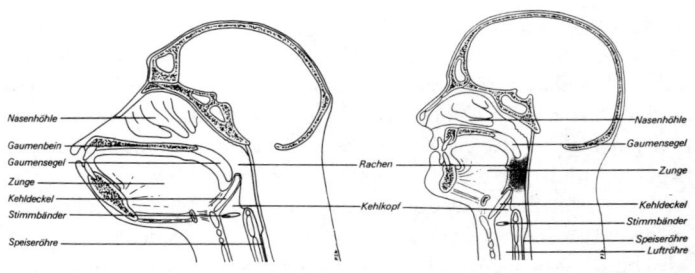

21 Querschnittzeichnungen des Lautbildungstraktes von Schimpanse (links) und
modernem erwachsenem Mensch (rechts). Der Mensch besitzt aufgrund der
tieferen Lage des Kehlkopfs einen ausgeprägteren Rachenraum

seit über hundert Jahren Forscher mit beträchtlichem Geschick und
ebenso großem Erfindungsreichtum versucht, indirekte Schlüsse aus
den fossilen Skelettresten und besonders den Schädeln zu ziehen. Ein
sehr beliebter Anknüpfungspunkt solcher Bemühungen waren lange
Zeit die sogenannten *Spinae mentales,* kleine Knochenzapfen am
Unterkiefer, die den Ansatz bestimmter für die Zungenbewegung (und
damit auch die Artikulation) wichtiger Muskeln bilden. Schon 1883
folgerte einer der Begründer der französischen Urgeschichtsforschung,
GABRIEL DE MORTILLET, aus der schwachen Ausbildung dieser Kno-
chenvorsprünge an einem Neandertaler-Unterkiefer von La Naulette,
daß diese Menschenform (und ebenso die älteren Hominiden) noch
nicht hätten sprechen können. »Artikulierte Sprache«, so schrieb er,
»kommt durch eine Serie von Zungenbewegungen zustande. Diese
Bewegungen gehen vor allem auf jenen Muskel zurück, der an der
Kinnapophyse ansetzt. Die Tiere, die keine Sprache besitzen, haben
auch keine Kinnapophyse. Wenn nun der Unterkiefer von La Naulette
keine Apophyse besitzt, so folgt daraus, daß der Neandertaler und der
Chelléen-Mensch [gemeint ist der Homo erectus] keine Sprache
besaßen.«[32]
  Als sich mit dem Fortschreiten der Forschung zeigte, daß viele frühe
Hominiden bis zurück zum Homo erectus dieses Merkmal sehr wohl
in unterschiedlich ausgeprägter Form aufwiesen, galt es nun oftmals
umgekehrt als positiver Beleg einer bereits frühen Sprachfähigkeit, als
»der sicherste anatomische Beweis für artikulierte Sprache, den das

Skelett bietet«, wie der amerikanische Anthropologe ERNEST HOOTON 1946 schrieb.[33] Heute sind die Fachleute allerdings überwiegend der Meinung, daß das Vorhandensein oder Fehlen der *Spinae mentales* nur wenig besagt, denn eine bewegliche Zunge begründet noch kein Sprachvermögen. Außerdem hat sich gezeigt, daß manche heutige, normalsprechende Menschen dieses Merkmal nur in sehr rudimentärer Form oder gar nicht besitzen.

Systematischere Versuche, aus den Schädeln und Skelettresten der Hominiden Rückschlüsse auf Anatomie und Entwicklungsstand ihres Stimmtraktes zu ziehen, sind seit etwa 20 Jahren im Gange und haben sich zu einer eigenen kleinen Wissenschaftsdisziplin entwickelt, die den ebenso eindrucksvollen wie komplizierten Namen *Paläolaryngologie* (von *Larynx = Kehlkopf)* trägt. Pioniere auf diesem Gebiet waren der amerikanische Linguist PHILIP LIEBERMAN und der Anatom EDMUND CRELIN. Sie erregten Anfang der 70er Jahre beträchtliches Aufsehen mit einer Studie, in der sie dem Neandertaler von La Chapelle-aux-Saints aus anatomischen Gründen die Fähigkeit zur voll artikulierten Rede absprachen – ähnlich wie BOULE und ANTHONY 60 Jahre zuvor aufgrund des Schädel-Innenabgusses (vgl. S. 60 f.).

LIEBERMANS und CRELINS Untersuchung erfolgte in zwei Schritten: Zunächst rekonstruierten sie nach Methoden der vergleichenden Anatomie aus bestimmten Merkmalen des Schädels und seiner Basis, an der die Muskeln und Sehnen des Stimmtraktes aufgehängt waren, dessen hypothetisches Aussehen. Diese Rekonstruktion führte sie zu dem Ergebnis, daß der Kehlkopf des Neandertalers von La Chapelle noch fast genauso hoch im Hals gesessen habe wie derjenige von Schim-

22 Die Lage des Kehlkopfs beim heutigen Neugeborenen (A) und erwachsenen Menschen (C) sowie – in hypothetischer Rekonstruktion – beim Neandertaler (B)

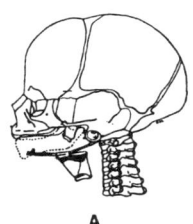 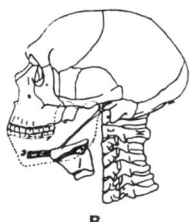 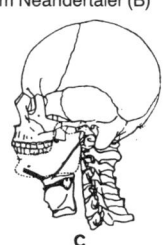

A　　　　　**B**　　　　　**C**

pansen oder Neugeborenen, daß also der leistungsfähige und charakteristische Stimmtrakt des modernen erwachsenen Menschen noch nicht vorhanden gewesen sei (Abb. 22). In einem zweiten Untersuchungsschritt gaben die beiden Forscher dann die anatomischen und physikalischen Werte des rekonstruierten Neandertaler-Stimmtrakts zusammen mit Vergleichswerten des modernen Menschen und des Schimpansen in einen Computer ein, um herauszufinden, welche Laute des heutigen menschlichen Sprachspektrums dieser Stimmtrakt hätte produzieren können und welche nicht. Ihr spektakuläres Resultat: Der Neandertaler von La Chapelle habe zwar eine Reihe von Konsonanten und auch einige Vokale hervorbringen können, nicht aber konsonantische Laute wie g und k und vor allem nicht die Vokale a, i und u, die in der artikulierten Sprache eine Schlüsselstellung im Hinblick auf Sprachstruktur und -geschwindigkeit einnehmen. Mit diesem »angeborenermaßen beschränkten Lautrepertoire«, so LIEBERMAN und CRELIN 1971, habe sich der Neandertaler zwar im Prinzip lautlich verständigen können, aber höchstens mit einem Zehntel der heutigen Sprechgeschwindigkeit und wohl kaum mit einer der unseren vergleichbaren Syntax. »Die hypothetische Sprache, die der Neandertaler besessen haben könnte«, so das provozierende Fazit der beiden Forscher, »wäre in einer bedeutsamen Weise ›primitiver‹ gewesen als irgendeine menschliche Sprache. (...) Vollentwickelte ›artikulierte‹ Sprache und Verständigung scheinen vergleichsweise junge Entwicklungen in der Evolution des Menschen gewesen zu sein.«[34]

Die Ergebnisse, die CRELIN, LIEBERMAN und der Anatom JEFFREY T. LAITMAN seit 1971 an anderen fossilen Schädeln gewannen, relativieren zumindest die im letzten Satz getroffene Aussage beträchtlich. Der Stimmtrakt der Australopithecinen, so stellten sie mittlerweile fest, entsprach in etwa dem der heutigen Menschenaffen und dürfte ein vergleichbar beschränktes Lautbildungsvermögen aufgewiesen haben. Der vor rund 300 000 Jahren lebende Steinheim-Mensch (vgl. S. 54) besaß dagegen nach ihren Rekonstruktionen einen Stimmtrakt, der unserem bereits sehr ähnelte und alle wesentlichen Voraussetzungen für ›artikulierte‹ Sprache im modernen Sinn erfüllt haben dürfte. Demnach scheint der erste Schritt in der Umgestaltung des Lautbildungstrakts vor einer bis einer halben Million Jahren beim Homo erectus vor sich gegangen zu sein, dessen verfügbare Schädel leider meist an ihrer Basis so stark zerstört sind, daß eine Auswertung schwierig ist.

LAITMAN, LIEBERMAN und CRELIN stimmen heute jedenfalls darin überein, daß die Sprachentstehung, im Gegensatz zu der 1971 formulierten Hypothese, Hunderttausende von Jahren in die menschliche Stammesgeschichte zurückreicht. Den Neandertaler, dessen Stimmtrakt sich auch nach ihren neueren Analysen wesentlich von dem des modernen Menschen wie auch anderer, gleichzeitig lebender Hominiden unterschied, betrachten sie als abgesonderten Seitenast des menschlichen Entwicklungsstammbaums. Er sei mehr auf andere Funktionen denn auf artikulierte Sprache spezialisiert gewesen und vielleicht u. a. deshalb vor ca. 40 000 Jahren von der urgeschichtlichen Bildfläche verschwunden.

So interessant und in sich schlüssig diese Ergebnisse auch klingen, man muß im Auge behalten, daß es sich letztlich nicht um gesicherte Tatsachen handelt, sondern um keineswegs unumstrittene Rekonstruktionen und Vermutungen. In den 70er Jahren kritisierten mehrere Experten LIEBERMANS und CRELINS Stimmtrakt-Rekonstruktion des Neandertalers von La Chapelle als fragwürdig und in Details fehlerhaft, und der holländische Laryngologe JAN WIND hat die Grundprämisse des ganzen Forschungsansatzes in Zweifel gezogen – die Annahme nämlich, daß nur der moderne menschliche Lautbildungsapparat in der Lage sei, voll artikulierte Sprache hervorzubringen. Würde man einem ansonsten normalen Menschen den Stimmtrakt eines Schimpansen einpflanzen, so WIND im Gedankenexperiment, dann könnte dieser durchaus artikuliert reden. »Die Vokalisationen einer solchen Person wären natürlich etwas unterschieden von normaler Sprache, einige Laute, besonders die Vokale, hätten eine abweichende ›Färbung‹. Die Sprachgeschwindigkeit wäre geringfügig langsamer als bei den meisten anderen Menschen, aber ansonsten würde eine solche Sprache sich kaum von der normalen unterscheiden.«[35]

Der skeptischen Einschätzung LIEBERMANS, LAITMANS und CRELINS hinsichtlich der Sprachfähigkeit des Neandertalers scheinen auch neueste paläanthropologische Funde und Untersuchungen zu widersprechen. In den mittelpaläolithischen Fundschichten der Kebara-Höhle am Karmelgebirge in Israel wurde 1983 ein etwa 60 000 Jahre altes, nahezu vollständiges Skelett gefunden, bei dem auch ein kleiner, halbmondförmiger Knochen unterhalb des Schädels erhalten war, das sogenannte *Zungenbein.* An diesem zwischen dem Unterkiefer und dem Kehlkopf befindlichen Knochen setzen mehrere für die Bewegung des Kehlkopfes und der Zunge, mithin für das Artikulationsvermögen, wichtige Muskeln an. Das Exemplar aus der Kebara-Höhle, so schreiben der israelische Anthropologe BARUCH ARENSBURG und seine Kollegen in einem 1989 veröffentlichten Artikel, »ist in Größe und Form beinahe identisch mit dem Zungenbein heutiger Populationen.« Es lasse den Schluß zu, daß auch »der zugehörige Kehlkopf unter dem Zungenbein sich in seiner Position, Form, Beziehung oder Größe während der vergangenen 60 000 Jahre menschlicher Evolution kaum verändert hat. Wenn dieser Schluß tatsächlich berechtigt ist«, so ARENSBURG und seine Kollegen weiter, »dann scheint die morphologische Basis für die menschliche Sprachfähigkeit während des Mittelpaläolithikums voll entwickelt gewesen zu sein, im Gegensatz zu den Ansichten einiger Forscher. (...) Die Annahmen über eine nur beschränkte Sprachfähigkeit der Neandertaler, die sich bisher vorwiegend auf Untersuchungen des Schädelbasisbereichs stützten, würden sich als revisionsbedürftig erweisen.«[36]

Angesichts derart unterschiedlicher Auffassungen innerhalb der Fachwelt bleiben die Ergebnisse zukünftiger Forschungen abzuwarten.

Mit den Methoden der Anatomie und der Neurologie, so kann man zusammenfassend feststellen, läßt sich die Frage nach dem Alter der Sprache bis heute nicht mit Sicherheit beantworten. Einige gewichtige Anhaltspunkte deuten jedoch darauf hin, daß die Hominiden schon vor Jahrhunderttausenden die für die Sprache notwendigen biologischen Voraussetzungen entwickelten, also gesprochen haben *könnten.* Daß sie schon früh gesprochen haben *müssen,* läßt sich von gänzlich anderer Seite her erschließen, aus ihren archäologischen Hinterlassenschaften nämlich, welche von einer Reihe technischer Fertigkeiten, kultureller Leistungen und sozialer Verhaltensweisen zeugen, die ohne eine wie auch immer geartete sprachliche Verständigung kaum denkbar sind.

Exkurs: Sprachversuche mit Menschenaffen

Im Streit um die Einzigartigkeit des menschlichen Sprachvermögens (vgl. S. 28 ff.) hat seit jeher die Frage eine große Rolle gespielt, ob unsere nächsten Verwandten im Tierreich, die Menschenaffen, zum Erlernen einer Sprache in der Lage seien oder nicht. Im Jahre 1661 äußerte etwa der englische Chronist SAMUEL PEPYS nach der Besichtigung eines Pavians (oder Schimpansen) die Überzeugung, daß dieses Tier »schon viel Englisch versteht« und »daß man ihm beibringen könnte, zu sprechen oder Zeichen zu machen.« Der französische Philosoph JULIEN DE LA METTRIE vertrat 1747 in einer gegen DESCARTES gerichteten Streitschrift ebenfalls die Auffassung, daß ein in der Taubstummensprache erfahrener Lehrer einen Menschenaffen sprechen lehren und ihn in einen »perfekten kleinen Gentleman« verwandeln könne. 1925 griff der amerikanische Primatenforscher ROBERT YERKES diesen Gedanken wieder auf und schrieb: »Vielleicht kann man (Schimpansen) beibringen, ihre Finger zu gebrauchen, etwa in der Weise, wie es Taubstumme machen, und so eine einfache Zeichensprache ohne Laute zu erlernen.«[37] 1784 hatte dagegen JOHANN GOTTFRIED HERDER genau diese Hoffnung verworfen und notiert: »Denn ob sie gleich den Inhalt der menschlichen Sprache fassen, so hat noch kein Affe, da er doch immer gestikuliert, sich ein Vermögen erworben, mit seinem Herrn pantomimisch zu sprechen und durch Gebärden menschlich zu diskutieren.«[38] Und im 19. Jh. stellte der Sprachforscher MAX MÜLLER mit Nachdruck fest: »Die Sprache ist der Rubicon, welcher das Tier vom Menschen scheidet, welchen kein Tier jemals überschreiten wird. (...) Man versuche es und bringe den intelligentesten Affen in menschliche Pflege und Lehre, er wird nicht sprechen, er wird Tier bleiben, während das roheste Menschenkind (...) frühzeitig dieses Charakteristikum der Menschheit sich aneignen wird.«[39]

Ernsthafte Versuche, diese Gedankenspielereien und Spekulationen im praktischen Experiment zu erproben, wurden erst in unserem Jahrhundert, besonders seit dem Zweiten Weltkrieg, unternommen, und sie schienen zunächst den Zweiflern hinsichtlich des Sprachlernvermögens der Affen recht zu geben. So vermochte etwa die Schimpansin Viki trotz der intensiven Bemühungen ihrer Pflegeeltern, des amerikanischen Ehepaares HAYES, ihr die englische (Laut-)Sprache beizubringen, nach jahrelangem Training nur die vier Wörter ›mama‹, ›papa‹, ›cup‹ und ›up‹ mühsam zu vokalisieren. Die meisten Fachleute zogen aus diesem in den 50er Jahren durchgeführten Experiment den Schluß, daß den Affen sowohl die Gehirnorganisation als auch die Stimmorgane zum Hervorbringen einer Lautsprache fehlten. Alle nachfolgenden Versuche zielten daher, wie schon jahrhundertelang erwogen, auf die Unterrichtung der Tiere in visuellen bzw. gestischen Zeichensprachen ab, und sie verliefen erheblich erfolgreicher.

Seit 1966 machte die von dem amerikanischen Psychologenehepaar GARDNER aufgezogene Schimpansin Washoe weltweit Schlagzeilen, weil sie mehr als 160 Zeichen einer amerikanischen Taubstummensprache (bei der jeder Begriff durch eine Geste bzw. Handbewegung symbolisiert wird) erlernte und im ›Dialog‹ mit ihren Pflegeeltern und Lehrern sinnvoll und korrekt anwandte. Seit Beginn der 70er Jahre wurden dann unter Leitung der GARDNERS und ihres früheren Chefassistenten ROGER FOUTS weitere Schimpansen, darunter Moja, Lucy und Bruno, in dieser Verständigungstechnik unterrichtet. Und bald gab es eine ganze ›Kolonie der sprechenden Schimpansen‹ (so der Titel eines damals populären Buches), die die Öffentlichkeit immer aufs neue in Erstaunen versetzte.

Die Tiere verknüpften nicht nur bis zu vier verschiedene Zeichen zu komplexeren Aussagen, sie bevorzugten nach den Berichten ihrer Betreuer auch bestimmte ›Wortstellungen‹ und machten beispielsweise einen Unterschied zwischen »Lucy kitzeln Roger« und »Roger kitzeln Lucy«, was als Ansatz eines Sinns für Grammatik und Syntax gedeutet wurde. Vor allem aber erweiterten sie selbständig ihr Zeichen-›Vokabular‹ und handhabten das Gestensystem kreativ, indem sie für bislang unbenannte Dinge eigene Symbole erfanden oder bereits bekannte in neuer und zum Teil sehr origineller Weise kombinierten.

Washoe reihte etwa beim Anblick eines Schwans die Zeichen für ›Wasser‹ und ›Vogel‹ aneinander, und in ähnlicher Weise kreierten die Tiere andere Zeichenkombinationen wie ›Stein-Beere‹ für eine Paranuß (Washoe), ›Heiß-Metall‹ für ein Feuerzeug, ›Horchen-Getränk‹ für Alka Seltzer in einem Glas (Moja) oder ›Schrei-Schmerz-Frucht‹ für ein Radieschen nach dem Hineinbeißen (Lucy). Washoe erfaßte offenbar sogar die Mehrdeutigkeit eines Begriffs wie ›schmutzig‹, der ihr im Zusammenhang mit Kot beigebracht worden war – jedenfalls produzierte sie beim Anblick von Makaken-Äffchen mehrfach die Zeichenfolge ›Affe‹ und ›schmutzig‹, und bedachte auch ihren Trainer ROGER FOUTS verschiedentlich mit den Handsignalen für ›schmutzig‹ und ›Roger‹. Washoe unterrichtet nach FOUTS' Angaben ihr Adoptivkind Loulis, das sie seit 1979 betreut, aktiv im Gebrauch der erlernten Zeichen, und auch sonst ist eine (allerdings nur sporadische) Verständigung der Tiere untereinander mit Hilfe dieser Zeichen beobachtet worden.

Die Taubstummensprache war nicht die einzige Kommunikationsform, die man in den 70er Jahren Schimpansen beizubringen versuchte. Der Psychologe DAVID PREMACK erfand ein eigenes Zeichensystem aus farbigen

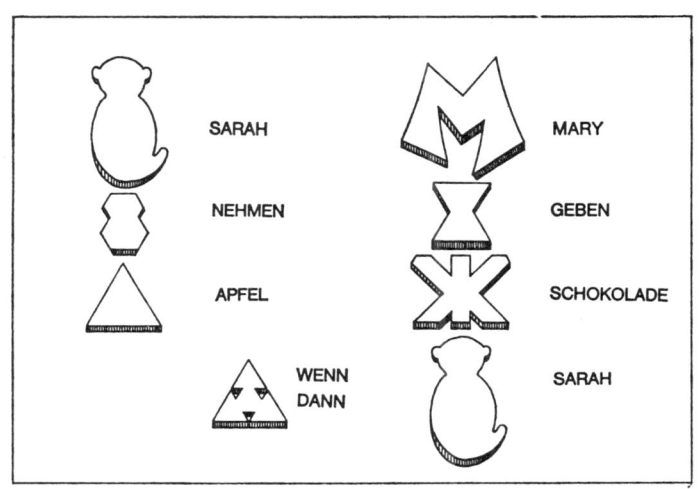

SARAH   MARY

NEHMEN   GEBEN

APFEL   SCHOKOLADE

WENN
DANN   SARAH

23   Einige ›Sätze‹ in der von David Premack für die Schimpansin Sarah entwickelten ›Sprache‹ aus farbigen Plastiksymbolen

Plastiksymbolen mit ›Wort‹-Bedeutung, die seine Schimpansin Sarah zu Sequenzen mit mehreren Zeichen anordnete (Abb. 23). DUANE RUMBAUGH entwickelte eine andere artifizielle Symbolsprache *(Yerkish),* mittels der die Schimpansin Lana über eine Tastatur Wünsche in einen Computer eintippen konnte, die nur bei korrekter ›Formulierung‹ erfüllt wurden. Auch mit einem Gorilla und einem Orang-Utan führte man Kommunikationsexperimente durch.

Schon früh stellte eine Reihe von Wissenschaftlern den Sinn und Aussagewert dieser Experimente in Frage und kritisierte die Interpretation der Ergebnisse. Seit Anfang der 80er Jahre scheint diese Skepsis und Ablehnung in der amerikanischen Fachwelt die

Oberhand gewonnen zu haben, mit allen finanziellen und sonstigen Konsequenzen. Kritiker wie der Sprachwissenschaftler THOMAS SEBEOK und der Psychologe HERBERT TERRACE (der in den 70er Jahren selbst ein solches Projekt durchgeführt hatte) vermuten, daß die Affen in vielen Fällen die von ihnen verwendeten Zeichen gar nicht in ihrer Symbolfunktion erkannten, sondern nur in einem (ihren Betreuern unbewußten) Dressurakt erlernten, daß sie mithin gar nicht bewußt kommunizierten, sondern nur erfolgreiches (weil zu einer Belohnung führendes) Verhalten reproduzierten. Eine wirklich spontane und kreative Verwendung der Zeichen, so argumentieren die Kritiker weiter, habe nicht stattgefunden. Die Schimpansen seien nicht von sich aus sprachlich initiativ geworden, sondern hätten meist nur auf Fragen ihrer Trainer reagiert. Vor allem aber weise nichts in ihren Zeichenfolgen auf die Existenz einer grammatikalischen Ordnung, einer Syntax, hin, die das A und O jeder echten Sprache bilde, und schließlich seien die Zeichensequenzen auch weit weniger umfangreich und komplex als etwa die sprachlichen Äußerungen von Kindern selbst in den frühesten Phasen des Sprechenlernens.

Das Ehepaar GARDNER, ROGER FOUTS und andere Versuchsleiter konnten diese Kritiken zurückweisen und zum Teil überzeugend entkräften, die Diskussion hält aber bis heute mit unverminderter Schärfe an. Es ist nicht möglich, hier im einzelnen auf die Argumente einzugehen, und ebenso wäre es verfrüht, beim jetzigen Stand der Dinge bereits zu einem abschließenden Urteil gelangen zu wollen. Man sollte aber nicht vergessen, daß die Auseinandersetzung eine ideologische und weltanschauliche Komponente besitzt. Bei den teilweise doch recht spitzfindigen Einwänden und Kritiken entsteht manchmal der Eindruck, daß hier im Zeichen einer konservativen Trendwende die Aura menschlicher Einzigartigkeit wieder unterstrichen werden soll, indem man die Leistungen unserer äffischen Verwandten tendenziell herunterspielt, den Begriff der ›Sprache‹ dagegen betont anspruchsvoll formuliert, um bis ins Tierreich zurückreichende Wurzeln der menschlichen Verstandesorganisation hinwegzudiskutieren.

Sprache als kulturell-technologisches Erfordernis

Die Evolution des Menschen war nicht nur ein biologischer, sondern auch ein kultureller Prozeß, der Mensch ist nicht einfach ein *Natur-*, sondern auch und vor allem ein *Kulturwesen*. Der Begriff ›Kultur‹ umfaßt dabei das gesamte weite Feld der Technologie, geistigen Entfaltung und sozialen Organisation, mittels derer der Mensch schon früh gestaltend auf die Natur und auf seine eigene Entwicklung einwirkte. Kulturelle Faktoren modifizierten dabei auch die biologischen Evolutionsmechanismen.

Die Tiere passen sich gewöhnlich in einem langwierigen Prozeß der biologisch-genetischen Evolution ihrer Umwelt an. Sie entwickeln durch natürliche Auslese eine überlebensgünstige, den Umweltbedingungen optimal entsprechende körperliche Ausstattung, einschließlich spezialisierter Körperorgane wie zum Beispiel Flügel oder Flossen, Hufe oder Krallen, Schnäbel, Reiß- oder Nagezähne usw. Alles, was sie zum Leben und Überleben benötigen, ist ihnen sozusagen von Natur aus mitgegeben – so auch ein Arsenal instinktiver Verhaltensprogramme, angeborener und genetisch verankerter Handlungsmuster also, die für ein biologisch erfolgreiches, ›artgerechtes‹ Verhalten der Individuen sorgen. Diese Instinktprogramme werden bei sehr vielen, insbesondere den höheren Tieren bereits in einem gewissen Maß durch Erfahrung und Lernen modifiziert und ergänzt, so daß sich deren Verhalten variabler und weniger stereotyp gestaltet, wie wir das bei den Menschenaffen feststellen konnten. Allein beim Menschen hat sich jedoch im Laufe seiner Evolutionsgeschichte das bewußt reflektierende, ›intelligente‹ und damit auch selbstbestimmte Denken und Handeln in einem solchen Grade entwickelt, daß es zum wichtigsten Verhaltensfaktor wurde und die angeborenen Instinktprogramme in vielerlei Hinsicht in den Hintergrund drängte (wenngleich sie natürlich auch bei uns keineswegs verschwunden, sondern in manchen Bereichen nach wie vor prägend sind, wie jeder Blick in ein beliebiges Handbuch über Verhaltensforschung eindringlich zeigt).

Diese ›intellektuelle Evolution‹ und teilweise Loslösung von genetisch determinierten Verhaltensprogrammen, die einherging mit der Entwicklung des Großhirns zum eigentlichen spezialisierten Körperorgan, schuf zusammen mit der durch den aufrechten Gang möglich gewordenen Spezialisierung und Ausbildung der Hand als Arbeitsorgan die Voraussetzung dafür, daß sich der Mensch auch im körperlichen Bereich allmählich von der rein biologischen Ausstattung zu emanzipieren begann. Zunächst noch in sehr bescheidenem, dann in beachtlichem und schließlich in gigantischem Ausmaß ersetzte er körperliche Spezialisierungen und Anpassungen durch künstlich hergestellte und gezielt eingesetzte technische Hilfsmittel.

Die Steingeräte, die vor etwa zwei Millionen Jahren erstmalig auftauchen und bis zum Beginn der Metallverarbeitung vor wenigen Jahrtausenden in immer weiter verbesserter und verfeinerter Form in Gebrauch blieben, sind der früheste – und über mehr als eine Million Jahre hinweg zugleich der einzige – Ausdruck dieser ›technologischen Kultur‹, durch die der Mensch eine Stärke und Anpassungsfähigkeit gewann, wie sie kein Tier besitzt. Das geschlagene Steinwerkzeug markiert daher zu Recht den Beginn jener umgestaltenden Tätigkeit, durch die sich der Mensch schließlich nach alttestamentarischem Motto »die Erde untertan« machte (mit allen positiven und negativen Wirkungen, die wir heute kennen).

Eben diesen Aspekt finden wir auch im Begriff des *Homo faber,* des (Geräte) ›verfertigenden‹ Menschen ausgedrückt. Der amerikanische Ökonom und Politiker BENJAMIN FRANKLIN bezeichnete schon im 18. Jh. den Menschen in diesem Sinne als »a toolmaking animal« (ein Werkzeuge herstellendes Tier) und KARL MARX stimmte ihm in seinem 1867 erschienenen Hauptwerk ›Das Kapital‹ zu. »Der Gebrauch und die Schöpfung von Arbeitsmitteln, obgleich im Keim schon gewissen Tierarten eigen«, so präzisierte er dort, »charakterisieren den spezifisch menschlichen Arbeitsprozeß.«[40] Nach einer Formulierung von MARX' Weggefährten FRIEDRICH ENGELS bildet die Werkzeugherstellung den wesentlichen Unterschied zwischen Mensch und Tier, denn »das Werkzeug bedeutet die spezifisch menschliche Tätigkeit, die umgestaltende Rückwirkung des Menschen auf die Natur, die Produktion.«[41]

Auch der urgeschichtlichen Archäologie gilt der Mensch bis heute, schon allein aufgrund ihrer Materialbasis, in erster Linie als ›Man the Toolmaker‹ (so der Titel eines 1949 von dem britischen Prähistoriker KENNETH OAKLEY veröffentlichten Buches). Die Steingeräte-Industrien, die sich im Laufe der Jahrhunderttausende entfalteten, bilden die wichtigste (und über riesige Zeiträume hinweg buchstäblich die einzige) Erkenntnisquelle, aus der die Forschung Aufschlüsse über die urgeschichtliche Kulturentwicklung in Raum und Zeit gewinnt.

Dies alles ist für unser Thema deshalb von Bedeutung, weil mit der Loslösung von den rein biologischen Evolutionsmechanismen und mit der Entwicklung der spezifisch menschlichen Kultur zwangsläufig auch die Notwendigkeit eines neuen, den tierischen Verständigungsmitteln überlegenen Kommunikationssystems entstehen mußte, eben der Sprache. Denn der kulturelle Prozeß, durch den sich der Mensch nach und nach aus dem Tierreich hervorhob, basierte auf der Ansammlung von Wissen, Fertigkeiten und Erfahrungen, die dem Einzelindividuum nicht mehr angeboren waren, sondern von ihm erlernt werden mußten, die also nicht über die Kanäle der genetischen *Vererbung,* sondern auf dem Wege der sozialen *Tradition,* durch Lehren und Lernen,

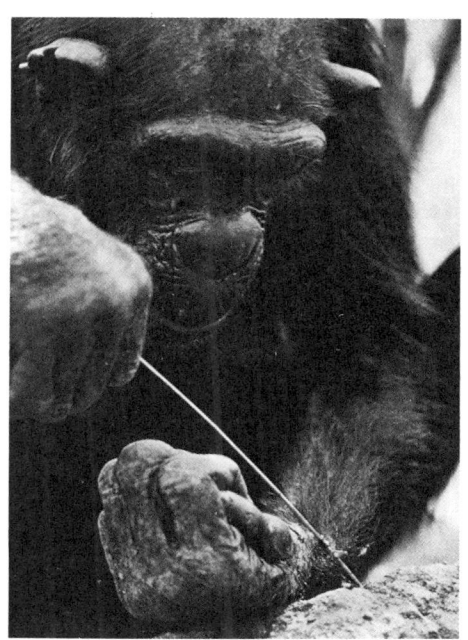

24 Ein freilebender
Schimpanse beim
›Termitenangeln‹
mit Hilfe eines
Halmes

von einer Generation an die nächste weitergegeben wurden. Der »Verlängerung« des menschlichen »anatomischen Körpers« durch den »sozialen Körper« der menschlichen Gemeinschaften entsprach, so der französische Prähistoriker ANDRÉ LEROI-GOURHAN, eine »fortschreitende Ablösung der biologischen Instinktausstattung durch das soziale Gedächtnis«.[42]

Dieser Tradierungsmechanismus stellte sehr viel höhere Anforderungen an den Intellekt und an die Kommunikationsmittel, zeigte sich freilich auch unvergleichlich leistungsfähiger. Er ermöglichte die Kumulation und Weitergabe von relativ viel an Wissen und Fertigkeiten in vergleichsweise kurzen Zeiträumen und machte die Erfahrungen und Erfindungen der einzelnen Individuen, die sonst mit ihrem Tod erloschen wären, der ganzen Gemeinschaft und den nachfolgenden Generationen zugänglich und nutzbar. »Die menschlichen Fähigkeiten wurden so von Generation zu Generation durch Unterrichtung in früher erworbenen Fertigkeiten vermehrt«, schrieb 1933 der britisch-australische Prähistoriker V. Gordon Childe, und so entstand »eine gemeinschaftliche Tradition, die mehr oder weniger die gesammelte Erfahrung der ganzen Menschheit umfaßte.«[43] Während die biologische Evolution für das Überleben der Art günstige Verhaltensprogramme gleichsam nur im Schneckentempo zu entwickeln und weiterzugeben vermag, ermöglicht die kulturelle Evolution mittels der sozialen Tradition die Anhäufung und Verbreitung von Erfahrungswissen sozusagen nach dem Schneeballprinzip – wenngleich die innere Dynamik dieses Mechanismus sich erst in den jüngeren Epochen der Menschheitsentwicklung vollständig und mit wachsender Schwungkraft entfaltete.

Welche Rolle kommt nun der Sprache in diesem Kontext zu? Erste Ansätze einer Weitergabe von Fertigkeiten mit Hilfe der Tradition reichen bis ins Tierreich – also ins nichtsprachliche Milieu – zurück, ebenso Anfänge des Gebrauchs von Naturgegenständen als ›Geräte‹ und sogar ihre Bearbeitung zu diesem Zweck. Berühmt sind seit Darwins Zeiten etwa die Spechtfinken auf den Galapagos-Inseln, die mit Hilfe kleiner Kakteenstacheln Insektenlarven unter Baumrinden hervorstochern; bekannt ist ebenfalls seit langem, daß so verschiedene Tierarten wie Meerkatzen, Seeotter und Geier Steine benutzen, um Nüsse, Muscheln oder Straußeneier aufzubrechen.

Besonders gut erforscht ist der Gerätegebrauch bei den uns am nächsten verwandten Menschenaffen, und hier wiederum vor allem bei den Schimpansen. Umfangreiche Versuchsreihen, zu Beginn unseres Jahrhunderts von dem Psychologen Wolfgang Köhler und seit den 60er Jahren von Emil Menzel mit gefangenen Schimpansen durchgeführt, haben eindrucksvoll bewiesen, daß diese Tiere nicht nur Kisten, Stöcke und andere Gegenstände als Hilfsmittel zum Klettern oder zum Herunterfischen sonst unerreichbarer Nahrungsobjekte benutzen, sondern daß sie diese Hilfsmittel auch zielgerecht zu verändern und zu bearbeiten verstehen – etwa durch Aufeinandertürmen mehrerer Kisten, Ineinanderstecken zweier Schilfrohre oder Zurechtkauen eines Holzstücks. Die Forschungen der Primatologin Jane Goodall und anderer Wissenschaftler zeigten, daß solche Art von Gerätegebrauch auch zum gängigen Verhaltensrepertoire freilebender Schimpansen gehört. Diese brechen sich etwa Stöckchen zurecht und befreien sie von störenden Blättern, um mit ihnen in Termitenhügeln nach den als Leckerbissen begehrten Insekten zu ›fischen‹ (Abb. 24), oder sie formen aus zerkleinerten Blättern eine Art Schwamm zum Aufsaugen und Trinken von Wasser.

Derartige Beobachtungen veranlaßten in den 70er Jahren eine Reihe von Forschern, die Unterscheidung des Menschen von den Tieren durch das Kriterium der Werkzeugherstellung in Frage zu stellen und auch bestimmte Tierarten als *tool-user* (Gerätebenutzer), ja sogar als *tool-maker* (Werkzeughersteller) zu klassifizieren – eine sicherlich anregende, aber insgesamt wohl doch zu weit gehende Schlußfolgerung, mit der wir uns hier nicht weiter zu beschäftigen brauchen.

In unserem Zusammenhang ist wesentlich, daß auch bei den Tieren diese ›technischen‹ Fertigkeiten großenteils nicht angeboren sind, also nicht zum Instinktverhalten gehören, sondern erlernt werden müssen und durch soziale Tradition, durch Erfahrungsübermittlung, weitergegeben werden. Dies geschieht, da ja keine Sprache existiert, ausschließ-

25 Ein Geröllgerät aus der Olduwai-Schlucht in Tansania und die Herstellungsweise derartiger ›pebble tools‹

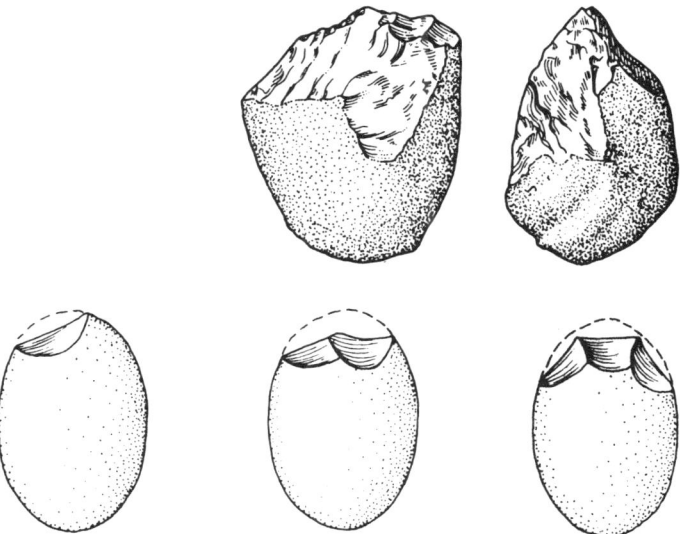

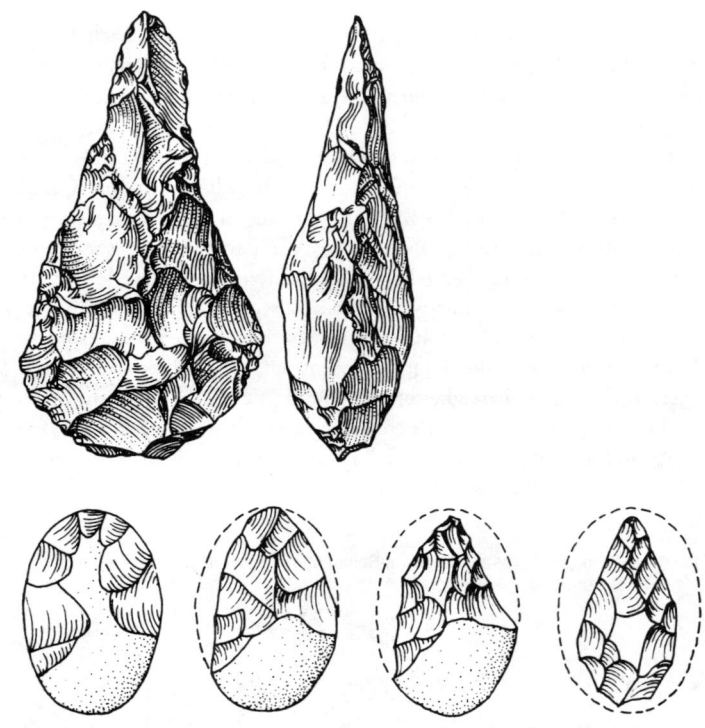

26   Ein Faustkeil des entwickelten Acheuléen und seine Fertigungstechnik

lich durch Demonstration und Imitation, durch ›stumme Unterweisung‹ sozusagen. Ein Schimpansenkind etwa schaut einem älteren Tier
so lange aufmerksam beim Termitenfischen zu, bis es die dazu notwendigen Kniffe und Griffe beherrscht. Auch andere ›Verhaltenstradi-
tionen‹ werden auf diese Weise weitergegeben. Japanische Forscher
verfolgten beispielsweise in den 50er und 60er Jahren, wie die Erfindung einer jungen Makaken-Äffin, Süßkartoffeln vor dem Verzehr mit
Wasser abzuwaschen (und sie dadurch bei Verwendung von Meerwas-
ser gleichzeitig zu salzen), sich durch Imitation innerhalb kurzer Zeit
in der Affengruppe ausbreitete – ebenso wie ihr Einfall, Weizenkörner
im Wasser von verunreinigenden Sandbeimengungen zu säubern.

Nach einem Jahrzehnt hatten viele der über zwei Jahre alten Tiere die neuen Techniken übernommen und vermittelten sie als Teil des nunmehr erweiterten Verhaltensrepertoires an ihre Jungen.

›Technologie‹ und soziale Überlieferung können also in allereinfachster Form bereits auf vorsprachlichem Niveau entstehen, und bis heute spielt ja bei vielen handwerklichen und anderen praktischen Tätigkeiten die demonstrative Vorführung eine mindestens ebenso wichtige Rolle wie die erläuternde mündliche Unterweisung. Es ist deshalb durchaus möglich, daß auch die Herstellungstechnik der ersten noch sehr primitiven Steinwerkzeuge, der etwa 2,5–1 Millionen Jahre alten ›Geröllgeräte‹ des sogenannten *Oldowan* (benannt nach der Olduwai-Schlucht in Tansania), auf solche nichtsprachliche Weise tradiert wurde. Zwar repräsentieren diese Artefakte, die wohl der Homo habilis, vielleicht auch die Australopithecinen anfertigten, eine erheblich höhere technologische Entwicklungsstufe als etwa die von heutigen Schimpansen bearbeiteten Stöckchen – so mußten geeignete Geröllsteine ausgesucht und über teilweise kilometerweite Entfernungen transportiert

27 Ein Levallois-Kern mit zugehörigem Abschlag. Die Levallois-Technik ermöglichte die kontrollierte Gewinnung von Abschlägen durch eine spezielle Vorbearbeitung des Kernsteins

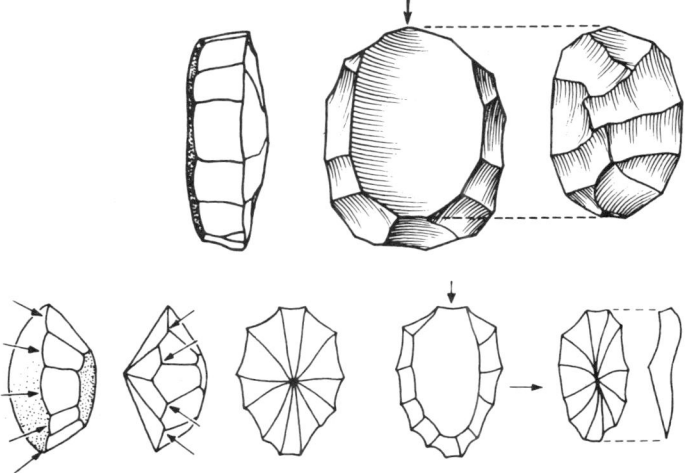

werden. Die eigentliche Zurichtungstechnik war dagegen äußerst simpel und beschränkte sich darauf, von einem Ende der Gerölle mit Hilfe eines anderen Steins mehrere Abschläge zu entfernen (die möglicherweise auch als Werkzeug dienten), so daß eine meist recht unregelmäßige Arbeitskante entstand (Abb. 25). »Ein einigermaßen verständiger Student kann an einem Nachmittag lernen, diese Art von Werkzeug herzustellen, es ist eine Sache von einer Stunde«, meint der amerikanische Anthropologe SHERWOOD L. WASHBURN. »Es könnte leicht durch (reine) Nachahmung gelernt werden. Ich glaube nicht, daß es irgendeinen Gebrauch der Sprache oder etwas Derartiges erfordert.«[44]

Schon bei der nächsten Stufe der Steingeräteentwicklung, dem in Afrika vor etwa einer Million und in Europa vor ca. 500 000 Jahren beginnenden *Acheuléen,* dessen Frühform auch als *Abbevillien* bezeichnet wird (benannt nach den Fundorten Saint-Acheul und Abbeville in Frankreich), sieht die Sache dagegen anders aus: Symmetrische und immer sorgfältiger ausgearbeitete (damit auch ästhetisch ansprechendere) Werkzeuge von ovaler, tropfen- oder birnenförmiger Gestalt, die bekannten *Faustkeile,* bestimmten nun in weiten Regionen das Bild. Sie entstanden, indem man von einem Kernstein auf beiden Seiten eine Vielzahl flacher Abschläge entfernte (Abb. 26). Nach dem Urteil des amerikanischen Prähistorikers GLYNN ISAAC lassen sie bereits eine »deutlichere Gestaltung und Kontrolle« erkennen. »Ausgewogene, symmetrische Objekte wie ein Faustkeil«, so ISAAC, »sind viel schwerer anzufertigen [als Geröllgeräte], sie erfordern ein stärker zielgerichtetes Handeln, mehr Vorführung und Unterweisung und mehr Übung.«[45] Es ist kaum vorstellbar, wie eine solche Technologie auf rein nichtsprachliche Weise tradiert worden sein sollte. Daher dürften der Homo erectus und der Präsapiens-Mensch, denen man diese Faustkeilkulturen zuordnet, bereits über Sprachformen verfügt haben, die über die im Tierreich üblichen Kommunikationsmittel hinausgingen.

Dies gilt in noch stärkerem Maße für die Träger der sehr komplexen *Levallois*-Technik (benannt nach einem Vorort von Paris), bei der man gezielt Abschläge von vorbestimmter Form und Größe aus präparierten Kernsteinen gewann (Abb. 27). Sie nahm vor etwa 200 000 Jahren im Acheuléen ihren Anfang. Die Vermittlung dieser Technik war aufgrund der erforderlichen Planung und Präzision sicherlich kaum ohne exakte verbale Anleitung möglich.

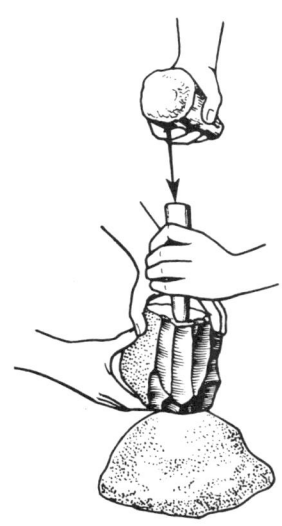
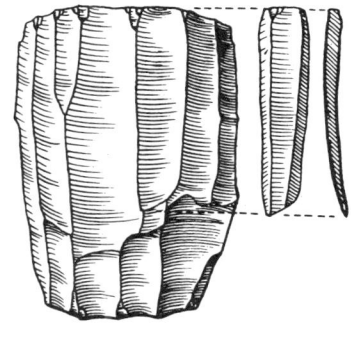

28 Ein prismatischer Klingenkern des Jungpaläolithikums, von dem durch Druck oder indirekten Schlag mit Hilfe eines Zwischenstücks zahlreiche langschmale Steinklingen abgelöst wurden

Mit solch sprachlicher Unterstützung muß schließlich auch die vor etwa 100 000 Jahren beginnende Abschlagindustrie des Neandertalers, das *Moustérien* (benannt nach dem Fundort Le Moustier in Frankreich), tradiert worden sein. Und sprachliche Anleitung erforderten ebenso zweifelsfrei die seit ca. 35 000 Jahren vor heute aufeinanderfolgenden unterschiedlichen ›Klingenindustrien‹ des *Aurignacien*, *Gravettien* und *Magdalénien* (ebenfalls benannt nach französischen Fundstellen). In diesen ›Industrien‹, die bereits dem Homo sapiens sapiens, d. h. dem frühen modernen Menschen, zuzuordnen sind, wurden nach einem sehr ausgeklügelten und rationellen Verfahren serienmäßig lange, schmale Klingenabschläge von einer Feuersteinknolle abgetrennt und anschließend zu einer Vielzahl unterschiedlicher Werkzeugtypen weiterverarbeitet (Abb. 28).

Die Herstellung von Steingeräten erforderte – so kann man zusammenfassen – zwar nicht unbedingt von Anfang an, aber doch mindestens ab dem Niveau der Faustkeile, d. h. seit der letzten Jahrmillion, in wachsendem Maß Sprache als Mittel der technologischen Ausbildung und Erfahrungsübermittlung.

Eine Reihe von Prähistorikern und Anthropologen glaubt, aus den Steinwerkzeugen aber noch weiterreichende Rückschlüsse auf das Sprachvermögen ihrer Hersteller ziehen zu können. Sie sehen die Geräte nicht nur als Produkte technischen Könnens, sondern in gleicher Weise als Zeugnisse für das Formempfinden und den ästhetischen Sinn, für den intellektuellen Entwicklungsstand und die kognitiven Fähigkeiten der Hominiden, die sie verfertigten. Die ›Operationsketten‹, mittels derer die Herstellung erfolgte, ähneln nach Ansicht dieser Forscher in ihrer Grundstruktur der Syntax der Sprache und lassen sich daher in Form einer ›Grammatik der Werkzeugherstellung‹ analysieren.

»Fast jedes Modell, das einen Sprachprozeß beschreibt, kann ebenso dazu verwendet werden, die Geräteproduktion zu beschreiben«, bemerkt etwa der amerikanische Anthropologe RALPH L. HOLLOWAY. »Elemente eines Grund›vokabulars‹ von Bewegungsoperationen – Abtrennung von Abschlägen, Drehung, Herstellung einer Schlagfläche usw. – werden in unterschiedlichen Kombinationen angewandt, um verschiedene Geräte mit verschiedenen Formen und vermutlich auch verschiedenen Verwendungszwecken anzufertigen.« HOLLOWAY schließt daraus, daß »Werkzeugherstellung und Sprache der selben kognitiven Struktur entspringen« und daß schon die frühesten gerätefabrizierenden Hominiden »eine kognitive Struktur besaßen, wie sie auch für die Sprache nötig ist, eine Struktur, die mit Sprache harmonisiert.«[46]

Ähnlich äußert sich der französische Prähistoriker ANDRÉ LEROI-GOURHAN in seinem sehr gehaltvollen Buch mit dem deutschen Titel ›Hand und Wort‹: »Sprache ist von dem Augenblick möglich, da die Vorgeschichte Werkzeuge liefert, denn Werkzeug und Sprache sind neurologisch miteinander verbunden«, sie gehen »beide auf den gleichen Prozeß, oder besser auf die gleiche Grundausstattung im Gehirn zurück« und sind »Ausdruck ein und derselben menschlichen Eigenschaft.« Daher ließe sich, so LEROI-GOURHAN weiter, gestützt auf die Analyse der Steingeräteentwicklung »vielleicht eine Paläontologie der Sprache in Angriff nehmen. (...) So kann man auf dem Wissen über die Techniken von der Pebble-Kultur bis ins Acheuléen die Hypothese einer Sprache gründen, die im Grad ihrer Komplexität und im Reichtum ihrer Konzepte deutlich mit den Techniken übereinstimmt.«[47]

Auch andere Wissenschaftler, etwa der Russe VIKTOR V. BUNAK, versuchten aus dieser angenommenen Parallelität zwischen Werkzeug- und Sprachentwicklung eine Reihe von ›Stufen‹ der sprachlichen Evolution zu erschließen. Ihren Entwürfen ist trotz vieler Unterschiede im Detail gemeinsam, daß sie schon für die Hersteller der frühesten Faustkeile, d. h. für den Homo erectus, eine einfache Form von Sprache annehmen und eine kontinuierliche Erweiterung dieser sprachlichen Fähigkeiten vom Steinheim-Menschen über den Neandertaler bis hin zum Cro-Magnon-Menschen vermuten. Letzterem wird übereinstimmend die gleiche biologische wie intellektuelle Grundausstattung und damit auch das gleiche Sprachvermögen zugeschrieben wie uns heute.

Bereits der Homo erectus muß in irgendeiner Weise gesprochen haben. Darauf deutet auch die Tatsache, daß auf dem Höhepunkt seiner Existenz – vor rund einer halben Million Jahren – im archäologischen Material eine erste technologische und intellektuelle Blüte erkennbar wird, die die eingangs umrissene ›kulturelle Evolution‹ deutlich hervortreten läßt. Zuvor schon waren die Hominiden aufrecht gegangen und hatten einfachste Geröllgeräte hergestellt, neben pflanzlicher Nahrung das Fleisch verendeter Tiere gegessen und wahrscheinlich auch bereits Tiere gejagt. Mit dem Homo erectus aber kam nicht nur der beschriebene Fortschritt in der Steingerätetechnologie, an seinen Lagerplätzen ist auch erstmals regelmäßig und sicher der Gebrauch des *Feuers* nachgewiesen (nach einem kürzlich publizierten Fund von verkohlten Tierknochen in den 1,5–1 Million Jahre alten Schichten einer südafrikanischen Höhle erscheint es allerdings möglich, daß bereits der Homo habilis bzw. die Australopithecinen das Feuer kannten).

In Zhoukoudian in China ebenso wie in Vértesszöllös in Ungarn, Bilzingsleben in der DDR, Terra Amata in Südfrankreich und Torralba in Spanien zeugen Brandschichten, Aschespuren und angekohlte oder verfärbte Artefakte und Steine von einer offenbar alltäglichen und selbstverständlichen Feuernutzung durch Homo erectus, dem man diese zwischen etwa 500 000 und 250 000 Jahre vor heute datierten Fundstellen zuordnet. Zwar handelte es sich wahrscheinlich noch nicht um selbst entfachtes Feuer, sondern um solches, das durch Blitzschlag oder andere natürliche Ursachen entstanden war und mit Hilfe brennender Zweige an die Lagerplätze verbracht und dort sorgsam gehütet wurde – dennoch bedeutete es eine Errungenschaft von enormer Tragweite. Das Feuer ermöglichte ein Leben und Überleben auch unter ungünstigen Klimabedingungen, es erhellte die Nacht, bot Schutz vor Raubtieren, eignete sich als Waffe gegen Tiere und erlaubte außerdem das Braten und Rösten von Fleisch und Pflanzen und damit die Zubereitung schmackhafterer und bekömmlicherer Nahrung. Es machte den menschlichen Lagerplatz gleichsam zu einer eigenen kleinen Welt, einer Art von ›kulturellem Mikrokosmos‹, innerhalb dessen günstigere und angenehmere Bedingungen herrschten als in der Welt ringsum. So kann das Feuer als frühestes Symbol für die Umformung und Nutzung der Naturkräfte durch den Menschen gelten; wohl nicht umsonst tritt in der griechischen Mythologie Prometheus, der Bringer des Feuers, zugleich als Stifter der Kultur auf.

Der ›Prometheus‹ in der menschlichen Entwicklungsgeschichte aber scheint Homo erectus gewesen zu sein. Aus seiner Blütezeit stammen auch die ersten Hinweise auf einfache *Behausungen,* rundliche bzw. ovale Stein- und Knochenstrukturen mit Pfostenlöchern, die an den 400 000–300 000 Jahre alten Homo-erectus-Fundplätzen bei Terra Amata nahe Nizza und bei Bilzingsleben in der DDR entdeckt und von den Ausgräbern als Überreste zelt- bzw. hüttenartiger Konstruktionen gedeutet wurden. Diese Interpretationen sind zwar in der Fachwelt nicht unumstritten. Der Fund einer über eine Million Jahre alten ringartigen Steinanhäufung in der Olduwai-Schlucht in Tansania läßt es aber sogar als möglich erscheinen, daß die frühesten Spuren hominider Lagerbefestigung noch weiter zurückreichen. Andere technische Errungenschaften und Leistungen, die für den entwickelten Homo erectus nachgewiesen bzw. wahrscheinlich gemacht werden konnten, sind etwa *Holzlanzen* mit scharfer Spitze für die Jagd (Bruchstücke fand man bei Clacton-on-Sea in England und bei Torralba in Spanien) sowie *Geräte aus Knochen und Geweih,* wie sie in Bilzingsleben und Vértesszöllös zutage kamen. Für Bilzingsleben glaubt der Ausgräber DIETRICH MANIA aus bestimmten Steingerätetypen und charakteristischen Schnitt- und Glättspuren an Knochen auch die *Bearbeitung von Fellen* – möglicherweise zur Herstellung von Beuteln oder Säcken, einfachen Kleidungsstücken und Behausungen – erschließen zu können.

Diese technischen Mittel und Errungenschaften in ihrer Gesamtheit ermöglichten es dem Homo erectus wohl erst, die warmen tropischen und subtropischen Gebiete Afrikas, auf die nach heutigem Wissen die Australopithecinen und der Homo habilis begrenzt blieben, zu verlassen, und in die gemäßigten Zonen Asiens und Europas mit ihren kühleren Temperaturen und ihren stärkeren jahreszeitlichen Klimaschwankungen vorzudringen. Die technischen Fortschritte scheinen dabei gleichermaßen Voraussetzungen wie Folge des Lebens in der neuen Umwelt gewesen zu sein. Sie schufen überhaupt erst die Möglichkeit dafür, wurden aber gleichzeitig durch die veränderten Anforderungen an die materielle Ausrüstung auch immer wieder aufs neue stimuliert und vorangebracht.

Diese mit dem Homo erectus verbundene technologisch-kulturelle ›Blüte‹ ist kaum ohne das Vorhandensein einer Sprache als Mittel des Erfahrungsaustauschs, der Überlieferung und der Koordination vorstellbar. Besonders augenfällig wird dies, wenn man eine weitere fundamentale Kulturleistung dieses Frühmenschen in die Betrachtung einbezieht, nämlich die regelmäßige und organisierte *Jagd auf Großwild*.

29   Schon in der Zeit des Homo erectus gängige Techniken wie die Fertigung von Werkzeugen aus Knochen und Geweih dürften eine sprachliche Verständigung erfordert haben

30 Große und gefährliche Tiere wie der Elefant, die schon vom Homo erectus systematisch bejagt wurden, ließen sich nur im Rahmen gut vorbereiteter Gemeinschaftsjagden erlegen, die kaum ohne eine sprachliche Verständigung denkbar sind

Zwar haben schon die Australopithecinen bzw. der Homo habilis vereinzelt Tiere bis zur Größe von Rindern, Flußpferden oder sogar Elefanten zerlegt, wie etwa das Fundmaterial aus der Olduwai-Schlucht in Tansania beweist, und möglicherweise war ein Teil dieser Tiere auch schon erjagt – wenngleich viele Anthropologen die Ansicht vertreten, die frühen Hominiden hätten ihr Fleisch vorwiegend aus den Kadavern natürlich verendeter oder von Raubtieren getöteter Tiere gewonnen, seien also letztlich Aasfresser gewesen. Wie auch immer man dieses Problem beurteilt, Hinweise auf Jagd ›im großen Stil‹ treten gehäuft erst zur Zeit des Homo erectus auf.

In Olorgesailie in Kenia, in Zhoukoudian, Terra Amata, Torralba und Bilzingsleben fanden sich vermischt mit den frühmenschlichen Steinwerkzeugen die Überreste einer Vielzahl von Tieren. Vertreten sind so unterschiedliche Arten wie Biber, Fuchs, Rothirsch, Rind, Pferd, Nashorn und der gewaltige Waldelefant. Daß namentlich die größeren unter ihnen systematisch gejagt wurden, zeigen die verhältnismäßig hohen Stückzahlen. In Bilzingsleben hat man z. B. auf einer Fläche von nur 200 m² die Knochen von 38 Nashörnern und 16 Elefanten ausgegraben, bei Torralba die Überreste von insgesamt über 50 Elefanten. Solch gewaltige Tiere lassen sich in der Regel nur im Rahmen einer gemeinschaftlichen Treibjagd erlegen – wahrscheinlich unter Ausnutzung natürlicher Geländefallen wie Felshänge oder Sümpfe. Ein kollektives und vielleicht schon arbeitsteilig organisiertes Unternehmen dieser Art ist aber, das leuchtet wohl unmittelbar ein, ohne vorherige Planung und Koordination, ohne Absprachen und Vereinbarungen kaum möglich. Auch das deutet darauf hin, daß der Homo erectus bereits in irgendeiner Form gesprochen haben muß.

Die bisweilen vorgebrachten Gegenargumente, bei den meisten heutigen Jägern gehe die Jagd stumm vor sich, und viele Raubtiere wie etwa Löwen und Hyänenhunde jagten ja ebenfalls gemeinschaftlich, ohne dafür eine Sprache zu benötigen, sind nicht stichhaltig. Denn bei allen gemeinsam operierenden Jägern finden selbstverständlich *vor* der Jagd Absprachen statt, auch wenn diese selbst sich (mit Ausnahme bestimmter Treibjagden) in aller Stille vollzieht. Und was die Löwen und Hyänenhunde betrifft, so muß man mit Nachdruck darauf hinweisen, daß der Homo erectus im Gegensatz zu ihnen *kein* Raubtier mit einem angeborenen Jagdinstinkt und genetisch verankerten Jagdprogrammen war (wie das die immer noch populäre These vom menschlichen ›Mörderaffen‹ fälschlicherweise nahelegt). Seine Jagd stellte vielmehr eine *kulturelle* Erscheinung dar und erforderte entsprechende Mittel: Lanzen, Feuer und Fallen statt Reißzähne und Krallen, bewußt reflektierte Kooperation, Planung und Koordination mittels Sprache statt genetisch verankerter Jagdprogramme. Ohne diese kulturell-technologischen Mittel wäre es dem Homo erectus niemals möglich gewesen, um ein Vielfaches größere und körperlich überlegene Tiere anzugreifen und zu erlegen, was Raubtieren in aller Regel nur selten gelingt.

Als letztes Indiz für das anzunehmende Sprachvermögen des Homo erectus können bisher leider erst spärlich belegte Erscheinungen im *kultischen* und im *künstlerischen* Bereich herangezogen werden, die mit der beschriebenen technologisch-kulturellen Evolution einhergingen. So zeigten die in Zhoukoudian ausgegrabenen Homo-erectus-Schädel durchweg Zerstörungen im Basisbereich, was einige Forscher zu der Mutmaßung veranlaßte, hier habe man absichtlich das Hinterhauptsloch, durch das das Rückenmark ins Gehirn eintritt, aufgebrochen, um das Hirn des Toten – oder Getöteten – entnehmen und verzehren zu können. Ein solches Öffnen des Schädels und Verspeisen des Gehirns ist auch aus einigen neuzeitlichen Kulturen bekannt und steht dort meist im Zusammenhang mit Kopfjagd oder rituellem Kannibalismus, dient also nicht der Stillung eines Nahrungsbedürfnisses, sondern der Aneignung von Kräften und Fähigkeiten getöteter Feinde oder verstorbener Gruppenmitglieder. Die Schlußfolgerung, auch für den Homo erectus von Zhoukoudian könne man ähnliche Vorstellungen und Praktiken annehmen, ist innerhalb der Fachwelt sehr umstritten, gewinnt aber eine gewisse Plausibilität durch die Tatsache, daß ähnliche Schädelverletzungen auch bei späteren Hominidenfunden bemerkenswert oft auftreten – zu oft jedenfalls, um an einen Zufall zu glauben.

In anderer Hinsicht interessantes Material kam an der Fundstelle Terra Amata bei Nizza zutage: Man fand eine Anzahl stark abgenutzter Stücke roten Ockers, die vermuten lassen, daß die dort lagernde Homo-erectus-Gruppe ihre Körper oder irgendwelche Gegenstände mit diesem Mineral rot einfärbte. Wir wissen selbstverständlich nicht, zu welchem Zweck und aus welchen Motiven das geschah. Körperbemalung ist in der Völkerkunde als Ausdruck eines kultisch-religiösen Symbolismus, als Mittel der Gruppenidentifikation und -unterscheidung wie auch als einfacher Schutz gegen die Sonne bekannt. Die Tatsache, daß Ocker und andere Farbstoffe mehrfach in Gräbern von Neandertalern und Cro-Magnon-Menschen auftauchten (vgl. S. 94 f.), also offenbar eine gewisse Rolle im damaligen Bestattungsbrauch spielten, macht es aber doch wahrscheinlich, daß ihnen irgendeine symbolische oder rituelle Bedeutung zukam. Dies könnte vielleicht auch schon zur Zeit des Homo erectus oder noch früher der Fall gewesen sein, denn erste Hinweise auf eine besondere Wertschätzung solcher rötlichen Minerale reichen in Afrika bis in die Periode vor 1,5 Millionen Jahren zurück.

In Bilzingsleben schließlich stieß man auf einen Hirschschädel, der so bearbeitet ist, daß er als eine Art Kopfaufsatz oder Maske gedient haben könnte. Völkerkundliche Parallelen ließen sich auch hier ohne Mühe und zuhauf finden, vorläufig bleiben freilich eine genauere Analyse dieses Stückes und eventuelle Neufunde abzuwarten.

Diese Indizien, obwohl bisher äußerst spärlich und im einzelnen auch noch ungesichert und umstritten, lassen insgesamt doch damit rechnen, daß beim Homo erectus ein weiterer fundamentaler Schritt bereits vollzogen war, nämlich die Herausbildung einer *geistigen Kultur* jenseits der unmittelbaren Lebensnotwendigkeiten, in jenem Bereich, der gewöhnlich unter der Rubrik ›Kult, Religion und Magie‹ behandelt wird. Darüber, daß eine solche geistige Kultur nur auf sprachlicher Basis bzw. Hand in Hand mit der Sprache entstehen kann, herrscht allgemeiner Konsens in der Forschung.

Auch im Bereich der *Kunst,* die nach älterer Lehrmeinung erst mit dem Auftreten des Homo sapiens sapiens im Jungpaläolithikum, vor etwa 35 000 Jahren, ihren Anfang nahm, scheinen mittlerweile erste bescheidene Zeugnisse bis in die Zeit des Homo erectus zurückzureichen. So wurden in Bilzingsleben mehrere über 300 000 Jahre alte Tierknochen mit eingeritzten bzw. -gravierten Linien- und Strichfolgen ausgegraben, die sich deutlich von unbeabsichtigten Schnittspuren bei der Arbeit unterscheiden (Abb. 33, oben). Unabhängig von der Deutung dieser Gravierungen, auf die wir im nächsten Kapitel noch einmal zurückkommen (vgl. S. 106), handelt es sich bei ihnen um die bislang ältesten ›graphischen‹ Zeugnisse der Menschheitsgeschichte.

Etwa 100 000 Jahre jünger ist eine in der französischen Höhle Pech de l'Azé gefundene Rinderrippe mit einer Anzahl merkwürdiger, nicht näher interpretierbarer, aber zweifellos absichtlich angebrachter Ritzungen (Abb. 31). Dieses Artefakt dürfte bereits dem Nachfolger des Homo erectus, dem Präsapiens-Menschen, zuzuordnen sein, ebenso wie zwei bemerkenswerte Acheuléen-Faustkeile, die in Swanscombe und West Tofts, zwei englischen Fundstellen, zutage kamen: Sie wurden so hergestellt, daß ihre Griff-Flächen durch die Versteinerungen eines Seeigels bzw. einer Muschel, die im Rohmaterial enthalten waren, emblemartig verziert sind (Abb. 32).

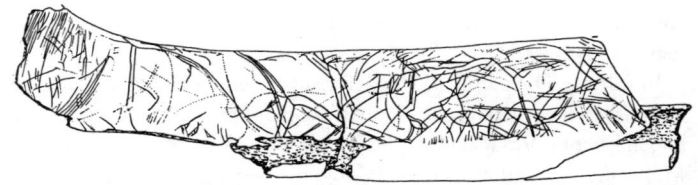

31 Fragment einer über 200 000 Jahre alten, mit Gravierungen versehenen Rinderrippe aus der Höhle Pech de l'Azé in Frankreich

Diese Handvoll Artefakte, so bescheiden sie dem Betrachter auch anmuten mögen, zeugen von einem bereits erstaunlich hoch entwickelten, ästhetisch empfindenden und zu symbolhafter Gestaltung fähigen Geist, wie er schlechterdings nicht bei einem sprachlosen Wesen vorstellbar ist. Hat man in der Forschung stets einhellig und ganz selbstverständlich die jungpaläolithische Kunst der letzten Eiszeit als indirekten Beweis für die Sprachlichkeit des Cro-Magnon-Menschen gedeutet, so ist nicht einsehbar, warum ein ähnlicher Rückschluß jetzt, da sich die allerersten Anfänge der Kunst bis in die Zeit des (entwickelten) Homo erectus zurückzuverlagern scheinen, nicht auch in seinem Falle möglich sein sollte. Hinzuzufügen ist natürlich, daß die mutmaßliche Sprache dieses Hominiden noch ebenso einfach, undifferenziert und ›roh‹ gewesen sein dürfte wie seine Gravierungen und Schnittfolgen auf den Knochen.

Beim heutigen Forschungsstand deutet also alles darauf hin, daß bereits Homo erectus über eine frühe Form von Sprache verfügt haben muß. Dazu paßt auch die im vorigen Kapitel erwähnte Vermutung, daß bei ihm das für die Artikulation wichtige Absinken des Kehlkopfs schon begonnen hatte, wenngleich der Lautbildungsapparat noch weit von seiner heutigen Ausbildung und Leistungsfähigkeit entfernt war (vgl. S. 68 f.). Berücksichtigt man, daß Homo erectus gleichzeitig als erster unserer Vorfahren ohne Zweifel und unbestritten die Bezeichnung *Mensch* verdient, so läßt sich mit Fug und Recht sagen, daß die Sprache tatsächlich so alt ist wie der Mensch selbst, daß sie zu ihm gehört wie der aufrechte Gang, das entwickelte Gehirn, die geschickte Hand und die technologische, geistige und soziale Kultur – ja daß sie den Prozeß der Menschwerdung, der *Hominisation,* in gewissem Sinne erst ermöglicht hat.

Keineswegs ausgeschlossen ist dabei, daß ein Teil der Indizien und Hinweise, die auf das Sprachvermögen des Homo erectus schließen lassen, sich im Zuge der weiteren Forschungsarbeit auch schon bei den früheren Hominidenarten nachweisen lassen könnten, vor allem beim Homo habilis, über dessen Lebensweise und kulturelle Entfaltung wir bis heute nicht sehr viel wissen. In diesem Falle wären die Anfänge der menschlichen Sprachfähigkeit in noch fernerer stammesgeschichtlicher Vergangenheit zu vermuten, würde das Alter der Sprache nicht nach Jahrhunderttausenden, sondern nach Jahrmillionen zählen.

Wie sich diese Anfänge des Sprachvermögens und der Sprache in den Jahrhunderttausenden seit Homo erectus im einzelnen weiterentwickelten, wissen wir nicht. Es läßt sich nur sagen, daß bei den ihm folgenden jüngeren Menschenformen – dem Präsapiens, dem Neandertaler und schließlich dem modernen Menschen – im archäologischen Fundstoff eine stetige technisch-kulturelle Weiterentwicklung festzu-

32   Zwei Acheuléen-Faustkeile aus Swanscombe (links) und West Tofts (rechts) in England mit Versteinerungen eines Seeigels bzw. einer Muschel

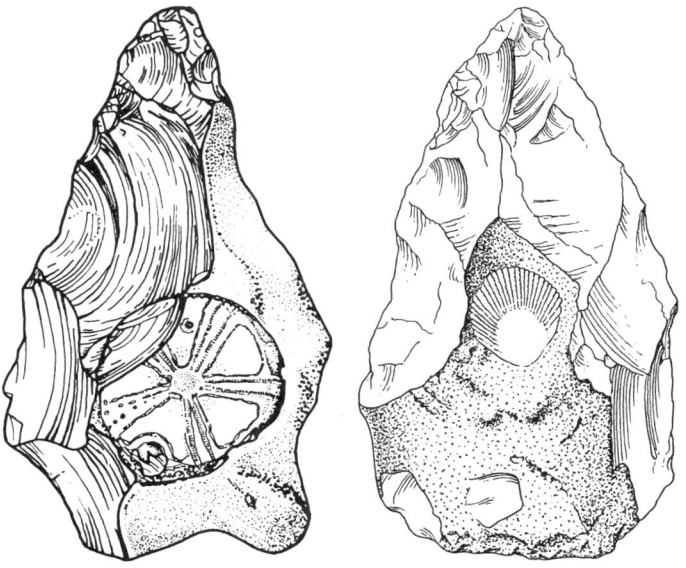

stellen ist, die aller Wahrscheinlichkeit nach mit einer entsprechenden intellektuellen Entfaltung (basierend auf dem Wachstum des Großhirns) und einer Verfeinerung der sprachlichen Kommunikation (ermöglicht durch die Weiterentwicklung der Sprachorgane und der Sprachzentren im Gehirn) einherging. Neben den Fortschritten in der Steingerätetechnologie (vgl. S. 82f.) verdichten sich in den jüngeren Zeithorizonten auch andere Zeugnisse technologischer und geistiger Differenzierung, erscheint das Geflecht kultureller Errungenschaften, das beim Homo erectus noch vergleichsweise bescheiden und ›grobmaschig‹ wirkt, zunehmend vielfältiger, ›engmaschiger‹ und kunstvoller geknüpft. Dabei muß man freilich einschränkend betonen, daß auch die archäologischen Überlieferungsbedingungen eine wichtige Rolle spielen. Eventuell bereits früh vorhandene Artefaktgattungen aus vergänglichem Material bekommen wir z.B. oft erst relativ spät zu fassen. Je mehr wir uns also der heutigen Zeit nähern, desto voller und farbiger wird schon rein quellenbedingt das Bild.

Beim ›klassischen‹ Neandertaler, ab etwa 80 000 Jahren vor heute, ist erstmals die sorgsame Bestattung der Toten in Gräbern, mit Werkzeug-, Speise- und sogar Blumenbeigaben (letztere nachgewiesen anhand von Pollenfunden) belegt. An den Wohn- und Bestattungsplätzen findet man nicht selten Ocker und andere vielleicht zur Körperbemalung verwendete Farbstoffe, und auch die Hinweise auf Tier- und Schädelkulte sowie auf rituellen Kannibalismus häufen sich. Das alles deutet auf die Existenz eines Jenseitsglaubens, auf kultische und magische Vorstellungen und Praktiken, auf die Ausweitung der geistigen Welt jenseits des unmittelbar Lebensnotwendigen also, die ohne das Vorhandensein sprachlicher Symbole und Begriffe kaum denkbar ist. Auch der Neandertaler von La Chapelle-aux-Saints in Frankreich, dessen Sprachfähigkeit aufgrund anatomischer Untersuchungen des Schädels mehrfach angezweifelt wurde (vgl. S. 60f., 68), war in einer 40 cm tiefen Erdgrube in ›Schlafstellung‹ und mit einem Wisentschenkel, Feuersteingeräten und roten Farbstücken als Beigaben beigesetzt worden – nicht eben die Art des Umgangs mit einem Toten, die man bei stammelnden Halbtieren erwarten würde.

Für den Cro-Magnon-Menschen ab etwa 35 000 Jahren vor heute schließlich, der ja auch anatomisch in seinen wesentlichen Grundzügen dem modernen Menschen entsprach, bezeugt die archäologische

Überlieferung eine beeindruckende technisch-kulturelle Blüte und Vielfalt. Ein breites Spektrum von Werkzeugen und Geräten aus Feuerstein, Knochen, Geweih und Elfenbein – viele davon aus mehreren Teilen zusammengesetzt – wurde serienmäßig und standardisiert hergestellt. Schmuck aus Tierzähnen, Elfenbein oder Schneckengehäusen tritt häufig auf. Gegen Ende des Jungpaläolithikums kamen neue Waffen wie die Speerschleuder, die Harpune sowie Pfeil und Bogen in Gebrauch. Und die sogenannte ›Eiszeitkunst‹ mit ihren sorgfältig geschnitzten Elfenbeinfigürchen und ihren imposanten Höhlenmalereien und -zeichnungen setzte einen ersten Höhepunkt ästhetischen und künstlerischen Gestaltungsvermögens.

Diese Leistungen des frühen Homo sapiens sapiens beeindrucken derart, daß kaum ein Fachwissenschaftler an seinen vollentwickelten, den unseren ebenbürtigen geistigen Kapazitäten und an seiner ausgebildeten Sprachfähigkeit zweifelt. Einige Forscher schlossen aus dem in dieser Periode offenkundig zunehmenden Tempo der Kulturentwicklung vielmehr, daß erst jetzt, im Jungpaläolithikum, die wirklich artikulierte und grammatikalisch voll strukturierte Sprache begonnen habe. »Die rasche kulturelle Auffächerung, die mit der Verbreitung des modernen Menschen verbunden war«, schreibt etwa der Prähistoriker DESMOND CLARK, »wäre ohne das Medium der Sprache nicht möglich gewesen, und es scheint wahrscheinlich, daß es der Besitz von echter Sprache war, auf den der außergewöhnlich schnelle Erfolg des Homo sapiens sapiens sich gründete.«[48]

Sofern diese Wissenschaftler den vorangegangenen Menschenformen ein ›echtes‹ Sprachvermögen aberkennen, unterschätzen sie ganz gewiß den schon seit der Zeit des Homo erectus vollbrachten Kulturfortschritt und die Anforderungen, die dieser an die Leistungsfähigkeit des Kommunikationssystems stellte. Vernünftig und plausibel erscheint dagegen die Vermutung, daß sich diese Leistungsfähigkeit bis zum Jungpaläolithikum noch einmal erheblich steigerte und daß die zuvor noch in der Entwicklung begriffene Sprache dort ihren heutigen Standard erreichte.

Spätestens für diese Periode, aus der wir nicht nur mehrere unterschiedliche Menschentypen (›Rassen‹), sondern auch eine Vielzahl von charakteristischen regionalen Kulturgruppen kennen, ist mit Sicherheit die Existenz einer ebensolchen Zahl an unterschiedlichen Sprach-

und Dialektgruppen anzunehmen. Ob dies jedoch das Ergebnis eines sprachlichen ›Babylon‹, der Aufspaltung einer zuvor einheitlichen ›Ursprache‹ war, wie es das biblische Gleichnis will, scheint in höchstem Maße zweifelhaft. Eher darf vermutet werden, daß die Sprache der schon früh über riesige Areale und mehrere Kontinente verstreuten Hominiden (man denke an die Verbreitung des Homo erectus vom südlichen Afrika bis ins mittlere Europa und von China bis nach Spanien) von Anfang an in zahlreiche unterschiedliche Zweige und Varianten zerfiel, selbst wenn man von einer ursprünglichen sprachlichen *Monogenese,* also einer ›Ur-Entstehung‹ nur einmal und an einem Ort, ausgeht.

Wie die ›Sprache der Eiszeit‹ klang, werden wir trotz eines gleichnamigen Buches, in dem der ›Paläolinguist‹ RICHARD FESTER mit den Mitteln der vergleichenden Sprachwissenschaft bis zum ›Ur‹-Wortschatz des Cro-Magnon-Menschen vorzudringen versucht, niemals erfahren. Es existiert in dieser Hinsicht keine auch nur annähernd plausible Erkenntnisquelle. Dies gilt in noch höherem Maße für die vermutete Sprache der älteren Hominiden, beispielsweise des Homo erectus. Wie sie strukturiert und beschaffen war und auf welche Weise sie zustandekam, darüber können wir – wie die Philosophen vor 200 Jahren – nur spekulieren.

Von den Theorien des 18. und 19. Jhs. blieb bis heute nur eine einzige ernsthaft in der Diskussion, nämlich die *Gestentheorie* (vgl. S. 18), die besonders von dem amerikanischen Anthropologen GORDON W. HEWES aufgegriffen und unter Verarbeitung einer bewundernswerten Menge von Forschungsergebnissen aus der Linguistik, der Primatologie, der Taubstummenforschung und anderen Wissenschaftszweigen ›modernisiert‹ wurde.

Das wohl stärkste Argument für die Gestentheorie ist die Tatsache, daß bei den Menschenaffen die visuelle Verständigung durch Blicke, Gesichtsausdrücke und Körpergebärden der differenzierteste und entwickeltste Teil des Kommunikationssystems zu sein scheint (wie auch die Sprachversuche mit Schimpansen bestätigten; vgl. S. 71ff.), während das angeborene Arsenal an Lautäußerungen offenbar ziemlich stereotyp und kaum variationsfähig ist. Daraus läßt sich mit hoher Wahrscheinlichkeit schließen, daß auch in der Verständigung unserer frühesten Vorfahren die Gestik und Mimik, die ja noch bei uns eine nicht zu unterschätzende Rolle spielt, von großer Bedeutung war. Ob sie freilich dominierte, wie die Anhänger der Gestentheorie vermuten, bleibt fraglich. Vor allem aber ist festzuhalten, daß eine solche gestisch-mimische Verständigung erst dann wirklich die Bezeichnung ›Sprache‹ verdient, wenn es sich nicht nur um wenige, größtenteils angeborene Stimmungssignale und ›Auslöser‹ handelt, wie bei den Menschenaffen, sondern um ein erweiterungsfähiges, ›offenes‹ System von visuellen Symbolen mit begrifflicher oder wortähnlicher Bedeutung wie in den modernen Taubstummensprachen.

Ob ein solches System aber vor und unabhängig von einer ausgebildeten Lautsprache existieren konnte, erscheint höchst zweifelhaft. Selbst wenn man dies annehmen wollte, verbliebe immer noch die Frage, warum und auf welche Weise eine solche hochentwickelte Gestensprache den ›Kanal‹ gewechselt und sich in eine Lautsprache verwandelt haben sollte, wie das ja dann irgendwann einmal der Fall gewesen sein müßte. Als Antwort auf diese Frage können die Gestentheoretiker nur die etwas konstruiert wirkende *Mund-Gebärden-Theorie* anbieten, der zufolge die ursprünglichen Hand- und Körperbewegungen von zunächst unwillkürlichen Lauten der Sprachorgane begleitet waren, die dann immer bewußter artikuliert wurden, um schließlich Priorität über die Gesten und Gebärden zu gewinnen. Ohne dieser Hypothese ihren diskussionsanregenden Wert absprechen zu wollen, erscheint es wohl doch einleuchtender, eine von Anfang an primär lautliche und durch Gestik und Mimik unterstützte Sprache der Hominiden anzunehmen – dies um so mehr, als die Lautsprache gegenüber der Gestensprache einige Vorteile besitzt. Sie ist beispielsweise nicht an einen direkten Blickkontakt und an gute Sichtverhältnisse gebunden, kann daher auch bei Dunkelheit, über Blickhindernisse und große Entfernungen hinweg verwendet werden; vor allem aber läßt sie die Hände für andere Tätigkeiten frei. Nur in bestimmten Situationen, z. B. während der Jagd, hätte eine ›stumme‹ Zeichensprache größere Vorteile geboten.

Eine neue und zumindest sehr originelle Theorie des Sprachursprungs stellten in den 70er Jahren die Soziobiologen DORIS und DAVID JONAS auf. Ihrer Ansicht nach entstand die Sprache ursprünglich »nicht als Medium für den Informationsaustausch« im Zusammenhang mit irgendwelchen technologischen oder kulturellen Prozessen, »sondern als Mittel zur arterhaltenden sozialen Bindung« zwischen Mutter und Kind.[49] Sie habe ihren Anfang genommen, als die Hominiden-mütter sich angewöhnten, auf das unbewußte Lallen ihrer Kinder zu antworten, und sei erst nachträglich auf andere Lebensbereiche ausge-weitet und für andere Zwecke instrumentalisiert worden. Aus der Ver-sorgung des Nachwuchses erklären die beiden Forscher auch die Dominanz der linken Gehirnhemisphäre bei sprachlichen Funk-tionen: Die Hominidenmütter hätten nach dem Verschwinden der Fellbehaarung, die ihren Jungen ein Festklammern ermöglichte, die Kinder auf dem Arm tragen müssen, und zwar – wie noch heute – vor-zugsweise auf dem linken Arm, da die Herztöne beruhigend wirk-ten. Dadurch sei nur noch die rechte Hand für andere Tätigkeiten frei gewesen. Weil diese aber von der linken Gehirnhälfte kontrolliert wird, habe die linke Hirnrinde eine motorische Überlegenheit ent-wickelt, die dann auch von der entstehenden Sprache ›genutzt‹ worden sei. Rechtshändigkeit, Sprachentstehung und sprachliche Lateralisa-tion werden hier als einheitlicher, monokausaler Prozeß aus den Umständen und Erfordernissen der Kinderbetreuung erklärt.

So sehr diese Theorie auf den ersten Blick durch ihre Originalität besticht und so sympathisch ihr Versuch anmutet, die sonst meist unterschätzte evolutionsgeschichtliche Rolle der Frau hervorzuheben – sie ist (abgesehen von anderen Unstimmigkeiten) zu ausschließlich auf einen einzigen Kausalfaktor fixiert, als daß sie wirklich überzeugen könnte. Bei genauerer Überlegung erscheint es vor allem zweifelhaft, ob ein schon bei den Menschenaffen hochentwickelter und nahezu optimal geregelter Lebensbereich wie die Betreuung des Nachwuchses ganz ›ohne Not‹ einen derart fundamentalen und weitreichenden Ent-wicklungsschritt wie die Sprachentstehung ausgelöst haben kann. Hier scheint doch die Vermutung naheliegender und vernünftiger, daß gerade die *neuen,* bei anderen Primaten nicht existenten Lebensanfor-derungen, Tätigkeiten und Bedürfnisse in der Evolution der Homini-den einen entsprechenden Selektionsdruck ausübten.

Die Sprache, so kann man zusammenfassen, ist dem Menschen weder vom Himmel her zugefallen, noch dürfte sie ein zufälliges Spiel der Natur gewesen sein. Ihre Entstehung war eine Antwort – die spezi-fisch *menschliche* Antwort – auf die Erfordernisse und Notwendigkei-ten einer stetig komplexer werdenden Lebens- und Arbeitsweise, auf die Entwicklung der Technologie, Kultur und Gesellschaft, die als neuartige, im Tierreich unbekannte Erscheinungen auch ein neuartiges und leistungsfähigeres Kommunikationssystem erforderten. Ob innerhalb der neuen Daseinsform einzelne Bereiche wie etwa die Werkzeugherstellung, die Jagd bzw. das Sammeln, die Verteilung der Beute, die Durchführung von Ritualen oder ganz einfach die Organisation des Gruppenzusammenhalts in besonderem Maße die Entwicklung der Sprache erforderten und stimulierten, wissen wir nicht und werden wir nach Lage der Dinge wohl auch nie erfahren. Das Wissen, daß sie aus diesem Gesamtkontext heraus entstand und daß dies spätestens beim Homo erectus geschehen sein dürfte, muß uns genügen. Es ist mehr, als frühere Forschergenerationen sich erhoffen durften.

Die Entstehung der Schrift

Vorstufen und Vorläufer der Schrift

Ist die Sprache so alt wie die Menschheit und ein grundlegender Bestandteil des Menschseins, so gilt dies ganz und gar nicht für das zweite Hauptkommunikationsmittel, dessen wir uns heutzutage in den Industrieländern wie selbstverständlich bedienen: die *Schrift*. Sie ist erst vor rund 5000 Jahren erfunden worden und damit vergleichsweise jung. Während des allergrößten Teils seiner Geschichte, über Jahrhunderttausende hinweg, entwickelte und entfaltete sich der Mensch ohne sie, und noch heute kann ein großer Teil der Menschheit nicht lesen und schreiben, kommen viele Kulturen gänzlich ohne dieses komplizierte und von der persönlichen Begegnungsebene abgehobene Kommunikationsmittel aus.

Bis vor rund 10 000 Jahren prägten kleine, nur wenige Dutzend Personen umfassende Jäger- und Sammlergruppen (wie sie heute nur noch in einigen wenigen Rückzugsgebieten existieren) überall auf der Welt das Bild menschlicher Kultur, und ihnen folgten einfache Bodenbaukulturen mit dörflichen Gemeinschaften von ebenfalls nur einigen Dutzend, höchstens wenigen hundert Menschen. In beiden Gesellschaftstypen waren die Lebens- und Arbeitszusammenhänge so überschaubar, die sozialen Kontakte so unmittelbar und die wirtschaftlichen Vorgänge so unkompliziert, daß das gesprochene Wort zur Bewältigung der Alltagserfordernisse in der Regel völlig ausreichte. Was man sich mitzuteilen hatte, sagte man im direkten Gespräch (das Problem räumlicher Trennung existierte noch nicht annähernd in dem Maße wie heutzutage), kulturelles Wissen und technisch-handwerkliche Erfahrung wurden ebenfalls unmittelbar durch Wort und Anschauung von Generation zu Generation weitergegeben, auch Mythen und Erzählungen – stets mündlich rezitiert – lebten im Gedächtnis der Menschen fort, nicht in irgendwelchen Aufzeichnungen.

Unter solchen Verhältnissen kam natürlich den Alten im Rahmen der Gemeinschaften eine besondere Rolle zu. In der modernen Industrie- und Informationsgesellschaft mit ihrem ständig zunehmenden, in unzähligen Büchern und auf ebenso zahllosen Computerchips gespeicherten Wissen werden sie nur allzuleicht von der technisch-wissenschaftlichen Entwicklung überholt und in der Folge oft auch sozial ins Abseits gedrängt. In den schriftlosen, *aliteralen* Gesellschaften dagegen waren und sind sie die Bewahrer des Wissens, die Hüter der Überlieferung (dies findet unter anderem in Institutionen wie dem Ältestenrat seinen Niederschlag). Keine Schule erzieht dort die Jugendlichen und keine Bibliothek belehrt die Heranwachsenden – diese Aufgaben obliegen vielmehr zu einem großen Teil den Ältesten und Erfahrensten. »Jeder Greis, der in Afrika stirbt, ist eine Bibliothek, die verbrennt«, beschrieb das der Ethnologe AMADOU HAMPATHÉ BA aus Mali.[50]

Der gebildete, in einer Welt der Bücher, Zeitungen und Computer aufgewachsene Europäer des 20. Jhs. vermag sich in derartige Verhältnisse kaum mehr hineinzudenken und neigt zu der Annahme, daß Gesellschaften mit ausschließlich *oraler* (mündlicher) Überlieferung nur eine äußerst simple und dürftige, eben eine ›primitive‹ geistige Kultur besitzen könnten. Diese Annahme erweist sich freilich als Irrtum und Vorurteil, denn die Menschen in den schriftlosen Kulturen besaßen und besitzen ein hervorragend ausgebildetes und geschultes Gedächtnis und verfügen zudem über ein reiches Instrumentarium von Hilfsmitteln und sogenannten *Mnemotechniken* (von griech. *mneme* = Erinnerung), die die zuverlässige ›Speicherung‹ von Inhalten im Gedächtnis und ihre mündliche Weitergabe absichern und erleichtern.

Die Anbindung der Texte an einen festen Rhythmus und eine gleichmäßige Sprachmelodie ist ein solches Mittel, ebenso wie die Unterstreichung dieses Rhythmus' durch gleichmäßige Bewegungen, Musik und Tanz oder die Standardisierung des Ausdrucks durch sich wiederholende, stereotype Formeln. Nicht zufällig besitzt daher ein Großteil des überlieferten Wissens und des kulturellen Erbes in den oralen Gesellschaften die Form poetischer Erzählungen, Epen oder Lieder. »Elemente der Sprache, die wir heute als poetisch identifizieren, sind als Hilfsmittel einer auf das Gedächtnis gestützten Tradition erfunden worden«, schreibt der Literaturwissenschaftler HEINZ SCHLAFFER.[51]

In einer solch ›poetisch gebundenen‹ Form können auch sehr komplexe und vielschichtige Inhalte über Generationen hinweg tradiert und bewahrt werden. Die Mythen und Epen einiger schriftloser Kulturen gehören zum Bewundernswertesten und Hervorragendsten, was die menschliche Geistesgeschichte jemals hervorbrachte. In vielen mündlichen Gesellschaften hat sich für diese ›poetische‹ Überlieferung des kulturellen Erbes sogar eine besondere Gruppe von Spezialisten, der Berufsstand der *Sänger, Barden* oder *Aoiden* herausgebildet, die von Jugend an die Kunst erlernten, zur Leier, Harfe oder einem anderen Instrument die traditionellen Erzählungen und Heldenlieder darzubieten und weiterzuentwickeln. Diese Art von Dichtung diente der Unterhaltung der Zuhörer, unterrichtete sie aber gleichzeitig über ihre Vorfahren, über die Ursprünge und die Geschichte ihres Volkes, über die Taten ihrer Götter und Heroen und untermauerte dadurch das gesellschaftliche Werte- und Normengefüge – dies alles selbstverständlich im Gewand der Legende und des Mythos.

Seit Ende der 20er Jahre revolutionierten der amerikanische Altphilologe MILMAN PARRY und sein Schüler ALBERT LORD die Homer-Forschung mit ihrer Hypothese, auch der große, selbst zum abendländischen Mythos gewordene griechische Dichter sei keineswegs ein schreibender Poet, sondern ein schriftunkundiger, nur aus dem Gedächtnis und seiner Improvisationsgabe schöpfender Aoide gewesen, der die *Ilias* und die *Odyssee* mit ihren mehr als 27 000 Versen zahllose Male in niemals völlig gleicher Weise zur Leier gesungen habe, bevor er sie um 700 v. Chr. einem Schreiber zur Aufzeichnung in der damals noch jungen griechischen Alphabetschrift (vgl. S. 241f.) ›diktierte‹. PARRY und LORD stützten sich bei dieser sogenannten *oral-poetry-theory*, die die Forschung in nachhaltiger Weise beeinflußte, ohne bis heute jedoch von allen Fachleuten im vollen Umfang akzeptiert zu werden, vor allem auf eine Textanalyse der an sprachlichen Formeln und Stereotypen reichen homerischen Epen. Sie untermauerten ihre theoretischen Ergebnisse mit Hilfe eingehender Feldforschungen, die sie in den 30er Jahren in Jugoslawien durchführten und durch die sie sich eine intime Kenntnis von Dichtung und Vortragstechnik der damals dort noch tätigen schriftunkundigen Epensänger, der *Guslaren* (so benannt nach dem Instrument, auf dem sie ihre Lieder begleiteten), erwarben.

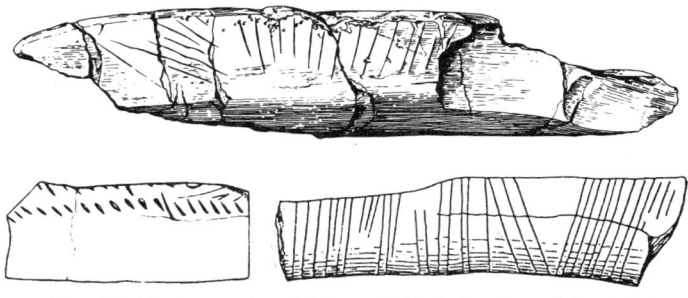

33 Oben: Flachkeule aus einem Elefanten-Schienbein mit parallel und fächerartig angeordneten Schnittreihen von dem über 300 000 Jahre alten Homo-
erectus-Fundplatz bei Bilzingsleben in der DDR. Unten links: Möglicherweise
100 000 Jahre altes Mammutstoßzahn-Bruchstück mit einer Kerbenreihe;
gefunden bei Wyhlen nahe Lörrach. Unten rechts: Etwa 40 000 Jahre alter
Knochen mit eingeritzten Linienfolgen aus einem Neandertaler-Grab von
La Ferrassie in Frankreich

Die Diskussion ist nach wie vor im Fluß, aber alles deutet darauf hin, daß auch viele der großen Epen anderer Zeiten und Kulturkreise, etwa des frühen Vorderasien oder des mittelalterlichen
Europa, ursprünglich aus dem Gedächtnis rezitierte und immer wieder
variierte, erst später schriftlich aufgezeichnete Werke waren. Allein
schon diese herausragenden Beispiele einer ›mündlichen Literatur‹ verdeutlichen eindringlich, daß Schriftlosigkeit keinesfalls mit kultureller
Armut und Dürftigkeit gleichgesetzt werden darf. Es kann also nicht
darum gehen, die mündlichen Kulturen geringzuschätzen und abzu-
qualifizieren, wenn man die neuen Möglichkeiten und Perspektiven
betrachtet, die die Schrift dem Menschen eröffnet hat.

Dies gilt um so mehr, als in den oralen Kulturen zusätzlich zu den
beschriebenen mündlichen Überlieferungsmitteln und -techniken eine
Fülle von gegenständlichen oder graphischen Ausdrucksmöglich-
keiten und Gedächtnisstützen existieren, die ähnliche Aufgaben erfül-
len wie in entwickelteren Gesellschaften die Schrift, und die insofern
funktionell als deren Vorstufen und Vorläufer gelten können. Es soll
im folgenden nicht die ganze Palette dieser *Schriftvorstufen* in ihrer
vollen Breite und Vielfalt dargestellt werden, wie dies in den großen
Werken zur Schriftgeschichte teilweise geschieht. Ziel dieses Kapitels

34 Wolfsknochen mit einer scharf eingeschnittenen Kerbenreihe aus der rund 25 000 Jahre alten Mammutjägerstation von Dolní Věstonice in Mähren

35 Englischer Kerbstab (›exchequer tally‹) aus dem 13. Jh.

ist es vielmehr, anhand einer Reihe von markanten Beispielen zu zeigen, daß schon in den ›primitiven‹ Kulturen Bedürfnisse nach materiellem Ausdruck ideeller Inhalte und nach graphischer Fixierung von Information (sowie entsprechende Hilfsmittel) existieren können, die unter weiterentwickelten gesellschaftlichen Verhältnissen zur Herausbildung der Schrift führen. Dabei sollen, im Unterschied zu den meisten Handbüchern, nicht Beispiele aus der Völker- und Volkskunde der Neuzeit im Mittelpunkt stehen, von denen nur einige wenige zur Illustration herangezogen werden. Wir möchten vielmehr vorrangig das archäologische Material bis zurück in die Altsteinzeit unter dem Gesichtspunkt unserer Themen- und Problemstellung sichten. Eine solche Betrachtung kann vielleicht Hinweise darauf geben, wie weit die tiefsten Wurzeln der Schrift (nicht zu verwechseln mit dieser selbst) in die Vorgeschichte zurückreichen.

Eines der einfachsten und wohl auch frühesten Mittel zur Speicherung von Information ist der sogenannte *Kerbstock,* ein Stab aus Holz, Knochen oder anderem Material, auf dem Zahlenmengen oder andere Informationen durch eingeschnittene Markierungen festgehalten werden. Der Kerbstock ermöglicht es somit, auch ohne viele Zahlwörter und ohne abstrakten Zahlbegriff – beide existieren in den ›primitiven‹ Kulturen meist nicht oder nur eingeschränkt – zu ›zählen‹, und das Gezählte gleichzeitig dauerhaft zu vermerken, ohne daß dazu eine Schrift notwendig wäre. Diese genial einfache Methode der Befriedigung eines fast überall bestehenden Alltagsbedürfnisses (denn zu zählen gibt es selbst in den archaischsten Kulturen manches) hatte zur

Folge, daß der Kerbstock jahrtausendelang auf allen fünf Kontinenten verbreitet war, daß ihn offenbar viele Völker und Kulturen unabhängig voneinander erfanden und zäh an ihm festhielten – oft sogar noch lange Zeit, nachdem bereits die Schrift Einzug gehalten, in Teilen der Bevölkerung und besonders auf dem Lande aber noch nicht Fuß gefaßt hatte.

Auf Kerbhölzern vermerkten Jägervölker die Menge ihrer Beute, Hirten hielten damit die Zahl ihrer Tiere fest und Eingeborene im Indischen Ozean die Summe der von ihnen geernteten Kokosnüsse, wie bei uns früher Waldarbeiter die Anzahl hergestellter Reisigbündel und Weinbergarbeiter die abgelieferte Traubenmenge. Indianische Arbeiter in Los Angeles führten auf Kerbhölzern Buch über ihre Arbeitstage und -wochen, ebenso Dienstboten in Südamerika und Afrika. Bei den Ewe in Westafrika dienten Kerbhölzer als Mittel der Zeitrechnung, bei den Ainu in Japan zur Markierung wichtiger historischer Ereignisse, die Maori auf Neuseeland führten damit Ahnenregister (jede Kerbe bezeichnete einen Ahnen, das Erlöschen der männlichen Linie wurde durch einen größeren Zwischenraum angedeutet).

In vielen Kulturen fungierten gekerbte Stäbe auch als eine Art Quittung oder Schuldbrief für gelieferte Produkte oder entliehenes Geld – selbst in Europa spielten sie bis weit ins letzte Jahrhundert eine uns kaum mehr vorstellbare Rolle im täglichen Geschäftsleben, namentlich auf dem Lande. Händler, Bäcker und Wirte hielten für ihre Kunden ein Kerbholz wie heutzutage ein Liefer- oder Kreditbuch, woran

36 Etwa 12 000 Jahre alte Schieferplatte aus der Pekárna-Höhle in Mähren mit auf drei Seiten eingeritzten Zeichen: I, Λ, V und X

der noch bei uns gängige Ausdruck ›etwas auf dem Kerbholz haben‹ erinnert. In England verbuchte sogar das Schatzamt vom 12. bis ins 19. Jh. alle Steuerabrechnungen auf kleinen Holzstöckchen, sogenannten *exchequer tallies* (Abb. 35). »Man führt dort Buch wie Robinson Crusoe auf seiner kleinen Insel«, spottete im vorigen Jahrhundert der Schriftsteller Charles Dickens, »indem man Holzstöcke mit Kerben versieht. Eine Unzahl von Buchhaltern und Schreibern wurde geboren und starb, und die amtliche Routine hielt an den Kerbhölzern fest, als seien sie die Grundfeste der Verfassung.«[52] Erst 1826 wurde diese Form der Buchführung offiziell abgeschafft. Als man 1834 die alten *tallies* in einem Ofen des Oberhauses verbrannte, ging das ganze Parlamentsgebäude in Flammen auf!

Wie alt der Gebrauch von Kerbstäben ist und welche Bedeutung sie vor der Erfindung der Schrift besaßen, zeigt auch die Tatsache, daß in China das Schriftzeichen für ›Vertrag‹ noch heute aus einem Zeichen für ›Kerbholz‹ (Stab mit Kerben), einem Zeichen für ›Messer‹ und dem Symbol für ›groß‹ besteht. Ein ›Vertrag‹ ist also gleichbedeutend mit einem ›großen Kerbholz‹, das vor der Herausbildung der chinesischen Schrift um die Mitte des 2. Jts. v. Chr. (vgl. S. 205 f.) die entsprechenden Funktionen erfüllte.

Möglicherweise reicht diese Methode der Dokumentation und Informationsspeicherung bis weit in die Vorgeschichte zurück. Jedenfalls kennt man bereits aus der Altsteinzeit eine größere Zahl von Artefakten aus Knochen, Geweih oder Elfenbein, die Kerben oder Linienreihen aufweisen (Holz vergeht im Boden relativ schnell und wird daher nur in Ausnahmefällen archäologisch überliefert). Die ältesten unter ihnen sind gleichzeitig die ersten bekannten ›graphischen‹ Zeugnisse aus der Menschheitsgeschichte: jene bereits erwähnten gravierten Knochen aus der über 300 000 Jahre alten Homo-erectus-Fundstelle Bilzingsleben in der DDR, die erst im letzten Jahrzehnt vom Ausgräber Dietrich Mania und seinen Mitarbeitern entdeckt wurden. Abb. 33 (oben) zeigt als Beispiel eine Flachkeule aus dem Spaltstück eines Elefanten-Schienbeins, auf deren Schmalseite man parallele bzw. fächerartig angeordnete eingeritzte Linienbündel erkennt – ganz eindeutig absichtlich und sorgfältig angebrachte Gravierungen, die sich deutlich von zufälligen Ritzungen (etwa beim Ablösen des Fleisches von den Knochen) unterscheiden. Nach diesen

Funden aus Bilzingsleben sind gekerbte Artefakte erst wieder aus den letzten hunderttausend Jahren bekannt. Vermutlich vom Beginn dieser Zeitperiode stammt ein Mammutstoßzahn-Bruchstück von Wyhlen bei Lörrach, das mit einer sehr regelmäßigen Reihe kurzer Schrägkerben versehen ist (Abb. 33, unten links). Und vor etwa 40 000 Jahren ritzten Neandertaler eine Anzahl paralleler, gerade und schräg angeordneter feiner Linien in ein Knochenfragment, das sie einem Toten bei seiner Bestattung an dem ›klassischen‹ Neandertaler-Fundplatz von La Ferrassie in der Dordogne mitgaben (Abb. 33, unten rechts). »Vielleicht hatte der Knochen eine Bedeutung und wurde absichtlich neben dem Leichnam niedergelegt«, merkten die Ausgräber D. Capitan und D. Peyrony bei der Publikation des Fundes an.[53]

Diese bislang einzigartigen Stücke aus den Perioden des Homo erectus und des Neandertalers zeigen noch keine übermäßige Ähnlichkeit mit den historisch und völkerkundlich bekannten Kerbstäben. Man kann hinter ihren Ritzlinien nicht mit Sicherheit, ja noch nicht einmal mit allzugroßer Wahrscheinlichkeit Zählungen oder sonstige ›Notierungen‹ vermuten. Die Ausgräber und Bearbeiter äußerten sich nur sehr vorsichtig über die mögliche Zweckbestimmung dieser Artefakte, und in der Tat gibt es eine ganze Reihe anderer Deutungsmöglichkeiten, die mindestens genauso erwägenswert sind. Die Ritzungen könnten beispielsweise als Schmuck oder Dekoration gedient haben, sie könnten ebenso – vergleichbar unseren Kritzeleien – als spielerischer Zeitvertreib oder nervöse Abreaktion ohne eigentlichen Sinn und Zweck entstanden sein. Eine Funktion ähnlich der der späteren Kerbstäbe ist jedoch nicht völlig von der Hand zu weisen, und deshalb sollten diese kostbaren Zeugnisse aus der Morgendämmerung der Menschheit, zu denen in Zukunft hoffentlich noch weitere kommen werden, nicht unerwähnt bleiben.

Im Jungpaläolithikum vor etwa 35 000–11 000 Jahren, also der Periode des Cro-Magnon-Menschen und der ›Eiszeitkunst‹, treten graphische Zeugnisse verschiedenster Art dann vergleichsweise häufig auf. Unter ihnen befinden sich auch zahlreiche Knochen mit Kerben- und Linienreihen. Im Falle gleichmäßiger, symmetrischer Markierungen kann man vielleicht am ehesten noch an eine dekorative Funktion denken. Diese Interpretation erscheint aber sehr viel weniger plausibel, wenn die Kerben in unregelmäßigen, ästhetisch wenig ansprechenden Gruppen unterschiedlicher Größe eingeritzt oder auf Artefakten angebracht sind, die dem Augenschein nach nicht als Gebrauchsgegenstände dienten. Hier drängt sich die Annahme auf, daß sie eine andere Funktion hatten, und da diese Stücke teilweise eine bemerkenswerte Ähnlichkeit mit den Zählstäben der historischen Zeit besitzen, liegt es nahe, sie als deren urgeschichtliche Vorläufer zu betrachten.

Diese Vermutung wurde schon im letzten Jahrhundert von zwei Pionieren der Altsteinzeit-Forschung, ÉDOUARD LARTET und HENRY CHRISTY, ausgesprochen, indem sie für solche Stücke auch eine Deutung als »bâtons de numeration« (Zählstöcke) mit »marques de chasse« (Jagdmarken für erlegte Tiere) in Betracht zogen. Dem widersprach jedoch ein anderer Wegbereiter der prähistorischen Forschung, GABRIEL DE MORTILLET, der die Kerben und Ritzungen an Gebrauchsgegenständen sehr pragmatisch als eine Art von ›Aufrauhung‹ zur besseren Befestigung an Holzschäften interpretierte.

Seither ist über diese Markierungen immer wieder kontrovers diskutiert worden. Als Zeugnisse eines jungpaläolithischen Zählsystems deuteten sie zu Beginn unseres Jahrhunderts der Franzose ÉDOUARD PIETTE und der Deutsche MAX VERWORN, nach dem Zweiten Weltkrieg unter anderem die Tschechoslowaken KAREL ABSOLON und A. POKORNÝ sowie der Russe BORIS FROLOW. ABSOLON stellte in einem 1957 veröffentlichten Aufsatz eine ganze Reihe von Artefakten aus dem mährischen Jungpaläolithikum mit Kerben und Strichritzungen zusammen, die nach seiner Überzeugung »nicht bloß Ornamente, sondern Zahlbegriffe« waren – unter ihnen ein Wolfsknochen aus der Mammutjägerstation Dolní Věstonice mit 55 ziemlich gleichmäßig aufgereihten und durch eine längere Doppellinie unterteilten Kerben (Abb. 34). ABSOLON klassifizierte diesen Knochen als »Rechenstab«, auf dem die Mammutjäger möglicherweise »Jagdmarken« angebracht hätten, und wies auf die Zahlenmenge Fünf mit ihren Multiplikanten hin, die hier wie bei anderen gekerbten Knochen besonders oft vorkomme und daher vielleicht als »Grundzahl« gedient habe. Andere Forscher, zum Beispiel FROLOW, glaubten, in gleicher Weise eine Häufung anderer Zahlenmengen, etwa der Sieben, auf jungpaläolithischen Artefakten feststellen zu können.

ABSOLON präsentierte in seinem Aufsatz darüber hinaus eine auf drei Seiten mit Markierungen versehene Schieferplatte aus dem Magdalénien der Pekárna-Höhle in Mähren (Abb. 36) als Beispiel dafür, daß man in der jüngeren Altsteinzeit »außer dem einfachen Kerbstrich zuweilen auch andere Zeichen in den Gruppen (findet), besonders ein dem römischen V ähnliches Zeichen, später auch zwei gekreuzte Kerben X und den Punkt.« Im Unterschied zu MAX VERWORN, der dies bereits 45 Jahre zuvor festgestellt und daraus eine Kontinuität zwischen den jungpaläolithischen Markierungen und dem römischen Ziffernsystem konstruiert hatte, hielt sich ABSOLON aber vernünftigerweise mit derartigen Schlußfolgerungen zurück. »Ob alle diese ›römischen‹ Zeichen in ihrer langen Zusammenstellung Zahlen ausdrücken sollen«, schrieb er, »oder ob so eine ›römisch‹ mimikrierende Gruppe XX, XXV, XXX zahlenmäßig gar nichts bedeuten soll, das wage ich nicht zu entscheiden.«[54] Tatsächlich kann man allein schon aufgrund der Gruppierung und Häufigkeit dieser Zeichen auf der Schieferplatte von Pekárna definitiv ausschließen, daß sie bereits echte ›Ziffern‹ darstellten, vergleichbar den römischen. Falls hier überhaupt eine Notierung und nicht einfach eine Dekoration oder Spielerei vorliegt, wäre es eher denkbar, daß die unterschiedlichen Markierungen jeweils Einheiten verschiedener ›Objektklassen‹ repräsentierten, wie teilweise bei den historischen Kerbstäben.

Die Vermutung, daß das römische Zahlensystem, das anfangs nur aus den Ziffern I, V und X bestand, aus älteren Kerbstocksymbolen hervorgegangen sei (die weltweit diese und ähnliche Formen besitzen), ist aber keineswegs abwegig, sondern unter modernen Zahlenhistorikern durchaus geläufig. Allerdings handelte es sich dabei um eine rein ›formale‹ Übernahme leicht zu handhabender Symbole, die mit ihrer Verwandlung in echte Ziffern (irgendwann in der ersten Hälfte des 1. Jts. v. Chr. im italischen Bereich) eine völlig neue Funktion und Qualität erhielten.

ABSOLON schloß seinen Artikel mit der Feststellung: »Diese Zeichen, Linien, Striche, Grübchen, Kerben gehen [als Notationssystem] den Uranfängen der Schrift voran, und sie haben daher eine entwicklungsgeschichtliche Bedeutung in der Kulturgeschichte.«[55] Andere Wissenschaftler vermochten und vermögen derartigen Hypothesen dagegen kaum mehr als ein Lächeln oder ein Schulterzucken abzugewinnen und lehnen sie, meist ohne eigene Deutungsversuche, als zu spekulativ ab. So urteilte etwa der französische Prähistoriker ANDRÉ LEROI-

GOURHAN mit ironischem Unterton: »Die Vorstellung vom Jäger, der jedesmal gewissenhaft eine Kerbe in seinen kleinen Stab macht, wenn er ein Mammut erlegt hat, ist eher unterhaltsam als plausibel.« Indes räumte er ein: »Was immer der Zweck dieser Objekte ist, ihr Vorkommen während des ganzen Jungpaläolithikums ist ein merkwürdiges Phänomen.«[56]

In jüngerer Zeit widmeten sich erneut einige Forscher diesem ›merkwürdigen Phänomen‹ und gelangten dabei zu neuartigen und aufsehenerregenden Ergebnissen. Der wohl wichtigste unter ihnen ist der ehemalige Journalist und Raumfahrt-Experte ALEXANDER MARSHACK. Eine Veröffentlichung über einen mit Kerbengruppen versehenen mesolithischen (d. h. mittelsteinzeitlichen) Knochen aus Ishango in Zentralafrika veranlaßte den Amerikaner 1963, seine frühere Tätigkeit aufzugeben und sich dem Studium vorgeschichtlicher Gravierungen, hauptsächlich in der jungpaläolithischen ›Eiszeitkunst‹, zuzuwenden. Seine damals noch außergewöhnlichen Methoden – Detailuntersuchungen unter dem binokularen Mikroskop und stark vergrößerte fotografische Ausschnittaufnahmen – fanden in der archäologischen Fachwelt allgemeine Anerkennung. Bis heute heftig umstritten blieben dagegen die Hypothesen, die er im Rahmen seiner Forschungsarbeit entwickelte. MARSHACK vertrat nämlich die Auffassung, daß die jungpaläolithische Kunst »time factored art« sei, also zeitliche Sequenzen und Beziehungen wiedergebe, und daß insbesondere viele der mit Markierungen und Zeichen versehenen Artefakte und Kleinkunstwerke zeitliche ›Notierungen‹ enthielten. Sie fungierten, so glaubte er, als eine Art steinzeitliche ›Kalender‹, in denen Mondphasen und Mondmonate verzeichnet waren. Solche Mondkalender dienten den meisten aus der Geschichte und Völkerkunde bekannten primitiven Zeitrechnungssystemen als Grundlage.

MARSHACKs Schlußfolgerungen sind sicherlich, bei voller Anerkennung des enormen Materials und der zahlreichen Anregungen, die die Forschung ihm verdankt, bisweilen anfechtbar. In einigen Fällen aber hat er erstaunliche und geradezu verblüffend einleuchtende Ergebnisse geliefert. So zum Beispiel bei der Deutung einer schon vor Jahrzehnten im Abri Blanchard in der Dordogne ausgegrabenen, rund 30 000 Jahre alten länglichen Knochenplatte, deren eine Seite ein aus 69 grübchenartigen Vertiefungen bestehendes schlangenförmiges Muster trägt

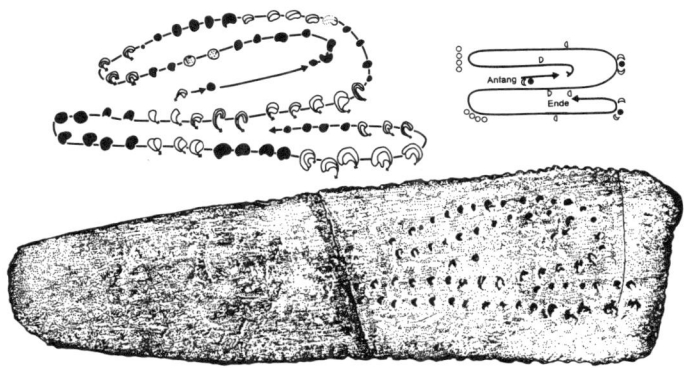

37 Rund 30 000 Jahre alte geglättete Knochenplatte aus dem Abri Blanchard in Frankreich mit schlangenförmigem Muster aus 69 Vertiefungen, das nach Auffassung des amerikanischen Forschers Alexander Marshack eine Art Mondkalender darstellt. Über dem Foto links eine Umzeichnung des Grübchenmusters, rechts Marshacks Interpretation in einer Schemazeichnung (weiße Kreise = Vollmonde, schwarze Kreise = Neumonde)

(Abb. 37). MARSHACK folgerte aus seiner mikroskopischen Untersuchung, daß bei der Anbringung der Vertiefungen das Werkzeug bzw. die Einschnittrichtung und -tiefe 24mal gewechselt habe (vgl. Abb. 37, oben links), woraus er schloß, daß die Markierungen nicht in einem Arbeitsgang, sondern nach und nach im Laufe eines gewissen Zeitraums entstanden seien. Diese ›serielle‹ Anbringung, so seine nächste Arbeitshypothese, könne darauf zurückzuführen sein, daß man eine zeitliche Sequenz aufgezeichnet habe, und zwar den Zyklus des Mondes. Nimmt man an, so MARSHACK, daß jede der Vertiefungen einer Mondnacht entspreche und daß die Notierung in der Mitte links mit der letzten Sichel des abnehmenden Mondes sowie dem darauffolgenden Neumond beginne, um dann Nacht für Nacht auf der Schlangenlinie vorwärtszuschreiten, so ergäbe sich ein ganz bestimmtes Muster: Alle Vollmondnächte lägen dann nämlich in den beiden linken Schleifen der Figur, die Neumondnächte (abgesehen von derjenigen am Beginn) dagegen in den rechten, während die Halb- und Viertelmonde sich jeweils auf den Geraden befänden (vgl. Abb. 37, oben rechts). Die Kerbenfolge wäre demnach als ein sehr eindrucksvolles graphisches

38 32 000 Jahre altes Elfenbeinplättchen aus der Geißenklösterle-Höhle bei Blaubeuren nahe Ulm, dessen Vorderseite das Halbrelief einer wohl menschlichen
Figur zeigt, während die Rückseite und die Kanten mit Reihen kleiner Kerben
versehen sind

Schema der Phasen des Mondes und seiner damit verbundenen ›Wan-
derung‹ am Nachthimmel interpretierbar. »Wir hätten eine visuelle,
kinästhetische [Bewegung nachvollziehende] und symbolische Darstellung der Zu- und Abnahme, die dem Hersteller an jedem Punkt
anzeigte, wo im Mondmonat er sich befand, und das auf nichtarithme-
tische Weise«, wie MARSHACK selbst es formulierte.[57] Da ein Mondmonat (von einem Neumond bis zum nächsten) 29,5 Tage umfaßt, ent-
sprächen die 69 Markierungen einem ›Kalender‹ über mehr als zwei
Mondmonate (weitere linear angeordnete Kerben an den Kanten und
auf der Rückseite des Artefakts nicht mitgerechnet). Dies alles ist wohlgemerkt nur eine spekulative Hypothese, aber immerhin eine sehr
anregende und in sich schlüssige. Und wie erwähnt ist dieses Stück
nicht das einzige, sondern nur eines unter vielen, bei denen MARSHACK
ähnliche Notierungen gefunden zu haben glaubt.

Seine Arbeit blieb – bei aller Skepsis, mit der viele Wissenschaftler
solchen Hypothesen begegnen – in Ansatz und Methodik nicht ohne

112

Wirkung auf die engere Fachwissenschaft, und heute betrachten auch andere Prähistoriker derartige ›Notationen‹ als eine erwägenswerte Interpretationsmöglichkeit bei manchen mit Kerbreihen versehenen Artefakten. Ein Beispiel dafür ist ein erst 1979 unter der Leitung des deutschen Archäologen JOACHIM HAHN in der Geißenklösterle-Höhle bei Blaubeuren nahe Ulm ausgegrabenes kleines Elfenbeinplättchen. Es zeigt auf der Vorderseite das Halbrelief einer menschenartigen Gestalt mit einer Art Schurz oder Schwanzfortsatz zwischen den Beinen, die wegen ihrer erhobenen Arme auch als *Adorant*, d. h. als ›Anbetender‹, bezeichnet wird. An allen vier Seitenkanten und auf der Rückseite trägt das ca. 32 000 Jahre alte Kunstwerk Kerben, und zwar an den beiden Längskanten je 13 und an den Schmalkanten sechs bzw. sieben (Summe 13) Einschnitte; auf der Rückseite erkennt man vier Reihen mit je 13, 10, 12 und 13 kurzen Kerben bzw. Punkten, die am unteren Ende ein kleines Feld frei lassen (Abb. 38).

Der Ausgräber JOACHIM HAHN schreibt zu diesen Markierungen: »Die Anzahl von dreizehn Kerben an den Kanten und im Mittelfeld läßt die Frage aufkommen, ob diese Zahl absichtlich gewählt wurde. Bei einer rein ornamentalen, flächendeckenden Verzierung hätte man das untere Feld leicht noch ausfüllen können.« Und weiter: »Wieweit diese Zeichen aber intentionelle Markierungen, etwa die von zeitlichen Sequenzen in Art eines Kalenders sind, läßt sich nicht entscheiden. Man könnte sich vorstellen, daß die Zahl 13 den Mondzyklen entspricht [das Sonnenjahr umfaßt abwechselnd zwölf oder 13 solcher Mondmonate bzw. -zyklen]. Die Figur könnte dann einen Menschen im Zusammenhang mit dem Jahresverlauf oder sogar eine Himmelsgottheit darstellen. Eine solche Deutung ist aber (...) letztlich nur eine von vielen Möglichkeiten.«[58] HAHN bezeichnet im übrigen auch die auf anderen Kleinkunstwerken vorkommenden Kerbzeichen als »zusätzliche, verschlüsselte Botschaft« und »letztlich ein(en) Vorläufer unserer Schrift«.[59]

Auch ohne solche Schrift im eigentlichen Sinn, das dürften diese Beispiele gezeigt haben, sind einfache Arten der ›Buchführung‹ und Informationsspeicherung mit Hilfe von Kerben und ähnlichen Markierungen möglich und historisch wie völkerkundlich in den verschiedensten Varianten belegt. Eine Anwendung solcher Verfahren erscheint aufgrund des archäologischen Materials schon beim altstein-

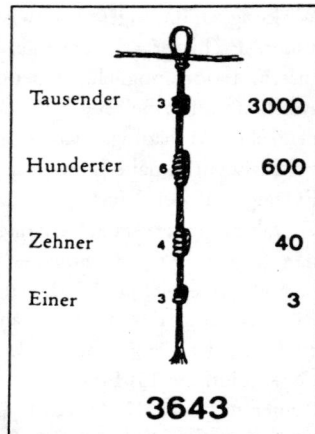

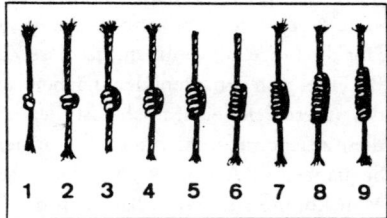

39 Oben links: Ein Inka-Beamter mit Knotenschnur (›quipu‹) in einer Darstellung des 17. Jhs. Oben rechts: Wiedergabe der Zahl 3643 auf einem ›quipu‹. Unten: Die Knüpfungsart der Knoten für die Zahlen 1 bis 9

zeitlichen Menschen als möglich oder sogar wahrscheinlich, wenngleich sie hier natürlich kaum definitiv nachzuweisen sein wird.

Der Vollständigkeit halber sei hinzugefügt, daß vergleichbare Arten des Zählens und ›Notierens‹ auch mit anderen Hilfsmitteln durchgeführt werden können, über die uns die archäologische Überlieferung nichts zu berichten vermag, beispielsweise mit Hilfe von *Knotenschnüren.* Solche Schnüre sollen in China schon im 3. Jt. v. Chr. in Gebrauch gewesen sein, in historischer Zeit sind sie weltweit für viele Kulturen belegt. Als berühmteste und am höchsten entwickelte gelten die peruanischen *quipus,* mit denen die Inka die gesamte Verwaltung in ihrem Großreich, das keine Gebrauchsschrift kannte, bewältigten. Es handelte sich um oft verschiedenfarbige Schnüre, die wie Fransen an einem Hauptstrang befestigt und mit Einfach- und Mehrfachknoten versehen waren, die die Zahlen von 1 bis 9 darstellten. Ob es sich dabei um Tausender, Hunderter, Zehner oder Einer handelte, konnte aus der Höhenstufung der Knoten abgelesen werden (Abb. 39). Die Art der gezählten Güter (Getreide, Vieh, Gold usw.) ließ sich durch die Farbe und Anordnung der Schnüre ausdrücken.

Ein anderes historisch und völkerkundlich häufig belegtes Verfahren ist die Zählung und Zahlenspeicherung mit Hilfe von Steinchen, Holzstäbchen, Muscheln oder verschiedenartigen Symbolen, die jeweils einer Einheit der zu zählenden Dinge entsprechen. Aus einem derartigen ›Buchführungssystem‹ scheint in Mesopotamien die früheste Schrift hervorgegangen zu sein (vgl. S. 143 ff.).

Durch Knoten, Kügelchen und Kerben lassen sich nicht nur Zahlen, Objektmengen oder zeitliche Sequenzen dokumentieren, sie können in einer noch viel umfassenderen Weise als Gedächtnisstütze dienen – wir brauchen nur an den sprichwörtlichen Knoten im Taschentuch oder an den christlichen Rosenkranz zu denken, bei dem ein Kreuz für ein zu betendes ›Glaubensbekenntnis‹, eine große Perle für ein ›Vaterunser‹ und eine kleine Perle für ein ›Ave Maria‹ steht. In den schriftlosen Gesellschaften waren und sind derartige mnemotechnische Hilfsmittel viel stärker verbreitet und vervollkommnet, besonders im Hinblick auf die mündliche Überlieferung des kulturellen Erbes: Gegliederte Zeichenfolgen auf einem Stab etwa helfen, sich der Motive und Strophen eines Liedes zu erinnern, weise alte Männer lassen eine Knotenschnur durch die Hände gleiten, während sie einen Mythos erzählen oder über die Ahnenfolge des Stammes berichten, und abstrakte Muster und Symbole halten den Rhythmus einer Beschwörungsformel fest.

Besonders bekannt geworden sind die *Botenstäbe* in Australien und anderen Teilen der Welt, die mit Hilfe einfacher Kerbengruppen oder eingeschnittener stilisierter Motive den Boten an den Inhalt seiner Nachricht erinnerten und ihm zugleich als eine Art Legitimation dienten. Berühmtheit erlangten auch die australischen *tschuringas,* die im Kult der Ureinwohner dieses Kontinents eine zentrale Rolle spielten. Die hauptsächlich aus konzentrischen Kreisen, Parallel- und Schlangenlinien bestehenden Ritzfiguren auf diesen länglich-ovalen oder rundlichen Gegenständen aus Holz bzw. Stein wirken auf den außenstehenden Betrachter wie reine Ornamente, sind aber tatsächlich konventionelle Symbole für bestimmte Örtlichkeiten, Gegenstände, Menschen oder Tiere und geben komplexe mythische Motive und Szenen wieder. Die *tschuringas* galten daher als magische, gleichsam ›heilige‹ Gegenstände und wurden in Höhlen verwahrt, um nur bei bestimmten kultischen Zeremonien Verwendung zu finden.

Ob es ähnliches auch bereits in den eiszeitlichen Jägerkulturen gab, wissen wir nicht und werden wir wohl auch nie mit Gewißheit erfahren. Die Beispiele aus der Völkerkunde mahnen uns aber, den möglichen Symbol- und Informationsgehalt der zahlreichen jungpaläolithi-

40 Etwa 25 000 Jahre altes Mammutstoßzahn-Endstück von der Fundstelle Pavlov in Mähren. Die Linienkomposition läßt sich als Darstellung einer Landschaft interpretieren

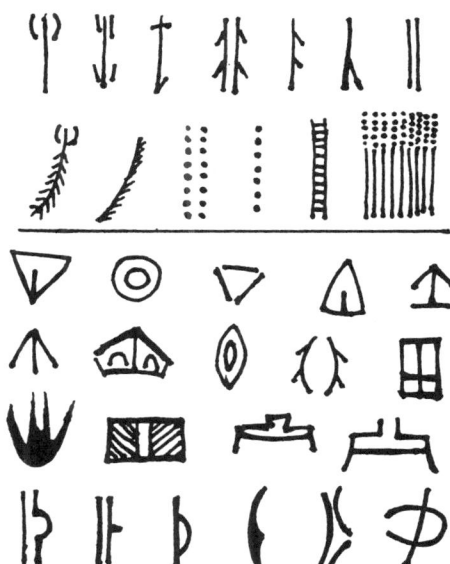

41 Einige Beispiele für die Symbolzeichen der französisch-spanischen Höhlenkunst

schen Gravierungen in Knochen, Geweih oder Elfenbein nicht zu unterschätzen. Selbst hinter abstrakten und rein dekorativ wirkenden Ritzungen können sich, wie im Falle der *tschuringas,* extrem stilisierte, aber doch bedeutungstragende Motive und Darstellungen verbergen. Der tschechoslowakische Archäologe Bohuslav Klíma sieht beispielsweise in einer recht komplexen und verwirrenden Linienkomposition auf einem Mammutstoßzahn-Endstück des mährischen Gravettien von der Fundstelle Pavlov (Abb. 40) die Skizze oder Kartierung einer Landschaft mit Fluß (wellenartige Linie), Berghängen und -kuppen sowie einer menschlichen Siedlungsstelle (kleiner Doppelkreis in der Mitte). Wenngleich diese Deutung keinesfalls zwingend ist, so liegt sie doch angesichts des völkerkundlichen Materials durchaus im Rahmen des Möglichen.

Ganz sicher bedeutungstragend und insofern als Schriftvorläufer einzustufen sind schließlich die abstrakten *Zeichen* und *Symbole,* die recht häufig allein oder in Verbindung mit Tierdarstellungen auf gravierten Knochen, besonders aber in der Felskunst des Jungpaläolithi-

117

kums vorkommen (Abb. 41). Sie dürften nach heutiger Auffassung in irgendeiner Weise Dinge, Ideen oder allgemeine Vorstellungskomplexe versinnbildlicht haben, wenngleich sie sicherlich noch keine wort- oder begriffsähnliche Bedeutung besaßen.

Aber auch den in Knochen geritzten, in Elfenbein geschnitzten oder auf Höhlenwände gemalten ›naturalistischen‹ *Tierdarstellungen,* die das zentrale und bei weitem häufigste Motiv der eiszeitlichen Kunst bilden, schreiben die meisten Prähistoriker heute mehr als eine rein dekorative und abbildende Funktion zu. Der Trend geht immer mehr dahin, auch in ihnen Ideen- oder Informationsträger zu sehen, die teilweise vielleicht sogar eine Lehrfunktion hatten.

Was kann beispielsweise vor 12 000 Jahren Menschen des Magdalénien veranlaßt haben, in einen sogenannten Lochstab aus Rentiergeweih, der in der französischen Fundstelle Montgaudier ausgegraben wurde, ein Robbenpärchen zusammen mit einem Fisch, zwei S¬hlangen (oder Aalen) und drei länglichen Gebilden einzugravieren, die man früher für Harpunen oder Pfeile hielt (Abb. 42)? Der bereits erwähnte ALEXANDER MARSHACK untersuchte den Stab unter dem Mikroskop und entdeckte eine Reihe weiterer Details: Bei dem Fisch handelt es sich nach seinen Angaben um einen Lachs mit einem Häkchen am Unterkiefer des geöffneten Mauls, wie es für die Männchen während der Laichperiode im Frühjahr typisch ist; die beiden Schlangen zeigen deutlich erkennbare Genitalien und dürften Nattern während der Paarungszeit nach Ende des Winters darstellen; und die drei

42 Etwa 12 000 Jahre alter Lochstab aus Rentiergeweih von der Fundstelle Montgaudier in Frankreich mit Darstellungen verschiedener Tiere und Pflanzen

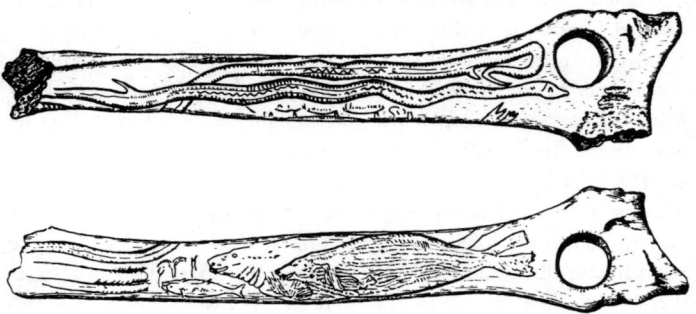

länglichen Gebilde gleichen eher Gräsern oder Zweigen als Harpunen (die auch in die falsche Richtung zielen würden). Vor allem aber identifizierte MARSHACK einige der sehr viel kleineren Ritzungen, die sich außerdem noch auf dem Stab befinden, als einen stilisierten Steinbockkopf, eine Blumenknospe und einen Pflanzenschößling. Das ganze Ensemble ist seiner Ansicht nach eine bewundernswert detaillierte Darstellung der Tier- und Pflanzenwelt in einer bestimmten Jahreszeit, im Frühling und Frühsommer nämlich, wenn nach der Schneeschmelze die Lachsschwärme zum Laichen die Flüsse hinaufwanderten (gefolgt von Robben), die Schlangen sich häuteten und paarten und bald darauf die Blumen und Gräser zu wachsen und blühen begannen. Man könnte die Komposition in diesem Licht gleichsam als eine bildliche ›Ode an den Frühling‹ bezeichnen, und MARSHACK meint, auf anderen Artefakten noch weitere solcher saisonalen Darstellungen identifiziert zu haben.

Betrachtet man die Gravur nüchterner unter dem Gesichtspunkt der darin gespeicherten Information, so könnte sie angesichts ihrer Detailgenauigkeit fast als eine Art Demonstrationsobjekt zur Veranschaulichung biologisch-saisonaler Sachverhalte gedient haben. Wenngleich eine solche Sichtweise sicher zu ›modern‹ ist, berührt sie doch einen Aspekt der jungpaläolithischen Kunst, der seit einiger Zeit verstärkt in der Fachwelt diskutiert wird. Der schon zitierte Urgeschichtler JOACHIM HAHN fand beispielsweise heraus, daß die in zwei Höhlen der Schwäbischen Alb entdeckten Tierfigürchen aus Elfenbein auffallend oft gefährliche Tierarten und diese zum Teil in aggressiven Posen zeigen, wobei durch zusätzliche Kerbmarkierungen möglicherweise die Körperachsen und -zentren betont und auch gewisse anatomische Fakten wiedergegeben werden sollten. »Ein Teil der Figuren«, so meint er, ist »nicht nur als Symbol für die Tierart zu sehen, sondern enthält Detailinformationen über aggressive Haltungen und Körperbau, gleichsam wie eine extrem vereinfachte Tierkunde. Die Figuren könnten daher auch als Lehrobjekte im weitesten Sinne verstanden werden, an denen bestimmte Eigenschaften erklärt wurden.«[60] »Wenn man die Figuren als Lehrmittel auffaßt«, so schränkt er an anderer Stelle ein, »dann ist das sicher eine zu sehr von unserer heutigen Welt geprägte Auffassung.« Dennoch: »Das, was wir Kunst nennen, hatte vielleicht auch eine Lehrfunktion.«[61]

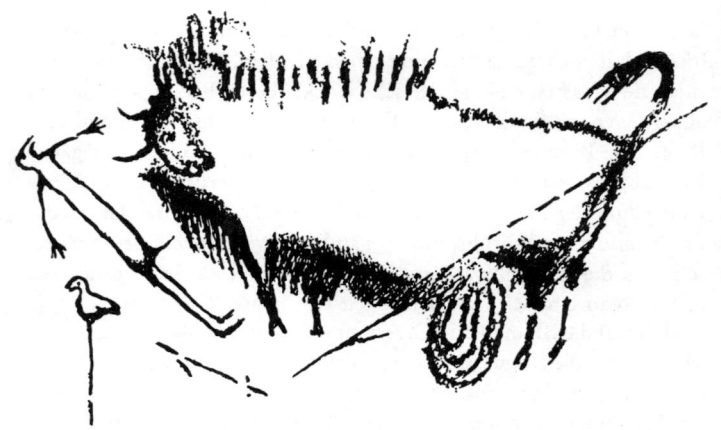

43   Die berühmte Wisent-Mensch-Vogel-Szene aus dem Schacht der Bilderhöhle
von Lascaux, ca. 16 000 Jahre vor heute

Ob diese spezielleren Hypothesen nun zutreffen mögen oder nicht
– man geht heute jedenfalls allgemein davon aus, daß die eiszeitlichen
Kleinkunstwerke und Höhlenmalereien nicht einfach *l'art pour l'art,*
Kunst um ihrer selbst willen, als Zeitvertreib oder als reiner Schmuck
waren, sondern daß sie eine darüber hinausgehende bedeutungstragende und ›kommunikative‹ Funktion besaßen. Die Auswahl und
Gruppierung etwa, in der die verschiedenen Tierarten in den großen
französischen und spanischen ›Bilderhöhlen‹ an die Wände gemalt
oder in den Fels geritzt wurden, spricht dafür, daß sie eine wichtige
Rolle im Rahmen eines – für uns kaum mehr nachvollziehbaren –
naturreligiös-magischen Glaubens- und Zeremonialsystems spielten,
daß sie zugleich Ausdruck, Symbol und Kristallisationspunkt der
damit verbundenen Vorstellungen und Praktiken waren.

ANDRÉ LEROI-GOURHAN, von dem die umfassendste Zusammen-
schau und Analyse des gesamten Materials stammt und nach dessen
Auffassung die Eiszeitkunst auf einem fundamentalen Dualismus
weiblicher und männlicher Symbole basierte, bezeichnet die Bilder als
Mythogramme, als »symbolische Darstellungen, deren Beziehung zum
Sujet nur durch das Wort, die mündliche Erzählung, deutlich wird.« Er
schreibt: »Zwar wäre es auf keinen Fall angebracht, derartige Abbil-

44 Symbolhafte Komposition in der La Pasiega-Höhle in Spanien, die auch als
    ›Inschrift von La Pasiega‹ bekanntgeworden ist

dungen aus dem Paläolithikum als Schriftsystem anzusehen, und doch
waren sie als Zeichen ideographischen Charakters Beziehungspunkte
für die Wieder- und Weitergabe einer mündlichen Tradition.« Sein
Fazit: »Die Wandbild-Assemblagen besitzen alle wesentlichen Charak-
terzüge einer Botschaft, die dem Bedürfnis und den Mitteln des jungpaläolithischen Menschen entsprach, Symbolen einer mündlichen
Tradition Gestalt zu geben«[62] – sie müßten demnach ebenfalls in die
Ahnenreihe der Schrift gestellt werden.

Um diese vielleicht etwas theoretischen Erwägungen ein wenig zu
veranschaulichen, wollen wir uns eine der bekanntesten jungpaläolithischen Höhlenmalereien genauer ansehen, die berühmte ›Wisent-
Mensch-Vogel-Szene‹ aus dem Schacht der Bilderhöhle von Lascaux in
der Dordogne (Abb. 43). Sie entstand wie die wunderbaren Tierdarstellungen dieser Höhle vor etwa 16 000 Jahren im Magdalénien und
gehört zu den wenigen wirklich ›szenischen‹ Darstellungen der Eiszeitkunst, ist daher nicht unbedingt typisch, aber um so aussagekräftiger.
Die Komposition wird dominiert von einem gewaltigen Wisent, der
offenbar durch einen Speer verwundet wurde und dem Blut oder
Gedärme aus dem Hinterleib quellen. Vor seinem gebeugten Kopf
sieht man einen zu Boden sinkenden oder bereits dort liegenden Mann

mit erigiertem Penis, ausgebreiteten Armen (mit nur vier Fingern an den Händen) und einem merkwürdigen vogelartigen Kopf – seine ganze Gestalt ist auffallend steif gezeichnet und fast schablonenhaft stark stilisiert. Unter oder neben diesem Mann schließlich erkennt man einen Vogel auf einer Art Stange.

Viele Prähistoriker vermuteten in dieser Szene die Darstellung eines Jagdunfalls, bei dem ein Jäger nach der Verwundung des Wisents von diesem getötet worden sei. Diese Deutung ist vielleicht bis heute die plausibelste, freilich lassen sich der vogelartige Kopf des Mannes und der Vogel auf dem Stab nur schwer in sie einfügen. Letzterer wurde beispielsweise als Totemtier des Jägers, als Grabvogel oder allgemein als Symbol des Übergangs vom Erdenleben in die jenseitige Welt interpretiert.

Gerade diese merkwürdigen Details veranlaßten 1953 den Prähistoriker Horst Kirchner zu einer völlig andersartigen und zumindest sehr originellen Erklärung der Szene: Er sah in ihr »die überraschend naturgetreue Darstellung einer geradezu typischen schamanistischen Geisterbeschwörung«, wie bei neuzeitlichen Jägervölkern vielfach belegt. Vögel spielten etwa in Sibirien eine besondere Rolle als Hilfsgeister oder Alter ego der Schamanen (was in der häufigen Verwendung von Vogelstäben, -kostümen und -masken während der Zeremonien seinen Ausdruck fand). Auch die Tötung von Rindern wurde dort im Zusammenhang mit Opferritualen hin und wieder beobachtet. Kirchner interpretierte die Szene vor diesem Hintergrund folgendermaßen: »Der eine Vogelkopfmaske tragende Schamane ist in die willentlich herbeigeführte Ohnmacht gefallen; sein Leib sinkt zu Boden, indes sich seine Seele auf die jedem Kenner schamanistischer Erscheinungen wohlvertraute Jenseitsfahrt begibt.«[63] Problematisch an dieser zunächst faszinierenden Deutung ist natürlich (neben der kaum überzeugenden Interpretation des Wisents als Opfertier) die getreue Übertragung doch sehr spezieller Riten, Vorstellungen und Symbole neuzeitlicher Kulturen in eine immerhin 16 000 Jahre zurückliegende Vergangenheit. Nicht zuletzt deshalb lehnten andere Wissenschaftler Kirchners Hypothese ab. Wir brauchen uns hier auf diese Deutungsproblematik nicht weiter einzulassen – uns genügt die Feststellung, daß diese Szene, die André Leroi-Gourhan einmal als »eine Falle für zu scharfsinnige Prähistoriker« bezeichnete[64], ganz ohne Zweifel ›eine

Geschichte erzählen‹, einen Sachverhalt schildern oder eine Idee wiedergeben will – freilich in einer symbolhaften Bildsprache, die heute zum schier unlösbaren Bilderrätsel geworden ist.

Ein ähnlich markantes Beispiel für eine solche bildhaft verschlüsselte ›Botschaft‹ stellt die sogenannte ›Inschrift‹ in der spanischen La Pasiega-Höhle (Abb. 44) dar. Diese Felsmalerei zeigt auf ihrer linken Seite einen Komplex aus vier bienenkorbförmigen, von senkrechten Linien flankierten und auf einer Art Plattform ruhenden Gebilden, die einige Forscher als stilisierte Hütten oder Höhleneingänge deuteten. Daneben erkennt man unzweifelhaft ein Paar Füße (oder Bärentatzen), das nach jüngeren Analogien den Begriff des Gehens oder der Bewegung versinnbildlichen könnte. Den rechtsseitigen Abschluß bildet ein großes E-förmiges Zeichen – manchmal als eine Art ›Absperrung‹ interpretiert. Unter diesem Ensemble befinden sich schließlich drei längliche Zeichen und ein runder Fleck, in dem manche Autoren eine Darstellung des Vollmonds sahen.

Ist die Deutung der einzelnen Bildelemente schon völlig spekulativ und davon geprägt, wie wir heute derartige Symbole ›suggestiv‹ empfinden, so gilt dies erst recht für die Interpretation der Darstellung im ganzen. »Als ich 1913 die Pasiega-Höhle besuchte«, erinnerte sich etwa der Völkerkundler KARL WEULE, »entströmten meinem Munde dieser Inschrift gegenüber fast reflexartig die deutenden Worte: ›Weiche zurück, Fremdling, denn hier ist heiliges Land‹.«[65] Andere Besucher sahen in der Malerei dagegen eher eine Darstellung mit ›aufforderndem‹ Charakter, und der Schriftgeschichtler KAROLY FÖLDES-PAPP glaubte das Ensemble nach einer eingehenden Analyse der Einzelbestandteile gar folgendermaßen ›übersetzen‹ zu können: »Weder Mensch noch Tier darf die (magischen) Wohnstätten der Geister stören, damit diese ihre Wege, insbesondere bei Vollmond, ungehindert gehen können.«[66]

Schon diese ebenso originellen wie konträren Deutungen belegen eindrucksvoll, daß es, mit den Worten des italienischen Prähistorikers PAOLO GRAZIOSI, »ein nutzloses Beginnen (ist), für diesen kabbalistischen Komplex irgendeine Erklärung finden zu wollen.«[67] Wir werden uns also auch hier mit der Einsicht zufriedengeben müssen, daß diese Bilder und Zeichen für die Jungpaläolithiker aller Wahrscheinlichkeit nach einen tieferen Sinngehalt bargen, den wir aber nicht mehr entschlüsseln und nachvollziehen können.

Daß es in der Tat nahezu unmöglich ist, die authentische Aussage einer solchen ›Ideenschrift‹ zu rekonstruieren, wenn man ihre Bildsprache, sozusagen ihren ›symbolischen Code‹, nicht kennt und versteht, zeigt ein Beispiel aus dem völkerkundlichen Bereich. Die nordamerikanischen Indianer kannten vor der Berührung mit den Europäern keine Schrift, aber viele von ihnen besaßen teilweise hochentwickelte bildlich-symbolische Aufzeichnungssysteme, mit denen sie auf Holz, Baumrinde, Leder und anderen Materialien Mitteilungen, Informationen und wichtige Ereignisse fixierten. Abb. 45 zeigt als Beispiel eine über 70 Jahre, vom Winter 1800/01 bis zum Winter 1870/71, laufende Stammeschronik der Dakota, einen sogenannten *winter count*, bei dem auf einem Büffelfell in einer Spirale von innen nach außen jedes Jahr durch das Bildsymbol eines besonders denkwürdigen Ereignisses versinnbildlicht wurde. Obwohl diese Symbole meist nicht abstrakt, sondern gegenständlich sind und sich Menschen, Tiere und andere Darstellungselemente ohne weiteres als solche erkennen lassen, bleibt ihr Bedeutungsgehalt – und damit der eigentliche Bildsinn (in Abb. 45 an einigen Beispielen erläutert) – dem nichteingeweihten Betrachter verschlossen. Dieser Sinn der Symbole mußte wohl auch bei den Dakota selbst erst durch zusätzliche mündliche Erläute-

1800/01
Dreißig Dakota wurden
von den Krähen-Indianern getötet

1801/02
Viele starben an den
Pocken

1802/03
Ein Dakota stahl Pferde
mit Hufeisen (bei den
Indianern ungebräuchlich)
(Pferdehuf)

1813/14
Eine Keuchhusten-
Epidemie brach aus

1817/18
Ein Kanadier baute ein
Holzhaus aus trockenem
Holz (blätterloser Baum)

1824/25
Einem Häuptling wurden
sämtliche Pferde getötet

1825/26
Viele ertranken bei einer
Überschwemmung
(Köpfe der auf dem Wasser treibenden Ertrunkenen)

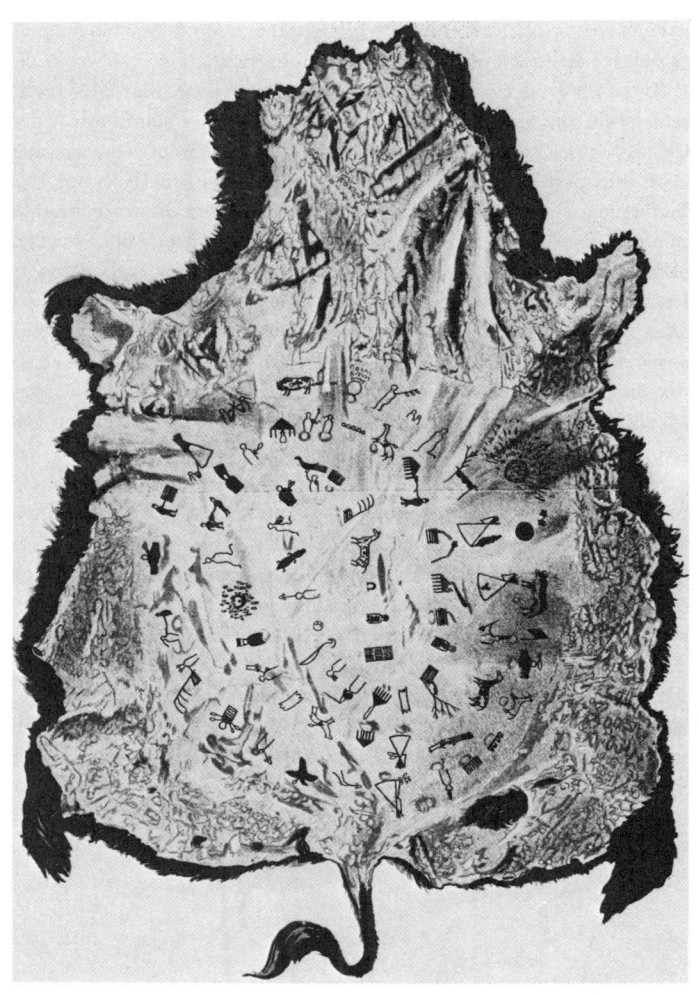

45 Oben: Auf einem Büffelfell aufgezeichnete Stammeschronik der Dakota-
Indianer (sog. ›winter count‹), bei der jedes Jahr durch das Bildsymbol eines
besonders denkwürdigen Ereignisses versinnbildlicht ist. Links: Wiedergabe
und Entschlüsselung einiger der Jahres-Symbole

rungen verständlich gemacht werden – unter anderem deshalb handelt es sich hierbei noch nicht um eine ›echte‹ Schrift.

Bis zu ihr ist der Weg von dieser Vorstufe aus aber bisweilen nicht mehr weit. Das verdeutlicht ein Ausschnitt aus einer Stammesliste der Oglala-Sioux, die deren Häuptling BIG ROAD 1883 auf Veranlassung eines Indianerbeauftragten der US-Regierung zeichnete (Abb. 46). Die Namen der abgebildeten Stammesmitglieder, durch drei rote Streifen in ihren Gesichtern als ›Unterhäuptlinge‹ gekennzeichnet, wurden von BIG ROAD durch Bildsymbole über ihren Köpfen angegeben. In vielen Fällen lassen diese Symbole kaum eine Fehldeutung zu: Das Bild einer rot ausgemalten Krähe etwa steht für ›Rote Krähe‹, ein Büffel mit roten Hörnern bezeichnet ›Rot-Horn-Büffel‹, die Zeichnung eines blauen Falken bedeutet ›Eisen-Falke‹ (blau steht als Symbol für dieses Metall) usw. Ein komplexerer Name wie ›Der-Bär-verschont-ihn‹ (Abb. 46, links) ließ sich freilich auf diese Weise nur schwer wiedergeben und bleibt ohne nähere Erläuterung unverständlich (die Zeichnung stellt einen Bären und eine Anzahl von Spuren dar und soll einen für den Namensträger gefährlichen Vorfall symbolisieren).

Hier, wie generell bei abstrakten Inhalten und Begriffen, stößt auch ein ansonsten bereits hochentwickeltes bildliches Aufzeichnungssystem an seine Grenzen und verliert seine leichte und zuverlässige Ausdeutbarkeit. Diese Grenzen zu überschreiten und praktisch *alle* Namen, Begriffe und Inhalte – ob einfach oder komplex, konkret oder abstrakt – in exakter und unzweideutiger Weise schreib- und lesbar zu machen, gelang erst in den Hochkulturen mit der Herausbildung der Schrift.

46 Ausschnitt aus einer Stammesliste der Oglala-Sioux von 1883

Exkurs: Schriftsysteme schon in der Steinzeit?

Seitdem die Archäologie die Zeugnisse vielfältiger prähistorischer Zeichen- und Symbolsysteme ans Tageslicht bringt (vgl. S. 116 ff.), glaubten immer wieder Forscher in derartigen Funden Hinweise auf eine Existenz ›echter‹ Wort- oder gar Lautschriften schon in der Steinzeit zu erkennen. Auch heute tauchen derartige Spekulationen gelegentlich in der populären und wissenschaftlichen Literatur auf, so daß es sich lohnt, kurz auf einige in diesem Zusammenhang oft genannte Beispiele einzugehen.

Um die Jahrhundertwende verfocht besonders ÉDOUARD PIETTE, ein erfolgreicher und verdienstvoller französischer Höhlenforscher, die These von der urgeschichtlichen Schrift. Er sah bereits in jungpaläolithischen Zeichen und Ornamenten regelrechte ›Hieroglyphen‹ einer eiszeitlichen Bilderschrift und betrachtete Ritzungen auf Knochenartefakten dieser Zeit, die vereinzelte Anklänge an spätere Buchstabenformen zeigen, als die frühesten Vorformen der historischen Alphabete.

Am bekanntesten wurde eine größere Zahl verzierter Kieselsteine, die PIETTE 1887 in der Höhle Mas d'Azil in Frankreich ausgrub. Sie fanden sich in einer rund 11 000 Jahre alten Schicht, die dem Übergang von der Eiszeit zur Nacheiszeit und vom Paläolithikum zum Mesolithikum angehört. PIETTE deutete diese Kiesel, die mit einer roten Farbe aus Eisenoxyd und Fett oder Harz in den verschiedenartigsten, einfachen bis komplexen geometrischen Mustern bemalt waren (Abb. 47), als Bestandteile eines frühen Schriftsystems und ordnete ihre Symbole in mehrere unterschiedliche Gruppen: Solche mit ›Zahlenwerten‹, die durch die jeweilige Anzahl an aufgemalten Linien oder Punkten angegeben seien; solche mit ideographischer oder bilderschriftlicher Bedeutung, die zum Beispiel für die Idee des ›Sonnengottes‹ oder für konkrete Dinge wie Bäume, Schlangen u. ä. stünden; und schließlich solche, die ihm aufgrund ihrer Ähnlichkeit mit einzelnen Buchstaben bzw. Zeichen späterer Silben- und Alphabetschriften als deren Vorläufer und Vorbilder, als Elemente einer regelrechten ›Lautschrift‹ galten. »Die Höhle von Mas d'Azil erscheint uns«, so schrieb PIETTE 1896, »wie eine große Schule, wo man lesen, rechnen, schreiben und die religiösen Symbole des Sonnengottes kennen lernte.«[68]

Seine Phantasie war hier ganz offensichtlich ausgeufert, und so wurden diese Spekulationen schon damals von den meisten Fachleuten abgelehnt. Der Bedeutung seines Fundes hat dies freilich keinen Abbruch getan, denn noch heute gehören die Kiesel von Mas d'Azil zu den wichtigsten der insgesamt spärlichen ›Kunst‹-Äußerungen am und nach dem Ende der Eiszeit, und bis heute ist man sich über ihre Interpretation nicht einig.

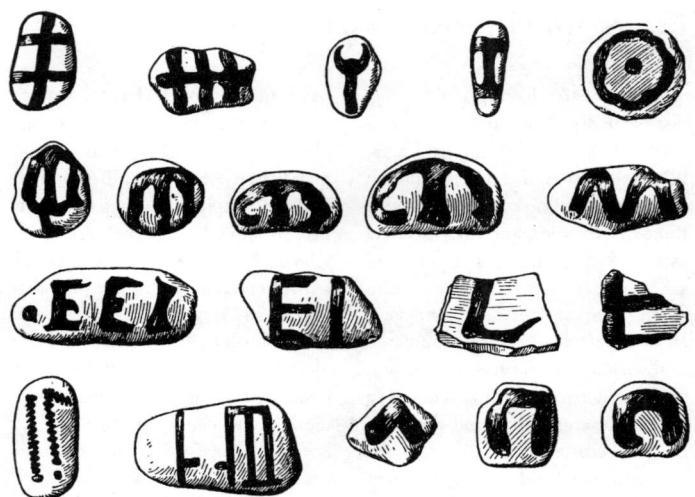

47 Geometrisch verzierte Kieselsteine aus der Höhle Mas d'Azil in Frankreich

Sie wurden als künstlerische Erzeugnisse wie als kultisch-magische Objekte gedeutet, man hat sie mit indianischen Spielsteinen ebenso verglichen wie mit den australischen *tschuringas* (vgl. S. 115 f.). Nur als Elemente einer echten Wort- oder gar Lautschrift kommen sie nicht mehr in Betracht, denn dazu fehlen zu offenkundig alle wesentlichen Schriftkennzeichen, vom Prinzip der Reihung bis hin zur häufigen Wiederholung von Zeichen.

Aus der auf Bodenbau und Viehzucht basierenden Jungsteinzeit (vgl. S. 149 f.) und der daran anschließenden Kupferzeit liegen dann aus mehreren Teilen Europas einzelne Funde vor, die als Zeugnisse prähistorischer Schrift gewertet wurden. Diesbezüglich besonders hervorgetreten ist in den letzten Jahrzehnten der Balkanraum, wo von rund einem halben Dutzend Fundorten solche vermeintlichen Schriftbelege bekannt sind. Abb. 48 zeigt ein bei Karanovo in Bulgarien ausgegrabenes 6 cm großes Stempelsiegel aus Ton, auf dessen (in vier Abschnitte aufgeteilter) Unterseite die bulgarischen Archäologen 17 oder 18 einzelne eingeritzte Zeichen einer ›Urschrift‹ unterscheiden zu können glauben, die Ähnlichkeiten mit der kretischen und hethitischen Schrift aufweise. Abb. 49 zeigt eine (von insgesamt drei) mit Zeichen bzw. Zeichnungen versehene Tontafel aus Tărtăria in Rumänien, die nach Auffassung vieler Forscher deutliche Anklänge an die frühesten protosumerischen Schrifttafeln aus Uruk erkennen läßt (vgl. S. 158 ff.).

Besondere Brisanz erlangen diese südosteuropäischen Funde dadurch, daß sie mit der Radiokarbonmethode (C-14-Methode) ins 4. oder sogar 5. Jt. v. Chr. datiert wurden und damit älter sind als die frühesten bekannten Schriftzeugnisse des Vorderen Orients. Einige Archäologen erklärten daher kurzerhand den Balkan zur Wiege der Schriftentstehung und die dortigen kupfersteinzeitlichen Kulturen zu einem frühen zivilisatorischen Zentrum, zu Vorläufern oder gar Inspiratoren der Hochkulturen des Nahen Ostens und des östlichen Mittelmeerraumes. Andere Prähistoriker schlossen aus den Funden umgekehrt, daß die C-14-Datierung fehlerhaft und die traditionelle archäologisch-historische Datierung korrekt sein müsse, mit der für die entsprechenden Fundschichten anfänglich eine weit jüngere Zeitstellung nach 3000 v. Chr. errechnet wurde. Die Funde ließen sich auf diese Weise mit einer Ausstrahlung der zu dieser Zeit ja bereits bestehenden mesopotamischen und anderen Schriftkulturen nach Südosteuropa erklären.

Sieht man sich die Fundstücke unabhängig von diesem Chronologiestreit einmal etwas näher an, so kann ihr (im Prinzip von beiden Seiten unterstellter) Schriftcharakter keineswegs als gesichert gelten. Die Zeichen auf dem Karanovo-Siegel etwa lassen sich ebensogut als nichtschriftliche Symbole oder gar als reine Ornamentik erklären (zumal nur zwei von

ihnen sich wiederholen). Ähnliche Zweifel kommen auch bei den anderen angeblichen Schriftbelegen auf, deren Zeichensysteme übrigens sehr unterschiedlich sind. Am überzeugendsten wirken zweifellos die Tărtăria-Täfelchen, die auch als einzige bildhafte Zeichen aufweisen (während es sich in den anderen Fällen bereits um eine lineare Schrift gehandelt haben müßte). Gerade bei ihnen

48   Tönernes Stempelsiegel von Karanovo in Bulgarien mit eingeritzten Zeichen

49   Tontafel mit schriftartigen Zeichen aus Tărtăria in Rumänien

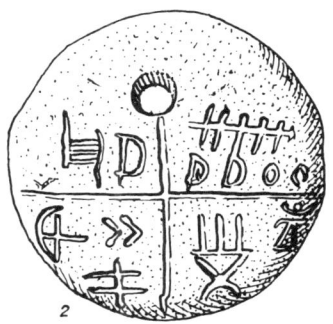

ist aber, auch aufgrund der nicht eindeutigen Fundsituation in einer Grube, die Zeitstellung am wenigsten gesichert. Die Einzigartigkeit dieser Stücke erschwert ihre Beurteilung zusätzlich und mahnt zur Vorsicht, denn von echten Schriftkulturen sollte man doch mehr überliefertes Material erwarten können. In diesem Zusammenhang ist ebenfalls bemerkenswert, daß die angebliche südosteuropäische ›Urschrift‹ bislang vorwiegend auf außergewöhnlichen Tonobjekten wie durchbohrten Scheiben oder Tafeln, Stempeln oder Gefäßen gefunden wurde (auf letzteren kommen einzelne Ritzzeichen oder kleine Gruppen von ihnen häufiger vor), keineswegs aber auf den sonst üblichen Schriftträgern. Auch dies deutet darauf hin, daß man die Zeichen nicht alltäglich verwendete (wie im Falle einer Gebrauchsschrift), sondern daß sie offenbar eine besondere Rolle spielten – etwa als magisch-religiöse Symbole auf Amuletten, als Eigentums- und Identifikationsmarken o. ä. Schließlich sei noch darauf hingewiesen, daß diesen Zeichensystemen keine historisch belegbare Schrift folgte, als deren Vorläufer oder Anfänge sie sich erklären ließen.

Formale Ähnlichkeiten, so könnte man als Fazit formulieren, gibt es zwischen vorgeschichtlichen Zeichen- und Symbolsystemen und den historischen Schriften zuhauf. Sie lassen freilich noch keineswegs auf eine strukturelle Verwandtschaft oder gar Kontinuität zwischen beiden schließen, sondern zeigen oft genug nur, daß der Vorrat an einfachen geometrischen Grundformen und ihren Variationsmöglichkeiten beschränkt ist – so muß es fast zwangsläufig quer durch die Perioden hindurch zu Analogien kommen. Will man echte Wort- oder Lautschriften von den nicht sprachlich gebundenen Zeichen- und Symbolsystemen (vgl. S. 131f.) unterscheiden, so darf man nicht nach formalen, sondern muß nach strukturellen Gesichtspunkten wie Zeichenanzahl, Zeichenwiederholungen, Prinzip der Reihung usw. urteilen. Legt man aber diese Kriterien zugrunde, so läßt sich beim heutigen Forschungsstand nur bekräftigen, was der Schrifthistoriker DAVID DIRINGER schon 1952 feststellte: »Tatsächlich gibt es kein Beweismaterial dafür, daß vor der Mitte des 4. Jts. v. Chr. irgendein vollständiges Schriftsystem in Gebrauch gewesen wäre.«[69]

Die Schrift – ein Produkt der Hochkulturen

Die im letzten Kapitel beschriebenen Hilfsmittel zur ›Buchführung‹ und Unterstützung des Gedächtnisses lassen sich noch nicht als Schrift im eigentlichen Sinne einstufen, wenngleich sie in einigen Handbüchern als *Gegenstandsschrift* bezeichnet werden. Schwieriger ist es schon, die zuletzt behandelten bildlich-symbolischen Systeme mit ihrer deutlich größeren thematischen Anwendungsbreite und ihrer höheren Ausdrucksfähigkeit richtig einzuordnen. Sie vermögen auch komplexere Inhalte bereits graphisch zu fixieren, allerdings nur in ziemlich allgemeiner, nicht an eine bestimmte sprachliche Formulierung gebundener Weise. Deshalb lassen sich derartige bildlich-symbolische Aufzeichnungen auch niemals exakt ›lesen‹, sondern müssen ›gedeutet‹ werden. »Es handelt sich hier nicht«, bemerkt der Schrifthistoriker HANS JENSEN, »um schriftliche Fixierung eines gegliederten sprachlichen Ausdrucks, wobei sprachlichen Einheiten schriftliche Einheiten entsprechen, sondern um die Darstellung eines Gedankenkomplexes, der, in Sprache umgesetzt, verschiedene Ausdrucksformen annehmen kann.«[70] Jensen und andere Autoren verwenden deshalb auch die Bezeichnungen *Ideen-* oder *Inhaltsschrift.*

ANDRÉ LEROI-GOURHAN, der wie erwähnt von *Mythogrammen* spricht, erläutert ihre Funktionsweise und Struktur an einem Beispiel aus unserer eigenen Kultur. Nach seinen Worten »genügt etwa die gemeinsame Darstellung eines Kreuzes, einer Lanze und eines Schilfrohrs, das an seiner Spitze einen Schwamm trägt, um in uns den Gedanken an die Passion Christi hervorzurufen. Die Figur ist jeder phonetisierten mündlichen Notation fremd, sie besitzt dagegen eine Dehnbarkeit, die die Schrift nicht kennt, und umfaßt alle Möglichkeiten der mündlichen Vergegenständlichung von dem Wort ›Passion‹ bis hin zu den umfänglichsten Kommentaren über die christliche Metaphysik.«[71]

Vergleichbare Beispiele ließen sich zuhauf auch aus dem nichtreligiösen Bereich anführen, begonnen beim schlangenumwundenen Äskulapstab, dem Zeichen der Medizin, über politische Symbole wie die Friedenstaube oder Hammer und Sichel bis hin zu den vielen Identifikationssymbolen ethnischer, nationaler oder sonstiger Gruppen. Es handelt sich hierbei um moderne Beispiele einer Bildersprache, die unabhängig von der Schrift und sehr viel älter ist als sie, um Symbole, die nach einer Formulierung LEROI-GOURHANS »nicht unmittelbar vom Fluß der gesprochenen Sprache abhängen, sondern eine echte Parallele dazu darstellen.«[72] Hinter diesen Zeichen steht zwar das gleiche Bedürfnis nach der Manifestation und Fixierung von Ideen, Gedanken und Vorstellungen, das letztlich mit zur Herausbildung der Schrift führte; solche Inhalte lassen sich aber mit den Mitteln der ›Ideenschrift‹ nur in allgemeiner, gleichsam diffuser Form, dafür jedoch sehr viel unmittelbarer und eindringlicher, festhalten und wiedergeben. Eine wortlautgetreue Schreibung und Lesung präzise formulierter Aussagen und Sätze ist dagegen nicht möglich und meist auch gar nicht angestrebt, weshalb man diese bildlich-symbolischen Systeme als *nicht sprachlich gebunden* bezeichnet.

Die Schrift, wie wir sie kennen, ist dagegen immer *sprachlich gebunden,* gibt in Sätze gefügte Texte ›Wort für Wort‹ formulierungsgetreu und exakt wieder. Der chinesische Gelehrte TAI T'UNG nannte sie daher »bildhaft dargestellte Sprache« und der französische Aufklärer VOLTAIRE schrieb: »Schrift ist das Bild der Stimme. Je mehr es dieser gleicht, desto besser ist es.«[73] Strenggenommen treffen diese Definitionen, wie wir noch sehen werden, erst auf die hochentwickelten, phonetischen *Silben- und Buchstabenschriften* zu, denn nur mit diesen gelingt es, die Laute der Sprache annähernd getreu in graphische Zeichen umzusetzen und so nicht nur den Inhalt, sondern auch den genauen Klang einer Mitteilung schriftlich festzuhalten. Man hat sie daher bisweilen *Vollschriften* genannt.

Auch mit den entwicklungsgeschichtlich älteren *Wort- und Begriffs-schriften* (oder *Partialschriften*), bei denen ganze Wörter bzw. Begriffe durch ein jeweils eigenes Bildsymbol dargestellt werden, lassen sich aber bereits exakt ›lesbare‹ und syntaktisch geordnete Wortfolgen wiedergeben. Auch solche Schriften sind in diesem Sinne also ›sprachlich gebunden‹, geben sprachliche Inhalte in bestimmten Formulierungen wieder (oder bieten zumindest diese Möglichkeit), wenngleich ihre Zeichen nur die Begriffsbedeutung, nicht dagegen den Klang der Wörter festhalten und nur eine Art von ›Telegrammstil‹ ohne grammatikalische Feinheiten erlauben. Auf alle diese Einzelheiten werden wir in den folgenden Kapiteln noch ausführlicher zurückkommen und dabei auch sehen, daß die meisten der frühen Schriftsysteme weder reine

50 Luftaufnahme des freigelegten Stadtzentrums von Ur in Mesopotamien, spätes 3. Jt. v. Chr.

Begriffs- noch reine Lautschriften, sondern eine Mischung aus beiden waren.

Vorläufig können wir festhalten, daß sich als ›Schrift‹ alle Zeichensysteme definieren lassen, die es erlauben, die Sprache wort- und formulierungsgetreu, aber nicht unbedingt in ihrer exakten Lautung, graphisch zu fixieren. Dies geschieht – analog dem Aufbau der Sprache (vgl. S. 40 ff.) – durch die unterschiedliche Kombination und Aneinanderreihung eines begrenzten Vorrats an Schriftzeichen. Der Zeichenbestand kann bei vorwiegenden Wort- und Begriffsschriften mehrere tausend (im extremen Fall der chinesischen Schrift heute annähernd 50 000!) *Logogramme* bzw. *Ideogramme* (Wort- oder Begriffszeichen) umfassen, während er sich bei gemischten Wort-Laut-Schriften auf einige hundert Zeichen, bei reinen Silbenschriften auf oft weniger als hundert und bei Buchstabenschriften auf 20–40 *Phonogramme* (Lautzeichen) reduziert. Diese Zeichen und die Regeln ihrer Anwendung müssen, damit eine Schrift allgemein verwendbar ist, konventionell festgelegt und gesellschaftlich ›genormt‹ sein – eine Ausnahme bilden lediglich die Geheimschriften, bei denen gerade erwünscht ist, daß nicht jedermann sie lesen und schreiben kann.

Diese »ganz neue, ja, ganz andersartige Sprache für das Auge«, als die der Philosoph ARTHUR SCHOPENHAUER die Schrift bezeichnete[74], hat der menschlichen Kultur zuvor unbekannte und bedeutsame Möglichkeiten eröffnet. »Verba volent, scripta manent« (Die Worte sind flüchtig, das Geschriebene aber bleibt) lautet ein lateinisches Sprichwort[75], und damit ist die Hauptleistung der Schrift kurz und prägnant zusammengefaßt: Sie gibt dem Vergänglichen Beständigkeit, »heftet die Sprache fest«, wie es WILHELM VON HUMBOLDT formulierte[76], vermag die Worte und Gedanken der Menschen aufzubewahren, so daß sie in dieser materiell fixierten Form Raum und Zeit überbrücken können.

Zwar besitzen auch die schriftlosen Gesellschaften hochentwickelte und leistungsfähige Methoden der gesellschaftlichen Überlieferung (vgl. S. 100 ff.), diese bleiben aber durch ihre Gebundenheit an das Gedächtnis und die direkte mündliche Rede bzw. Ausdeutung in ihrer Kapazität und Reichweite beschränkt. Was in das kulturelle, den künftigen Generationen überlieferte Erbe eingeht, unterliegt dort einem strengen Auswahl- und Ausleseprozeß, entsprechend den sich wandelnden Bedingungen und Bedürfnissen der Gesellschaft. Die nicht mündlich tradierten Erfahrungen, Gedanken und Ideen fallen unvermeidlich der Vergessenheit anheim.

Indem die Schrift gleichsam zu einer ›Verlängerung des menschlichen Gedächtnisses‹ wird, das Gedächtnis nach einer Formulierung LEROI-GOURHANS »exteriorisiert«[77], reißt sie diese Barrieren und Beschränktheiten nieder und macht individuelles wie gesellschaftliches Wissen in einem Ausmaß speicher- und verwertbar, das unter den Bedingungen der Illiteralität undenkbar wäre. Durch die schier grenzenlose Ausweitung der Kapazität des ›gesellschaftlichen Gedächtnisses‹, des Archivs kollektiver Erfahrung, wirkt sie als kulturell produktive und vorwärtstreibende Kraft ersten Ranges. Dies gilt nicht nur und nicht einmal in erster Linie auf dem Gebiet der Geisteskultur und der schönen Künste, sondern zunächst vor allem in ökonomischer und technologischer Hinsicht (vgl. S. 167f.). Auch die exakten Wissenschaften wären ohne die Schrift undenkbar, und es ist nach den Worten des amerikanischen Anthropologen JACK GOODY »kein Zufall, daß wesentliche Entwicklungsschritte dessen, was wir heute ›Wissenschaft‹ nennen, auf die Einführung wichtiger Veränderungen in den Kommunikationsmitteln folgten, in Babylonien (Schrift), im antiken Griechenland (Alphabet) und in Westeuropa (Druck).«[78]

Erst die Schrift ermöglicht auch eine Geschichtsschreibung und ein ›Geschichtsbewußtsein‹ im engeren, d. h. auf eine möglichst vollständige und authentische Erfassung der Vergangenheit gerichteten Sinne; erst durch sie nämlich entsteht eine von der selektierenden Erinnerung unabhängige Aufzeichnung und Aufbewahrung des Gewesenen, wird somit auch der ›gesellschaftliche Filter‹, der über Weitergabe oder Vergessen von Fakten, Erfahrungen und Ideen entscheidet, weitmaschiger und durchlässiger. So haben in einem bestimmten Maße auch solche Gedanken und Ideen die Chance, in schriftlicher Form zu überleben und in die Zukunft zu wirken, deren Überlieferung nicht den Bedürfnissen, Interessen und Prioritäten der bestehenden Gesellschaft (oder der in ihr herrschenden Gruppe) entspricht, und die daher bei einer rein mündlichen Tradierung unvermeidlich ausgelöscht würden. Dieser Umstand war manchen totalitären Herrschern in der Geschichte ein solches Ärgernis, daß sie ihn (zumeist vergeblich) durch massenhafte Bücherverbrennungen und die Vernichtung ganzer Bibliotheken auszuschalten versuchten. Zugute gekommen ist er dagegen nicht wenigen Wissenschaftlern und Schriftstellern, die ›ihrer Zeit voraus‹ waren und deshalb während ihres Lebens unbeachtet und ohne Resonanz blieben, nach dem Tode aber durch ihre Bücher und Manuskripte zu Ruhm und Ehre gelangten und manchmal sogar posthum ›die Welt zu verändern‹ vermochten.

Alles dies wurde erst möglich durch die Schrift als ein Kommunikationsmittel, das die Verständigung und den geistigen Austausch zwischen den Menschen von der persönlichen Begegnung unabhängig macht und dadurch auch über große räumliche wie zeitliche Distanzen – buchstäblich ›über die Jahrtausende hinweg‹ – einen Gedanken- und Informationsfluß zwischen dem ›einsamen Autor‹ und dem ›einsamen Leser‹ ermöglicht. Die Schriftgelehrten und Literaten der vergangenen 5000 Jahre wurden denn auch nicht müde, die Großartigkeit dieses Kommunikationsinstruments in den höchsten Tönen zu preisen – von den Tempel- und Palastschreibern des alten Mesopotamien und Ägypten (vgl. S. 216 ff.) bis zu den Philosophen und Schriftstellern der Neuzeit. Für FRIEDRICH SCHLEGEL beispielsweise war »der echte Buchstabe (...) allmächtig und der eigentliche Zauberstab«[79], und HERMANN HESSE schrieb: »Von den vielen Welten, die der Mensch nicht von der Natur, sondern sich aus dem eigenen Geist erschaffen hat, ist die Welt der Bücher die größte. (...) Ohne Wort, ohne Schrift und Bücher gibt es keine Geschichte, gibt es nicht den Begriff der Menschheit.«[80]

In vielen aliteralen Kulturen und auch in einigen bereits schriftbesitzenden, aber der mündlichen Tradition noch verbundenen Gesellschaften erschien und erscheint den Menschen eine solche ›anonyme‹ Kommunikation und ungezügelt wuchernde Überlieferung, wie die Schrift sie ermöglicht und begünstigt, dagegen als bedrohliche, wenig erstrebenswerte Perspektive. Der griechische Philosoph PLATON hat diese kritisch-skeptische Haltung im 4. Jh. v. Chr., in der Periode der vollen ›Verschriftlichung‹ der griechischen Gesellschaft (vgl. S. 246 ff.), auf klassische Weise in seinem Dialog ›Phaidros‹ formuliert. Der ägyptische Pharao Thamus, so läßt PLATON dort seinen (nur mündlich lehrenden) Meister SOKRATES berichten, habe den Schreibergott Theuth (Thot), als dieser sich der Erfindung der Schrift rühmte, mit folgenden Worten getadelt: Die Schrift werde »Vergessenheit in den Seelen derer schaffen, die sie lernen, durch Vernachlässigung des Gedächtnisses – aus Vertrauen auf die Schrift werden sie von außen durch fremde Gebilde, nicht von innen aus Eigenem sich erinnern lassen. (...) Von der Weisheit aber verabreichst du den Zöglingen nur den Schein, nicht die Wahrheit; denn vielkundig geworden ohne Belehrung werden sie einsichtsreich zu sein scheinen, während sie großenteils einsichtslos sind und schwierig im Umgang – zu Schein-Weisen geworden statt zu Weisen.« Die geschriebenen Worte, so führt PLATONS SOKRATES die harsche Kritik fort, »sprechen wie vernünftige Wesen – doch fragst du, lernbegierig, sie nach etwas, so melden sie immer nur eines und dasselbe. Und jedes Wort, das einmal geschrieben ist, treibt sich in der Welt herum – gleichermaßen bei denen, die es verstehen, wie bei denen, die es in keiner Weise angeht, und es weiß nicht, zu wem es sprechen soll und zu wem nicht.«[81]

Die Vorbehalte, die PLATON hier aus der Perspektive eines schreibenden, aber noch mit der mündlichen Tradition vertrauten und ihr nachtrauernden Philosophen zusammenfaßte, geben eine in den schriftlosen und semiliteralen (also nur teilweise verschrifteten) Kulturen weithin verbreitete Auffassung wieder. Ihr zufolge ist das geschriebene Wort dem gesprochenen nicht gleichwertig und das schriftlich fixierte Wissen ein unzuverlässiges Blendwerk für den Geist, weshalb die Schrift auch der Lüge und der Täuschung Tür und Tor öffne. »Der Rote Mann (...) fürchtet die Schrift«, so wird ein nordamerikanischer Indianerhäuptling aus dem vorigen Jahrhundert zitiert, denn »sie gebiert Irrtum und Streit. Der Große Geist spricht. Wir hören ihn im Donner, im brausenden Sturm, in der mächtigen Woge. Aber er schreibt niemals.«[82] In Indien wurden noch lange nach der Verfügbarkeit der Schrift die heiligen Texte auf mündlichem Wege überliefert, denn die Weisen vertraten die Auffassung: »Das aus Büchern erworbene und nicht von einem Lehrer empfangene Wissen hat in einer beratenden Versammlung keine Leuchtkraft, das heißt, es ist nicht wirksam oder fruchtbar.«[83]

Diese Sachverhalte machen deutlich, daß die Schrift nicht überall und unter allen Umständen, sondern nur unter bestimmten gesellschaftlich-ökonomischen Bedingungen benötigt wird, daß sie nur in einem ihr günstigen historisch-sozialen Milieu ihre spezifischen Vorteile und Qualitäten entfalten und der Gesellschaft Nutzen bringen kann. Es ist daher kein Zufall, daß sie erst relativ spät in der Entwicklung der menschlichen Kultur auftauchte, und zwar zu einem

Zeitpunkt und gerade dort, wo der wirtschaftlich-gesellschaftliche Rahmen der einfachen Jäger-, Sammler- und Bodenbauerkulturen durchbrochen wurde und sich weit komplexere gesellschaftliche Organisationsformen herauszubilden begannen.

Dies war vor rund 5000 Jahren in Mesopotamien, in Ägypten und im Indus-Tal der Fall, und die dort entstehenden ersten Hochkulturen brachten auch die früheste Schrift hervor. Ohne diese Erfindung wäre der Übergang zur Hochkultur mit ihrer städtischen Zivilisation kaum denkbar gewesen. In der Tat ist der Zusammenhang zwischen beiden Erscheinungen so eng und unauflöslich, daß in den Kulturwissenschaften die Schrift geradezu als Inbegriff, zumindest aber als ein wichtiges Definitionskriterium der ›Hochkultur‹ und ›Zivilisation‹ gilt. Fast alle städtisch und staatlich organisierten Kulturen, die wir kennen, besaßen eine Schrift, wenngleich einige dieser Schriftsysteme bis heute nicht oder nur teilweise entziffert sind (vgl. S. 204 f., 225 f.). Die einzige aliterale Hochkultur scheint die der Inka in Peru gewesen zu sein, die nach heutigem Wissen über keine Gebrauchsschrift verfügten und in der Verwaltung allein mit dem *quipu*-Knotenschnursystem zurechtkamen (vgl. S. 114 f.) – doch das war eine Ausnahme.

Den Hauptanstoß für die Schriftentwicklung an der Schwelle zu den Hochkulturen gaben die immer komplizierter werdenden wirtschaftlichen Vorgänge und Verwaltungsaufgaben. Diese hingen zusammen mit den wichtigsten strukturellen Kennzeichen der neuen Gesellschaftsformation: einer stark angewachsenen Bevölkerung, die sich in neuentstandenen Städten, in Siedlungen einer bisher nicht gekannten Größenordnung, zusammenballte; der Produktion eines gesteigerten landwirtschaftlichen Überschusses, der u. a. den Fortschritten in der Bewässerungstechnik zu verdanken war und der den Unterhalt einer größeren Zahl von Spezialisten im Handwerk, in der Verwaltung sowie im religiösen Bereich erlaubte; und der Ausweitung der gesellschaftlichen Arbeitsteilung sowie des inneren und äußeren Handels.

Hand in Hand mit diesen strukturellen sozialökonomischen Umwälzungen ging eine Reihe weiterer Veränderungen und Neuerungen, die gemeinhin ebenso als typische Merkmale und Errungenschaften der frühen ›Zivilisationen‹ gelten: ein allgemeiner Fortschritt und Aufschwung in vielen Bereichen des Handwerks und der Technik etwa, zum Beispiel die massenhafte Produktion von Keramik auf der Töpfer-

51 Zikkurat (Tempelturm) des Königs Urnammu in Ur (Ende des 3. Jts. v. Chr.)
in einer Rekonstruktionszeichnung

scheibe; ein unaufhaltsamer Vormarsch der Metallverarbeitung, denn
der Beginn der Hochkultur fiel im Nahen Osten ungefähr mit dem
Anbruch der *Bronzezeit* zusammen; eine einzigartige Blüte und Verfeinerung auf allen Gebieten der Kunst und der Ästhetik; und schließlich
die Herausbildung einer Monumentalarchitektur, wie sie die Welt niemals zuvor gesehen hatte, die Erbauung mächtiger und repräsentativer
Tempel, Paläste, Grabmäler und Pyramiden.

Der bedeutende britisch-australische Prähistoriker V. GORDON
CHILDE prägte in den 30er Jahren zur Bezeichnung dieser Veränderungen in ihrer Gesamtheit und wechselseitigen Bedingtheit den Begriff
der *urban revolution,* der ›städtischen Revolution‹ (der sich an den neuzeitlichen Begriff der ›industriellen Revolution‹ anlehnt).[84] Diese ›städtische Umwälzung‹, dieser Übergang zur Hochkultur fiel zusammen
mit der Herausbildung staatlicher Organisationsformen (sei es in
Gestalt des Stadt- oder des Flächenstaates) und mit dem endgültigen
Übergang zur Klassengesellschaft: Tempel mit einer umfangreichen,
hierarchisch gegliederten Priesterschaft und ›göttliche‹ oder profane
Herrscher an der Spitze einer bürokratischen Staatsverwaltung übten

139

52 Die ›Friedens-
seite‹ der
›Standarte
von Ur‹, eines
Mosaiks aus
dem Königs-
friedhof von
Ur, Mitte des
3. Jts. v. Chr.

nun die politische, wirtschaftliche und kulturelle Macht aus. Sie standen im Zentrum aller gesellschaftlichen Aktivitäten, sie organisierten
und finanzierten öffentliche Unternehmungen, Handel und Handwerk; dafür schöpften sie einen Großteil des gesellschaftlichen Produk-
tionsüberschusses ab, banden sie einen erheblichen Teil der gesellschaftlichen Arbeitskraft.

Gerne ließen sich die mesopotamischen Könige und ägyptischen
Pharaonen bei segensreichen Taten wie der Grundsteinlegung für
einen Tempel oder der Eröffnung eines neuen Bewässerungskanals darstellen und verewigen (Abb. 73, links) – ihr eigener Luxus kam jedoch
auch nicht zu kurz, wie das archäologische Fundmaterial aus Gebäuden und Gräbern und die zeitgenössischen Darstellungen selbst beweisen. Die sogenannte *Standarte von Ur* etwa, ein zweiteiliges Mosaik aus
den berühmten ›Königsgräbern von Ur‹ in Sumer (Mitte des 3. Jts.
v. Chr.), zeigt auf ihrer einen Seite ganz oben den König, von Dienern

umsorgt und von Musikanten unterhalten, beim Feiern mit seiner Familie und seinen Höflingen, während darunter Diener und Untertanen Kriegsbeute, Vieh und Verpflegung herbeischaffen (Abb. 52). Jahr für Jahr hatten die Bauern einen Teil ihrer Ernte an den König oder die Tempel abzuliefern, und aus den so gefüllten Magazinen und Vorratskammern wurde das Heer der Priester und Beamten, der Handwerker, Künstler und öffentlichen Arbeiter bezahlt, kamen die Güter für den Außenhandel. Es waren mächtige und nahezu perfekt durchorganisierte Bürokratien, die den gesellschaftlichen Reichtum vereinnahmten, verwalteten und umverteilten, wobei neben den öffentlichen Interessen selbstverständlich auch ihr eigener Vorteil eine gewichtige Rolle spielte.

Dieses völlig neue gesellschaftliche Milieu, diese wirtschaftlichen und administrativen Aufgaben in einer vorher nicht gekannten Größenordnung stellten natürlich an die dafür zuständigen Körperschaften und Organe ganz erhebliche, neuartige Anforderungen. Um einen geregelten Handel und geregelte Steuerabgaben sowie Löhne sicherzustellen, galt es etwa, ein einheitliches System von Maßen und Gewichten festzulegen und staatlich zu überwachen – damit beispielsweise ein Scheffel Getreide überall die gleiche Menge umfaßte. Und wo genau gewogen und gemessen wurde, wo riesige Gütermengen die Besitzer wechselten, gelagert und umverteilt wurden, da entstand natürlich auch das Bedürfnis nach leistungsfähigen und differenzierten Methoden der Buchführung und Statistik. Was man brauchte, war ein Aufzeichnungssystem, das es nicht nur erlaubte, Zahlen und Mengenangaben zu fixieren, sondern auch Hinweise auf die Art der registrierten Güter (Einheiten Getreide, Stück Vieh usw.) sowie ergänzende Angaben über Lieferant, Empfänger, Ort und Zeitpunkt. Kurz gesagt, es entstand der Bedarf nach einer *Schrift*. Und bei deren Schaffung knüpfte man in Mesopotamien, wo die Schriftentwicklung am frühesten nachweisbar ist, offenbar an älteren und einfacheren ›Buchführungssystemen‹ an.

53 Karte des Vorderen Orients mit den wichtigsten erwähnten Fundorten

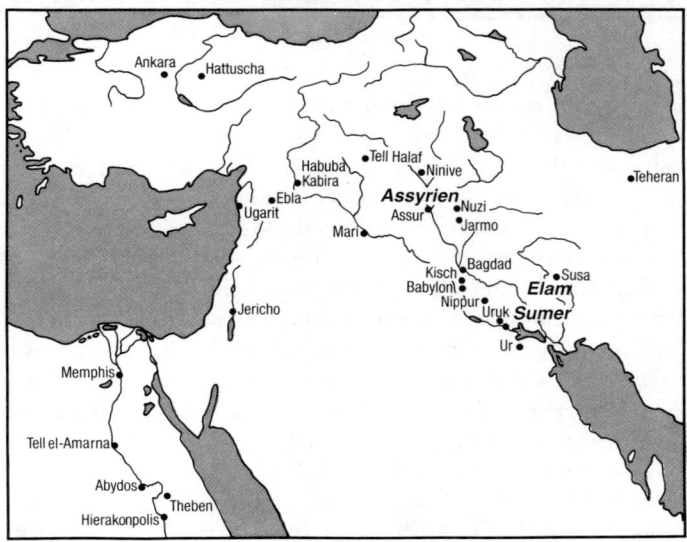

Von der Zählmarke zum Zahlentäfelchen – frühe ›Buchführung‹ in Vorderasien

In sehr vielen vorgeschichtlichen Siedlungen Vorderasiens fanden sich seit Jahrzehnten bei Ausgrabungen merkwürdige, nur wenige Zentimeter große Tongegenstände in verschiedenen, immer wiederkehrenden geometrischen Formen wie Kugel, Kegel, Scheibe, Zylinder u. a. (Abb. 54). Lange Zeit wurden diese sogenannten ›Tonmarken‹ (engl. *tokens*) nicht für besonders wichtig gehalten und kaum registriert. In den letzten 20 Jahren haben sie jedoch in der Fachwelt erhebliches Aufsehen verursacht, nachdem einige Forscher die (sich immer mehr erhärtende) Theorie aufstellten, es handle sich bei ihnen um Zeugnisse eines frühen Buchführungs- und Dokumentationssystems, das der Schrift um Jahrhunderte und Jahrtausende vorausging und entscheidend zu ihrer Herausbildung beitrug. Bevor wir uns der ›eigentlichen‹ Schrift Mesopotamiens und Vorderasiens zuwenden, soll daher zunächst die Entwicklungsgeschichte dieses Dokumentationssystems nachgezeichnet werden, dessen Entdeckung zu den faszinierendsten Resultaten archäologischer Forschung in den letzten Jahrzehnten gehört und den großen Schriftentzifferungen des vergangenen Jahrhunderts an Bedeutung gleichkommt.

Einen ersten Hinweis auf die Existenz eines solchen Buchführungssystems, und zwar in vergleichsweise junger, historischer Zeit, entdeckte 1958 der amerikanische Altorientalist und Archäologe A. Leo Oppenheim. Ein eiförmiger, hohler Tonball, den man in den 20er Jahren in den archäologischen Schichten der nordirakischen Stadt Nuzi gefunden hatte und der aus der Mitte des 2. Jts. v. Chr. stammte, erregte seine Aufmerksamkeit. Der Tonball trug einen achtzeiligen Keilschrifttext, in dem von »Steinen für Schafe und Ziegen« die Rede war und in dem dann eine Aufzählung von Mutterschafen, Lämmern, Widdern usw. folgte, insgesamt 48 Tiere. Nach einer dem Fundstück beigefügten Notiz hatte es bei der Ausgrabung »48 kleine Steine« enthalten, die jedoch verlorengegangen waren und über deren Aussehen keine Nachricht vorlag. Oppenheim äußerte die Vermutung, daß diese 48 Steinchen die auf der Tonhülle aufgezählten 48 Tiere versinnbildlichten und folgerte: »Wir müssen es hier mit einer Art von operativem Hilfsmittel für bürokratische Zwecke zu tun haben, das spezifischen

Gebrauch von Kieselsteinchen als Zählmittel, Merkhilfe oder etwas derartigem macht«[85] – ein historisch und völkerkundlich keineswegs unbekanntes Verfahren, wie OPPENHEIM an einigen Beispielen zeigte und wie ja auch wir bereits gesehen haben (vgl. S. 115).

Bei der Suche nach weiteren Spuren dieses Buchführungssystems stieß der Forscher auf eine Gruppe keilschriftlicher Wirtschaftstexte aus dem Palast von Nuzi, in denen im Zusammenhang mit Listen und Aufzählungen von Tieren immer wieder die »Deponierung«, »Entfernung« und »Übertragung« von »Steinen« erwähnt wurde. OPPENHEIM schloß daraus, daß man in diesem Palast eine ständige Statistik über Zahl und Zusammensetzung der königlichen Herden geführt hatte, indem man kleine Steinchen – von denen jedes ein Tier repräsentierte – in unterschiedlichen Gefäßen oder Behältern deponierte, unterteilt nach Männchen und Weibchen, Jung- und Alttieren der einzelnen Gattungen. Starb ein Tier, so entfernte man sein Steinchen, wurde eines geboren, so kam ein Stein im Behälter für ›Jungtiere‹ hinzu, um später in den Behälter für ›ausgewachsene Tiere‹ oder z.B. ›Muttertiere‹ überzuwechseln usw. Mit diesem einfachen Verfahren, so OPPENHEIM, wurde »die zahlenmäßige Verteilung der Tiere innerhalb der Herde ständig festgehalten«, und zwar »ohne schriftliche Aufzeichnungen«. »Tatsächlich konnte dies viel besser und effektiver ohne schriftliche Aufzeichnungen geschehen«[86], denn das Zählsteinchen-System ermöglichte ein schnelleres Erfassen der häufigen Veränderungen mit geringem Aufwand. Die in Nuzi gefundene Tonhülle, so schloß der Forscher seine scharfsinnige Argumentation, diente vermutlich als eine Art von Transportbehälter, in dem die zu den 48 Tieren gehörenden Steine aus einer Verwaltungsabteilung in eine andere gesandt wurden, ergänzt durch einen schriftlichen Hinweis, welchen Kategorien jeweils wieviele Tiere angehörten.

Das von OPPENHEIM entdeckte Buchführungssystem war in Nuzi zu einer Zeit in Gebrauch, als die Schrift bereits seit langem existierte, und es ergänzte lediglich die schriftlichen Aufzeichnungen und Archive in einem begrenzten Bereich. Mitte der 60er Jahre aber fand der französische Archäologe und Konservator der altorientalischen Abteilung des Louvre, PIERRE AMIET, Belege dafür, daß dieses System erheblich älter war, älter als die Schrift selbst. Er wurde auf eine ganze Reihe tönerner Hüllen aufmerksam, die geometrische Tonmarken unterschiedlicher

Form enthielten (Abb. 55, 56). Diese Stücke, die Archäologen seit Beginn dieses Jahrhunderts bei Ausgrabungen in der antiken Stadt Susa im Westiran zutage gefördert hatten, stammten aus der zweiten Hälfte des 4. Jts. v. Chr., den letzten Jahrhunderten vor dem Auftauchen der Schrift in Susa. AMIET wies diesen »bulles sphériques«, diesen ›kugelförmigen Bullen‹ (von lat. *bulla* = Blase) und den darin eingeschlossenen Objekten eine ähnliche Funktion zu, wie OPPENHEIM dem Exemplar aus Nuzi. Er interpretierte sie als Zähl- und Dokumentationsmittel für wirtschaftliche Transaktionen. Sie waren, so der französische Forscher, Teil einer »sehr archaischen Buchführung«, bei der die Tonmarken »offenbar verschiedenen Güterarten entsprachen«.[87]

Systematisch und im großen Stil ging schließlich in den 70er Jahren die französisch-amerikanische Archäologin DENISE SCHMANDT-BESSERAT den Spuren des merkwürdigen prähistorischen Registratursystems nach. Für eine Forschungsarbeit über die früheste Verwendung von Ton im Vorderen Orient sichtete sie seit 1969 die entsprechenden Museumsbestände überall auf der Welt und stieß dabei schon im Fundgut von Siedlungen des achten und der folgenden vorchristlichen Jahrtausende immer wieder auf die zentimetergroßen geometrischen Tonobjekte. Sie ähnelten denen aus den Bullen von Susa in erstaunlicher Weise, wurden in den frühen Siedlungen allerdings stets ›lose‹ gefunden, also ohne irgendwelche Tonumhüllungen.

»Bald verwirrten mich diese von mir ›tokens‹ genannten Objekte«, schreibt SCHMANDT-BESSERAT rückblickend, »denn wohin ich auch reise, sie waren überall zu finden – im Irak und im Iran, in Syrien, in der Türkei und Israel. (...) Ich befragte die Archäologen wegen der Tonmarken und erfuhr, daß alle, die frühe Siedlungsplätze ausgegraben hatten, sie in beträchtlicher Menge in ihren Schnitten antrafen. Keiner wußte jedoch, was sie darstellten.«[88] Sie wurden in den Fundlisten meist unter ›Verschiedenes‹ geführt oder als Amulette, Spielsteine u. ä. interpretiert. DENISE SCHMANDT-BESSERAT deutete sie dagegen als die ältesten Spuren jener Buchführungsmethode, deren spätere und entwickeltere Form OPPENHEIM und AMIET in Nuzi bzw. Susa entdeckt hatten, und verursachte damit beträchtliches Aufsehen in der Fachwelt.

Seit 1977 hat sie ihre Hypothese in einer Reihe von Aufsätzen Schritt für Schritt ausgebaut, konkretisiert und modifiziert. Dabei erfuhr sie viel Anerkennung und Unterstützung, aber auch heftige Kritik und

Widerspruch. Die Diskussion befindet sich nach wie vor in vollem Gange und jedes Jahr kann neu ans Tageslicht kommendes Fundmaterial zu veränderten Schlüssen führen. Dennoch läßt sich heute, nach über einem Jahrzehnt intensiver Forschungen und Debatten, bereits ein neues Bild der Vorgeschichte der Schrift im Vorderen Orient skizzieren – das Bild einer langen und kontinuierlichen vorbereitenden Entwicklung nämlich, von der vor 30 Jahren noch niemand etwas ahnte.

Dieser Prozeß begann etwa um 8000 v. Chr., in der Frühphase menschlicher Seßhaftigkeit, als in einigen der ersten Siedlungen Syriens und des Irans auch die frühesten Tonmarken auftraten. Nach der Theorie SCHMANDT-BESSERATS könnten sie aus dem in vielen Kulturen verbreiteten Brauch hervorgegangen sein, mit Kieselsteinchen zu zählen (vgl. S. 115), weshalb sie in der Literatur auch manchmal als *calculi* bezeichnet werden (von lat. *calculus* = Stein, mit der übertragenen Bedeutung ›Zählstein‹; daher unser Wort ›kalkulieren‹). Gegenüber einfachen Steinchen hätten die von Hand geformten und teilweise gebrannten Tonobjekte als Zählmittel den Vorteil gehabt, kontrolliert in verschiedenen Formen und Größen herstellbar zu sein, vergleichbar etwa den Chips in heutigen Spielbanken.

SCHMANDT-BESSERAT unterscheidet von Anfang an zehn geometrische Grundformen (Kugel, runde Scheibe, Kegel, Pyramide bzw. Tetraeder, Ovoid, Zylinder bzw. Stäbchen, Dreieck, Rechteck, T-Form und Tierkopf-Formen), die sich durch Variationen in zahlreiche Untertypen gliedern, sowie mindestens zwei Größenklassen von weniger als einem bis zu mehreren Zentimetern. Diese Typen treten nahezu gleichartig in einem weiten geographischen Raum auf, der den Iran und Irak sowie Syrien, Palästina und die Türkei umfaßt. Sie blieben über mehrere Jahrtausende hinweg praktisch unverändert; noch in den Tonhüllen des späten 4. Jts., deren ›buchhalterische‹ Funktion heute kaum mehr strittig ist, finden sich viele der Tonmarken-Grundformen, die schon vier bis fünf Jahrtausende zuvor gebräuchlich waren. Diese Sachverhalte dürften kaum auf einem Zufall beruhen. Sie sprechen eindeutig gegen die Auffassung, daß es sich bei den *tokens* lediglich um Schmuckobjekte, Amulette, Spielsteine oder dergleichen handelte, und für ihre Deutung als Symbolobjekte im Rahmen eines weiträumig ›genormten‹ und stabilen

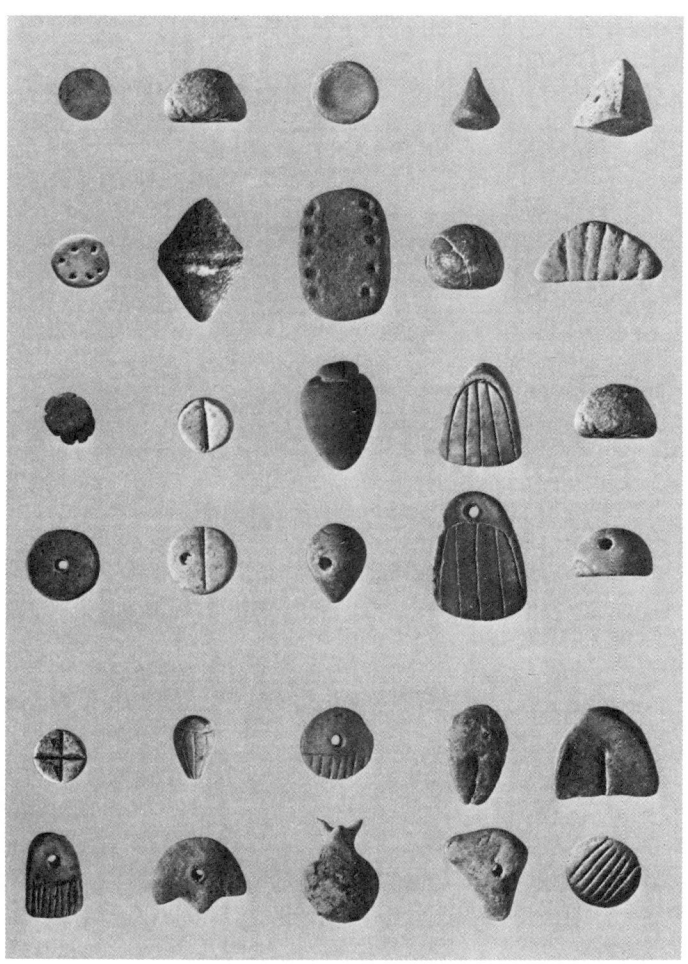

54 Tonmarken aus Susa im Iran, zweite Hälfte des 4. Jts. v. Chr. Oberste Reihe:
Grundformen. Zweite Reihe von oben: Mit Strich- und Punktmarkierungen
versehene Stücke. Dritte und vierte Reihe: Jeweils identische Typen ohne
und mit Durchbohrung. Fünfte und sechste Reihe: Weitere mit Ritzungen versehene und ›naturalistische‹ Typen

Systems zur Versinnbildlichung und Dokumentation von Zahlenmengen, Güterklassen oder Werten.

Die konkrete symbolische Bedeutung der einzelnen Tonmarkenformen und ihre genaue Handhabungsweise ist heute natürlich nur schwer zu rekonstruieren. Nach SCHMANDT-BESSERATS Auffassung standen »die unterschiedlichen Formen und Markierungen für besondere wirtschaftliche Einheiten wie ›ein Scheffel Getreide‹, ›ein Krug Öl‹, ›ein Gefäß Bier‹ oder ›ein Vlies Wolle‹.« »Die tokens«, so die Forscherin weiter, »wurden in einer Eins-zu-eins-Zuordnung benutzt, und ihre Hauptfunktion war es, die wenigen Güter des täglichen Lebens, die aufgezeichnet oder gezählt werden mußten, in leicht zu handhabende und zu speichernde Zählsymbole zu übersetzen.«[89]

Die Fundumstände der bisher ausgegrabenen *tokens* geben – soweit überhaupt bekannt – leider keine eindeutigen Hinweise darauf, was genau mit ihnen gezählt oder dokumentiert worden sein könnte und zu welchem Zweck. In einigen Siedlungen entdeckte man nur eine Handvoll der Objekte, in anderen dagegen Hunderte (in Jarmo im Irak gar an die 1500 Exemplare!), manchmal kamen sie einzeln zutage, manchmal in kleinen oder größeren Ansammlungen, oft lagen sie über die ganze Siedlungsfläche verstreut, gelegentlich konzentrierten sie sich dagegen in bestimmten Bereichen. In zwei oder drei Fällen scheint ein Zusammenhang mit Gräbern nachweisbar (ein Argument für jene Forscher, die in den Tonobjekten doch eher Schmuck, Amulette oder Statusabzeichen sehen); in der Regel fanden sie sich aber im Inneren von Gebäuden – SCHMANDT-BESSERAT spricht von einer generellen Konzentration in den Speicherräumen der Häuser, ohne dies im einzelnen zu belegen.

Von besonderem Interesse ist ein erst vor wenigen Jahren veröffentlichter Befund aus der irakischen Siedlung Tell Abada (5. Jt. v. Chr.), wo in einem einzigen Gebäude – und nur dort – 90 Tonmarken unterschiedlicher Form in Gruppen von vier bis 16 Exemplaren ans Tageslicht kamen, und zwar untergebracht in Keramikgefäßen verschiedener Art. Möglicherweise versuchte man auf diese Weise – wie später mit Hilfe der Tonhüllen – bestimmte Gruppen von *tokens* beisammenzuhalten, und vielleicht geschah das damals schon öfter, freilich in Behältern oder Beuteln aus organischem Material wie Holz, Stoff oder Leder, die für uns nicht mehr nachweisbar sind. Wie dem auch sei, der Befund von Tell Abada unterstützt die Auffassung, daß es sich schon bei den frühen, ›unverschlossenen‹ Tonmarken um Vorläufer derjenigen in den Bullen des 4. Jts. handelte und daß beide wohl ähnliche Funktionen hatten.

Bemerkenswert ist die Tatsache, daß die Herausbildung des Tonmarken-Systems zeitlich mit dem vor etwa 10 000 Jahren beginnenden Übergang von der Jagd und Sammelwirtschaft zu Bodenbau und Viehzucht zusammenfällt. Dieser Übergang zur produzierenden und seßhaften Lebensweise des *Neolithikums* (Jungsteinzeit) war die erste große ökonomische Umwälzung in der Menschheitsgeschichte. Der Prähistoriker V. GORDON CHILDE prägte für sie den berühmtgewordenen Begriff *neolithische Revolution*.[90] Sie vollzog sich zunächst in einem Gebiet Vorderasiens, das einen weiten sichelförmigen Bogen von Palästina und dem Libanon über Syrien und die südöstliche Türkei bis zum Nordirak und westlichen Iran (Zagrosgebirge) beschreibt und das als der *Fruchtbare Halbmond* bezeichnet wird. Gerade hier fanden sich auch die meisten der frühen Tonmarken. »Es bestehen wenig Zweifel«, so folgert DENISE SCHMANDT-BESSERAT, »daß das Bedürfnis nach Dokumentation [mittels der *tokens*] mit bestimmten Aspekten der menschlichen Anpassung an die Nahrungsproduktion in dieser Gegend zusammenhing.«[91]

In der Tat bedeutete der Schritt vom Jäger und Sammler zum Bodenbauer und Viehzüchter (der allerdings über einige Zwischenstufen verlief und sich über eine längere Zeitperiode hinzog) eine tiefgreifende Veränderung für die Menschen. Er brachte völlig neuartige Aufgaben wie auch gänzlich neue Möglichkeiten mit sich. Die neolithische Wirtschaftsweise erlaubte nicht nur eine Vorratshaltung in größerem Ausmaß, sie beruhte geradezu darauf, denn was in einigen Monaten auf den Feldern angebaut wurde, mußte ein ganzes Jahr lang zum Leben reichen. Aussaat und Verbrauch mußten vorausgeplant, die Ernteerträge registriert, gespeichert und eingeteilt werden in Saatgetreide fürs nächste Jahr, Futter fürs Vieh, Nahrung für die Menschen und eine Reserve für andere Zwecke oder für schlechte Zeiten – dies alles gemeinschaftlich im ganzen Dorf oder in den einzelnen Familien. Der Viehbestand war zu zählen und ständig zu kontrollieren, die Schlachtrate mußte kalkuliert werden, möglicherweise hat man auch bereits den Einzelertrag der Tiere an Milch oder Wolle festgehalten. Die jungsteinzeitliche Wirtschaft war außerdem bereits in bescheidenem Maße akku-

mulativ, d. h. sie ermöglichte die Produktion eines gewissen Überschusses, der im Nah- und Fernhandel gegen Güter und Rohstoffe ver-
schiedener Art ausgetauscht werden konnte, und eine bescheidene
Anhäufung von Besitztümern. Einen Teil dieses Überschusses konsu-
mierte man vielleicht auch bei großen örtlichen oder regionalen
Festen, für die Lebensmittel und andere Güter in organisierten
Sammelaktionen zusammengetragen wurden, wie aus der Völker-
kunde vielfach bekannt. Alle diese Aspekte der neuen Lebens- und
Wirtschaftsweise könnten ein Bedürfnis nach ›Buchführung‹ und
Fixierung von Gütermengen hervorgebracht haben, dem man mit
Hilfe des Dokumentationssystems der *tokens* genügte – doch wissen
wir über die Einzelheiten bis heute nichts Sicheres.

Die Tonmarken blieben fast fünf Jahrtausende lang nahezu unverändert. Ab etwa 3300 v. Chr. scheint das System aber erheblich vielfältiger und komplexer geworden zu sein. Einige neue Grundtypen
kamen hinzu, darunter paraboloide (zuckerhutartige) Formen und
naturalistische kleine Nachbildungen von Gefäßen und anderen
Gegenständen. Vor allem aber weisen über die Hälfte aller ausgegrabenen *tokens* vom Ende des 4. Jts. zusätzliche Oberflächenmarkierungen
wie eingeritzte Striche und Linienfolgen, eingravierte Punkte u. ä. auf
(Abb. 54), die bis dahin in deutlich geringerem Maße aufgetreten
waren. Die Zahl der von SCHMANDT-BESSERAT unterschiedenen Ton-
marken-Hauptformen erhöht sich dadurch für diese Zeit auf 15, die
der Untertypen auf rund 200 – eine Vielfalt, die nach Ansicht der
Forscherin darauf schließen läßt, »daß eine höhere Zahl von Produkten mit größerer Genauigkeit gezählt wurde.«[92]

Auffallend ist weiter, daß fast ein Drittel dieser ›komplexen Tonmarken‹ eine Durchbohrung aufweist, als seien sie an einer Schnur
befestigt gewesen. Manche Fachleute schließen daraus, daß sie wohl
doch eher als Schmuckstücke oder Amulette dienten, die man als
Anhänger um den Hals oder das Handgelenk trug. Dagegen spricht
allerdings, daß die Durchbohrungen kaum Abnutzungs- und Abrieb-
spuren erkennen lassen, wie das in diesem Fall zu erwarten wäre.
DENISE SCHMANDT-BESSERAT und PIERRE AMIET vermuten statt dessen,
daß mit einer durch die Löcher gezogenen Schnur mehrere *tokens,* die
zu einer bestimmten Zählung gehörten, zusammengebunden und zu
einer Art ›Akte‹ gebündelt wurden, ehe sie ins ›Archiv‹ wanderten.

55 Gesiegelte Tonhülle aus Susa mit den darin enthaltenen Tonmarken, spätes 4. Jt. v. Chr.

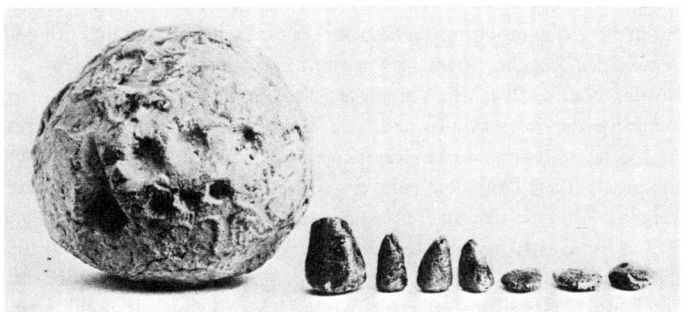

56 Tonhülle aus Susa mit Abdruckmarkierungen der enthaltenen Tonmarken auf der Oberfläche, spätes 4. Jt. v. Chr.

Für diese Hypothese spricht auch die Tatsache, daß ungefähr zur gleichen Zeit, also um 3300 v. Chr., an denselben Orten die ersten Tonhüllen mit *tokens* auftauchten, deren Zweck es offenkundig ebenfalls war, die zur Dokumentation eines bestimmten Wirtschaftsvorgangs nötigen Zählmarken beieinanderzuhalten. Rund 200 dieser runden oder ovalen, meist 5–7 cm großen Tonbälle, in die mit den Fingern ein kleiner Hohlraum gebohrt wurde, sind bisher dokumentiert und ausgewertet. Den Inhalt kennt man bislang nur von etwa zwei Dutzend unter ihnen. Sie enthielten unterschiedlich viele (im Durchschnitt je zehn) Tonmarken verschiedener Form, und zwar meist der kleineren und einfacheren Typen (Abb. 55, 56). Die Deponierung in den anschließend verschlossenen Bullen verhinderte jede nachträgliche Manipulation an diesen Tonmarken.

Auf der Außenseite der Hüllen ließen sich darüber hinaus bequem die Abdrücke eines oder mehrerer *Rollsiegel* anbringen – kleiner Steinzylinder mit negativ eingeschnittenen szenischen, figürlichen und ornamentalen Motiven, die beim Abrollen auf feuchtem Ton ein erhabenes Relief ergeben. Solche Rollsiegel kamen ebenfalls gegen Ende des 4. Jts. in Vorderasien in Gebrauch und dienten Privatleuten wie Verwaltungsbeamten als persönliche oder dienstliche ›Markenzeichen‹ zur Beurkundung, Autorisierung und Versiegelung aller möglichen Dokumente und Objekte. Und tatsächlich tragen die meisten der Tonhüllen Abdrücke eines, manchmal auch zweier oder sogar dreier Rollsiegel (Abb. 55). Die eingeschlossenen Marken wurden durch diese ›Versiegelung‹ zuverlässig gesichert, beglaubigt und mit der Person des Siegelinhabers in Verbindung gebracht. Möglicherweise wurden aber auch schon Vertragsabschlüsse, deren Gegenstand man mit Hilfe der *tokens* dokumentierte, im wahrsten Sinne des Wortes ›besiegelt‹, indem beide Vertragsparteien ihre Siegelzylinder auf dem entsprechenden Tonball abrollten – eine Art frühe Vorform des heute üblichen Unterschriftenzeremoniells.

Was für Geschäfte könnten auf diese Weise dokumentiert, was für Zählungen oder Buchungen fixiert worden sein? Der Spekulation sind hier kaum Grenzen gesetzt, denn es gibt viele plausible Möglichkeiten. PIERRE AMIET vermutete bereits 1966, als er die Aufmerksamkeit der Fachwelt zum ersten Mal auf die Bullen aus Susa lenkte, es habe sich bei ihnen um eine Art »Lieferscheine« oder »Frachtbriefe« gehandelt, die die Transporte von Textilprodukten und anderen Gütern aus der Provinz in die Hauptstadt begleiteten und Art sowie Stückzahl der Waren belegten. Auf diese Weise hätte man Diebstählen vorgebeugt und die ›Abrechnung‹ erleichtert. In ähnlicher Weise könnten die Tonhüllen und *tokens* bei der Abwicklung des Fernhandels oder der ›Rechnungslegung‹ und Kontrolle der Hirten, die das Vieh der Tempel sowie reicher Privatleute hüteten, verwendet worden sein. Auch zur Beurkundung von Vertragsgeschäften wie Getreideanleihen, Landverkäufen u. ä. wären sie ein taugliches Mittel gewesen.

Welcher Personenkreis bediente sich dieses Mittels? AMIET wertete die weite Verbreitung der Bullen und Tonmarken sowie die Tat-

57 Tontafel mit Zahl-
zeichen aus Godin
Tepe im Iran,
spätes 4. Jt. v. Chr.

58 Tontafel mit Zahl-
zeichen aus Susa,
spätes 4. Jt. v. Chr.

sache, daß sie mancherorts in Privathäusern gefunden wurden, als Hinweis auf ihre Verwendung im Rahmen eines »privaten Management-Systems«, »einer Art ›Internationale‹ von Händlern eher denn einer zentralisierten Verwaltung«.[93] DENISE SCHMANDT-BESSERAT vertritt dagegen die Auffassung, die Tonhüllen seien in erster Linie ein Instrument der anwachsenden Tempelverwaltungen gewesen. Sie hätten dort hauptsächlich zur Registrierung der ursprünglich freiwilligen Opfer und Gaben des Volkes an die Götter gedient, die in dieser Zeit vielleicht schon zu pflichtmäßigen und erzwungenen Abgaben und Steuern an die Priesterschaften geworden waren. Träfe dies zu, so verfügten wir mit den Tonhüllen und komplexer werdenden Tonmarken über ein frühes archäologisches Zeugnis für die Herausbildung einer Tempelbürokratie und ihre Etablierung als herrschende Klasse. In jedem Fall aber muß die plötzliche Erweiterung und Perfektionierung des *token*-Systems in den letzten Jahrhunderten des 4. Jts. mit der in dieser Zeit begonnenen ›städtischen Revolution‹ (vgl. S. 139 f.) in Zusammenhang gestanden haben, muß ein Reflex der damit verbundenen ökonomischen und sozialen Umwälzungen, eine erste Antwort auf die neuen Anforderungen an Verwaltung, Buchführung und Dokumentation gewesen sein.

Diese Antwort war freilich nur eine vorübergehende und kurzzeitige, denn das Tonmarken-System – erwachsen aus den Bedürfnissen der neolithischen Wirtschaft und Gesellschaft – erwies sich auf die Dauer als zu beschränkt, zu eng und zu schwerfällig für das ›Management‹ der sich herausbildenden und rasch expandierenden Stadtstaaten. So lösten in raschem Zeittakt weitere Modifizierungen und Verbesserungen einander ab, die immer mehr in Richtung Schrift tendierten, ohne daß dies irgend jemand erkannte oder gar bewußt anstrebte.

Einer der größten Nachteile der Tonhüllen bestand darin, daß die in ihnen eingeschlossenen *tokens* – und damit die gespeicherte Information – nach dem Verschließen der Hülle nicht mehr sichtbar und jederzeit zugänglich waren, daß man zu ihrer Überprüfung vielmehr die Bulle öffnen und die ›Versiegelung‹ zerstören mußte. Hier ließ sich leicht Abhilfe schaffen, indem man vor dem Verschließen des Tonballs charakteristische Abdrücke der darin befindlichen Marken (oder entsprechende mit einem Griffel bzw. den Fingern hergestellte Markierungen) auf seinem Außenmantel anbrachte – etwa ein kleines tiefes Loch für eine Kugel, ein größeres und flacheres für eine Scheibe, eine spitz zulaufende Kerbe für einen Kegel, eine längliche für ein Stäbchen usw. Insgesamt 17 der rund 200 bekannten Tonhüllen tragen solche Abdrücke oder Markierungen (Abb. 56). Bei einer Bulle aus Habuba Kabira in Syrien passen die im Inneren gefundenen ovalen *tokens* noch exakt in die Löcher auf der Außenseite, bei einem Exemplar aus Susa klebten zwei längliche Tonmarken bei der Ausgrabung sogar noch auf der Hülle.

Denise Schmandt-Besserat bezeichnet diese Neuerung, die die dreidimensionalen Symbole in graphische Zeichen umwandelte und es dadurch »erlaubte, jederzeit die Anzahl und Art der tokens ohne Öffnen der Bulle ›abzulesen‹«, als »das entscheidende Verbindungsglied zwischen dem archaischen dreidimensionalen Dokumentationssystem und der Schrift.«[94] Denn nachdem die Tonhülle auf diese Weise von einem reinen Behältnis zum eigentlichen Informationsträger avanciert war, konnte man auf die Marken im Inneren – und damit auch den Hohlraum – verzichten und sich auf die graphischen Symbole und Markie-

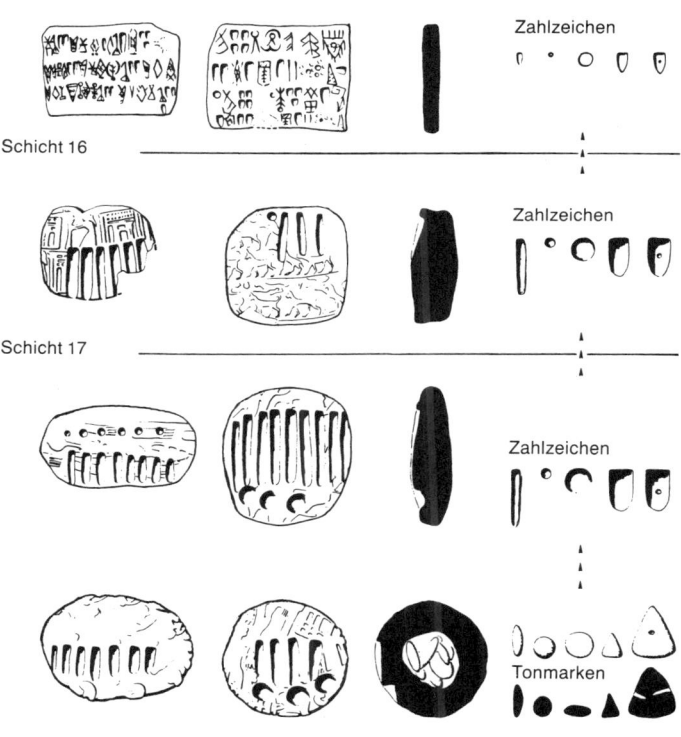

Schicht 16

Zahlzeichen

Schicht 17

Zahlzeichen

Schicht 18

Zahlzeichen

Tonmarken

59 Archäologische Abfolge von Tonhüllen, Zahlentäfelchen und Tontafeln mit früher (protoelamischer) Schrift in den Schichten des späten 4. Jts. v. Chr. von Susa im Iran (dritte Spalte: Querschnitt)

rungen beschränken, für die ein massives Stück Ton als Träger genügte. So entstanden die sogenannten ›Zahlentafeln‹ (engl. *numerical tablets* oder *impressed tablets*), teilweise noch rundliche Tontäfelchen von wenigen Zentimetern Größe, die die gleichen eingetieften Markierungen (und oft Siegelabdrücke) zeigen wie zuvor bereits einige der Hüllen.

Die Tatsache, daß wir aus einer Reihe von Fundorten Mesopotamiens und des Irans an die 200 solcher ›Zahlentäfelchen‹ kennen, während die 17 markierten Tonhüllen nur einen kleinen Anteil unter den Bullen bilden, könnte dabei ein Hinweis sein, daß die Bullen ziemlich schnell durch Tafeln ersetzt wurden, nachdem der Weg der zweidimensionalen ›graphischen‹ Repräsentation erst einmal eingeschlagen war. Bald ging man dazu über, den Markierungen auf den Täfelchen kleine, mit einem spitzen Griffel in den feuchten Ton gezeichnete Bildsymbole für Güter, Personen und anderes hinzuzufügen, die die Zahlenangaben ergänzten. Damit war der letzte, entscheidende Schritt zur Schrift getan.

Die Entwicklung, die wir hier idealtypisch, sozusagen in ihrem ›logischen‹ Ablauf, nach den Ergebnissen SCHMANDT-BESSERATS, AMIETS und anderer Forscher skizziert haben, ist leider bis heute an keinem mesopotamischen Fundort in ihrer exakten zeitlichen Aufeinanderfolge, als *archäologisch-stratigraphische Sequenz,* belegt. Vielmehr treten in der *Späturuk-Zeit* ab etwa 3200 v. Chr. in mehreren Fällen ›Komplex-Tonmarken‹ (vgl. S. 150), Tonhüllen mit und ohne Markierungen und frühe ›Zahlentäfelchen‹ in den gleichen Grabungshorizonten und Zusammenhängen auf; sie wurden also offenbar gleichzeitig nebeneinander verwendet, möglicherweise für unterschiedliche Aufgabenbereiche. Eine solche Überlappung und Parallelität widerspricht keineswegs der Annahme, daß die eine Form früher entstand als die andere und daß eine sich aus der anderen entwickelte. Es wird indes nicht leicht sein, dafür den exakten Nachweis zu erbringen, denn Objekttypen, die im Abstand von nur wenigen Jahren oder Jahrzehnten aufeinander folgten, sind nur unter günstigen Umständen und mit einigem Glück im archäologischen Material zeitlich voneinander zu trennen.

Im Iran ist man diesem Ziel in neuerer Zeit einige Schritte näher gekommen, und zwar in Susa, der etwa 250–300 km östlich von Sumer (im heutigen Südwestiran) gelegenen späteren Hauptstadt *Elams.* Von hier stammt die in Vorderasien bisher reichste Ausbeute an relevantem Fundmaterial für unsere Fragestellung. Ausgrabungen, die der französische Archäologe ALAIN LE BRUN in den 70er Jahren dort durchführte und deren Ergebnisse er gemeinsam mit seinem Kollegen FRANÇOIS VALLAT veröffentlichte, bestätigen, daß auch in Susa die Tonhüllen ohne und mit Markierungen und die frühesten ›Zahlentäfelchen‹ einander in kurzem Zeitabstand folgten oder eine Zeitlang gemeinsam auftraten. »Exemplare aller drei [Typen] wurden in Susa im gleichen archäologischen Horizont, im gleichen Raum, auf demselben Fuß-boden gefunden«[95], schreibt VALLAT – ja, Bullen und frühe Täfelchen tragen in einer Reihe von Fällen sogar Abdrücke ein und desselben Rollsiegels. Dennoch scheinen in Schicht 18 (älter als ca. 3200 v. Chr.), wo dies der Fall ist, die Tonhüllen früher aufzutreten als die Täfelchen, und in der darauffolgenden Schicht Susa 17 (ca. 3200–3000 v. Chr.) ver-schwinden die Hüllen dann (Abb. 59). Die Buchführung wurde nun offenbar vollständig auf die ›Zahlentäfelchen‹ umgestellt, die sich auch durch ihre rechteckigere Form deutlicher von den Bullen absetzen, als die noch ziemlich rundlichen oder ovalen Exemplare der vorangegan-genen Schicht 18.

Die Tonbälle wie die Tafeln und die in sie eingetieften Markierungen ähneln im übrigen stark den zur gleichen Zeit in Mesopotamien gebräuchlichen, wie überhaupt das Fundmaterial der Schichten Susa 18 und 17 einen großen Einfluß der westlichen Nachbarkultur erkennen läßt. Dieser Einfluß scheint kurz darauf, mit dem Beginn der Schicht 16 (um 3000 v. Chr.), zurückgegangen zu sein. In ihr finden sich auf den Tontafeln neben den ›Zahlen‹-Markierungen erstmals auch kleine abstrakte Schriftzeichen, die den kurz zuvor in Babylonien entwickel-ten (vgl. S. 158 ff.) kaum ähneln, wenngleich die Grundidee des Schrei-bens möglicherweise von dort übernommen wurde. Es handelt sich um Ideogramme der eigenständigen *protoelamischen* Schrift, die haupt-sächlich für wirtschaftliche und administrative Aufzeichnungen diente. Da sie bis heute weitgehend unentziffert geblieben ist und noch während des 3. Jts. v. Chr. von der mesopotamischen Keilschrift ver-drängt wurde, wollen wir uns hier nicht ausführlicher mit ihr beschäf-tigen. Festzuhalten bleibt, daß die Entwicklungsreihe von den Tonhül-len über die ›Zahlentäfelchen‹ zur Schrift, die verschiedene Forscher für Mesopotamien postulieren, in Susa als archäologisch-stratigra-phische Abfolge gesichert werden konnte.

Die Entstehung und Entwicklung der mesopotamischen Keilschrift

Die frühesten Schriftzeugnisse des Zweistromlandes und wahrscheinlich der Menschheitsgeschichte überhaupt förderten seit 1928 deutsche Archäologen in der sumerischen Stadt Uruk (heute Warka) am unteren Euphrat zutage. Mehr als 4000 Tontafeln und Tafelfragmente mit Schriftzeichen, die die Urform der späteren Keilschrift darstellen, konnten dort in zahlreichen bis heute andauernden Grabungskampagnen geborgen werden. Sie stammen fast durchweg aus den ›archaischen‹ Schichten des späten 4. und frühen 3. Jts. v. Chr. im Zentrum der Stadt, im sogenannten *Eanna-Kultbezirk,* wo auf einer Fläche von rund 350 × 200 m die Reste mehrerer eindrucksvoller Monumentalbauten dieser Zeit freigelegt wurden (Abb. 60). Man bezeichnet daher die frühe Schrift ebenfalls als *archaisch;* manche Forscher benutzen auch die Bezeichnungen *protokeilschriftlich* oder *protosumerisch.*

Leider fanden sich die Tafeln nicht am Ort ihrer ursprünglichen Benutzung oder Aufbewahrung, nicht *in situ,* sondern ›sekundär‹ oder sogar ›tertiär‹ verlagert in mächtigen Schuttschichten. Sie waren offenbar nach einer unbekannten Zeitspanne der Verwendung und Archivierung zunächst zusammen mit anderem Abfall wie Keramikscherben, Tonverschlüssen und Tierknochen auf große Schutthalden gewandert, um sodann – nach einem wiederum unbekannten Zeitraum – eingebettet in den übrigen Schutt zwischen Mauerstümpfen und Ruinen verfallener Gebäude abgelagert zu werden. Mit Hilfe dieser Schuttmassen glich man vermutlich Geländeunebenheiten aus und schuf einen glatten Grund für nachfolgende Neubauten.

Wegen dieser ungünstigen Fundbedingungen gelingt es nur unzureichend, die Tafeln mit einzelnen Bauschichten zu verknüpfen und damit ihr exaktes Alter zu bestimmen. Die ältesten unter ihnen mit der frühesten Schriftform dürften der archaischen Schicht IV a angehören oder vorausgehen und in die Zeit um etwa 3100 v. Chr. zu datieren sein; die zahlreicheren etwas jüngeren Tafeln der zweiten Schriftstufe (die sich nochmals in mehrere Unterstufen einteilen läßt) sind den verschiedenen Bauphasen der archaischen Schicht III zuzuordnen und damit vermutlich in der Periode um und kurz nach 3000 v. Chr. gefertigt und beschriftet worden.

Uruk war zu dieser Zeit eine blühende, bedeutende Stadt mit möglicherweise schon mehreren Quadratkilometern Siedlungsfläche und einigen Zehntausend Einwohnern – ein Musterbeispiel für die oben skizzierte ›städtische Revolution‹ und ein Zentrum (wahrscheinlich sogar *das* Zentrum) der frühen sumerischen Hochkultur. So kann es kaum verwundern, daß gerade dort – und bisher *nur* dort – die ältesten Schriftzeugnisse in großer Zahl gefunden wurden, und die Möglichkeit ist nicht von der Hand zu weisen, daß vielleicht tatsächlich in Uruk, dem *Erech* der Bibel, die Wiege der Schrift stand. Als erwiesen kann dies einstweilen jedoch nicht gelten, denn bisher hat man kaum anderswo auf sumerischem Gebiet Siedlungsschichten größeren Ausmaßes aus der fraglichen Periode ausgegraben, so daß wenig Gelegenheit bestand, entsprechende Funde zu machen. Eine einzige Tafel der ersten Schriftstufe (Uruk IV), bemerkenswerterweise aus Stein, wurde außerhalb Uruks entdeckt, rund 200 km weiter nördlich, in Kisch, in der Gegend des späteren Babylon.

Schon die zweite Schriftstufe ist dann aber an mehreren Orten belegt, vor allem in Djemdet Nasr nordöstlich von Kisch, wo britische Archäologen schon in den 20er Jahren über 200 Schrifttafeln aus der Zeit um 3000–2900 v. Chr. ausgruben, die denen der Stufe III aus Uruk

60 Lage des Eanna-Kultbezirks im Zentrum von Uruk (oben rechts) und Plan der in diesem Zentrum ausgegrabenen Gebäude vom Ende des 4. Jts. v. Chr.

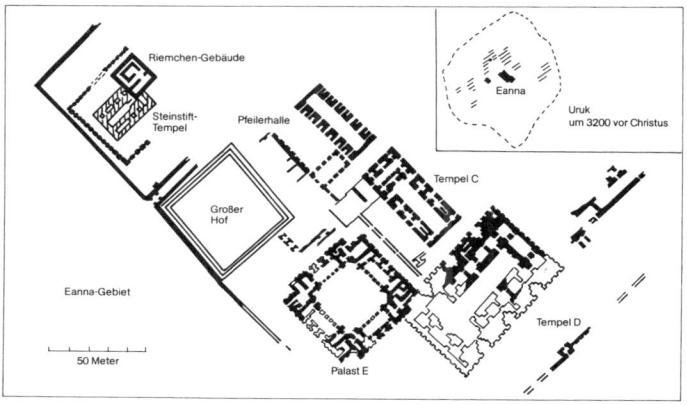

fast genau entsprechen. Spätestens in dieser Zeit, nach dem genannten Fundort als *Djemdet-Nasr-Periode* bezeichnet, war also die archaische Schrift in Babylonien weiträumig verbreitet und vielerorts in Gebrauch; für die davorliegende *Späturuk-Zeit* (bis 3000 v. Chr.) wissen wir es noch nicht.

Daß hier Ausgrabungen jederzeit zu neuen Ergebnissen führen können, hat sich erst kürzlich gezeigt. 1984 nämlich stieß man fast 800 km nordwestlich von Uruk und weit abseits des sumerischen Kerngebietes, in Tell Brak in Ostsyrien, auf zwei Tontäfelchen dieser Zeitperiode mit jeweils einem ›Zahl‹-Zeichen und einer ergänzenden kleinen Tierskizze, die sich stilistisch deutlich von den frühesten Schriftbelegen aus Uruk unterscheiden. Weiteres Material bleibt abzuwarten, bevor eine Bewertung und Einordnung dieser bislang isolierten Fundstücke möglich ist.

Die Schriftzeichen der archaischen Tafeln aus Uruk und Djemdet Nasr besitzen insgesamt noch einen ziemlich bildhaften *(piktographischen)* Charakter. Zum Teil handelt es sich um ›naturalistische‹ kleine Skizzen von deutlich erkennbaren menschlichen Körperteilen, Tieren, Pflanzen und anderen Objekten, teilweise aber auch um stärker stilisierte oder völlig abstrakte Darstellungen und Motive (Abb. 68). Der deutsche Altorientalist ADAM FALKENSTEIN, der 1936 einen Teil (620 Exemplare) der bis dahin in Uruk geborgenen Schrifttafeln mitsamt einer ersten Auswertung veröffentlichte und damit die Grundlage für alle weiteren Analysen schuf, unterschied an die 900 auf diesen Tafeln vorkommende Schriftzeichen und veranschlagte ihre Gesamtzahl auf etwa 2000. Diese Schätzung erwies sich jedoch als zu hoch. Seit den 70er Jahren werden alle rund 4000 mittlerweile in Uruk ausgegrabenen archaischen Tafeln an der Westberliner Universität im Rahmen eines großangelegten Forschungsprojektes neu bearbeitet. Zu dem Wissenschaftlerteam unter Leitung des Altorientalisten HANS J. NISSEN gehören bzw. gehörten die Sumerologen ROBERT K. ENGLUND und MARGRET W. GREEN. Sie erstellten eine Liste von fast 800 bekannten Schriftzeichen; ihre Gesamtzahl wird auf nurmehr etwa 1200 veranschlagt.

Diese Schriftzeichen stehen jeweils für bestimmte Worte oder Begriffe und werden daher *Logogramme* (Wortzeichen) bzw. *Ideogramme* (Begriffszeichen) genannt – die Schrift ist also *logographisch* bzw. *ideographisch* strukturiert. Dabei geben die Symbole vorwiegend

160

oder ausschließlich die inhaltliche, *semantische* Bedeutung, nicht dagegen den Klang der aufgezeichneten Worte wieder – die Sprachinhalte sind also auf *nichtphonetische* Weise in Schrift umgesetzt. Infolgedessen kann die authentische Lautung der Zeichen in frühsumerischer Zeit kaum mehr zuverlässig rekonstruiert werden: »Dem Entzifferer, der die Lautwerte der einzelnen Zeichen nicht erschließen kann, bleibt die sprachliche Zugehörigkeit verborgen«, stellte FALKENSTEIN schon 1936 fest. Die Texte lassen sich daher im günstigsten Fall »zwar verstehen, aber nicht lesen«.[96] Und in der Tat muß sich die Forschung bis heute mit rein mutmaßlichen, aus der späteren Keilschrift abgeleiteten Lesungen behelfen.

Eine derartige Trennung von Wortinhalt und Wortklang mag uns, die wir an eine lautlich gebundene, *phonetische* Schrift gewöhnt sind, auf den ersten Blick verwirrend und kaum vorstellbar erscheinen. Wir können sie uns aber wenigstens ein Stückweit veranschaulichen, wenn wir beispielsweise die arabischen Ziffern betrachten, die ebenfalls ideographischen Charakter besitzen. Die Ziffer ›5‹ etwa wird auf dem halben Erdball in völlig identischer Weise benutzt und verstanden, ihre deutsche Aussprache lautet aber ›fünf‹, die englische dagegen *five*, die französische *cinq* usw. Erst in der Umschrift ist die jeweilige Lautung eindeutig festgelegt. In ähnlicher Weise können die archaischen Schriftzeichen, die die Worte und Begriffe vorwiegend nach ihrem Bedeutungsinhalt, nicht nach ihrer Aussprache fixierten, ganz unterschiedlich – und in verschiedenen Sprachen – gelesen worden sein. Noch in der entwickelten Keilschrift der folgenden Jahrtausende gebrauchte man etwa für das Wort ›König‹ überall in Vorderasien das gleiche Ideogramm. Es lautete aber sumerisch *lugal*, akkadisch *šarru*, kassitisch *nula*, hurritisch *iwri*, hethitisch *ḫaššu* und urartäisch *ereli* (die Forschung ist über diese Zeichenlesungen der späteren Zeit durch silbische Schreibungen sowie überlieferte Wort- und Übersetzungslisten gut unterrichtet).

Wegen dieser Trennung von Begriffsinhalt und Wortklang im ideographischen Schriftsystem zweifelten Wissenschaftler gelegentlich daran, ob die archaische Schrift zu Recht den Sumerern und ihrer Sprache zugeordnet wird, wie das etwa durch die Bezeichnung als *früh-* oder *protosumerisch* geschieht. Wäre es nicht ebensogut möglich, daß die frühen Ideogramme Worte einer ganz anderen Sprache wiedergaben

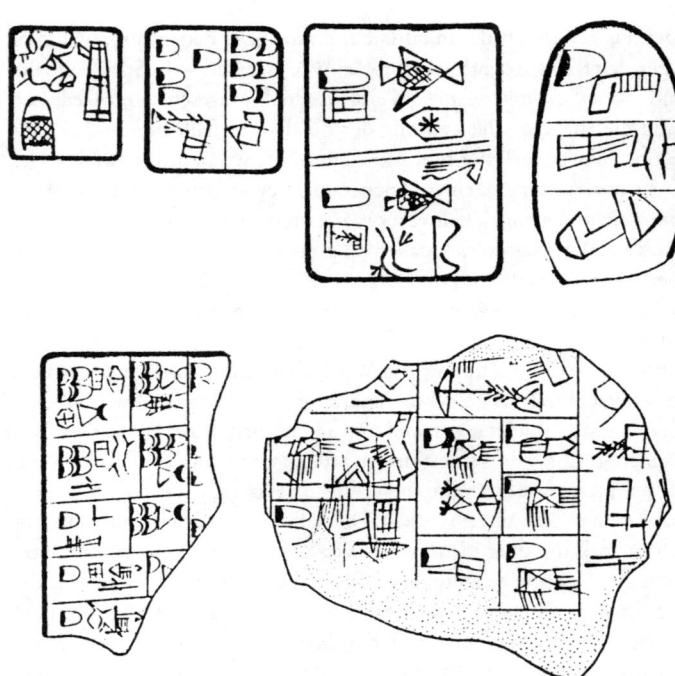

61 Beispiele einfacher (oben) und komplexer (unten) archaischer Schrifttafeln
der Stufen IV und III aus Uruk

und von einem anderen Volk niedergeschrieben wurden? Endgültig
ließ sich diese Frage bis heute nicht klären, und eine hieb- und stichfeste
Beweisführung dürfte entsprechend der Sachlage auch schwerfallen.
Einige Indizien deuten jedoch darauf hin, daß tatsächlich von Anfang
an das Sumerische die hinter der archaischen Schrift stehende Sprache
war, und gegen Mitte des 3. Jts. v. Chr. sind die Sumerer dann zweifelsfrei als die Hauptträger der Schrift in Babylonien nachgewiesen.

In den ersten Jahrhunderten ihrer Existenz diente diese Schrift fast
ausschließlich zu wirtschaftlich-administrativen Aufzeichnungen, und
ihre Anfänge waren äußerst bescheiden. Auf den einfachsten Schrifttafeln aus Uruk finden sich neben den älteren Zahlzeichen (vgl.
S. 154 ff.) nur jeweils wenige einfache Ideogramme zur Kennzeichnung

der an einem bestimmten Vorgang beteiligten Güter und Personen. In der ältesten Stufe Uruk IV machen Täfelchen mit nur einer solchen ›Eintragung‹ und wenigen Schriftzeichen fast die Hälfte des Materials aus, in der jüngeren Stufe Uruk III verschwinden sie dann fast völlig. An ihre Stelle treten größere und komplexere Tafeln, durch waag- und senkrechte Ritzlinien in eine Anzahl von Kolumnen und Fächer aufgeteilt, von denen jedes eine eigene Eintragung enthält (Abb. 61). Oft sind die auf der Tafelvorderseite einzeln notierten Gütermengen auf der Rückseite zu einer Gesamtsumme addiert. Die Anzahl der Schriftzeichen und Informationseinheiten pro Tafel (wie auch pro Notierung) steigt also im Verlauf der Entwicklung des Schriftsystems, und auch die formale Gestaltung der Tafeln ist in der jüngeren Stufe Uruk III im allgemeinen ausgeklügelter und stärker standardisiert als in der Stufe Uruk IV.

Den Hauptunterschied zwischen den älteren und jüngeren Tafeln und damit auch das Hauptkriterium zu ihrer schriftkundlichen, *paläographischen* Unterscheidung bildet aber die Entwicklung der Schriftzeichen selbst. In Stufe IV wurden diese mit einem relativ spitzen Griffel in die noch feuchte Oberfläche des Tons (den man anschließend an der Sonne trocknete, nur in Ausnahmefällen brannte) eingeritzt bzw. gezeichnet, was ihnen ihr stark bildhaftes, ›skizzenartiges‹ Aussehen verlieh. Lediglich die Zahlzeichen tiefte man nach dem alten, inzwischen jedoch verfeinerten und standardisierten Verfahren mit einem

62 Verschiedene Griffelformen (zweite Spalte) und ihre Auswirkungen auf die Gestaltung der Schriftzeichen

ca. 3100 v. Chr. ⟶ ca. 3000 v. Chr.

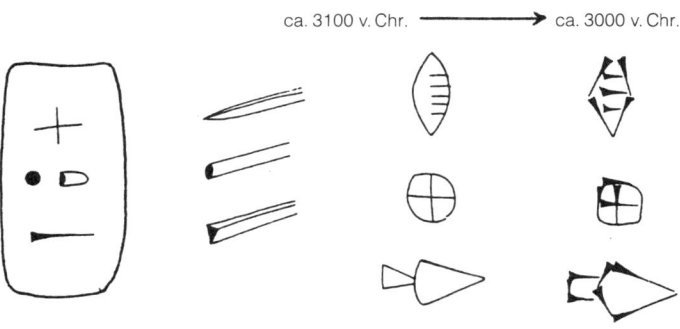

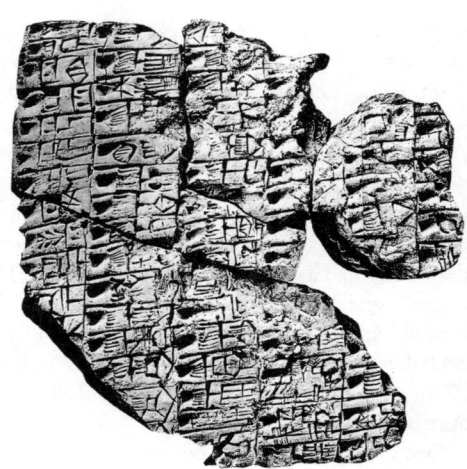

63 Frühe Version einer ›lexikalischen Liste‹ (hier die Liste der Beamten- und Berufsnamen) aus Uruk, um 3000 v. Chr.

abgerundeten Griffel als runde oder ovale Markierungen in den Ton ein (Abb. 62). In der folgenden Stufe III begann man dann, diese Technik auch bei den Schriftzeichen selbst anzuwenden. Sie wurden nun mit einem gröberen, im Querschnitt dreieckigen Griffel schräg ins Material *eingedrückt,* so daß sie stilisierter wirkten und sich allmählich in jene Ansammlungen länglicher, keilförmiger Vertiefungen aufzulösen begannen, die der Schrift in ihrer weiteren Ausbildung den Namen *Keilschrift* einbrachten. Zusammen mit Rationalisierungen in der Schreibtechnik und Vereinfachungen des Zeichenbestandes führte diese Änderung allmählich weg von der aufwendig-bildhaften, hin zu einer stilisierten und einfacher zu handhabenden Schrift. »Die Technik der Zeichenherstellung entwickelte sich vom Zeichnen zum Schreiben weiter, wie die Zeichen selbst sich von Bildern in Schriftzeichen zu verwandeln begannen«, beschreibt MARGRET W. GREEN diese Entwicklung.[97] Freilich vollzogen sich in der jüngeren archaischen Schriftstufe nur die allerersten Anfänge dieses Umwandlungsprozesses, der dann im Laufe des 3. Jts. das System hervorbrachte, das als die ›typische‹ Keilschrift gilt (Abb. 68).

Schon FALKENSTEIN hatte in den 30er Jahren mit der Entzifferung einzelner Schriftzeichen und der inhaltlichen Interpretation der Texte begonnen. Seine Hauptarbeitsmethode bestand darin, den archaischen

164

	ca. 3000 v. Chr.	ca. 2500 v. Chr.	ca. 2000 v. Chr.

64   Ausschnitt aus der ›lexikalischen Liste‹ der Beamten- und Berufsnamen in drei verschiedenen Abschriften vom Beginn, der Mitte und dem Ende des 3. Jts. v. Chr.

Zeichen durch formalen Vergleich solche der späteren, entwickelten Keilschrift zuzuordnen, als deren ›Urformen‹ sie in Frage kamen. Die Lesungen und Lautungen der schon seit langem entzifferten Keilschriftzeichen konnten dann versuchsweise auf ihre mutmaßlichen Vorläufer in den Uruk-Texten übertragen werden. »Uns (sagen) vorläufig nur solche Zeichen etwas, die auf Grund ihrer bildhaften Form deutbar sind oder solche, die mit einem späteren Keilschriftzeichen verknüpft werden können«, schrieb FALKENSTEIN in seiner Publikation von 1936.[98] Ein Hindernis bei diesem Verfahren bildete jedoch der Umstand, daß ihm nur relativ wenige Tafeln der (bereits teilweise stilisierten) Schriftstufe III vorlagen. Der größte Teil seines Materials gehörte der noch sehr bildhaften und damit von der späteren Keilschrift weiter entfernten Stufe IV an, was die Zuordnungsmöglichkeiten erheblich einschränkte.

In dieser Hinsicht haben sich seither günstigere Verhältnisse ergeben, denn unter den heute verfügbaren Tafeln und Fragmenten überwiegen diejenigen der jüngeren Schriftstufe. Einen Glücksfall für die Entzifferung bedeutet überdies die Tatsache, daß eine spezielle Textgattung, die in FALKENSTEINS Material nur spärlich vertreten war, mittlerweile durch fast 600 Tafelfragmente (das entspricht rund 15% des Gesamtbestandes) belegt ist, die sogenannten *lexikalischen Listen* nämlich. Es handelt sich dabei um Tontafeln, auf denen in meist 50 bis 100 gleichmäßig angeordneten Kästchen bzw. Feldern Schriftzeichen für bestimmte Sachgebiete zusammengestellt und aufgelistet sind, beispielsweise für Pflanzen- und Tierarten, Rohstoffe und daraus gefertigte Erzeugnisse, Ortsnamen, Beamten- und Berufsbezeichnungen u. ä. (Abb. 63, 64).

Man bezeichnet diese Listen, die meist in mehreren gleichartigen Exemplaren aus derselben Zeitperiode vorliegen, auch als ›Schultexte‹, denn sie dürften eine wichtige Rolle bei der Ausbildung in den babylonischen Schreibschulen gespielt haben (vgl. S. 213 ff.). Durch ihre Abschrift lernten die Schüler und angehenden Schreiber wahrscheinlich systematisch den Gesamtbestand aller Schriftzeichen kennen und übten sich in ihrem Gebrauch. Gleichzeitig trugen diese thematisch gegliederten, tönernen ›Wörterbücher‹ auch zur Ordnung der Natur- und Kulturerscheinungen und zur Vereinheitlichung des Schriftwesens bei.

In unserem Zusammenhang ist nun besonders wichtig, daß diese lexikalischen Listen anscheinend das ganze 3. Jt. hindurch von Generation zu Generation kopiert wurden, und zwar Kästchen für Kästchen in inhaltlich unveränderter Weise. Selbst im Alltagsgebrauch längst unüblich gewordene Schriftzeichen hat man dabei traditionsgetreu abgeschrieben, nur die Zeichen*formen* wurden entsprechend der mittlerweile gebräuchlichen Keilschrifttechnik modernisiert (Abb. 64). Dieser Umstand eröffnet der heutigen Forschung die günstige Möglichkeit, die Schriftzeichen der archaischen Listen und diejenigen ihrer jüngeren keilschriftlichen Gegenstücke einander durch Positionsvergleich zuzuordnen. In der Tat ist es dem Wissenschaftlerteam um NISSEN, GREEN und ENGLUND gelungen, auf diesem Wege (und mit Hilfe modernster Computertechnologie) über 70% der bekannten Uruk-Schriftzeichen zu identifizieren und in ihrem Bedeutungsinhalt zu ›entziffern‹, wobei ihre Aussprache bzw. Lesung wie erwähnt unsicher bleibt. Auf diese Weise wurden die Voraussetzungen geschaffen, um auch bei der inhaltlichen Analyse der Texte selbst ein großes Stück voranzukommen.

Die archaischen Schrifttafeln enthalten, mit Ausnahme der lexikalischen Listen, ausschließlich Wirtschafts- und Verwaltungsaufzeichnungen, die somit über 85% des Gesamtmaterials ausmachen. »Auch die intensive Beschäftigung mit den Archaischen Tafeln aus Uruk in den letzten Jahren« hat, wie NISSEN feststellt, »keinen Text erkennen lassen, der eindeutig einen religiösen, historischen oder literarischen Inhalt hätte.«[99] Gerade jene Literaturgattungen, die in vielen schöngeistigen Abhandlungen als die ›Bestimmung‹ und ›eigentliche Quelle‹ der Schrift bezeichnet werden, sind also in den ersten Jahrhunderten des Schriftgebrauchs in Babylonien nicht nachweisbar. Mythen und epische Erzählungen wurden offenbar ebenso wie die Huldigungen der Götter und Herrscher, wie Gebete, Gesetze, Lieder und alles andere, was wir unter Literatur im engeren Sinne verstehen (und teilweise dann aus späteren Aufzeichnungen kennen), noch vollständig der mündlichen Tradition, dem gesprochenen Wort anvertraut, nicht der Schrift. Sie wäre auf dieser Stufe freilich auch kaum zur Aufzeichnung und Übermittlung derart komplexer Inhalte tauglich gewesen.

Das neue Medium wurde – entsprechend seiner Herkunft aus älteren Buchführungssystemen – in den Anfängen also noch kaum als *Gestaltungs- und Ausdrucksmittel,* sondern fast ausschließlich als internes *Memorierungs- und Datenspeicherungsinstrument* im Rahmen der anspruchsvoller werdenden Wirtschafts- und Staatsorganisation genutzt. »Als Motiv für die Entstehung der [babylonischen] Schrift«, so schrieb schon FALKENSTEIN 1936, »ist das Streben erkennbar, Erinnerungszeichen für das Gedächtnis zu schaffen, um den angewachsenen Geschäftsgang überschauen und regeln zu können. Der Gedanke, das neugeschaffene Instrument zur Verewigung historischer Ereignisse zu benutzen, ist [in Sumer] jahrhundertelang nicht aufgetaucht.«[100] So sind uns denn Tausende von tönernen ›Aktenvermerken‹, Abrechnungen und Notizen als Zeugnisse der ersten Schriftkultur in der Menschheitsgeschichte überliefert: Tontafeln mit der Buchung von Einnahmen und Ausgaben bestimmter Güter wie Getreide und Textilien, Vermerke über die Herdenhaltung und über Stückzahlen von Vieh (Abb. 66), Listen über die Zuteilung von Lebensmittelrationen an Arbeitskräfte und andere Personen, Aufzeichnungen über Feldflächen, Ernteerträge und dergleichen mehr.

Leider ist es wegen der Auffindung der Tafeln in umgelagertem Schutt (vgl. S. 158) nicht möglich, festzustellen, in welchen Bereichen und Gebäuden des Eanna-Bezirks sie ursprünglich hergestellt, verwendet und verwahrt wurden, und dadurch etwa bestimmte Verwaltungseinheiten zu identifizieren. Auch sonst weiß man bisher kaum etwas Genaueres über die Funktion der Großbauten im Eanna-Bezirk, so daß die jüngere Forschung die traditionellen Deutungen wie ›Tempel‹ oder ›Palast‹ nur mit Vorbehalt verwendet und die neutralere Bezeichnung ›öffentliche Gebäude‹ vorzieht. Die Tatsache, daß fast alle Tafeln aus dem Zentralgebiet der Stadt stammen, muß auch keineswegs bedeuten, daß die archaische Schrift nur dort und nirgendwo sonst in Uruk verwendet worden wäre. Schichten aus dieser Periode wurden bislang noch kaum anderswo im Stadtgebiet, etwa in Wohnbezirken, ausgegraben. Der Inhalt der vorliegenden Texte und die dort aufgelisteten teilweise recht großen Gütermengen sind jedoch ein Hinweis darauf, daß sie der ›Tempelwirtschaft‹ entstammen (vgl. S. 139 f.). Sie bezeugen damit eindrucksvoll das Heranwachsen einer ökonomisch-bürokratischen Großorganisation, wie sie die Welt zuvor nicht gesehen hatte.

Dieser Verwendungskontext prägte den Aufbau und die Eigenart der Texte wie des Schriftsystems selbst. Denn wie sich in der modernen Buchhaltung die Einträge auf Zahlennotierungen und wenige Stichworte (›wg. XY‹) beschränken, so faßten sich auch die sumerischen Verwaltungsbediensteten und Schreiber bei ihren Notizen und Abrechnungen möglichst kurz. Die einzelnen Eintragungen beginnen gewöhnlich mit der Angabe der jeweiligen Menge (wiedergegeben durch die entsprechend ihrem numerischen Wert geordneten Zahlzeichen) und vermerken dann mit einem oder mehreren Schriftzeichen die notierten Güter bzw. Leistungen sowie die Namen und Titel der beteiligten Personen und Institutionen; manche Tafeln enthalten zudem Zeit- und Ortsangaben. Für die verschiedenen Kategorien von Aufzeichnungen galten dabei offenbar genau festgelegte, unterschiedliche Gestaltungsregeln. Die Schriftzeichen dieser stichwortartigen

65 Fragment eines Wirtschaftstextes der Stufe Uruk III, der die fehlenden Bezüge der Schriftzeichen untereinander verdeutlicht

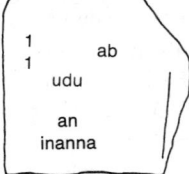

Vermerke verteilte man gewöhnlich ohne feste Abfolge oder Wortstellung über die Tafeln und Fächer. Grammatikalische Elemente, die die Beziehung der Wörter zueinander klären und ein satzartiges Gefüge herstellen könnten, sind in der Regel nicht erkennbar. »Finite Verben (Verben, die an den grammatikalischen Zusammenhang angepaßt sind, so daß klar ist, auf welches Substantiv sie sich beziehen, welche Zeitform gemeint ist und so weiter) fehlen ebenso wie Präpositionen oder jegliche Elemente, die zur Darstellung syntaktischer Ketten notwendig wären«, schreibt NISSEN. »Statt dessen finden wir eine jede Redundanz [Weitschweifigkeit] vermeidende Beschränkung auf die Mitteilung verbindungslos nebeneinandergestellter Fakten. Dabei wird in hohem Maße das übliche Wissen des Lesers einbezogen, da Dinge, die als allgemein bekannt vorausgesetzt werden konnten, nicht mit aufgeschrieben wurden.«[101]

Ein Beispiel für die Schwierigkeiten, die dieses Verfahren bei der heutigen Entschlüsselung der Texte mit sich bringt, gibt das in Abb. 65 dargestellte Tafelfragment. Die darauf befindlichen Schriftzeichen vermerken eine Transaktion, deren Gegenstand ›2‹ ›Schaf(e)‹ waren und an der der ›Tempel‹ (bzw. das ›Haus‹) der ›Göttin Inanna‹ (oder der Götter ›An‹ und ›Innana‹) beteiligt war – es bleibt aber offen, ob die beiden Tiere dorthin geliefert oder ob sie von dorther bezogen wurden. Wahrscheinlich war der Sachverhalt für die damit befaßten Personen ohnehin klar. Ähnlich bruchstückhaft sind auch die Notierungen auf anderen Tafeln. Es ist leicht einzusehen, daß eine derart unentwickelte, rudimentäre und rohe ›Partialschrift‹ (vgl. S. 132) sich noch kaum zur Aufzeichnung komplexerer literarischer Inhalte geeignet hätte.

Interessante und aufschlußreiche Resultate für die Mathematikgeschichte erbrachte eine Analyse der in den archaischen Texten benutzten Zahlzeichen. Schon in den 70er Jahren hatten der sowjetische Sumerologe AISIK VAIMAN und der schwedische Mathematiker JÖRAN FRIBERG festgestellt, daß diese Zahlzeichen mit unterschiedlicher Bedeutung verwendet wurden und offenbar mehreren verschiedenen Zahlen- bzw. Maßsystemen angehörten. Seit 1983 werten der deutsche Mathematiker PETER DAMEROW und der amerikanische Sumerologe ROBERT K. ENGLUND im Rahmen des von HANS J. NISSEN geleiteten Forschungsprojekts systematisch und mit Hilfe elektronischer Datenverarbeitung die Zahlzeichen der Tafeln aus Uruk aus. Sie konnten dabei die Ergebnisse VAIMANS und FRIBERGS bestätigen, konkretisieren und ausbauen.

DAMEROW und ENGLUND unterschieden rund 60 verschiedene Zahlzeichen und ordneten sie fünf grundlegenden Zahlen- und Maßsystemen zu. Diese lassen sich ihrerseits in 15 Untersysteme mit jeweils spezifischen Anwendungsbereichen einteilen – etwa zur Zählung von diskreten, d. h. in Einheiten gegliederten Objekten, zur Fixierung von Getreidemengen mittels Hohlmaßen, zur Angabe von Feldflächen oder für kalendarische Notierungen. Zum Teil sind die in diesen Systemen verwendeten Zahlzeichen unterschiedlich gestaltet und damit kaum zu verwechseln, teilweise wurden aber auch gleichartige Zeichen mit ganz verschiedenem Zahlenwert verwendet. So bezeichnet in dem am häufigsten angewandten (auf der Zahl 60 beruhenden) Sexagesimalsystem eine mit dem abgerundeten Griffel schräg in den Ton gedrückte kleine kegelförmige Vertiefung den Zahlenwert 1, eine senkrecht eingedrückte kreisförmige Eintiefung den Wert 10 und eine große kegelförmige Marke den Wert 60 (Abb. 66) – es gibt dann noch weitere Zeichen für 600, 3600 und 36 000. Begegnet das kleine kreisrunde Zahlzeichen dagegen auf einer Notierung von Getreidemaßen im sogenannten ›ŠE-System‹ (der Name ist von dem Zeichen für ›Korn‹ abgeleitet), dann steht es nicht für den zehnfachen, sondern nur für den sechsfachen Wert der kleinen kegelförmigen Marke, und das nächsthöhere Zeichen für den Wert 60 ist eine große kreisrunde Vertiefung.

Wir wollen uns hier nicht weiter mit dieser ziemlich verwickelten Materie befassen – wesentlich für uns ist die Schlußfolgerung, die DAMEROW und ENGLUND aus alldem ziehen: daß nämlich ein *abstrakter Zahlbegriff,* der unabhängig von der Art des Gezählten galt und ebensogut für Krüge Bier wie für Scheffel Getreide oder Flächeneinheiten Land verwendet werden konnte, damals noch nicht existierte bzw. sich erst herausbildete. Quantität und Qualität der gezählten Objekte bzw. Mengen waren, ähnlich wie in vorschriftlichen Kulturen, noch eng miteinander verbunden, die Ablösung des Zahlbegriffs vom Zählobjekt hatte gerade erst begonnen. Man rechnete also noch nicht mit wirklich abstrakten Zahlen, sondern hantierte mit konkreten Einheiten bestimmter Güter- und Objektklassen und stellte deren Mengen durch additive Reihung der jeweils gültigen Zahlzeichen (4 kegelförmige Marken = 4 Einheiten) bzw. durch Bündelung zu höherrangigen

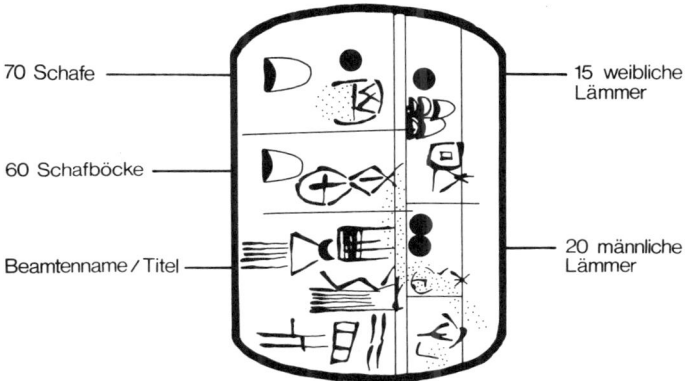

70 Schafe — | — 15 weibliche Lämmer

60 Schafböcke — | — 20 männliche Lämmer

Beamtenname / Titel —

66 Archaische Schrifttafel der Stufe III aus Uruk, auf der Vieh nach den Kategorien weibliche/männliche und junge/ausgewachsene Tiere erfaßt und gezählt ist

Zeichen (6 oder 10 kegelförmige Marken = 1 kreisrunde Marke) dar – dies bis hinauf zu Summen von mehreren Tausenden und Zehntausenden.

Erst im Laufe des 3. Jts. bildete sich in Mesopotamien ein kontextunabhängiger Zahlbegriff heraus, was seinen Niederschlag in dem Verschwinden der vielen unterschiedlichen Spezialsysteme fand. Gegen Ende dieses Jahrtausends wurden dann auch die bis dahin beibehaltenen archaischen Zahlzeichenformen wie Kerben, Löcher usw. aufgegeben und durch ›keilschriftliche‹, aus einzelnen keilförmigen Strichen zusammengesetzte Zeichen ersetzt.

Diese Ergebnisse führen uns noch einmal zurück zu dem Tonmarken- und Tonhüllen-System, das der frühesten Schrift vorausging. Wie geschildert (vgl. S. 154 ff.), entwickelten sich die archaischen Zahlzeichen wahrscheinlich ursprünglich über die Zwischenstufe der ›Zahlentäfelchen‹ aus den (echten oder imitierten) Abdrücken von *tokens,* wie sie sich auf der Außenseite einiger Bullen finden, bildeten sie deren verfeinerte und standardisierte Nachfolger. DENISE SCHMANDT-BESSERAT äußerte daher schon 1977 die Vermutung, daß sich die semantische Bedeutung der einzelnen Tonmarkentypen, ihr Symbolgehalt, aus den

171

ihnen jeweils entsprechenden Zahlzeichen der archaischen Schrift erschließen lasse, und andere Forscher sind ihr darin gefolgt.

Die meisten unter ihnen, wie zunächst auch SCHMANDT-BESSERAT selbst, setzten dabei die *token*-Grundformen wie Kugel, Kegel, Scheibe usw. mit den Grundzeichen des späteren Sexagesimalsystems gleich und unterstellten, daß es sich um Symbole für abstrakte Zahlen gehandelt habe. Ein kleiner Tonkegel hätte demzufolge also der kleinen kegelförmigen Vertiefung auf den Schrifttafeln mit der Bedeutung ›1‹ entsprochen, eine kleine Tonkugel der kreisrunden Eintiefung mit der Bedeutung ›10‹ usw.

Nun existierte aber ein abstrakter Zahlbegriff noch nicht einmal im babylonischen Zählsystem des frühen 3. Jts., um so weniger kann man ihn für die davorliegende Periode annehmen. SCHMANDT-BESSERAT korrigierte daher zu Beginn der 80er Jahre, als die ersten Ergebnisse über die Kontextgebundenheit der archaischen Zahlzeichen bekannt wurden, ihre ursprüngliche Auffassung. Sie vertritt seither die Meinung, daß die Tonmarken, wie nahezu alle Zählsysteme in schriftlosen Kulturen, streng objektgebunden gewesen und in Form eines *concrete counting* (Zählen mit Hilfe von Symbolen für genau bestimmte Gegenstände) gehandhabt worden seien. »Alle in Tonhüllen eingeschlossenen tokens sind Einheiten zur Zählung bestimmter Güter(arten)«, schrieb sie 1980, wobei »die Form der Marken die Art der betreffenden Güter anzeigte, und ihre Menge durch die Anzahl der repräsentierten Einheiten ausgedrückt wurde.« In Anlehnung an FRIBERGS Studien über die archaischen Zahlzeichen- und Maßsysteme wagte sie auch konkretere Interpretationsvorschläge: »Die Kugel und der Kegel ähneln eingedrückten Zeichen, die für Getreidemaße wie Scheffel und Viertelscheffel stehen, während die Zylinder und die Scheiben mit Zeichen für Einheiten der Viehzählung korrespondieren, die am besten mit ›ein Tier‹ und ›eine Herde‹ (wahrscheinlich ›10 Köpfe‹) wiederzugeben sind. (...) Wie Kieselsteine wurden die Tonmarken in einer Beziehung 1:1 benutzt; drei Tiere und drei Scheffel Getreide wurden durch drei Zylinder und drei Kugeln wiedergegeben.«[102]

Diese Hypothese, die selbstverständlich nicht bewiesen und auch kaum beweisbar ist, ähnelt interessanterweise der allerersten Deutung der Tonmarken durch PIERRE AMIET. Er hatte schon 1966 ihre unterschiedlichen Formen als konventionelle Verkörperungen verschiedener Produktarten gedeutet, deren Mengen durch die unterschiedlichen Größenklassen der Marken (oder laut späterer Interpretation durch die auf ihnen angebrachten Linien- und Punktmarkierungen) symbolisiert worden seien.

DENISE SCHMANDT-BESSERAT ging aber von Anfang an noch einen Schritt weiter: Sie stellte die These auf, daß nicht nur die archaischen *Zahl-*, sondern auch eine Reihe von *Schrift*zeichen ursprünglich aus dem Tonmarken-System hervorgegangen seien (eine Möglichkeit, die AMIET ebenfalls bereits 1966 angedeutet hatte, ohne ihr freilich damals genauer nachzuspüren). Zur Begründung verwies die Forscherin u. a. darauf, daß ein Teil der archaischen Ideogramme im Verhältnis zu den Dingen und Objekten, für die sie standen, merkwürdig abstrakt waren.

Schon ADAM FALKENSTEIN hatte 1936 festgestellt, daß neben den bild-haften kleinen ›Skizzen‹ von Tieren, Pflanzen oder anderen Gegen-ständen (Abb. 68) eine große Zahl von Zeichen existierte, deren »bild-mäßige Grundlage dunkel bleibt«. Er nannte als Beispiel das aus einem Kreis mit eingeschriebenem Kreuz bestehende Ideogramm für ›Schaf‹, »bei dem wenigstens ich nicht die geringste bildmäßige Beziehung zwischen dem Zeichen und dem Tier erkennen kann«.[103]

SCHMANDT-BESSERAT präsentierte hier einen Lösungsvorschlag, indem sie auf einen Tonmarkentyp hinwies, der dem ›Schaf‹-Zeichen fast genau entspricht, und ähnliche *token-*›Doppelgänger‹ auch für andere abstrakte Schriftzeichen (wie etwa diejenigen für ›Öl‹, ›Klei-dung‹ oder ›Metall‹) identifizierte (Abb. 67). Insgesamt listete sie rund 80 solcher vollständigen oder annähernden Entsprechungen zwischen *tokens* und archaischen Schriftzeichen (inklusive Zahlsymbolen) auf. Diese Entsprechungen beruhen ihrer Ansicht nach nicht auf einem Zufall. Sie lassen vielmehr den Schluß zu, daß die betreffenden Ideo-gramme »nicht wirkliche Bilder oder Darstellungen der Objekte selbst sind, wie man es erwarten könnte«, sondern solche der vorher zu ihrer Symbolisierung verwendeten Tonmarken, also der *tokens* für ›Schaf‹, ›Öl‹ usw. Durch eine solche zeichnerische Nachahmung dreidimen-sionaler Vorbilder »konnte das neu entwickelte Schriftsystem«, so SCHMANDT-BESSERAT weiter, »aus einem Arsenal an bereits weithin ver-wendeten Symbolen des token-Dokumentationssystems schöpfen, indem es nur eine zweite Abstraktionsstufe hinzufügte.«[104]

Dies könnte nicht nur die merkwürdige Verwendung abstrakter Zeichen für konkrete Dinge wie ›Schaf‹, ›Kleidung‹ usw. einleuchtend erklären; es würde auch den Umstand verständlicher machen, daß der archaische Zeichenbestand von Anfang an in vollentwickelter und standardisierter Form auftritt. Aus diesem Sachverhalt hatten früher viele Forscher geschlossen, daß der archaischen Schriftstufe ein bislang unbekannt gebliebenes Experimental- und Herausbildungsstadium der Schrift vorausgegangen sein müsse. Mit der Entdeckung des Tonmarken-Systems als ›konzeptionellem Vorläufer‹ der Ideographie wird diese Annahme überflüssig. Freilich kommt der zahlenmäßig begrenzte Formenbestand der *tokens* nur als Vorbild für einen kleinen Teil der wohl über tausend archaischen Schriftzeichen in Frage. Nachdem so ein ›Grundbestand‹ an (vorwiegend abstrakten) Ideogrammen entstanden war, wurde dieser nach Ansicht SCHMANDT-BESSERATS gezielt durch zusätzliche, unabhängig entwickelte und nicht im *token*-System wurzelnde Zeichen erweitert, die folgerichtig vorwiegend bildhaften Charakter hatten.

Diese Ableitung einzelner archaischer Schriftzeichen aus bestimmten Tonmarkenformen bildet wohl das spektakulärste und gleichzeitig unsicherste Glied in der Argumentationskette der Forscherin, und hier hat sie auch am meisten Widerspruch erfahren. Die Kritiker wiesen darauf hin, daß manche ihrer Zeichenentsprechungen schon rein formal fragwürdig seien, daß einige auf nur einem oder wenigen Belegen basierten und daß sie beispielsweise Tonmarken, die ausschließlich in Susa gefunden wurden, mit Schriftzeichen gleichgesetzt habe, die nur in Uruk nachgewiesen sind. HANS J. NISSEN hat – bei aller Aufgeschlossenheit – den kritischen Einwand gemacht, daß das Symbol für ›Schaf‹, das auf den Uruk-Tafeln zu den am häufigsten verwendeten zählt, unter den Tonmarken nur vergleichsweise selten vorkommt, seltener jedenfalls, als man dies bei einer maßgeblich auf der Ziegen- und Schafzucht basierenden Ökonomie erwarten dürfte. Andererseits ist gerade in diesem Fall die Ähnlichkeit zwischen Schriftzeichen und Tonmarke derart frappierend, daß sich eine Bedeutungsgleichheit beider geradezu aufdrängt.

Stellt man in Rechnung, welche Rolle die Zufälle des Grabungsglücks und der Fundüberlieferung in solchen Fragen spielen, dann ist die Materialbasis für ein auch nur einigermaßen fundiertes Urteil über

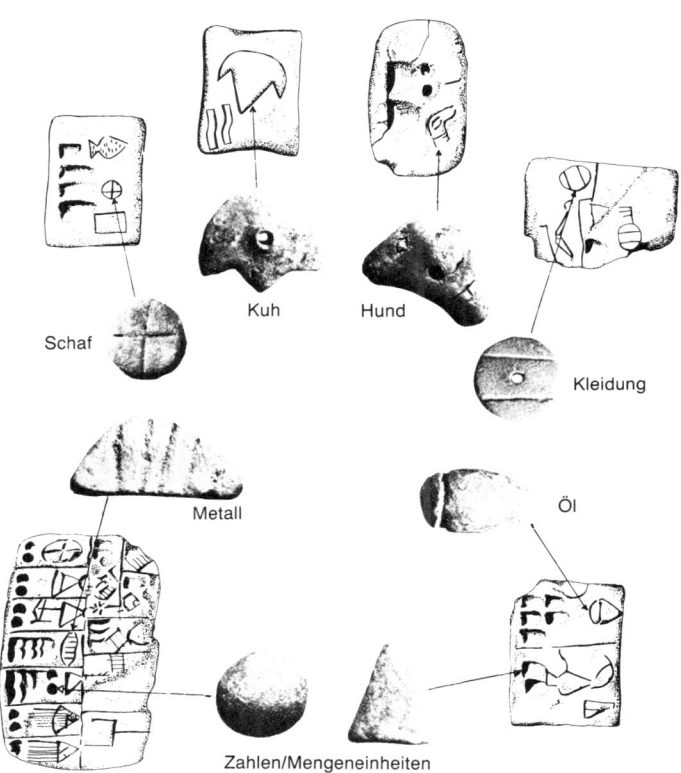

Schaf

Kuh

Hund

Kleidung

Metall

Öl

Zahlen/Mengeneinheiten

67 Entsprechungen von Tonmarkenformen und Schriftzeichen der archaischen Texte aus Uruk

die Hypothesen DENISE SCHMANDT-BESSERATS bis heute zu schmal. Was auch immer zukünftige Forschungen in dieser Hinsicht ergeben werden – als äußerst fruchtbarer und im besten Sinne des Wortes ›provozierender‹ Ansatz haben sich ihre Überlegungen schon heute erwiesen.

Machen wir an dieser Stelle einen Augenblick halt und wenden wir uns einigen grundsätzlichen Fragen zu, die sich aus den oben skizzierten Fakten ergeben. Kann man angesichts der Entstehungs- und Vorgeschichte der mesopotamischen Schrift, wie sie die jüngere Forschung enthüllt hat, überhaupt noch von einer *Schrifterfindung* sprechen, einer ›Erfindung‹, die zu einem bestimmten Zeitpunkt und an einem bestimmten Ort von bestimmten Individuen gemacht wurde? Wäre es nicht angemessener, die Schriftentstehung in Vorderasien als einen kontinuierlichen, kumulativen *Entwicklungsprozeß* über viele Generationen hinweg zu sehen, von denen jede den bereits vorhandenen Dokumentationstechniken neue hinzufügte, bis schließlich aus diesen gemeinsamen und langwierigen Bemühungen die Schrift als Endresultat hervorging?

Wie immer, wenn es um das Problem von Kontinuität und Diskontinuität geht (das uns ja nun schon des öfteren begegnete), divergieren auch hier die Meinungen und Akzentsetzungen unter den Fachleuten ganz erheblich. Der Assyriologe und Schrifthistoriker I. J. GELB fragte schon 1958: »Wurde die Schrift wirklich richtig erfunden? Oder, anders ausgedrückt, gibt es so etwas wie ›Erfindung‹?« und bekundete seine Skepsis gegenüber diesem Begriff: »(Man kann) beobachten, daß die sogenannten ›Erfindungen‹ nur Verbesserungen schon bekannter Dinge sind. Weder die Schrift oder das Geld, noch die Funkentelegraphie oder die Dampfmaschine wurden durch einen einzigen Menschen zu einer bestimmten Zeit in einer bestimmten Gegend erfunden. Ihre Geschichte und Vorgeschichte sind so lang wie die Geschichte der Kultur selbst.«[105]

Diese Stellungnahme scheint hinsichtlich der Schrift mit bemerkenswertem Weitblick die jüngeren Forschungsresultate vorweggenommen zu haben. Sie stimmt weitgehend mit dem überein, was DENISE SCHMANDT-BESSERAT 20 Jahre später zum gleichen Thema schrieb: »Meine Forschungsarbeit beweist, daß die Ursprünge der Schrift, wie aller anderen menschlichen (Kultur)leistungen, bescheiden und zufällig sind. Die Schrift kam nicht aus dem Nichts, sie war vielmehr eine Stufe in der Entwicklung eines älteren, auf kleinen Tonmarken basierenden Dokumentationssystems.«[106]

I. J. GELB hatte seiner zitierten Stellungnahme allerdings ausdrücklich hinzugefügt: »Bei allen großen kulturellen Errungenschaften müssen wir aber mit dem entscheidenden Eingreifen eines genialen Menschen rechnen, der entweder mit einer geheiligten Tradition brechen oder etwas, das andere nur spekulativ erwogen, in die Tat umsetzen konnte. Leider kennen wir keinen der genialen Menschen, die für die wichtigsten Fortschritte in der Schriftentwicklung verantwortlich sind.«[107] Langwierige Wegbereitung einer Erfindung, allmähliche Reifung ihrer Vorbedingungen und plötzliche Verwirklichung in einem individuellen Schöpfungsakt bildeten für ihn also keinen Widerspruch. Und in der Tat sind bis heute wohl die meisten Forscher davon überzeugt, daß es in Sumer (wie in den anderen frühen Hochkulturen) letztlich Einzelindividuen – vielleicht Verwaltungsbeamte – waren, die die vorgefundenen Entwicklungselemente der Schrift zusammenfaßten und zu einem neuen System ausformten, die also sozusagen aus den von Generationen gesponnenen Entwicklungsfäden den Knoten der Schrift knüpften.

Für den amerikanischen Sumerologen MARVIN A. POWELL etwa, der SCHMANDT-BESSERATS Theorie grundsätzlich unterstützt, besteht dennoch kein Zweifel daran, daß letztlich eine individuelle Erfindung das sumerische Schriftsystem hervorbrachte, »sicherlich kein Kommitee und keine langsame Anhäufung von Zeichen um Zeichen von Generation zu Generation«. »Es gibt«, so schreibt er, »in der Schriftgeschichte kein einziges Beispiel für die gemeinschaftlich-evolutionäre Erfindung einer Schrift. Individuen erfinden. Die Gemeinschaft der Benutzer modifiziert, paßt an, bearbeitet, verfeinert, fügt hinzu und nimmt weg, aber sie erfindet nicht.«[108]

Will man diese, von vielen Fachleuten geteilte Ansicht mit dem in Übereinstimmung bringen, was wir über das Tonmarken- und Tonhüllen-System wissen, dann erscheint die Vermutung am plausibelsten, daß die *Idee* der graphisch-symbolischen Repräsentation (und nach SCHMANDT-BESSERAT auch ein kleiner ›Grundstock‹ an Zeichenformen) allmählich und auf dem geschilderten Wege aus dem *token*-System erwuchs, während die *Umsetzung* dieser Idee in ein ganzes Schriftsystem und die Schaffung des Zeichenbestandes ein einmaliger und bewußt vorgenommener Akt war. Der oder die ›Schrifterfinder‹ hätten demnach an der älteren Tradition angeknüpft, sie weiterentwickelt und auf eine neue Stufe gehoben. Ihre Genialität hätte darin bestanden, daß sie die neuen Möglichkeiten erkannten und realisierten, die dem historisch gewachsenen und überlieferten System der Tonmarken und symbolischen Markierungen innewohnten. In jedem Fall muß es, wie HANS J. NISSEN betont, »für alle Interessierten wie eine Offenbarung gekommen sein, als jemand die Idee einer Schrift ersann – egal, ob

ca. 3200	ca. 3000	ca. 2500	ca. 1800	ca. 700	Bedeutung
✳	✳	✳	✳	➤⊤	Himmel Gott
⌂⌂	◁ᑫ	⌐⌐	⧄	⧄	Gebirge
☍	⌐	⌐	⧆	⫴⧆	Kopf
☍	⌐	⌐	⧆	⧆	Mund
≈	⑄	⫲	⫲	⫴	Wasser
⌂	⌐	⌐	⧆	⧆	Vogel
⤢	⤢	⤢	⤢	⧆	Fisch
▽	⋈	⇨	⇨	⧆	Rind

68 Entwicklung einiger mesopotamischer Schriftzeichen von der archaischen (links) bis zur neuassyrischen Periode (rechts)

dieser Schritt in der bloßen Umwandlung dreier Dimensionen in zwei bestand, oder ob er unabhängig ausgeführt wurde. Es muß sofort offensichtlich gewesen sein, daß dieses System die umfassende Antwort auf all die Probleme bildete, für die man zuvor einzeln Lösungen gesucht hatte, und daß es bei Aufgaben zu helfen imstande war, an die man sich zuvor nicht hätte heranwagen können. Es sollte daher nicht überraschen, daß wir die Schrift auf ihrer frühesten Stufe bereits in Form eines gebrauchsfertigen Systems vorfinden.«[109]

Im Verlauf des 3. Jts. durchlief dieses zu Beginn noch ziemlich rohe und undifferenzierte Schriftsystem dann einen rasanten Entwicklungs- und Vervollkommnungsprozeß. Die formale Seite haben wir bereits kurz angedeutet: Die schon in der archaischen Schriftstufe Uruk III

178

begonnene Auflösung der bildhaften Schriftzeichen in Ansammlungen keilförmiger Vertiefungen schritt rasch voran, so daß bereits um die Mitte des 3. Jts. von den ursprünglichen Zeichenformen kaum mehr etwas zu erkennen war. Dieser Abstraktions- und Vereinfachungsprozeß setzte sich, wie Abb. 68 zeigt, auch in den folgenden zwei Jahrtausenden fort, bis hin zur neuassyrischen Keilschrift um 700 v.Chr., deren Zeichen so »zierlich wie des Vogels Tritt im Schnee« waren.[110]

Zu einem innerhalb der Fachwelt noch strittigen Zeitpunkt während des 3. oder 2. Jts. v. Chr. wurden die Zeichen aus Gründen der Bequemlichkeit beim Schreiben um 90° entgegen dem Uhrzeigersinn gedreht. ›Standen‹ sie zuvor aufrecht, wie es ihrer ursprünglichen Bildgestalt entsprach, so ›lagen‹ sie seither waagrecht, was man wegen der ohnehin fortschreitenden Abstraktion offenbar nicht als störend empfand (Abb. 68). In der zweiten Hälfte des 3. Jts. begann überdies die Beschriftung der Tafeln in Feldern bzw. Fächern allmählich der Schreibung von Zeilen zu weichen, die wie bei unserer Schrift von links nach rechts gelesen wurden. In ihnen waren die anfangs recht zwanglos verteilten Zeichen entsprechend der Reihenfolge der Worte und Laute in der gesprochenen Sprache angeordnet.

Diese Entwicklung und Ausreifung der äußeren Schriftform ging Hand in Hand mit einer Veränderung ihrer inneren Struktur, wobei beide Komponenten sich wechselseitig beeinflußten. Eine Schrift, bei der jedes Wort durch ein eigenes Bildzeichen repräsentiert wird (wie in den archaischen Texten), hat den Nachteil, daß eine große Anzahl von Zeichen benötigt wird und trotzdem die Ausdrucksfähigkeit beschränkt bleibt, da sich viele Worte und Begriffe nicht oder nur schwer durch bildhafte Symbole ausdrücken lassen.

Nun gibt es bereits innerhalb der Ideographie bzw. Wortschrift einige Möglichkeiten, den Ausdrucksspielraum zu erweitern, ohne die Zeichenzahl ins Grenzenlose ausufern zu lassen, und diese Möglichkeiten wurden auch bereits in der frühen sumerischen Schrift genutzt. So kann ein Zeichen nicht nur zur Schreibung des unmittelbar dargestellten Gegenstandes oder Wortes dienen, sondern auch zum Ausdruck sinngemäß verwandter Begriffe: In der sumerischen Schrift bezeichnet etwa das Zeichen für ›Fuß‹ gleichzeitig die mit diesem Körperteil verbundenen Tätigkeiten ›gehen‹ und ›stehen‹, und das Zeichen für ›Pflug‹

steht ebenso für die Begriffe ›Pflüger‹ und ›pflügen‹ – mit jeweils verschiedenen lautlichen Lesungen wohlgemerkt. In ähnlicher Weise wurde das Bild eines Sterns, das ursprünglich für diesen stand, zum Schriftzeichen für die Begriffe ›Himmel‹ und ›Gottheit‹, das Bild der Sonne zum Zeichen für ›Tag‹ und ›weiß‹.

Neben dieser Methode der *Bedeutungsübertragung* wurde von Anfang an auch die der *Zeichenkombination* angewandt, um auf möglichst ökonomische Weise das Ausdrucksvermögen der Schrift zu steigern. So schrieb man beispielsweise das Wort ›essen‹ durch eine Kombination der Zeichen für ›Kopf‹ und ›Brot‹, wohingegen die Zusammenstellung von ›Kopf‹ und ›Wasser‹ ›trinken‹ bedeutete. Auch diese Methoden zur Erweiterung der Ausdrucksfähigkeit (die sich in fast allen bekannten Wortschriftsystemen finden) stoßen aber rasch an ihre Grenzen, wenn es etwa um die Schreibung von Orts- und Personennamen oder um grammatikalische Bildungselemente geht. Um diese Grenzen zu durchbrechen, mußte das ideographische, *semantische* Schriftprinzip, das nur auf den Wortbedeutungen beruhte, durch das *phonetische* Prinzip ergänzt und teilweise ersetzt werden, das die Lautungen der geschriebenen Wörter wiedergibt.

Es läßt sich nicht mit Sicherheit sagen, wann dieser *Phonetisierungsprozeß*, in dessen Verlauf viele Zeichen von ihrer ursprünglichen, durch die Abstraktion ja ohnehin verwischten Bildbedeutung gelöst und statt dessen mit bestimmten Lautwerten identifiziert wurden, in der mesopotamischen Schrift begann. ADAM FALKENSTEIN und andere Forscher glaubten, einen ersten Beleg dafür auf einigen Schrifttafeln von Djemdet Nasr bzw. Uruk III erkennen zu können, und zwar in dem dort vorkommenden Personennamen *en-lil-ti* (etwa: ›Enlil erhält am Leben‹), bei dem das bildlich schwer auszudrückende Wort ›Leben‹ (sumerisch *ti(l)*) durch das bedeutungsmäßig völlig fremde, aber sumerisch ebenfalls *ti* gelesene Zeichen für ›Pfeil‹ geschrieben worden sei. Diesen Sachverhalt wertete FALKENSTEIN übrigens auch als Beweis dafür, daß auf den Tafeln dieser Schriftstufe bereits sumerische Sprache vorliegen müsse, denn nur in dieser sind die beiden Wörter gleichlautend (*homonym*). Nach Ansicht anderer Fachleute ist dieses Beispiel dagegen nicht stichhaltig, da es auf einem Lesefehler beruhe. Dennoch vertreten nach wie vor Wissenschaftler die Auffassung, daß phonetische Elemente und Übertragungen in einem beschränktem Maße wohl schon in den archaischen Texten vorkommen, wenngleich bis heute der definitive Nachweis dafür fehlt.

Wie dem auch sei, um die Mitte des 3. Jts. war die Phonetisierung der sumerischen Schrift weitgehend vollzogen. Dabei wurden nicht nur schwierig zu schreibende Wörter durch die Zeichen leichter darstellbarer, gleich oder ähnlich klingender Wörter wiedergegeben, wie sich etwa im Deutschen das Bild der ›Bank‹, auf die wir uns setzen, auch für den Begriff der ›Bank‹, auf die wir unser Geld einzahlen, verwenden ließe. Aus dieser als *Rebus-Verfahren* bezeichneten Lautübertragung gingen vielmehr in der Folge eine Anzahl regelmäßig verwendeter, festgelegter Silbenzeichen für Lautfolgen (wie etwa *ba, bi, ab, ib* usw.) hervor. Die dadurch geschaffene Möglichkeit der silbischen, *phonetischen* Schreibung nutzten die Sumerer aufgrund der Struktur ihrer Sprache jedoch nur in begrenztem Maße. Die Silbenzeichen dienten ihnen vorwiegend zur Fixierung von Namen und grammatikalischen Elementen, während man die Wortstämme in der Regel weiterhin mit Logogrammen schrieb. Dennoch trug diese teilweise Phonetisierung der Schrift, ihre Umformung in eine gemischte Wort-Laut-Schrift, schon bei den Sumerern dazu bei, den Zeichenbestand erheblich zu reduzieren: Wird dieser für die archaischen Texte heute auf etwa 1200 geschätzt, so umfaßte er Ende des 3. Jts. nur noch rund 500 Zeichen.

Stärkeren Gebrauch von der lautlichen, silbischen Schreibweise machten in der zweiten Hälfte des 3. Jts. die im nördlichen Babylonien ansässigen *Akkader* und seit dem frühen 2. Jt. die ebenfalls akkadisch sprechenden *Babylonier* und *Assyrer* im Süden bzw. Norden Mesopotamiens. Sie verdrängten die Sumerer als politische Kraft und wohl auch als eigenständiges Volk, pflegten deren kulturelle Errungenschaften aber weiter und wurden so zu ihren Erben und Nachfolgern in Mesopotamien. In diesem Rahmen tradierten sie auch das Sumerische, das als gesprochene Sprache wahrscheinlich zu Beginn des 2. Jts. ausstarb, als religiös-literarische Schriftsprache bis ins Ende des 1. Jts. v. Chr., ähnlich wie das im mittelalterlichen und frühneuzeitlichen Europa mit dem Lateinischen geschah.

Sie verwendeten die Keilschrift aber zugleich auch zur Schreibung ihrer eigenen, völlig anders strukturierten Sprache und hoben dabei das phonetische Element stark hervor. Zu einer reinen Silbenschrift wurde jedoch auch diese *babylonisch-assyrische Keilschrift* der zwei Jahr-

69 Ausschnitt aus
dem in Keilschrift
verfaßten Geset-
zeskodex des
Königs Hammu-
rapi von Babylon,
18. Jh. v. Chr.

tausende vor der Zeitenwende nicht. Sie blieb im Prinzip ein gemisch-
tes Wort-Silben-System, denn viele Zeichen behielten neben ihren silbischen auch noch ihre logographischen Werte, und Ideogramme dienten insbesondere als Hinweisgeber für das Textverständnis, als sogenannte *Determinative*. Letztere waren vor allem deshalb nötig, weil
viele Zeichen eine ganze Reihe möglicher Lesungen besaßen, so daß
es sich insgesamt um ein ziemlich verwickeltes und schwierig zu
beherrschendes Schriftsystem handelte. Immerhin aber ließ sich bei
vorwiegend silbischer Schreibweise ein normaler Text der altbabylonischen Zeit (erste Hälfte des 2. Jts. v. Chr.) schon mit etwa 100–150 Silbenzeichen und einigen Dutzend Wortzeichen bequem und gut auf-
zeichnen, obgleich der Gesamtzeichenbestand während der ganzen
Verwendungszeit der mesopotamischen Keilschrift mehrere hundert
Zeichen umfaßte.

Der Hauptwert der Phonetisierung lag jedoch in einer vergrößerten
Ausdrucks- und Leistungsfähigkeit der Schrift, in ihrer erhöhten Flexi-

70 Keilschrift-Fragment einer Tafel des Gilgamesch-Epos aus der Bibliothek Assurbanipals in Ninive 7. Jh. v. Chr.

bilität und Differenziertheit. Sie ermöglichte es nunmehr, die gesprochene Sprache zumindest annähernd getreu schriftlich umzusetzen, wie es in dem sumerischen Sprichwort zum Ausdruck kommt: »Ein Schreiber, dessen Hand es mit dem Mund aufnehmen kann, ist tatsächlich ein Schreiber.«[111] Damit erst wurde die Schrift zur ›Vollschrift‹ (vgl. S. 132), damit erst waren auch die Voraussetzungen gegeben, sie über ihre anfängliche Funktion als ausschließlich wirtschaftlich-administratives Memorierungsinstrument hinaus in ein viel- und schließlich allseitiges Überlieferungs- und Ausdrucksmittel zu verwandeln.

Einen ersten Schritt in dieser Richtung stellten kurze Bau- und Weiheinschriften babylonischer Könige dar, die seit etwa 2700 v. Chr. belegt sind und die sich in der zweiten Jahrtausendhälfte allmählich zu längeren Berichten über ihre Regierungs- und insbesondere Bautätigkeit entwickelten. Sie können als die Anfänge einer mesopotamischen ›Geschichtsschreibung‹ bezeichnet werden. Auch erste literarische

Zeugnisse wie Mythen, Hymnen und Sprichwörter reichen nach heutigem Erkenntnisstand bis in die Periode um 2600 oder 2700 v. Chr. zurück – aus der Zeit davor liegen bislang keine entsprechenden Dokumente vor. Sie sind wohl auch kaum zu erwarten, denn die Entwicklung des Schriftsystems selbst deutet darauf hin, daß man in den ersten Jahrhunderten seiner Existenz offenbar keinen großen Wert darauf legte, es für die Niederschrift komplizierterer literarischer oder ähnlicher Inhalte tauglich zu machen, die damals vermutlich noch ausschließlich mündlich tradiert wurden (vgl. S. 103).

In der zweiten Hälfte des 3. Jts. nahmen solche Texte dann aber an Häufigkeit und Komplexität zu, schrieb man auch längere religiöse und literarische Werke sowie erste Gesetzessammlungen nieder. Und spätestens mit Beginn des 2. Jts. wurde die Keilschrift zum allgegenwärtigen und unentbehrlichen Hilfsmittel der Religion wie des Herrscherkults, der ›Geschichtsschreibung‹ und Zeitrechnung wie der Kodifizierung des Rechts. Sie diente den alltäglichen offiziellen oder privaten Niederschriften seither ebenso wie der Dichtung und den entstehenden Wissenschaften (etwa Astronomie, Mathematik, Medizin) und Pseudowissenschaften (z. B. Astrologie, Vorzeichenkunde und Magie).

Mit diesem nahezu universell anwendbaren Aufzeichnungs- und Gestaltungsmittel wurden einige der bedeutsamsten und hervorragendsten kulturellen Marksteine der Menschheitsgeschichte geschaffen, etwa der 282 Paragraphen umfassende Gesetzeskodex des HAMMURAPI von Babylon aus dem 18. Jh. v. Chr. (Abb. 69) oder das berühmte, in einer akkadischen Fassung aus dem späten 2. bzw. frühen 1. Jt. v. Chr. überlieferte Gilgamesch-Epos, das aber auf sehr viel ältere sumerische Vorläufer zurückgeht (Abb. 70). Daß es mit der Entwicklung der Schrift und der Schriftkultur bald auch üblich wurde, das auf diese Weise fixierte Wissen in Zentren der Bildung und Gelehrsamkeit systematisch zu sammeln und zu speichern, davon zeugen eine Reihe von Archiven und ›Bibliotheken‹, die in Vorderasien bereits vom 3. Jt. v. Chr. an nachgewiesen sind. Als bekanntestes Beispiel gilt die Bibliothek des assyrischen Königs ASSURBANIPAL in Ninive aus dem 7. Jh. v. Chr., unter deren mehreren tausend Keilschrifttafeln sich auch die erwähnte Fassung des Gilgamesch-Epos befand.

Nicht nur thematisch, auch geographisch weitete sich der Verwendungsbereich der Keilschrift seit dem späten 3. Jt. v. Chr. erheblich aus.

Etwa zu dieser Zeit wurde sie von den Elamitern im westlichen Iran übernommen, die dafür ihr eigenes Schriftsystem (vgl. S. 157) wieder aufgaben, im 2. Jt. dann von weiteren Völkern, etwa den Hurritern im nördlichen Mesopotamien und den Hethitern in der heutigen Türkei. Die meisten dieser Völker benutzten die Keilschrift zur Schreibung ihrer eigenen Sprachen und formten sie dementsprechend um.

In der zweiten Hälfte des 2. Jts. v. Chr. diente Akkadisch außerdem als Verkehrs- und Diplomatiesprache des gesamten Vorderen Orients – sogar die ägyptischen Pharaonen wickelten ihre außenpolitische Korrespondenz auf Keilschrifttafeln in akkadischer Sprache ab, wie ein in Tell el-Amarna in Ägypten gefundenes Archiv aus dem 14. Jh. v. Chr. beweist. Um die Wende zum 1. Jt. und in dessen Verlauf erwuchs der Keilschrift dann allerdings in der Buchstabenschrift, die an der östlichen Mittelmeerküste entstanden war (vgl. S. 227 ff.), ein ernsthafter und langfristig überlegener Konkurrent. Aramäische Stämme brachten ihr von den Phöniziern übernommenes, auf Papyrus oder Leder geschriebenes Alphabet nach Mesopotamien mit, als sie sich dort ausbreiteten, und drängten die Keilschrift allmählich zurück. Diese Entwicklung vollendete sich, als Mesopotamien mit dem Ende des neubabylonischen Reiches 539 v. Chr. die Unabhängigkeit verlor und Teil des altpersischen Reiches wurde, wo ›Reichsaramäisch‹ unter dem Königshaus der Achämeniden Amtssprache war (von den in drei Keilschriftsprachen abgefaßten Inschriften dieser Perserkönige nahm übrigens zu Beginn des 19. Jhs. die lange Entzifferungsgeschichte der Keilschrift ihren Ausgang, die besonders mit den Namen GEORG FRIEDRICH GROTEFEND und HENRY C. RAWLINSON verbunden ist). In den letzten Jahrhunderten vor der Zeitwende nur noch in wenigen Städten und Tempeln Babyloniens in Gebrauch, wurde die Keilschrift schließlich zu einer reinen Spezialschrift der Priester und Astronomen, bevor sie endgültig verschwand. Der späteste bislang bekannte Keilschrifttext ist eine Tafel mit astronomischen Aufzeichnungen aus dem Jahr 74/75 n. Chr.

›Heilige Zeichen‹ – die ägyptische Hieroglyphenschrift und ihre Ableger

Waren die Anfänge der Schrift in Mesopotamien äußerst prosaischer Natur, so trat sie in der zweiten großen Hochkultur des alten Orients, in Ägypten, von Anbeginn an in sehr viel eindrucksvollerem Rahmen in Erscheinung. Zu den ersten bekannten Schriftzeugnissen zählen dort mit Reliefdarstellungen verzierte Schiefertafeln zum Verreiben von Schminke, sogenannte *Paletten,* und ebenfalls verzierte Köpfe von *Prunkkeulen,* die die Taten von Göttern und Königen preisen und damit dem religiösen wie dem Herrscherkult, ja der ›Geschichtsschreibung‹ im weitesten Sinne dienten. Sie wurden Ende des letzten Jahrhunderts im Horus-Tempel von Hierakonpolis, der vorgeschichtlichen Hauptstadt Oberägyptens, ausgegraben und stammen aus den Jahrzehnten vor und nach 3000 v. Chr., sind also wahrscheinlich etwas jünger als die frühesten mesopotamischen Schriftfunde. Diese Zeitperiode bezeichnet man auch als *Reichseinigungszeit,* denn in ihr wurden nach traditioneller Auffassung die vorher unabhängigen Reiche Oberägypten (im Süden, d. h. im Niltal) und Unterägypten (im Norden, d. h. im Deltagebiet) zu einem einheitlichen Staat zusammengeschlossen, und zwar durch gewaltsame Unterwerfung des Nordens durch den Süden.

Eben diese ›Vereinigung der beiden Länder‹, die die alten Ägypter selbst als Geburt ihres Reiches und Beginn ihrer Geschichte ansahen (insgesamt wohl ein länger andauernder Prozeß, der bereits einige Zeit vor 3000 v. Chr. einsetzte), steht im Mittelpunkt der bekanntesten Prunktafel aus Hierakonpolis, der über 60 cm hohen sogenannten *Narmer-Palette* (Abb. 71, 72). Die eine Seite dieser Tafel wird beherrscht von der im Relief herausgearbeiteten mächtigen Figur eines Königs mit der Weißen Krone Oberägyptens, der einen vor ihm knienden Feind am Schopfe hält und mit der Keule zum Schlag ausholt. Darunter sieht man zwei kleinere, fliehende oder gestürzte Gegner. Im oberen Teil der anderen Tafelseite feiert derselbe Herrscher seinen Sieg mit einem Triumphzug. Dabei trägt er die Rote Krone Unterägyptens als Zeichen seiner über dieses Gebiet errungenen Herrschaft. Begleitet von zwei (nur halb so groß dargestellten) Würdenträgern schreitet er hinter vier (noch kleineren) Standartenträgern auf zwei Reihen enthaupteter, am Boden liegender Feinde zu, deren Köpfe zwischen den Beinen liegen. In der Tafelmitte sieht man ein traditionelles Motiv, zwei sogenannte ›Schlangenhalspanther‹ (oder -löwen), zwischen deren verschlungenen Hälsen sich eine napfförmige Vertiefung zum Verreiben der Schminke befindet. Die beiden Wesen werden von zwei Wärtern an der Leine gehalten und damit ›gebändigt‹ – wohl ein Symbol der Vereinigung und Befriedung. Ganz unten auf dieser Seite greift ein Stier als Symbol des Königs eine mit Zinnen bewehrte Stadt an und zerstört sie.

Bis hierher haben wir es mit einer rein darstellenden bzw. symbolischen Bildersprache zu tun, wie sie aus der ägyptischen Vorgeschichte ebenso wie aus der historischen Zeit gut bekannt ist. Den Verfertigern der Palette reichte diese Bildersprache aber offenbar nicht mehr aus. Sie wollten exakter festhalten, wer über wen gesiegt hatte, und *schrieben* deshalb über und neben die abgebildeten Personen deren Namen oder Titel. Dazu verwendeten sie unscheinbare kleine Bildzeichen, die für genau festgelegte Begriffe, Laute und Wörter standen und damit zu den frühesten ägyptischen Schriftzeichen gehören, die nach ihrer griechischen Bezeichnung bis heute den Namen *Hieroglyphen* (etwa: ›Heilige Kerben‹) tragen. Obwohl man schon seit längerem weiß, was diese ›Beischriften‹ auf der Narmer-Palette bedeuten, d.h. ihren allgemeinen Sinn versteht, bleibt ihre genaue *Lesung* bis heute vielfach umstritten – insbesondere sind sich die Fachleute bei manchen der Zeichen nicht einig darüber, ob sie noch ausschließlich als ideographische *Begriffs*zeichen oder schon als phonetische *Rebus*- bzw. *Laut*zeichen zu lesen sind.

Ein Beispiel dafür ist der Thronname des siegreichen Königs, der auf der Palette insgesamt dreimal erscheint: einmal neben dem schreitenden Herrscher selbst, außerdem auf beiden Seiten ganz oben zwischen den gehörnten Köpfen der Himmelsgöttin Hathor in einem die Palastfassade symbolisierenden Rechteck. Er besteht aus dem Bild eines Welses (ägyptisch *nar*) und dem eines Meißels (ägyptisch *mer*) und läßt sich daher *Narmer* lesen. Umstritten ist aber, ob die Zeichen hier tatsächlich bereits unabhängig von ihrer Bildbedeutung als rein lautliche Rebus-Zeichen verwendet wurden (vgl. S. 181). Sollte noch ihr Bildwert ausschlaggebend gewesen sein, so könnte der Name des Königs in übertragener Bedeutung etwa ›Stechender Wels‹ gelautet haben. Ebensogut wäre es möglich, daß eine der beiden Namenshieroglyphen ideographisch, die andere dagegen lautlich zu ›lesen‹ ist – beispielsweise könnte der Meißel *(mer)* als Rebus-Zeichen für das gleichlautende Wort ›schmerzhaft‹ bzw. ›schlimm‹ stehen und der König ›Schlimmer Wels‹ geheißen haben, wie manche Ägyptologen vermuten. Spätere historische Quellen helfen nicht bei der Entscheidung dieser Frage, denn ein König *Narmer* ist in den überlieferten ägyptischen Herrscherlisten nicht verzeichnet, so daß seine Identität bis heute nicht eindeutig geklärt werden konnte. Früher identifizierte man ihn oft mit MENES, dem legendären Begründer des ägyptischen Einheitsreiches und der 1. Dynastie; heute betrachtet man ihn eher als den letzten in einer Reihe ›vordynastischer‹ Könige, die zumindest zeitweilig bereits über große Teile Ägyptens herrschten und von der modernen Ägyptologie in einer sogenannten ›Dynastie 0‹ zusammengefaßt werden.

71 Die Narmer-Palette
aus der ägyptischen
Reichseinigungs-
zeit, um 3000 v. Chr.
(Vorderseite)

Ähnliche Schwierigkeiten wie beim Königsnamen bestehen auch in der exakten Lesung der anderen Namen- und Titelbeischriften auf der Palette. Neben dem Kopf des von Narmer niedergeschlagenen und vor ihm knienden Feindes (wahrscheinlich der Herrscher des unterworfenen Landes) finden sich beispielsweise die Hieroglyphen einer Harpune und eines Rechtecks mit stilisierten Wellen; sie werden manchmal ideographisch als ›Harpunengau‹, zuweilen aber auch als Rebus-Schreibung eines Namens (etwa: *Washi*) gedeutet.

Wie stark in diesen frühen Zeugnissen ›echte‹ Schrift und ›Ideenschrift‹ bzw. Bild noch miteinander verknüpft waren (zumal es damals offenbar noch nicht möglich war, handlungs- und satzmäßige Bezüge anders als mit bildhaften Mitteln zum Ausdruck zu bringen), verdeutlicht die rechts über der Unterwerfungsszene befindliche Bildkomposition, die einige Forscher als ›Schriftgemälde‹ bezeichneten. Sie zeigt

72 Rückseite der Narmer-Palette

das ovale Hieroglyphenzeichen für ›Land‹, das hier zusätzlich mit einem Kopf versehen ist und aus dessen Rücken Papyrusstauden (die Symbolpflanzen Unterägyptens) wachsen. Auf letzteren thront der falkengestaltige Gott Horus, die Verkörperung des Königs, und hält das ›Papyrus-Land‹-Zeichen an einem mit dessen Kopf verbundenen Strick fest. Der englische Ägyptologe ALAN H. GARDINER hat diese Szene als bilderschriftliche Fixierung eines ganzen Satzes gedeutet und wie folgt ›übersetzt‹: »Der Falkengott Horus (d. i. der König) führt die Einwohner des Papyruslandes in die Gefangenschaft.«[112]

Daß es neben solchen archaisch anmutenden Bild-Schrift-Verschmelzungen (die sich auch noch auf späteren ägyptischen Denkmälern finden) tatsächlich bereits in der frühesten ägyptischen Schrift rein phonetische Schreibungen gab, zeigt das von einem Rechteck umgebene Bildzeichen eines Netzschwimmers ganz links in der Darstellung des königlichen Triumphzugs. Es ergäbe ideographisch gedeutet in diesem Zusammenhang kaum einen Sinn, sondern steht hier offenbar wegen seines Lautwertes *djeba,* der demjenigen des Wortes *djebat* für ein sakrales Gebäude (das wohl durch das Rechteck angedeutet werden soll) ähnelt. Während hier ein ganzes Wort nach dem Rebus-Prinzip durch das Bild eines anderen, ähnlich lautenden, wiedergegeben ist, wurde dieses Prinzip wahrscheinlich auch schon bei der Schreibung einzelner Wort*teile* angewendet: So scheinen die Hieroglyphenzeichen einer Fußfessel und eines Brotes über dem Würdenträger, der dem König im Triumphzug vorangeht, phonetisch in zwei Teilen dessen Titel ›Wesir‹ anzugeben.

Diese Beispiele von der Narmer-Palette mögen genügen, um die Anfänge der ägyptischen Hieroglyphenschrift zu veranschaulichen. Eine ähnlich bemerkenswerte Mischung aus archaischer Bildsymbolik und bereits recht hoch entwickelter Hieroglyphenschreibweise findet sich auch bei den anderen erwähnten Denkmälern der Reichseinigungszeit. Auf der nur fragmentarisch erhaltenen ›Städte-Palette‹ (Abb. 73, rechts) etwa werden sieben ummauerte Städte (mit eingeschriebenen Namenszeichen) von ebensovielen bildlichen oder hieroglyphischen Symbolen ›zerhackt‹ (zerstört), und auf einer Prunkkeule ist der mit Königsrosette und dem Bild eines Skorpions bezeichnete König ›Skorpion‹ oder *Sereq* (Abb. 73, links), wahrscheinlich ein Vorgänger Narmers, u. a. bei der Einweihung eines Kanals (?) dargestellt.

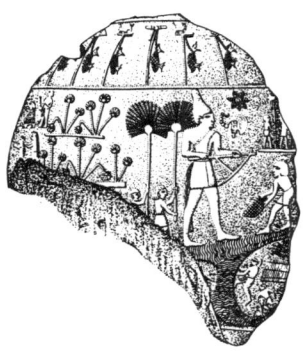 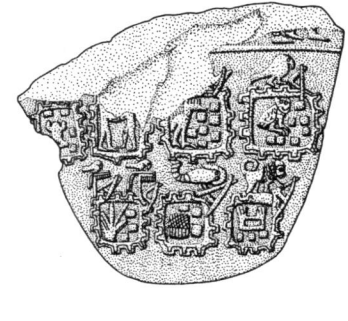

73 Die Prunkkeule des Königs ›Skorpion‹ (links) und die sogenannte ›Städte-
Palette‹ (rechts) aus der Reichseinigungszeit, um 3000 v. Chr.

In der älteren Forschung wurde die Andersartigkeit dieser frühen
Schriftdenkmäler Ägyptens gegenüber denjenigen Mesopotamiens
meist stark hervorgehoben. Manche Gelehrte sahen darin geradezu
einen Beleg für eine besondere altägyptische Geisteshaltung, die eher
den ›höheren‹ und sakralen denn den alltäglichen und profanen Dingen
zugewandt gewesen sei. So bemerkte etwa der Ägyptologe ALEXANDER
SCHARFF 1941, daß »beide Schriften, der Veranlagung der beiden Völker entsprechend, ganz verschiedenen Zwecken dienen sollten, indem
nämlich die Keilschrift (...) von vornherein in erster Linie auf wirtschaftliche Texte (Rechnungen, Quittungen, Listen usw.) eingestellt
war, während die ägyptische Schrift von Anbeginn an religiösen und
historischen Mitteilungen diente.«[113] Sein Fachkollege HELLMUT
BRUNNER schrieb 1965: »Es ist geistesgeschichtlich von hoher Bedeutung, daß die Schrift am Nil nicht aus technischen oder wirtschaftlichen Bedürfnissen, sondern aus einer gewandelten geistigen Struktur
entstanden ist. Wir können diesen offenbar neu erwachten Sinn für die
Einmaligkeit von Menschen und Ereignissen wohl in einem etwas
erweiterten Begriff einen historischen Sinn nennen.«[114] Und auch in
einem 1968 erschienenen Handbuch des Prähistorikers HERMANN
MÜLLER-KARPE heißt es: »In Ägypten erwuchs die Erfindung der Schrift
aus dem neuen Geschichtsbewußtsein, das in der Zeit um 3000 v. Chr.

mit der Gründung des Einheitsreiches und des Königtums zusammenhing, und gab ihrerseits ihm den adäquaten Ausdruck.«[115]

Man wäre versucht, hieraus zwei grundsätzlich verschiedene Wege
der Schriftentstehung zu rekonstruieren: Einerseits den hauptsächlich
wirtschaftlich motivierten und auf Zwecke der Buchführung bzw.
Datenspeicherung gerichteten ›mesopotamischen Weg‹, der sich aus
den vorgeschichtlichen Zählmarken ableiten und im weiteren Sinne
auch mit Techniken wie Zählkerben, Zählschnüren usw. in Verbindung bringen läßt (vgl. S. 104 ff.); andererseits einen stärker ›historisch‹
oder magisch-religiös motivierten, aus den Bedürfnissen der berich-
tenden Überlieferung oder der Beschwörung überirdischer Mächte
erwachsenen Weg, der sich eher mit den ›erzählenden Bildern‹ und
›ideenschriftlichen‹ Kompositionen der vorgeschichtlichen Zeit (vgl.
S. 116 ff.) verknüpfen ließe und für den Ägypten als Musterbeispiel
stünde.

Hinsichtlich derartiger Schlußfolgerungen ist jedoch Vorsicht
geboten, denn möglicherweise war der frühe Schriftgebrauch am Nil
gar nicht so verschieden von demjenigen im Zweistromland, wie es die
bisher beschriebenen Zeugnisse anzudeuten scheinen. Auch aus der
ägyptischen Frühzeit liegen nämlich Tausende von Schriftbelegen vor,
die dem Bereich der Verwaltung entstammen und bis in die Periode
König Narmers und sogar ›Skorpions‹ zurückreichen. Es handelt sich
dabei um kurze Tinten- oder Ritzinschriften auf Gefäßen, um beschrif-
tete Etiketten aus Ebenholz oder Elfenbein, die man an verschiedenen
Behältern und Gegenständen anbrachte, sowie um schrifttragende
Rollsiegel; letztere dienten u. a. dazu, Lehmverschlüsse an Krügen,
Säcken, Kästen usw. durch Abrollung zu beschriften und die betreffenden Produkte damit zu kennzeichnen und zu versiegeln. Die meisten
dieser frühen ›Inschriften‹ bestehen nur aus Königs- oder Beamten-
namen und -titeln, aus Jahresangaben wichtiger Ereignisse (z.B. ›König
Aha schlägt das Land Nubien‹) oder bei Weihegeschenken aus einer
Notiz über den Anlaß der Stiftung. Die Inschriften enthielten also in
vielen Fällen wiederum historische Mitteilungen (und wurden insofern auch zur Grundlage der späteren ›Königsannalen‹, eines wichtigen
Bestandteils der altägyptischen Geschichtsschreibung); sie stammen
überdies zum größten Teil aus den Königsgräbern der 1. und 2. Dynastie in Abydos und Saqqara, standen also mit dem herrschaftlichen

74 Die Hieroglyphen-
schrift hatte stets
auch einen hohen
ästhetischen und
künstlerischen
Wert; Schriftzei-
chen in einem
Tempel des Pha-
rao Sesostris I.
in Karnak, frühes
2. Jt. v. Chr.

Totenkult in Verbindung. Dennoch sind sie wohl in erster Linie als
administrative Dokumente zu werten – als Zeugnisse einer Verwal-
tungsorganisation, die die Schrift von Anbeginn dazu benutzte, Güter
mit Eigentums-, Verantwortlichkeits- und Herkunftsvermerken zu
versehen und sie durch den Königsnamen bzw. die Jahresangabe zu
datieren. Dabei können wir zweifellos davon ausgehen, daß dies nicht
nur bei Gütern für die Gräberausstattung und den Totenkult geschah,
sondern ebenso bei (administrativ relevanten) Produkten des täglichen
Lebens, die sich unserem Blick mangels entsprechenden Fundmaterials
freilich weitgehend entziehen.

Daß neben diesen Eigentums- und Datierungsvermerken aus der
Frühzeit keine komplexeren Wirtschafts- und Verwaltungstexte be-

kannt sind, vergleichbar den babylonischen Buchführungs- und Abrechnungslisten, muß keineswegs bedeuten, daß solche Dokumente nicht existierten – es kann auch mit den Eigenarten der archäologischen Fundüberlieferung zusammenhängen. Wir müssen uns immer der Tatsache bewußt bleiben, daß die Schriftzeugnisse des Zweistromlandes nur deshalb in der erwähnten Fülle bis auf den heutigen Tag überdauert haben, weil sie aus haltbarem Material – nämlich Ton – bestehen, und das gleiche gilt auch für die ägyptischen Inschriften auf Stein, Ton, Elfenbein oder Hartholz. Die Verwaltungstexte der ägyptischen Frühzeit könnten dagegen bereits auf dem für die spätere Zeit typischen Papyrus (vgl. S. 202) geschrieben worden sein und hätten dann, wegen der Vergänglichkeit dieses Materials, nur unter außergewöhnlichen Umständen eine Chance gehabt, die fünf Jahrtausende bis heute zu überdauern. Die ältesten administrativen Aufzeichnungen auf Papyrus, die wir aus Ägypten kennen, sind einige Meter Verwaltungsakten aus der 5. Dynastie (nach 2500 v. Chr.). Sie stellen vermutlich nur einen verschwindend geringen Überrest des damals wohl vieltausendfach umfangreicheren Gesamtbestandes an Papyri dieser Art dar und zeugen in ihrer ganzen Machart von einer langen Praxis in der Führung derartiger Akten. Bereits in der 1. Dynastie, d. h. kurz nach 3000 v. Chr., kannte man den Papyrus als gängigen Beschreibstoff. Das ist nicht nur dadurch nachgewiesen, daß die Papyrusrolle und das zu ihrer Beschriftung verwendete typische Schreibgerät (vgl. S. 202) von Anfang an als Hieroglyphenzeichen erscheinen, sondern auch durch den Fund einer leider unbeschriebenen Rolle dieses Materials in einem Grab der 1. Dynastie. Schon zuvor wurden wahrscheinlich auch andere vergängliche Materialien für Dokumentationszwecke verwendet – darauf deutet zumindest der Umstand, daß das Hieroglyphenzeichen für ›Jahr‹ eine Palmblattrippe darstellt, auf der man wohl ursprünglich durch Kerben die Anzahl der Herrscherjahre vermerkte (vielleicht dienten Palmblätter auch als regelrechter Beschreibstoff), und die Tatsache, daß das ägyptische Wort für ›Annalen‹ etymologisch ›Menge von Zweigen‹ bedeutet. Noch in historischer Zeit zeigten Darstellungen die Götter Seschat und Thot beim Notieren der Jahreszahlen des Pharaos auf den Blättern des heiligen *Isched*-Baumes.

Mit hoher Wahrscheinlichkeit wurde die Schrift also schon in der ägyptischen Frühzeit zur Führung von Wirtschaftsakten und Verwaltungsarchiven verwendet, die wegen der Vergänglichkeit des Beschreibstoffs aber verlorengegangen sind. Ein so komplexer Staat wie der damals in Ägypten entstehende scheint auch kaum denkbar ohne ein solches administratives Instrumentarium. Die These vom vornehmlich ›historischen‹ Ursprung der ägyptischen Schrift und ihrem angeblich zunächst nur geringen Gebrauch in Verwaltung und Wirtschaft ist damit hinfällig (ebenso der daraus bisweilen abgeleitete Gegensatz zu Mesopotamien) und wird in der jüngeren Forschung überwiegend abgelehnt. So schrieb der Ägyptologe Peter Kaplony 1972: »Die Erfindung der [ägyptischen] Schrift zu Beginn der Frühzeit ist ein Mittel, um die Umwelt zu organisieren, zu differenzieren. Die königlichen Amtsstellen entstehen vor unseren Augen. (...) (Sie) erhalten ihre Aufgaben nach Plan; ihre Leistung wird kontrolliert. All dies geschieht mit Hilfe der Schrift.«[116] Und in einem 1983 erschienenen Aufsatz seines Fachkollegen Wolfgang Schenkel heißt es ähnlichlautend, die ägyptische Schrift habe schon in ihrer Entstehungszeit als »Hilfsmittel für die Durchführung einer ordnungsgemäßen Verwaltung« gedient, »mit anderen Worten: Die Geschichte der Anwendung der Hieroglyphenschrift bestätigt ihren Ursprung aus den Bedürfnissen des Alltags.«[117] Was als Unterschied zu Mesopotamien bestehen bleibt, ist die Tatsache, daß die ägyptische Schrift von Anfang an nicht *nur* der Wirtschaftsverwaltung diente, sondern ebenso dem Götter- und Herrscherkult und der historischen Überlieferung, wie es die Narmer-Palette in einzigartiger Weise veranschaulicht – sie entsprang in Ägypten also möglicherweise vielfältigeren Bedürfnissen. Allerdings dauerte es auch dort mehrere hundert Jahre, bis längere und komplexere Texte entstanden (etwa seit der 4. Dynastie im 26. Jh. v. Chr.) und bis sich die Keime einer regelrechten Literatur herausbildeten.

Wie die Ägyptologen immer wieder betont haben, weist bereits die frühe Hieroglyphenschrift die wesentlichsten Strukturmerkmale und die unterschiedlichen Zeichenarten des späteren, entwickelten Systems auf. Das veranlaßte verschiedentlich zu der Vermutung, die um 3000 v. Chr. auftauchende Schrift sei bereits das Produkt einer langen, weit ins 4. Jt. v. Chr. zurückreichenden, aber bislang verborgen gebliebenen Entwicklung gewesen. So formulierte beispielsweise der Ägyptologe Kurt Sethe in einem 1939 posthum erschienenen Buch mit dem programmatischen Titel ›Vom Bilde zum Buchstaben‹ die These, die historische Hieroglyphenschrift sei (wie alle anderen frühen Schriftsysteme) schrittweise aus einer prähistorischen ›Bilderschrift‹ ohne Lautzeichen, also aus reiner Piktographie, hervorgegangen. Diese These wurde jedoch von einer Reihe von Forschern (unter ihnen ALEXANDER SCHARFF, SIEGFRIED SCHOTT und HELLMUT BRUNNER) einer umfassenden Kritik unterzogen und in der Folge allgemein abgelehnt. Statt dessen setzte sich die Konzeption einer plötzlichen und unvermittelten ›Schrifterfindung‹ im historischen Kontext der Reichseinigungszeit durch, die nicht auf vorgeschichtliche Wurzeln zurückgeführt werden könne.

Erst in den beiden letzten Jahrzehnten sind wieder einige Forscher (darunter WOLFHART WESTENDORF, WOLFGANG SCHENKEL und WILLIAM S. ARNETT) von dieser Konzeption abgerückt, haben erneut den Gedanken an eine allmähliche, kumulative Entwicklung der ägyptischen Schrift über einen längeren Zeitraum hinweg aufgegriffen und sich in unterschiedlicher Weise auf die Suche nach möglichen prädynastischen Vorstufen und Vorläufern gemacht. Die Fachwelt vertritt in dieser Frage also heute keine einheitliche Auffassung. »Die altägyptischen Hieroglyphen tauchen allmählich aus dem Zwielicht der Vorgeschichte empor oder treten als das Produkt eines ›Schrifterfinders‹ um 3000 v. Chr. schlagartig in Erscheinung, je nachdem, welche Einstellung man zu den Dingen hat« – formuliert WOLFHART WESTENDORF die divergierenden Standpunkte.[118]

Tatsächlich erscheint die Faktenlage widersprüchlich: Einerseits konnte beispielsweise ALEXANDER SCHARFF nachweisen, daß die in den frühen Hieroglyphenzeichen dargestellten Werkzeuge, Waffen, Geräte und sonstigen Gegenstände von Typus und Gestalt her den kurz vor der Reichseinigungszeit gebräuchlichen, nicht dagegen denen der älteren Vorgeschichte entsprechen; dies gilt ihm als Argument für eine Schrifterfindung um 3000 v. Chr. Andererseits haben WOLFHART WESTENDORF und in jüngster Zeit WILLIAM S. ARNETT auf eine Reihe von Hieroglyphenmotiven hingewiesen, die sich als Symbole bereits in der Gefäßmalerei, in Keramikritzungen (sogenannten Eigentumszeichen oder ›Topfmarken‹) und in anderem Fundgut des 4. Jts. v. Chr. finden, z. T. bereits eindeutig mit dem späteren Sinngehalt. Dieser scheinbare Widerspruch löst sich jedoch auf, wenn man davon ausgeht, daß im Rahmen der vorgeschichtlichen Symbolik und ›Ideenschrift‹

Küken	Brotlaib	Riegel	gedrehter Flachs		Eule	Mund	Wasser
w	t	s	ẖ		m	r	n

Gesicht	Milchkrug	Gans	Schwalbe		Skarabäus	Henkel-kreuz	Herz und Luftröhre
ḥr	mj	sa	wr		ḫpr	ꜥnḫ	nfr

75 Einige Beispiele ägyptischer Hieroglyphen mit ihrer ursprünglichen Bild-bedeutung und ihrem annähernden Lautwert. Oben: Einkonsonantenzeichen. Unten links: Zweikonsonantenzeichen. Unten rechts: Dreikonsonantenzeichen

bereits ein gewisser Schatz an konventionellen, bedeutungstragenden Motiven entstanden war, die man bei der Schaffung der Hieroglyphen-schrift um 3000 v. Chr. in das neue System übernahm. Erst dadurch wurden sie in echte, *Wörter* oder *Laute* verkörpernde *Schrift*zeichen umgewandelt – ähnlich, wie dies in Vorderasien beim Übergang von den Tonmarkenmotiven zur frühen Schrift der Fall gewesen sein könnte (vgl. S. 173 f.).

Ebenso umstritten wie dieses Problem ist die damit verbundene Frage, ob die Entwicklung der Schrift in Ägypten eigenständig erfolgte (was anzunehmen ist, wenn man sie aus älteren vorgeschichtlichen

Wurzeln ableitet), oder ob sie etwa unter dem Einfluß der ja vermutlich etwas älteren protosumerischen (oder auch der protoelamischen) Schrift entstand. Ein solcher äußerer Anstoß wurde früher im Zeichen des *Diffusionismus,* einer Theorie die analoge Kulturerscheinungen in unterschiedlichen Regionen generell durch die Ausbreitung von einem Zentrum aus erklärte, ganz selbstverständlich vorausgesetzt – nicht nur für die ägyptische, sondern zum Beispiel auch für die chinesische und die Indus-Schrift (vgl. S. 204 f.). Dies gipfelte in der Annahme, eine fremde ›dynastische Rasse‹ sei Ende des 4. Jts. ins Niltal eingewandert und habe dort die Schrift und die anderen zivilisatorischen Errungenschaften eingeführt. Derart extreme Konstruktionen werden heute von den meisten Forschern abgelehnt. Auch der Gedanke, die Hieroglyphenschrift könnte unmittelbar aus der mesopotamischen abgeleitet, gleichsam ›importiert‹ worden sein, steht heute nicht mehr zur Debatte – dazu sind die Unterschiede in der Struktur der beiden Schriften viel zu groß, gar nicht zu reden von ihren völlig verschiedenen Zeichenformen.

Sehr naheliegend ist dagegen die Vermutung, daß mit den engen wirtschaftlichen und kulturellen Kontakten, die nachweislich seit dem späten 4. Jt. zwischen den verschiedenen Regionen des Nahen und Mittleren Ostens bestanden, auch die *Idee* des Schreibens, der graphischen Aufzeichnung von Sprache, sich verbreitete und ihren Einfluß auf die bis dahin schriftlosen Kulturen ausübte. Wie stark und vor allem welcher Art dieser Einfluß war, wissen wir aber bis heute nicht und werden wir vielleicht nie definitiv erfahren. Konkrete Merkmale der Hieroglyphenschrift, die eine unmittelbare Beeinflussung durch die mesopotamische Schrift belegen würden, konnten bislang nicht festgestellt werden (bei genauerer Betrachtung überwiegen eher die Unterschiede). Gemeinsamkeiten wie etwa das Rebus-Prinzip (vgl. S. 181) und die gemischte Verwendung von Wort-, Laut- und Deutzeichen (vgl. S. 181f.) sind den meisten frühen Schriften gemeinsam und zu allgemein, als daß sie eine direkte Beeinflussung belegen könnten. Diese Parallelen zeugen eher davon, daß unabhängig voneinander ähnliche Lösungen für gleiche Grundprobleme gefunden wurden.

Soviel zur Entstehung der Hieroglyphenschrift, deren Ursprünge bis heute weit weniger erhellt werden konnten als die der mesopotamischen Schrift. Was ihre Struktur betrifft, so handelt es sich – wie schon die Beispiele von der Narmer-Palette gezeigt haben – keineswegs um eine ›Bilderschrift‹ im Sinne reiner Piktographie oder Ideographie, wo jeder Begriff durch ein eigenes Bildzeichen symbolisiert würde. Solche Bild- und Begriffszeichen *(Piktogramme* bzw. *Ideogramme),* bei denen die bild- liche Darstellung direkt das gemeinte Objekt oder Wort bezeichnet, existierten zwar in größerer Zahl und blieben während der ganzen dreitausendjährigen Geschichte der Hieroglyphenschrift in Gebrauch, freilich nur als eine unter mehreren Zeichenarten. Viele der an die 1000 klassischen Hieroglyphen dienten demgegenüber trotz ihrer aus- gesprochen bildhaften Gestalt vorwiegend als Lautzeichen *(Phono- gramme)* – die Erkenntnis dieser Tatsache eröffnete Anfang des 19. Jhs. dem Franzosen FRANÇOIS CHAMPOLLION den Weg zur Entzifferung der Hieroglyphenschrift. Die meisten dieser Lautzeichen, die sich aus der Rebus-Schreibweise von Wörtern (vgl. S. 181) entwickelt hatten, stan- den für Verbindungen von zwei oder drei Konsonanten (Abb. 75, unten). Die alten Ägypter besaßen aber auch schon sogenannte Ein- konsonantenzeichen für die 24 wichtigsten Einzellaute ihrer Sprache (Abb. 75, oben), mit denen sich Wörter regelrecht ›buchstabieren‹ lie- ßen. Theoretisch hätte sich daraus eine hieroglyphische Buchstaben- schrift entwickeln können. Dies war aber nicht der Fall – die Ägypter be- schränkten sich im wesentlichen darauf, fremde Eigennamen und anders nur schwer schreibbare Wörter auf diese Weise zu ›buchstabieren‹.

Die meisten Wörter wurden durch Zusammenstellung von Begriffs- und/oder Ein-, Zwei- bzw. Dreikonsonantenzeichen geschrieben, wobei man die Vokale der gesprochenen Sprache nicht aufzeichnete, die Wörter also auf ihr Konsonantengerippe reduzierte. Dieses Verfah- ren bringt bei der Anwendung des Rebus-Prinzips Vorteile, denn die Zahl der ähnlich lautenden Wörter, der Homonyme, erhöht sich dabei zwangsläufig um ein Vielfaches. Man kann also in sehr ökonomischer Weise ein und dasselbe Zeichen für Wörter verwenden, die bei Fixie- rung auch der Vokale unterschiedlich geschrieben werden müßten. Im Deutschen ließe sich auf diese Weise zum Beispiel die Konsonanten- folge ›hs‹ zur Schreibung so unterschiedlicher Wörter wie ›Haus‹, ›Hose‹, ›Hase‹, ›heiß‹ oder ›Haß‹ benutzen. Was dem *Schreiber* die Arbeit erleichtert, kann für den *Leser* jedoch umgekehrt zu einer Erschwernis führen, denn es läßt sich oftmals nicht sofort oder gar

$s3\cdot j$	$n\underline{d}tjj\cdot j$	$Mn\text{-}\underline{h}pr\text{-}r\bar{e}^c$	$^cn\underline{h}$	$\underline{d}t$	$wbn\cdot j$	n	$mr(w)t\cdot k$
Sohn mein,	Rächer mein	Men-ḫeper-rē',	er lebe	ewig:	ich glänze	durch	Liebe zu dir.

$\underline{h}nm$	$^cwjj\cdot j$	$\underline{h}^cw\cdot k$	m	$s3$	$^cn\underline{h}$	$n\underline{d}m\cdot wjj$
Es schützen	Hände meine	Glieder deine	mit	dem Schutz	des Lebens.	Wie süß

$j3mt\cdot k$	r	$\check{s}nbt\cdot j$	$smn\cdot j$	tw	m
(ist) Freundlichkeit deine	gegen	Brust meine.	Ich stelle	dich	in

$jwnn\cdot j$	$bjj\cdot j$	$n\cdot k$	$dj\cdot j$	$b3w\cdot k$
Heiligtum mein.	Ich wundere mich	über dich.	Ich lege	Macht deine

$sn\underline{d}w\cdot k$	m	$t3w$	nbw	$\underline{h}rjjt\cdot k$	r	$\underline{d}rw$
(und) Furcht vor dir	in	Länder	alle,	die Angst vor dir	an	die Grenzen

$s\underline{h}nwt$	nt	pt
der Stützen	des	Himmels.

76 Beispiel für die Lesung eines hieroglyphischen Textes: Unter den Hieroglyphenzeichen jeweils die lautliche Umschrift und die Übersetzung

nicht erkennen, welches der in Frage kommenden ›konsonantischen Homonyme‹ im konkreten Fall das richtige, welche Lesung also gemeint ist.

Um hier Klarheit zu schaffen, wurde es in der Hieroglyphenschrift bald üblich, vielen auf diese Weise geschriebenen Wörtern ein Ideogramm (Begriffszeichen) als ›stumme‹, nicht mitzusprechende Lesehilfe beizugeben. Dieses *Determinativ* oder Deutzeichen ordnete die Zeichengruppe einem bestimmten Begriffsbereich (z. B. ›Tiere‹, ›Länder‹, ›Tätigkeiten‹ usw.) zu und identifizierte dadurch das im jeweiligen Kontext gemeinte Wort. Da diese Determinative am Wortende standen, fungierten sie gleichzeitig als eine Art von Trennungszeichen in der ansonsten ohne Wortabstände geschriebenen Schrift.

Für die altägyptischen Schreiber, die ihre Sprache ja von Kindesbeinen an beherrschten, dürfte es dank dieser Lesehilfen kein Problem gewesen sein, die Wörter rasch und sicher zu erkennen und die fehlenden Vokale im Geist in das Konsonantengerippe einzufügen. Ihnen dürfte die Vokallosigkeit der Schrift also ebensowenig Schwierigkeiten bereitet haben wie einem modernen Araber die Lektüre eines ebenfalls ohne Vokale geschriebenen und ›unpunktierten‹ Textes in seiner Landessprache oder uns selbst das Verständnis einer vorwiegend konsonantisch abgekürzten Zeitungsannonce (»Whg.m.Hzg.u.Grg.i.Stgt.bldmglchst z.verm.«).

Die moderne Ägyptologie hingegen weiß aufgrund der vokallosen hieroglyphischen Schreibweise bis heute meist nicht genau, wie die einzelnen Wörter im alten Ägypten ausgesprochen wurden. Sie hat sich durch indirekt erschlossene oder rein konventionelle Vokaleinfügungen beholfen und so eine Art von ›künstlichem Altägyptisch‹ geschaffen, das mit der seinerzeit wirklich am Nil gesprochenen Sprache vermutlich nicht viel Ähnlichkeit hat. So dürfte die uns unter dem Namen NOFRETETE bekannte Königin tatsächlich eher NAFTETA geheißen haben, und das ist keineswegs ein extremes Beispiel.

Die nach den geschilderten Prinzipien aufgebaute Hieroglyphenschrift hatte neben ihrer Funktion als Informationsträger stets auch einen hohen dekorativen, künstlerischen und symbolischen Wert und diente dementsprechend vorwiegend als Monumentalschrift auf Denkmälern, in Tempeln und Gräbern – zur Anbringung von Texten an exponierten Stellen also, die repräsentativ wirken sollten oder ›der Ewigkeit geweiht‹ waren. Die Zeichen konnten dabei ebensogut in Stein gemeißelt wie in Holz geschnitten oder mit dem Pinsel (oft in vielen Farben und zusammen mit prächtigen Bildern) auf die unterschiedlichsten Materialien gemalt sein. In jedem Fall war die hieroglyphische Schreibweise relativ aufwendig und zu unrationell für die Schreibung längerer und alltäglicher Texte.

Aus und neben den Hieroglyphen entwickelte sich daher von Anfang an eine leichter zu handhabende Gebrauchs- oder Kursivschrift, das sogenannte *Hieratische* (griech.; ›heilige‹ oder ›Priesterschrift‹, manchmal auch als ›Buchschrift‹ bezeichnet), die im wirtschaftlichen Bereich, in den Verwaltungsstellen des Staates und der Tempel sowie bei literarischen Texten, Briefen usw. Verwendung fand. Obwohl aus der Hieroglyphenschrift hervorgegangen und in Zeichenbestand und Struktur prinzipiell mit dieser identisch, war die hieratische Schrift soweit stilisiert und vereinfacht, daß sie sich erheblich flüssiger und schneller schreiben ließ (Abb. 77) – man könnte als Vergleich etwa das Verhältnis zwischen der modernen Druck- und Schreibschrift heranziehen. Geschrieben wurde sie zunächst in senkrechten, seit Beginn des 2. Jts. v. Chr. dann in waagrechten Zeilen von rechts nach links (bei den Hieroglyphen wählte man die Schreibrichtung dagegen freier nach ästhetischen und praktischen Gesichtspunkten).

Als typisches Schreibgerät dienten eine Palette mit getrockneter Masse von schwarzer und roter Tinte, die aus Ruß bzw. Ocker und Gummi arabicum bestand und mit Wasser angelöst werden mußte, ein Napf, der das benötigte Wasser enthielt, und ein Binsenstengel, der an einem Ende zu einem Pinsel zerfasert war und gewöhnlich in einem Holzbehälter aufbewahrt wurde. Den häufigsten Beschreibstoff bildete der *Papyrus,* von dem sich unser Wort ›Papier‹ ableitet. Er wurde hergestellt, indem man das Mark der damals besonders im Nildelta massenhaft vorkommenden Papyrusstaude in Streifen schnitt, diese in zwei Lagen kreuzweise übereinanderlegte und so lange klopfte bzw. preßte, bis sie sich fest miteinander verbunden hatten. Die auf diese Weise gewonnenen Blätter wurden dann getrocknet, poliert und zu einer langen gerollten Bahn zusammengeklebt – der auf den ägyptischen Schreiberdarstellungen wiedergegebenen typischen Papyrusrolle. Auf das Problem der Vergänglichkeit dieses Materials und seine Konsequenzen für die Archäologie wurde bereits hingewiesen (vgl. S. 194 f.).

Die altägyptische Schrift vermochte sich länger als die mesopotamische zu behaupten und allen Einflüssen der in den Nachbarregionen entstandenen Buchstabenschriften zu trotzen. Im 7. Jh. v. Chr. bildete sich sogar noch einmal eine neue, noch etwas handlichere Kursive, das sogenannte *Demotische* (griech.; etwa: ›Volksschrift‹) heraus und verdrängte das Hieratische als Gebrauchsschrift bei den Alltags- und Verwaltungstexten (nicht aber im religiösen Bereich). Auch als Ägypten seit 525 v. Chr. nacheinander unter persische, griechische und römische Herrschaft geriet, hielt sich neben der aramäischen bzw. griechischen Verwaltungssprache und -schrift unter den Einheimischen weiterhin das Demotische, und die Hieroglyphenschrift lebte zumindest in den Tempeln fort (sie entwickelte sich dort freilich immer mehr zu einer lebensfernen, künstlich verkomplizierten und

Hieroglyphen					Hieroglyphische Buchschrift	Hieratisch			Demotisch
2900-2800 v. Chr.	2700-2600 v. Chr.	2000-1800 v. Chr.	c. 1500 v. Chr.	500-100 v. Chr.	c. 1500 v. Chr.	c. 1900 v. Chr.	c. 1300 v. Chr.	c. 200 v. Chr.	400-100 v. Chr.

77 Entwicklung einiger Hieroglyphen und der aus ihnen abgeleiteten hieratischen und demotischen Zeichen im Verlauf dreier Jahrtausende

ungezügelt wuchernden Geheimschrift der Priester). Erst als nach der Zeitwende das Christentum sich in Ägypten verbreitete und mit der altehrwürdigen ›heidnischen‹ Religion auch die Reste der unter den Pharaonen erblühten Kultur vernichtete, hatte die Stunde der ›Heiligen Zeichen‹ endgültig geschlagen: Seit dem 3. Jh. n. Chr. löste das *koptische* Alphabet, das aus 24 griechischen Buchstaben und sieben Zusatzzeichen aus dem Demotischen bestand, die früheren Schriftsysteme ab. Damit hatte die Alphabetschrift auch in dem Land am Nil die Oberhand gewonnen. Der letzte bekannte hieroglyphische Text datiert aus dem Jahre 394 n. Chr., der letzte demotische aus dem Jahre 452.

Exkurs: Die Entwicklung der Schrift in Mittel- und Ostasien

Neben der mesopotamischen und der ägyptischen Hochkultur zählen zwei frühe asiatische Zivilisationen, nämlich diejenige des Indus-Gebietes (seit Mitte des 3. Jts. v. Chr.) und die chinesische (seit dem 2. Jt. v. Chr.), zu den ältesten Schriftkulturen der Menschheitsgeschichte.

Die sogenannte Indus-Kultur (auch Harappa-Kultur genannt), die sich von etwa 2500–1600 v. Chr. über ein riesiges Gebiet des jetzigen Pakistan und Indien mit dem Flußtal des Indus als Zentrum erstreckte, ist bis heute in mancherlei Hinsicht rätselhaft geblieben. Unter den rund 1000 bekannten Fundplätzen sind die Städte Mohenjo-Daro und Harappa am besten untersucht. Sie können sich in Größe und Ausstattung ohne weiteres mit den Zentren Babyloniens und Ägyptens messen und zeugen mit ihrem regelmäßig angelegten Straßennetz, ihren großzügigen Ziegelbauten und einem für damalige Zeiten einzigartigen Kanalisationssystem von einer hochentwickelten städtischen Kultur und Planung. Gleichzeitig aber fehlen bislang alle eindeutigen Hinweise auf die Existenz großer Tempel oder Herrscherpaläste wie in den anderen frühen Hochkulturen, und damit auf gesellschaftliche Institutionen, die eine solche organisatorische Leistung hätten vollbringen können. Bis heute wissen wir außerdem nicht mit Sicherheit, wer die Träger dieser Zivilisation waren und warum und auf welche Weise sie nach weniger als einem Jahrtausend der Blüte noch vor 1500 v. Chr. wieder unterging.

Ebenso rätselhaft wie die Kultur selbst blieb bis heute auch ihre Schrift, die sogenannte *Indus-Schrift,* die manchmal auch als *protoindisch* bezeichnet wird. Sie ist in einer Anzahl von Keramik-Graffiti, vor allem aber auf rund 3000 zumeist steinernen Siegeln überliefert, in die neben Darstellungen von Tieren kurze Inschriften aus in der Regel nur vier bis sechs (im Höchstfall 17) teils bildhaft, teils linear wirkenden Zeichen eingeschnitten sind (Abb. 78). Sollten in dieser Schrift auch längere Texte geschrieben worden sein (was als wahrscheinlich gilt), so geschah dies vermutlich auf vergänglichem Material.

Bei den Siegelinschriften dürfte es sich vermutlich in der Hauptsache um die Eigennamen und eventuell weitere Attribute der Besitzer handeln, was zusammen mit der Kürze der Zeichenfolgen und der Unsicherheit über die dahinterstehende Sprache ein schwieriges Hindernis für die Entzifferung darstellt. An vielversprechenden bis abwegigen Versuchen dazu hat es nicht gefehlt, keiner von ihnen war aber bislang so überzeugend, daß er in der Fachwelt unumstrittene Anerkennung fand. Die Indus-Schrift zählt daher bis heute zu den unentzifferten Schriftsystemen. Mit hoher Wahrscheinlichkeit läßt sich aufgrund der Zahl von mehreren hundert Zeichen (manche Experten haben 250 gezählt, andere rund 400, einige gar bis zu 900) nur sagen, daß es sich weder um eine reine Wort- noch um eine reine Silben- oder gar Buchstabenschrift, sondern vermutlich um eine gemischte Wort-Laut-Schrift handelte, wie wir sie auch aus Mesopotamien und Ägypten kennen. Geschrieben wurde vermutlich von rechts nach links oder von Zeile zu Zeile wechselläufig.

Die Indus-Schrift starb zusammen mit der sie tragenden Kultur vor 1500 v. Chr. aus. Mehr als ein Jahrtausend trennt sie von den ›historischen‹ altindischen Lautschriften wie der Kharoschthi- und der Brāhmī-Schrift, die seit etwa der Mitte des 1. Jts. v. Chr. belegt sind. Sie hatten nach heute vorherrschender Meinung keine Verbindung mit der Indus-Schrift, sondern wurden durch die Buchstabensysteme des Vorderen Orients angeregt.

Eine historisch ungleich bedeutsamere Rolle spielte die im 2. Jt. v. Chr. erstmals belegte Schrift der chinesischen Hochkultur, die sich im Rahmen dieser großen Weltzivilisation über fast vier Jahrtausende hinweg bis in die Gegenwart kontinuierlich und ohne wesentliche Brüche fortentwickelte und die damit die älteste (und gleichzeitig altertümlichste) heute noch existierende Schrift ist.

Die frühesten echten Zeugnisse dieser Schrift stammen aus der Zeit der Shang-Dynastie im 16.–11. Jh. v. Chr.,

der chinesischen Überlieferung zufolge die zweite Dynastie nach dem legendären Xia-Königreich, dessen Beginn ins frühe 2. Jt. v. Chr. gesetzt wird. Auch in China scheint demnach ein Zusammenhang zwischen Staatsbildung und Schriftentstehung bestanden zu haben, der sich jedoch bislang nicht so exakt nachweisen läßt wie etwa in Ägypten oder Mesopotamien (neuere Veröffentlichungen chinesischer Forscher, die von ›Schriftzeichen‹ schon auf neolithischer Kera-

78 Siegel der Indus-Kultur mit Tierdarstellungen und Schriftzeichen

79   Auf einem Schildkrötenpanzer eingeritzte altchinesische Schriftzeichen aus der Shang-Zeit, 2. Jt. v. Chr.

mik des 5. und 4. Jts. v. Chr. berichten,
sind mit Vorsicht zu betrachten, da
diese Zeichen allem Anschein nach
eher in den Bereich der ›Ideenschrift‹
bzw. der bildlichen Symbolik gehören als in den der echten, sprachlich
gebundenen Schrift; vgl. S. 131 ff.).

Die ältesten Shang-zeitlichen Schriftzeichen fanden sich eingraviert in
Zehntausende von Tierknochen und
Schildkrötenpanzer, auf die man bei
Ausgrabungen im Gebiet der Shang-
Hauptstadt Anyang (in der heutigen
Provinz Henan, etwa 500 km südlich
von Peking) stieß. Die Zeichen dienten zur Schreibung von Orakelfra-
gen, die vermutlich an die Ahnengei-
ster gerichtet waren (Abb. 79). Nach
Beschriftung der Knochen erhitzten
die Priester bzw. Wahrsager diese, so
daß im Bereich vorher angebrachter
Kerben und Vertiefungen charakteristische Risse entstanden, aus denen
man – wie die Wissenschaftler glauben – die Antworten der Ahnen auf
die an sie gerichteten Fragen heraus-
las. Die schrifttragenden Knochen
werden daher auch als ›Orakelknochen‹ bezeichnet.

Teilweise ebenfalls aus der Shang-
Zeit, teilweise aber auch aus der nachfolgenden Zhou-Zeit (11.–3. Jh. v. Chr.)
stammt eine Anzahl kunstvoller Bron-
zegefäße mit gegossenen Inschriften
unterschiedlicher Art, die offenbar als
Opfergefäße und im Kult Verwendung fanden und die die zweitälteste
Schriftzeugnisse darstellen. Legt man
dieses Material zugrunde, so scheinen
die Ursprünge und Anfänge der chinesischen Schrift vorwiegend im sakral-
religiösen Bereich gelegen zu haben,
bevor im 1. Jt. v. Chr. die reiche altchinesische Literatur mit ihren historischen, philosophischen und gesell-
schaftstheoretischen Werken, mit
ihren Weisheitsbüchern und ihrer
Dichtung entstand.

Die früheste, Shang-zeitliche Schrift
besaß etwa 3000 Zeichen, von denen
einige hundert sich bis in die moderne
chinesische Schrift erhalten haben,
wenngleich sie aufgrund eines Jahrtausende andauernden Abstraktions-
und Stilisierungsprozesses oft kaum
mehr eine Ähnlichkeit mit ihren
noch ziemlich bildhaften Vorläufern
aus dem 2. Jt. v. Chr. zeigen (Abb. 80).
Auch die Struktur der frühesten

Schrift wies bereits alle grundlegenden Elemente der heutigen auf, so daß tatsächlich von einer Kontinuität über dreieinhalbtausend Jahre hinweg gesprochen werden kann. Dies ist um so bemerkenswerter, als es sich bei der chinesischen Schrift um eine reine *Wort*- bzw. *Begriffsschrift* handelt, die bis heute erfolgreich allen Einflüssen des in der übrigen Welt verbreiteten alphabetischen Schriftprinzips getrotzt hat.

Die Chinesen ordnen ihre Schriftzeichen von alters her sechs verschiedenen Kategorien zu, von denen die ersten fünf (einfache Bildzeichen, abstrakte Ideogramme, Zeichenkombinationen, Bedeutungsübertragungen und Rebus-Schreibungen) dem entsprechen, was wir schon aus Mesopotamien oder Ägypten kennen (vgl. S. 179 ff.). In den Anfängen der chinesischen Schrift gehörten die meisten Zeichen diesen fünf Kategorien an, in der modernen Schrift hingegen nur noch rund 10%. 90% der heutigen Zeichen zählen zur sechsten Kategorie, die in geringem Maße bereits in den Shang-Texten auftritt und eine Besonderheit der chinesischen Schrift darstellt.

Es handelt sich um die sogenannten *xingsheng* (›Gestalt und Laut‹)-Zeichen, deren jedes sich aus zwei ursprünglich unabhängigen Schriftzeichen zusammensetzt, von denen eines – das *Phonetikum* oder *Lautzeichen* – die Lautung des betreffenden Wortes in Rebus-Schreibweise angibt, während das andere – das *Determinativum* oder *Radikal* bzw. *Klassenzei-*

chen – sinntragend ist und die semantische Familie anzeigt, der das Wort zugehört. Es wird dadurch einem bestimmten Bedeutungskreis zugeordnet und von anderen Wörtern mit ähnlicher Lautung abgegrenzt. Das Lautzeichen *fang* (›Viereck‹) bildet etwa in Kombination mit dem Klassenzeichen ›Erde‹ das Wortzeichen für *fang* = ›Bezirk‹, in Kombination mit dem Klassenzeichen ›Holz‹ das Wortzeichen *fang* = ›Brett‹, in Kombination mit dem Radikal ›Seide‹ das Wortzeichen *fang* = ›spinnen‹ usw. (Abb. 81). Wir haben hier im Grunde eine ähnliche Unterscheidung von homonymen (gleichlautenden) Wörtern mittels semantischer Determinative vor uns wie in der mesopotamischen und ägyptischen Schrift (vgl. S. 182, 200). Im Gegensatz zu diesen

80 Vergleich der alten und modernen Form einiger chinesischer Schriftzeichen

Alte Form	Mod. Form	Lautwert
	子	*tsï³*
	木	*mu⁴*
	門	*men²*
	矢	*shih⁴·²*
	心	*hsin¹*
	言	*yen²*
	雨	*yü³*

Schriften wurden die beiden Komponenten (Laut- und Begriffszeichen) in China aber nicht nur im Rahmen von Sätzen zueinander in Bezug gesetzt, sondern in den einzelnen (Wort-)Schriftzeichen untrennbar miteinander verbunden.

In dieser Verfahrensweise liegt der riesige Zeichenbestand der chinesischen Schrift begründet, der schon um die Zeitwende rund 10 000 Logogramme umfaßte. Moderne große Wörterbücher enthalten sogar bis zu 50 000 verschiedene Schriftzeichen, die nach den heute verwendeten 214 unterschiedlichen Radikalen (Determinativzeichen) geordnet sind. Kein Chinese beherrscht allerdings diesen gewaltigen Zeichenbestand auch nur annähernd, und für den Alltagsgebrauch (etwa Zeitungslektüre) genügt die Kenntnis von 3000–6000 Zeichen, die den Kindern in fünf oder sechs Jahren Schulunterricht beigebracht werden. Ein auch nur elementares Erlernen der chinesischen Schrift ist dennoch in jedem Fall erheblich schwieriger und zeitaufwendiger als das Erlernen einer Alphabetschrift, obgleich man viele Zeichen im Zuge der Reformbemühungen seit Gründung der Volksrepublik China vereinfacht hat und das Schriftsystem insgesamt vereinheitlicht und rationeller gestaltet wurde.

Man fragt sich zwangsläufig, aus welchen Gründen im volkreichsten Land der Erde ein derart kompliziertes, altertümliches Schriftsystem bis heute bestehen blieb und allen Alphabetisierungsversuchen erfolg-

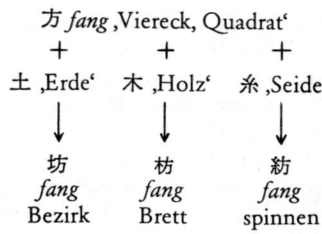

81 Beispiel für die Bildung zusammengesetzter chinesischer Schriftzeichen aus einem phonetischen (oben) und einem sinntragenden Element (Mitte)

reich widerstand. War es das Gewicht der Tradition in dem sich lange gegen äußere Einflüsse abschirmenden Riesenreich oder die Tatsache, daß die Schrift jahrtausendelang in den Händen einer kleinen, gebildeten und elitären Oberschicht lag?

Diese Faktoren spielten sicherlich eine große Rolle, aber es gibt darüber hinaus einige praktische, objektive Gründe, die der Übernahme einer reinen Lautschrift in China bislang im Wege stehen. Einer davon ist die Tatsache, daß das Chinesische eine *monosyllabische*, d. h. aus vorwiegend einsilbigen Grundwörtern bestehende Sprache ist, bei der sehr viele Wörter gleichlautend, d. h. *homonym* sind. Sie werden in der gesprochenen Sprache durch Tonhöhendifferenzen und den Kontext unterschieden, während ihre rein alphabetische Schreibung die Gefahr von Verwechslungen und Deutungsproblemen mit sich bringen würde. Die logographische Schrift, bei der ja jedes dieser Wörter sein eigenes, unverwechselbares Zeichen besitzt, ist dieser Sprachstruktur also zunächst einmal besser angepaßt.

Ein zweiter Grund besteht darin, daß die chinesische Sprache – unter anderem aufgrund der Größe des Staatsgebietes – in zahlreiche regionale Einzeldialekte zerfällt, die sich teilweise so stark voneinander unterscheiden, daß eine mündliche Verständigung der Angehörigen unterschiedlicher Dialektgruppen kaum oder nur schwer möglich ist. Die Schriftzeichen sind dagegen in allen Landesteilen einheitlich und bilden damit ein verbindendes ›schriftsprachliches‹ Band. Dies gilt sogar über China hinaus auch für Japan, Korea und Vietnam, wo das Chinesische jahrhundertelang die Schriftsprache der Gelehrten und Literaten war und wo zum Teil noch heute die landeseigenen Schriftsysteme viele chinesische Zeichen enthalten.

Ein letzter Grund für das erfolgreiche Überleben der chinesischen Schrift mag schließlich gerade in ihrer ›archaischen‹ Struktur selbst liegen, dem Wurzeln in bildhaften Zeichen, die – so der Prähistoriker ANDRÉ LEROI-GOURHAN – »den Gegenstand oder die Handlung mit einem Halo [Ring] versehen, der den verengten Sinn, den die Worte in den linearen Schriften angenommen haben, weit übersteigt. Transkribiert man ›ngan‹ (der Friede) und ›kià‹ (die Familie) in Buchstabenschrift, so reduzieren sich die so hervorgerufenen Vorstellungsinhalte auf ihr Skelett. Vergegenwärtigt man dagegen die Vorstellung des Friedens, indem man eine Frau unter ein Dach setzt, so eröffnet man damit eine im eigentlichen Sinne mythographische Perspektive« durch die »Verschränkung zweier Bilder, die mit der ganzen Tiefe ihres ethnischen Umfeldes ins Spiel kommen.«[119]

Unter anderem dieser ›assoziative‹ Charakter der chinesischen Schrift hat sie in der Kalligraphie, der traditionellen Schriftmalerei, mit der Kunst verschmelzen lassen. Das ganze Für und Wider einer Umwälzung des chinesischen Schriftsystems kommt vielleicht am besten in der Person MAO ZEDONGS, des Gründers der Volksrepublik China, zum Ausdruck, der einerseits vehement die Schriftreform propagierte und andererseits die von ihm verfaßten Gedichte nach den altehrwürdigen Traditionen der Schreibkunst kalligraphierte, um ihre Schönheit auch optisch wirken zu lassen.

Die frühe Schreibkunst als Herrschaftsmittel und soziales Privileg

Bei der mesopotamischen und der ägyptischen Schrift handelte es sich um ziemlich komplexe, schwierig zu erlernende Schriftsysteme. Um Keilschrift oder Hieroglyphen schreiben und lesen zu können, mußte man jeweils mehrere hundert Zeichen mit ihren oft mehrdeutigen Wort- und Lautwerten sowie ihren unterschiedlichen Anwendungs- und Kombinationsmöglichkeiten kennen. Dies erforderte eine intensive mehrjährige Ausbildung und Übung, die der großen Masse der Bevölkerung, für die es keinerlei Schulunterricht gab, versagt blieb. Tatsächlich war die Beherrschung der Keilschrift und der altägyptischen Schrift während der gesamten drei Jahrtausende ihrer Verwendung das Privileg einer schmalen, spezialisierten Schicht von ›Kopfarbeitern‹, so daß die frühen Hochkulturen neben anderen Arbeitsteilungen und Spezialisierungen (vgl. S. 138) auch die strikte Trennung von körperlicher und intellektueller Arbeit mit sich brachten.

Den genauen prozentualen Anteil der Schriftkundigen an der Gesamtbevölkerung zu ermitteln, erweist sich quellenbedingt als schwierig – selbst über die Alphabetisierungsrate im frühneuzeitlichen Europa sind wir nur ungenügend unterrichtet. Erschwerend kommt hinzu, daß es vielfache Übergänge zwischen voller Schriftbeherrschung und völliger Schriftunkundigkeit gibt. Ist jemand, der mit Mühe seinen eigenen Namen schreiben und vielleicht noch einige wenige Schriftzeichen bzw. Worte entziffern kann, sich jedoch außerstande zeigt, komplexere Texte zu lesen oder gar zu schreiben, unter die *literalen* (schriftkundigen) oder unter die *aliteralen* Teile der Bevölkerung zu rechnen?

Trotz dieser Schwierigkeiten wurden einige Versuche unternommen, aus dem archäologischen Material Rückschlüsse auf die ungefähre Verbreitung der Schriftkenntnis im alten Ägypten und Mesopotamien zu ziehen. Diese Analysen lassen insgesamt sehr niedrige Literalitätsraten vermuten. Für das ägyptische Alte Reich im 3. Jt. v. Chr. berechneten die Ägyptologen JOHN BAINES und CHRISTOPHER EYRE nach der Größe der pharaonischen Totenstädte bei Memphis nahe Kairo, in denen man auch die hohen Amts- und Würdenträger bestattete, die Zahl der Schriftkundigen auf etwa 5000–10 000. Das würde bei einer (ebenfalls geschätzten) damaligen Gesamtbevölkerung Ägyptens von 1–1,5 Millionen einer Literalitätsrate von 0,3–1% entsprechen. Im Verlauf des 2. Jts. (Mittleres und Neues Reich) dürfte dieser Prozentsatz etwas angestiegen sein und an einzelnen Orten mag er beträchtlich höher gelegen haben, so etwa in der Siedlung Deir el-Medine bei Theben in Oberägypten. Dort lebten im 13.–11. Jh. v. Chr. die Arbeiter und Handwerker, die die Grabanlagen im berühmten ›Tal der Könige‹ erbauten und ausstatteten, u. a. mit beschrifteten Bilddarstellungen und religiösen Texten. Für diese Spezialistengemeinschaft schätzen die beiden Forscher den Anteil der Schriftkundigen auf etwa 5–7%.

Was Mesopotamien betrifft, so konnte man den Archiven von vier bedeutenden Städten aus der Periode um 2000 v. Chr. (Ur-III-Zeit) die Namen von über 500 offiziell tätigen Schreibern entnehmen, die einem vergleichsweise kurzen Zeitraum von 30 Jahren entstammen. In den reichen altbabylonischen Tontafeldokumenten aus der Stadt Sippar nördlich von Babylon hat die amerikanische Forscherin RIVKAH HARRIS die Namen von 185 Schreibern gezählt, die sich hier auf einen Zeitraum von 300 Jahren (1894–1595 v. Chr.) verteilen, wobei 90 dieser Namen aus einer etwa 80 Jahre dauernden Periode stammen. Unterstellt man, daß die tatsächliche Zahl der Schreiber um einiges höher lag, als aus den Texten zu erschließen, und daß möglicherweise auch noch der eine oder andere ›gewöhnliche‹ Bürger schreiben konnte, so läßt sich vermuten, daß in den größeren mesopotamischen Städten jeweils einige hundert gleichzeitig lebende Personen des Schreibens und Lesens kundig waren – das entspräche bei einer nach Tausenden zählenden Gesamteinwohnerschaft (für Sippar schätzt man bis zu 10 000 Bewohner) einer Literalitätsrate von einigen Prozent. In kleineren Städten oder Dörfern dürfte der Anteil sicher erheblich niedriger gelegen haben. Andererseits gibt es Hinweise darauf, daß assyrische Kaufleute, die in der ersten Hälfte des 2. Jts. v. Chr. in Anatolien ansässig waren, ihre Keilschriftbriefe in die Heimat großenteils selbst verfaßten, d. h. zumindest teilweise schreiben konnten.

Doch ob sich die Literalitätsrate nun im Bereich von Prozentbruchteilen bewegte oder mehrere Prozente betrug – die geschätzten Zahlen verdeutlichen in jedem Fall, daß der Begriff ›Schriftkultur‹ (keineswegs nur im Hinblick auf Altägypten und Mesopotamien, sondern auf die meisten schriftbesitzenden Kulturen bis in die Neuzeit hinein) mit Bedacht zu gebrauchen ist und keineswegs mit einer breiten Verankerung dieser zivilisatorischen Errungenschaft in der Bevölkerung gleichgesetzt werden darf. Die meisten Menschen in diesen Kulturen bedienten sich zur Verständigung, zur Bewahrung und Überlieferung von Informationen weiterhin ausschließlich der mündlichen Mitteilung, des Gedächtnisses oder nichtschriftlicher Hilfsmittel. Die Nutzung des Mediums Schrift blieb jener kleinen Minderheit vorbehalten, die sie für ihre berufliche Tätigkeit im Rahmen der weitverzweigten Bürokratie oder anderer Bereiche des gesellschaftlichen ›Überbaus‹ benötigte, und die man verallgemeinernd als die Schicht der *Schreiber* bezeichnet.

Zugang zur Schreiberausbildung hatten in der Frühzeit wahrscheinlich vorwiegend die Söhne der höheren Verwaltungsbeamten und der Aristokratie. Mit dem wachsenden Bedarf an Beamten und Priestern im Zuge der Vergrößerung von Bürokratie, Staatsapparat und Tempeln dürfte sich ein Teil der Schreiber, wie überlieferte Herkunftsangaben vermuten lassen, dann aber auch aus den Schichten der mittleren und niederen Beamten, der Kaufleute oder Händler rekrutiert haben. Für die Bauern wie für die Mehrzahl der Handwerker und Arbeiter war die Finanzierung der Schreiberausbildung, die ihren Kindern prinzipiell ebenfalls offenstand, im allgemeinen sicher zu kostspielig – die Söhne mußten hier wahrscheinlich schon frühzeitig zum Unterhalt der Familie beitragen. Daß es freilich auch vereinzelt Ausnahmen gab, zeigt das Beispiel einiger Würdenträger des ägyptischen Neuen Reiches (zweite Hälfte des 2. Jts. v. Chr.), die in ihren Biographien stolz auf ihr Emporkommen aus einfachen Verhältnissen hinwiesen.

Auch Mädchen und Frauen waren von der Schreiberausbildung nicht grundsätzlich ausgeschlossen, und es gab in Mesopotamien wie in Ägypten urkundlich belegt eine kleine Zahl von Schreiberinnen. Sie waren freilich seltene Ausnahmen und offenbar auch nicht besonders hoch angesehen. Eine Orakelfrage des assyrischen Königs ASSURBANI-PAL (7. Jh. v. Chr.) trägt jedenfalls die an den Gott gerichtete Beischrift: »Sieh darüber hinweg, daß dies eine Frau geschrieben und vor dich gebracht hat.«[120] Obwohl in Mesopotamien wie in Ägypten zwei Göttinnen, nämlich Nisaba und Seschat, als Schreibergottheiten fungierten, war der Beruf also eine Domäne der Männer. Er wurde – wenngleich rein rechtlich offenbar allen zugänglich – überwiegend von Abkömmlingen der Ober- und Mittelschichten ausgeübt.

82 Vier ägyptische Schreiber mit Palette, Binse und Papyrusrolle verneigen sich vor ihrem Vorgesetzten oder einem hohen Gast. Kalksteinfragment aus der 18. Dynastie, Mitte des 2. Jts. v. Chr.

Diese Elite zog man in einer langen und harten Ausbildung für ihre zukünftigen Aufgaben heran. Die Jugendlichen lernten zu Beginn wohl oftmals, wie in anderen Berufen, beim eigenen Vater oder einem erfahrenen Meister, bald aber auch in wohlorganisierten Tempel-, Palast- oder Privatschulen, deren Ausbildungspläne und -niveaus vermutlich verschieden waren und vom Elementarunterricht bis zur höheren ›akademischen‹ Ausbildung reichten. Die Schulzeit dauerte in Mesopotamien nach Aussage eines Textes vom »Kindsein an bis zur Mannbarkeit«[121], also vielleicht zehn Jahre. In Ägypten folgte auf einen vierjährigen elementaren Unterricht in der Schreibschule eine bis zu zehn Jahre oder länger dauernde, höhere und spezialisierte Ausbildung am zukünftigen Arbeitsplatz. Die Tempel und Verwaltungsstellen sorgten auf diese Weise selbst für die ›bedarfsorientierte‹ Unterrichtung ihres jeweiligen Nachwuchses.

Als Zeugnisse dieser Ausbildung im ›Tafelhaus‹, in der *edubba,* wie die Schule in Babylonien hieß, und in den ägyptischen Schulen und Kanzleien sind bei Ausgrabungen Tausende von Unterrichtstexten und Schreibübungen auf Tontafeln bzw. auf Kalksteinsplittern oder Keramikscherben (sogenannten *ostraka*) sowie Papyri zum Vorschein gekommen. Sie gewähren zusammen mit einigen literarischen Schilderungen einen gewissen Einblick in die Unterrichtsthemen und -methoden. Der eigentliche Lese-, Schreib- und Sprachunterricht (der im Mesopotamien des 2. und 1. Jts. neben dem Akkadischen auch das nicht mehr gesprochene Sumerisch umfaßte) scheint danach ausgesprochen trocken und eintönig gewesen zu sein. Er bestand offensichtlich zu großen Teilen aus dem schier endlosen Abschreiben und Auswendiglernen von Wort- und Begriffslisten, wie wir sie im Zusammenhang mit der frühen Uruk-Schrift kennengelernt haben (vgl. S. 166), aus Diktaten sowie dem Kopieren und Rezitieren immer komplizierter werdender literarischer und belehrender Texte, die für die Schüler wegen ihrer Altertümlichkeit zum Teil kaum mehr verständlich waren. Kreativität und schöpferische Entfaltung hatten offenkundig keinen hohen Stellenwert.

Neben dieser ›Basisausbildung‹, die die zukünftigen Schreiber mit ihrem elementaren Handwerkszeug, eben der Schriftbeherrschung, ausstattete und ihnen gleichzeitig gewisse Grundkenntnisse der Literatur, der Grammatik und der Formulierungskunst vermittelte, spielten auch andere Disziplinen eine Rolle: Rechnen und Geometrie etwa, die die Beamten für Berechnungen über den Bedarf oder die Verteilung von Gütern, zur Aufteilung von Feldflächen u. a. benötigten; ferner gewisse Grundlagen der Rechtspflege und anderer Bereiche, mit denen die Schreiber im Berufsleben häufig konfrontiert wurden. Ein großer Teil dieser spezielleren Kenntnisse wurde in Ägypten freilich nicht in der eigentlichen Schule, sondern in der Einzelausbildung unter Obhut eines fähigen Beamten vermittelt, was die Berufsbezogenheit dieses Wissens unterstreicht.

Die im Unterricht angewandten Erziehungsmethoden waren nach heutigen Maßstäben alles andere als fortschrittlich. Um trotz der trockenen, anstrengenden und langweiligen Paukerei die ›Zucht und Ordnung‹ unter den minderjährigen Schülern aufrechtzuerhalten, wurde reichlich vom Rohrstock Gebrauch gemacht, wie das ja bis vor einiger Zeit auch in unseren Grundschulen üblich war. In Ägypten lautete die pädagogische Grundweisheit: »Der Jüngling hat einen Rücken; er hört, wenn man ihn schlägt.«[122] An diese Maxime hielt man sich auch in den mesopotamischen Schulen. In einer beliebten und immer wieder kopierten humoristischen Erzählung aus dem Babylonien des frühen 2. Jts. v. Chr. schildert ein Schüler einen typischen Tag seiner Ausbildung, der bereits übel begann: »Im Tafelhaus sagte der ›Mann vom Dienst‹ zu mir: ›Warum bist du (zu) spät gekommen?‹ Ich bekam Angst, mein Herz klopfte. Ich trat vor meinen Meister, verbeugte mich vor ihm. Mein ›Vater des Tafelhauses‹ [der Lehrer] las meine Tafel, wurde darüber (...) [Textteil fehlt], schlug mich.«[123] Im weiteren Verlauf dieses Schultags bekommt der Knabe insgesamt achtmal aus unterschiedlichem Anlaß von verschiedenen Mitgliedern des Kollegiums Schläge, u. a. nochmals vom Lehrer wegen seiner schlechten Handschrift. Die Lage bessert sich erst, als die Eltern den ›Vater des Tafelhauses‹ zum Essen einladen und mit Geschenken überhäufen, woraufhin der gestrenge Pädagoge seinen Schüler plötzlich mit den Worten preist: »Unter deinen Brüdern mögest du der Führer, unter deinen Gefährten das Oberhaupt sein, unter allen Schuljungen mögest du die höchste Stellung innehaben.«[124]

Dieser Wunsch weist auf ein weiteres wichtiges Erziehungsziel der Schule hin, nämlich der künftigen staatstragenden Elite ein streng hierarchisch orientiertes Statusdenken anzudressieren, sie zu Ehrgeiz und Machtstreben gegenüber Gleichgestellten und Untergebenen, dagegen zu unbedingtem Gehorsam und Respekt vor den höheren Autoritäten zu erziehen. »Komm, mein ›Sohn‹, nimm Platz zu meinen Füßen«, sagt in einem mesopotamischen Text ein Lehrer zu seinem Prüfling[125] (der Sitz des Meisters lag, wie archäologische Funde bestätigen, höher als die Plätze der Zöglinge). Und an anderer Stelle wird einem Schüler empfohlen: »Sei bescheiden, bezeig' Ehrfurcht vor deinem ›Aufseher‹! Wenn du ihm ständig Ehrfurcht bezeigst, wird dich dein ›Aufseher‹ lieben.«[126] In den altägyptischen Texten kommt diese Erziehung zur Unterwürfigkeit und zum absoluten Gehorsam noch deutlicher zum Ausdruck: »Sieh dir einen Schreiber an, der hört (auf die Worte der Großen). Einer, der hört, wird ein Tüchtiger. Hüte dich vor Worten, die dagegen sind«[127], heißt es dort etwa in einem Lehrtext, und in einem anderen wird kurz und prägnant die bürokratische Grundtugend formuliert: »Krümme deinen Rücken vor deinem Oberhaupte, deinem Vorgesetzten (...). Es ist übel, wenn man dem Vorgesetzten widerstrebt. Man lebt, solange als er milde ist.«[128]

Hatten die mesopotamischen bzw. ägyptischen Schüler ihre mehrjährige Ausbildung erfolgreich absolviert, dann winkte ihnen aber
auch eine privilegierte berufliche und soziale Stellung. Aus den Reihen
der Schriftkundigen rekrutierten sich in beiden Ländern die Staats-
beamten und Tempelangestellten bis hin zu den höchsten Rängen.
Schreibkundige konnten sich auch selbständig machen und ihre Fähigkeiten einem reichen Privatmann oder der schriftunkundigen Bevölkerung gegen entsprechende Bezahlung zur Verfügung stellen, beispielsweise bei der Abfassung von Briefen und anderen Schriftstücken. Der
Beruf des Schreibers war so angesehen, daß in Mesopotamien selbst
manche Könige es nicht als unter ihrer Würde erachteten, neben ihren
Herrschertiteln den Titel *dub-sar* (›Tafelschreiber‹) zu tragen, und in
Ägypten ließen sich selbst Prinzen und höchste Beamte gern im charakteristischen Schreibersitz (vgl. Frontispiz) darstellen.

Dem ›akademischen‹ Nachwuchs wurde, um seine Strebsamkeit zu
fördern und ihm den sauren Schulalltag etwas zu versüßen, dieser
zukünftige soziale Aufstieg in den leuchtendsten Farben ausgemalt –
besonders in Ägypten, von wo wir eine ganze Reihe sogenannter
›Weisheitslehren‹ dieses Inhalts kennen. Sie spielten im Unterricht eine
zentrale Rolle und mußten von den Schülern immer wieder abgeschrieben werden.

Das älteste überlieferte und sozusagen klassische Beispiel ist die im
Mittleren Reich (frühes 2. Jt. v. Chr.) entstandene ›Lehre des Cheti‹ für
seinen Sohn Pepi, an deren Anfang es heißt: »Er fuhr südwärts zur
Residenz, um ihn in die Schreiberschule zu tun, unter die Kinder der
Großen, als einen, der an der Spitze der Residenz steht.« Dabei predigte
er ihm: »Du sollst dich um die Schriften kümmern«, denn »es gibt
nichts, das über die Bücher ginge.« »Ich führe dir ihre Schönheit vor
Augen, sie ist größer als die aller anderen Berufe und es gibt nichts mehr
in diesem ganzen Lande, was ihnen gliche.« Nacheinander läßt der
Vater dann die verschiedenen Berufe und Handwerke Revue passieren
und schildert dem Sohn beredt ihre Mühsal und ihr Elend: »Ich habe
den Erzarbeiter über seiner Arbeit beobachtet, an der Öffnung seines
Schmelzofens. Seine Finger sind krokodilartig, er stinkt mehr als
Fischlaich. Jeder Holzarbeiter führt den Meißel; er ist müder als ein
Ackersmann; sein Feld ist das Holz, seine Hacke der Erzstichel. In der
Nacht dann ist er zerschlagen, da er über seine Kräfte (viel) geleistet hat

bei der Arbeit. Aber in der Nacht noch ist dort Licht. Der Steinmetz graviert mit dem Meißel in allerlei harten Steinen. Wenn er sie vollendet hat, (...) so versagen ihm seine Arme und er ist müde.« Nachdem er die anderen körperlichen Tätigkeiten auf die gleiche abschreckende Weise beschrieben hat, stellt der Vater ihnen die Vorteile und Segnungen der geistigen Arbeit, des Schreiberdaseins, gegenüber: »Siehe, es gibt keinen Beruf, in dem einem nicht befohlen wird, außer dem des Beamten; er ist es, der (selbst) befiehlt. Wenn du schreiben kannst, so wird dir das nützlicher sein als alle die Berufe, die ich dir vorgetragen habe. (...) Sieh, es gibt keinen Schreiber, der ohne Nahrung wäre, ohne die Dinge des Palastes. Die Meschenet, die dem Schreiber zugewiesen ist, ist es, die ihn an die Spitze der Verwaltung bringt. Danke deinem Vater und deiner Mutter, die dich auf den Weg der Lebenden setzen.«[129]

In einer Reihe von Schultexten des Neuen Reiches wurden diese Ratschläge und Ermahnungen immer aufs neue wiederholt und variiert: »Werde Schreiber! Der ist vom Arbeiten befreit und ist vor jedem Werk geschützt; (...) Er ist von der Mühsal gelöst; du hast nicht viele Herren und hast nicht eine Menge von Vorgesetzten.« »Der Schreiber, der leitet die Arbeit aller Leute. Für ihn gibt es keine Abgabe, da er mit Schreiben zinst, und es gibt keine Steuer für ihn. Merke es dir.« »Setze dir den Schreiber ins Herz, sieh, dann stehst du selbst über jeder Arbeit und wirst ein angesehener Rat.« »Erwirb dir dieses große Schreiberamt; angenehm und reich sind dein Schreibzeug und deine Papyrusrolle und täglich bist du fröhlich.« »Bist du ein Esel? Den leitet man, (denn) er hat keinen Verstand in seinem Leibe. (...) Richte (du) deinen Sinn darauf, Schreiber zu werden, damit du die ganze Welt leitest.«[130] Und schließlich: »Ein Mann ist zugrunde gegangen, sein Leichnam ist Staub, alle seine Zeitgenossen sind zur Erde gegangen: Das Buch aber ist es, das sein Andenken weiterreicht von Mund zu Mund. Eine Schrift ist nützlicher als ein gemauertes Haus, (...) als ein Denkstein im Tempel.«[131]

Kurz gesagt, wer schreiben und lesen konnte und eine entsprechende berufliche Stellung innehatte, war ›etwas Besseres‹ und fühlte sich auch so. Allerdings stellen die zitierten Passagen die Segnungen des Schreiberdaseins wahrscheinlich doch etwas übertrieben dar, denn nur einige wenige schafften wirklich den Weg in die Spitzenpositionen der staat-

83 Ägyptisches Grabrelief: Abgabesäumige Bauern werden gezüchtigt und vor die Verwaltungsschreiber geschleppt

lichen und religiösen Hierarchie. Die große Masse der Schreiber mußte sich mit eher durchschnittlichen, weisungsgebundenen Stellungen im Mittelfeld und Unterbau der Bürokratie zufriedengeben, etwa als Verwaltungsangestellte oder Tempel- bzw. Palastschreiber.

Teil des herrschenden Apparates, der das Land fest im Griff hatte und in vielerlei Hinsicht über Wohl und Wehe der Bevölkerung entschied, waren sie aber in jedem Fall. In ihren Händen lag beispielsweise die Lebensmittel- und Güterzuteilung an die von der unmittelbaren Nahrungsproduktion freigestellten und auf die eine oder andere Weise vom Tempel oder Palast abhängigen Berufs- und Bevölkerungsgruppen. Ebenso oblag ihnen die Eintreibung und Kontrolle der bäuerlichen Naturalsteuer, die die Grundlage des ganzen Umverteilungssystems bildete (vgl. S. 141). Kamen die Bauern ihrer Abgabepflicht nicht nach, so zeigte sich sehr schnell, daß selbst niederrangige Staatsfunktionäre eine Machtstellung gegenüber der gewöhnlichen Bevölkerung innehatten und mit weitreichenden Befugnissen ausgestattet waren. Einer der erwähnten ägyptischen Schultexte aus dem Neuen Reich schildert das wie folgt: »Denkst du nicht, wie es dem Ackersmann geht, wenn man die Ernte aufschreibt? Der Wurm hat die Hälfte des Korns geholt und das Nilpferd hat das andere gefressen. (...) (Doch) der Schreiber landet am Damm und will die Ernte aufschreiben [d. h. die Steuern einziehen]; die Türhüter [Unterbeamte] haben Stöcke und die Neger [nubische Hilfspolizisten] haben Palmruten. Sie sagen ›gib

Korn her‹. ›Es ist keins da.‹ Sie schlagen ihn lang ausgestreckt, er wird gebunden und in den Graben geworfen. (...) Seine Frau wird vor ihm gebunden und seine Kinder werden gefesselt; seine Nachbarn verlassen sie, sie fliehen und besorgen ihr Korn [bringen es in Sicherheit]«[132] (Abb. 83).

Während ein Teil der schriftkundigen Elite auf solch handfeste Weise zur Aufrechterhaltung der staatlichen Ordnung beitrug, tat es ein anderer, ›schöngeistig‹ orientierter Teil durch die Komposition feinsinniger literarischer Hymnen auf die Götter und Herrscher, die über dieser Ordnung walteten und sie verbürgten, denen die Menschen daher dankbar Folge zu leisten hatten.

Schon diese wenigen Beispiele verdeutlichen, daß die frühe Schreibkunst etwas mit Machtausübung und -verherrlichung zu tun hatte, daß sie auf oft subtile, bisweilen auch ziemlich grobschlächtige, stets jedoch allgegenwärtige Weise mit der frühen Herrschaft verbunden war, sie organisieren half, ihrer Festigung diente und sie dadurch erst ermöglichte. »Die Herausbildung zentralisierter, bürokratischer Institutionen im großen Maßstab«, schreibt die Sumerologin MARGRET W. GREEN über Mesopotamien, »mag selbst eine Konsequenz aus der Schaffung der Mittel gewesen sein, die ihr Funktionieren ermöglichten. Ganz gewiß befähigte der Schriftgebrauch die Verwaltung, zu wachsen und durch schriftliche Anweisungen direkte Amtsgewalt selbst über die niedrigsten Ränge des Personals und der Untergebenen

auszuüben.« Die Schrift »ermöglichte es dieser Bürokratie, ihre grundlegenden Hilfsquellen und Produktionsprozesse gewaltig auszudeh-
nen – die Kontrolle und Verteilung von Information, Arbeit, Gütern
und Dienstleistungen.«[133]

Manche Forscher sind aufgrund dieser Sachverhalte zu einer vorwiegend negativen Bewertung der Rolle der Schrift in der Menschheitsgeschichte gelangt – so etwa der bekannte französische Völkerkundler
CLAUDE LÉVI-STRAUSS, der in einer ethnologischen Abhandlung verallgemeinernd bemerkte, die Schrift habe in ihren Anfängen kaum posi-
tive kulturelle oder intellektuelle Fortschritte bewirkt: »Die einzige
historische Erscheinung, die mit dem Aufkommen der Schrift zusam-
menfiel, ist die Gründung von Städten und Reichen, mit anderen
Worten die Integration einer großen Zahl von Individuen in ein poli-
tisches System und ihre Aufteilung in Kasten und Klassen. (...) Es
scheint somit, daß die Schrift zunächst der Ausbeutung des Menschen
diente, bevor sie seinen Geist erleuchtete. Die Möglichkeit einer derartigen Ausbeutung, die Möglichkeit, Tausende von Menschen zusam-
menzutreiben und sie zu zwingen, die erschöpfendsten Arbeiten zu
verrichten, läßt uns die Geburt der Architektur besser verstehen. (...)
Wenn meine Vermutung richtig ist, so bestand also die primäre Funktion der schriftlichen Mitteilung darin, die Versklavung zu erleichtern.
Die Verwendung der Schrift zu uneigennützigen Zwecken, das heißt
im Dienste intellektueller oder ästhetischer Bemühungen, stellte ein
sekundäres Ergebnis dar, das sich außerdem nicht selten in ein Mittel
verwandelte, um das primäre zu verstärken, zu rechtfertigen oder zu
vertuschen.«[134]

LÉVI-STRAUSS arbeitet hier den negativen, repressiven Aspekt des frühen Schriftgebrauchs sehr drastisch heraus. In seiner Beschränkung
auf diesen Aspekt und in der Negierung aller positiven Leistungen der
Schrift, des ungeheuren kulturellen und technologischen Fortschritts,
der mit ihrer Herausbildung einherging (vgl. S. 138 f.), greift sein Urteil
aber insgesamt zu kurz und wird den historischen Realitäten nicht
gerecht. Wir haben es nämlich bei der erwähnten zwiespältigen Rolle
nicht mit einer speziellen Eigenheit der Schrift zu tun, sondern mit
der ebenso in anderen Bereichen zu beobachtenden Ambivalenz des
technisch-kulturellen Fortschritts an sich. Dessen Errungenschaften
haben sich nur allzuoft auch und zunächst im Negativen manife-

stiert – man denke nur an die Metallverarbeitung, zu deren ersten Resultaten die Verbesserung der Waffentechnik zählte – ohne daß er deshalb aufgehört hätte, insgesamt doch Fortschritt zu sein.

Fest steht dennoch, daß der beschriebene gesellschaftliche Kontext der frühen Schriftnutzung letztlich zu einem Hemmschuh für die Weiterentwicklung dieses Kommunikationsmittels selbst wurde. Daß man in Mesopotamien, Ägypten wie auch in anderen Kulturen das komplizierte und schwer zu erlernende gemischte Schriftsystem nicht durch eine stärkere Beschränkung auf die ja vorhandenen lautlichen Elemente einfacher und handlicher gestaltete, hat sicher vielerlei Gründe. Die Macht der Gewohnheit und der Tradition wird hier von Bedeutung gewesen sein und auch die Besonderheit der jeweiligen Sprachen. Ganz sicher spielten bei der Bewahrung der überkommenen Schriftsysteme aber auch gesellschaftliche Faktoren eine zentrale Rolle: »Ein Verharren der Entwicklung individueller Schriften wurde häufig begünstigt, wenn sie unter der Kontrolle einer priesterlichen oder politischen Kaste standen«, stellt der Schrifthistoriker I. J. GELB fest.[135] Diesen Minderheiten erleichterte das komplizierte Schriftsystem die Aufrechterhaltung ihres Wissens- und Bildungsmonopols, während jede Vereinfachung und damit leichtere Erlernbarkeit es potentiell gefährden mußte. So gesehen war die Schriftunkundigkeit der breiten Bevölkerung in den frühen Hochkulturen, ihr Ausschluß von den neuen geistigen Errungenschaften, nicht einfach eine unvermeidliche, rein ›technologisch‹ bedingte Folge des in den Anfängen zwangsläufig noch ziemlich schwerfälligen Schriftsystems; sie war vielmehr ebenso die Konsequenz der Herrschaft einer Elite, die an einer weiteren Verbreitung dieses Kommunikationsmittels und der damit verbundenen Bildungsgüter gar nicht interessiert sein konnte und dementsprechend keinerlei diesbezügliche Anstrengungen unternahm. Daher ist es auch kein Zufall, daß der nächste große Fortschritt in der Schriftentwicklung, die Herausbildung der Buchstabenschrift, nicht in Mesopotamien oder Ägypten erfolgte, sondern an der Peripherie dieser beiden großen Kulturen, im Bereich der östlichen Mittelmeerküste nämlich.

Exkurs: Die altamerikanischen Schriftsysteme

Die präkolumbischen Hochkulturen Altamerikas wiesen im Vergleich zu denen des alten Orients einige markante Besonderheiten und Eigentümlichkeiten auf, besonders in technologischer Hinsicht. In der Alten Welt entstanden die frühesten städtisch und staatlich organisierten Gesellschaften in der Bronzezeit, auf der Basis einer hochentwickelten und weitverbreiteten Metallverarbeitung und anderer einschneidender technologischer Fortschritte und Neuerungen (vgl. S. 138 f.). Im präkolumbischen Mittelamerika und Andenraum dagegen wuchsen hochorganisierte, komplexe und hierarchisch gegliederte Stadtstaaten bzw. Flächenreiche mit einer blühenden Zivilisation auf einer wirtschaftlich-technologischen Basis heran, die dem europäischen Betrachter in vielerlei Hinsicht archaisch und unentwickelt erscheint.

So existierte in Altamerika zwar ein künstlerisch hochstehendes Metallhandwerk, das sich jedoch weitgehend auf die Herstellung von Schmuck und Statusobjekten aus Edelmetall für die Oberschicht beschränkte. Die Bauern und Handwerker mußten hingegen bei der Bestellung ihres Landes oder bei der Errichtung der eindrucksvollen Monumentalbauten zumeist mit einer im wahrsten Sinne neolithischen Ausrüstung aus hölzernen Grabstöcken (der Pflug war unbekannt), steinernen Hacken und Beilen sowie anderen Gerätschaften aus Stein oder

Obsidian (vulkanischem Glas) auskommen. Ebenso wurde auch das Prinzip des Rades – wenngleich bekannt – nicht genutzt, so daß weder die Töpferscheibe noch das Räderfahrzeug (für das freilich auch keine Zugtiere existierten) im Gebrauch war.

Zu diesen in Altamerika weniger entwickelten Basistechnologien und ›zivilisatorischen Errungenschaften‹ gehörte auch die Schrift. Zwar brachten die präkolumbischen Kulturen seit dem letzten Jahrtausend v. Chr. eine ganze Reihe unterschiedlicher Schriftsysteme hervor, doch besaßen diese zumeist einen ziemlich archaischen und rudimentären Charakter und entwickelten sich mit Ausnahme desjenigen der Maya nicht zu wirklichen ›Vollschriften‹, die für die Schreibung längerer zusammenhängender Texte geeignet gewesen wären. Sie wurden außerdem, soweit wir es beurteilen können, nicht zum universellen und unentbehrlichen Instrument in nahezu allen gesellschaftlichen Bereichen (wie im alten Vorderen Orient), sondern blieben in der Regel auf ganz bestimmte, eng umgrenzte Anwendungsbereiche beschränkt: auf die Astronomie/Astrologie und das in Mesoamerika allgegenwärtige Kalenderwesen, auf Religion, Herrscherkult und Ereignisfixierung.

Einschränkend ist freilich hinzuzufügen, daß wir nur eine sehr geringe Anzahl der präkolumbischen Schrift-

84 Prunkgewand der
Inka-Kultur mit
›tocapu‹-Zeichen

zeugnisse kennen, da die spanischen Konquistadoren, die im 16. Jh. unter dem Banner des Kreuzes über diese Länder herfielen, nicht nur deren eigenständige Kultur, sondern auch ihre Zeugnisse und Aufzeichnungen in Form ganzer Bibliotheken und Archive, Tausender und Abertausender Schriftstücke und Manuskripte als ›Teufelswerk‹ vernichteten. Durch die spanische Eroberung wurden nicht nur diese Kulturen im ganzen, sondern auch ihre Schriftsysteme von jeder eigenständigen Weiterentwicklung, die sonst möglicherweise stattgefunden hätte, abgeschnitten. In der Kolonialzeit verbreitete sich nach einer Übergangsphase, in der die Eroberer Elemente der einheimischen Schriften bestehen ließen, instrumen-

talisierten und umformten, um sie für die Missionierung und kulturelle Indoktrination der Bevölkerung zu nutzen, das europäische Alphabet als nahezu einziges oder doch zumindest weithin beherrschendes Schriftsystem.

Als eine Hochkultur völlig ohne Schrift – und zwar als einziges derartiges Beispiel in der Menschheitsgeschichte – gilt das Reich der *Inka* in Peru und dem umgebenden Andenraum, das im späten 15. und frühen 16. Jh. seinen Höhepunkt erreichte. Die als ausgesprochen statistikbesessen und registrierfreudig bekannten Inka-Herrscher, die ihr Imperium mit einem perfekt organisierten Verwaltungs-, Versorgungs- und Kontrollsystem überzogen, benötigten dafür

223

85 Aztekische Reliefdarstellung der ›Gefangennahme‹ einer Stadt mit der Namensbeischrift ›Chalco‹

kein graphisches Aufzeichnungsmittel. Sie kamen mit dem *quipu*-Knotenschnursystem aus (vgl. S. 114 f.), das durch Kombination verschiedenfarbiger Schnüre und komplexer Knotenfolgen nicht nur die Speicherung von Zahleninformationen aller Art erlaubte, sondern auch als Gedächtnisstütze bei der Bewahrung von historischen Daten, Genealogien, Gesetzesvorschriften und anderem dienen konnte.

Einige Forscher stellten Ende der 60er Jahre die Hypothese auf, daß die Inka über dieses *quipu*-System hinaus auch eine echte ›Wortzeichenschrift‹ gekannt hätten, und zwar in Form von Abfolgen standardisierter geometrischer Symbole *(tocapu)* auf Textilien und Gefäßen, die als regelrechte logographische ›Texte‹ zu lesen seien (Abb. 84). Bei diesem sogenannten *quillca*-System hätte es sich allerdings nicht um eine Alltags- und Gebrauchs-

schrift, sondern um eine reine Sakral- oder Prunkschrift gehandelt. Die Interpretation dieser Zeichen als Schrift ist bis heute umstritten.

Die bekannteste unter den zahlreichen archaischen ›Partialschriften‹ Altamerikas ist diejenige der *Azteken* im Mexiko des 12.–16. Jhs. Sie ist auf einer größeren Zahl von Skulpturen und in einer Reihe zumeist nachkolonialer Handschriften (sogenannten *Codices*) überliefert. Diese Schrift läßt einen mehrschichtigen Aufbau erkennen: Die hauptsächlichen Fakten und Vorgänge sind in Form von ›erzählenden Bildern‹ und Zeichnungen, d. h. auf nichtschriftliche Weise, wiedergegeben. Zur Veranschaulichung schwer darstellbarer Sachverhalte treten bestimmte konventionelle Symbole hinzu: Stilisierte Zungen oder Blasen vor den Mündern der Akteure zeigen etwa an, daß diese reden, Abfolgen schwarzer Fußabdrücke bedeuten ›gehen‹ oder ›Weg‹, das Bild eines brennenden Tempels symbolisiert ›Eroberung‹ u. ä. Orts- und Personennamen schließlich wurden den bildlichen Darstellungen in Form regelrechter Wort- oder Begriffszeichen beigefügt, bei denen teilweise auch das Rebus-Prinzip (vgl. S. 181) Anwendung fand. In einer Kampfszene, die die Eroberung der Stadt *Chalco* darstellt (Abb. 85), ist beispielsweise der Stadtname durch das Symbol für ›kostbarer Grünstein‹ *(chalchihuitl)* angedeutet, und ebenso ließ sich zum Beispiel der Ortsname *Azca-potzalco* phonetisch näherungsweise mit den Zeichen für ›Ameise‹ *(azcatl)* und

224

›Hügel‹ *(potzalli)* wiedergeben. Das System zeigt in seiner unauflöslichen Verbindung von Bild und Schrift eine gewisse Ähnlichkeit mit demjenigen der ägyptischen Narmer-Palette und anderer Zeugnisse der frühesten Hieroglyphenschrift (vgl. S. 186 ff.). Für die eigenständige und sprachlich exakte Aufzeichnung längerer zusammenhängender Texte war es nicht tauglich und auch gar nicht konzipiert; es bildete eher eine auf Interpretation und Deutung hin angelegte Gedächtnisstütze. Anwendung fand diese Proto-Schrift vor allem im Bereich der Religion, Astrologie und Kalenderkunde sowie bei der Fixierung von Genealogien und historischen Ereignissen – zumindest unter dem letzten Azteken-Herrscher MOCTEZUMA wurden aber auch umfangreiche Tributlisten, Landregister und ›Rechnungsbücher‹ mit ihrer Hilfe geführt.

Die am höchsten entwickelte und zugleich wohl auch einzige ›Vollschrift‹ Altamerikas war diejenige der *Maya* in Guatemala und auf der Halbinsel Yucatan, die auf zahlreichen Steindenkmälern der klassischen Periode der Maya-Kultur (250–950 n. Chr.), auf Keramik sowie in drei nachklassischen Bilderhandschriften überliefert ist. Die Maya-Schrift galt noch vor wenigen Jahrzehnten als unentziffert oder sogar unentzifferbar. Seither erzielte man jedoch durch die geduldige und systematische Arbeit einer ganzen Reihe von Wissenschaftlern zunehmende Erfolge in ihrer Entschlüsselung. Ganz

so fest und unerschütterlich wie bei den schon im letzten Jahrhundert entzifferten Schriftsystemen des Vorderen Orients ist das Fundament jedoch noch nicht, wie erst kürzlich die Auseinandersetzung um die Hypothesen eines deutschen Forschers zeigte, der lautstark den Anspruch erhob, allein und als erster das ›Rätsel der Maya-Schrift‹ gelöst zu haben.

Die Ergebnisse der letzten Jahrzehnte machten deutlich, daß die mehreren hundert Maya-Glyphen trotz ihrer fast barocken Bildhaftigkeit (und entgegen früheren Vermutungen) keineswegs nur einfache Begriffs- oder Wortzeichen darstellen. Es handelt sich wie bei den meisten frühen Schriften nicht um ein ausschließlich ideographisch strukturiertes System, sondern um eine aus Begriffs- und Silbenzeichen zusammengesetzte Wort-Laut-Schrift. Ideographische Schreibungen stehen da-

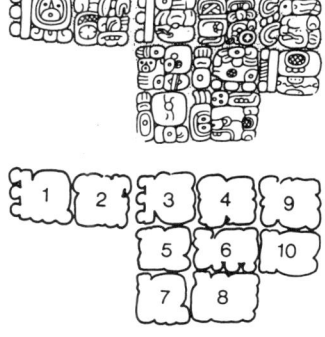

86 Maya-Text in Doppelkolumnen und die Lesereihenfolge

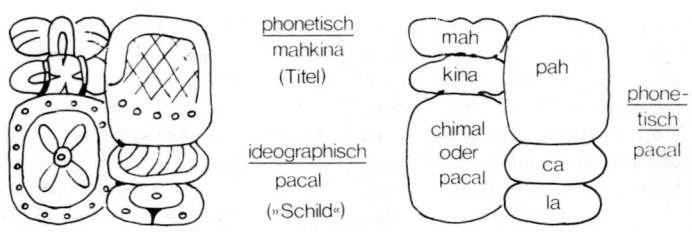

phonetisch
mahkina
(Titel)

ideographisch
pacal
(»Schild«)

mah

kina

pah

chimal
oder
pacal

ca

la

phone-
tisch
pacal

87   Namensglyphe des Maya-Herrschers ›Pacal‹ und ihre Zusammensetzung

bei neben phonetischen, oft sind aber auch beide Prinzipien auf recht komplexe Weise miteinander verknüpft wie bei der in Abb. 87 gezeigten Aufzeichnung des Herrschernamens *Pacal.*

Das Grundelement der Maya-Inschriften bilden quadratische bzw. rechteckige *Glyphen-Blöcke* (Abb. 86), die aus einem einzelnen Ideogramm, aber auch aus einem Haupt- bzw. Stammzeichen und einem oder mehreren kleineren Zusatzzeichen *(Affixen)* bestehen können, die phonetische Ergänzungen, grammatikalische Elemente u. ä. angeben. Die Maya-Schrift ermöglichte es dank dieser Zusatzzeichen, Sprache annähernd vollständig und getreu wiederzugeben. Wenngleich bis heute noch keineswegs alle Maya-Glyphen entziffert, d. h. vollständig les- und übersetzbar sind, so doch schon ein beträchtlicher Teil; und da man die Struktur und den Aufbau der Schrift mittlerweile recht genau kennt, wird die Entzifferung

mit Sicherheit weitere Fortschritte machen. Von einem ›Geheimnis‹ der Maya-Glyphen kann jedenfalls schon heute nicht mehr die Rede sein.

Die fortschreitende Entzifferungsarbeit läßt auch wichtige neue Aufschlüsse über die Geschichte der Maya-Kultur erwarten; entgegen der früheren Annahme, die Schriftzeugnisse bewegten sich fast ausschließlich im Bereich der Kosmologie, Religion und Kalenderwissenschaft, hat sich nämlich in den letzten Jahrzehnten herausgestellt, daß ein Großteil der Inschriften historischen Inhalts ist und etwa die Geburt, Heirat, Thronbesteigung und den Tod einzelner Herrscher sowie Kriege und andere wichtige Ereignisse verzeichnet. Auf die Existenz wirtschaftlicher oder administrativer Texte gibt es dagegen bis heute keinerlei Hinweise; dabei ist jedoch in Rechnung zu stellen, daß wir fast nur monumentale, ›der Ewigkeit geweihte‹ Inschriften kennen, dagegen keine Alltagstexte.

Die Entstehung und Ausbreitung
der Buchstabenschrift

An der Ostküste des Mittelmeeres, im Gebiet Palästinas, des Libanon
und Westsyriens, waren im 3. und 2. Jt. v. Chr. blühende Hafen- und
Handelsstädte entstanden, die aufgrund ihrer geographischen Lage
zwischen den Großmächten der damaligen Zeit – Ägypten im Süden,
Mesopotamien im Osten, dem anatolischen Hethiterreich im Norden
und dem minoischen Kreta bzw. mykenischen Griechenland im
Westen – oft zum Streit- und Ausbeutungsobjekt dieser Mächte wurden. Zugleich verschaffte ihnen ihre Lage aber auch eine Schlüsselfunk-
tion im internationalen Wirtschaftsaustausch, brachte sie ihnen außer-
ordentliche ökonomische Vorteile und einen beträchtlichen Wohl-
stand ein. Die Levantestädte exportierten nicht nur eigene Produkte,
z. B. Holz (die berühmten ›Zedern des Libanon‹), Öl, Kupfer und mit
dem Farbstoff der Purpurschnecke gefärbte Gewebe (nach denen die
Region Palästina den semitischen Namen *Kanaan* und später das Liba-
nongebiet die griechische Bezeichnung *Phönizien* erhielt, was beides
etwa ›Purpurland‹ bedeutet). Sie stellten darüber hinaus auch die
Häfen, über die der Handel aus allen Richtungen abgewickelt wurde,
und bildeten so den Hauptumschlagplatz für die Warenströme der
großen Handelsmächte.

In diesen Küstenstädten lebten neben der (semitischen) kanaanäi-
schen Stammbevölkerung viele auswärtige Kaufleute, Händler und
Handwerker, Angehörige von mehr als einem halben Dutzend verschiedener Völker mit ebenso vielen Sprachen und Schriftsystemen.
Sie waren also wahre Schmelztiegel der unterschiedlichsten ethnischen
und kulturellen Elemente und Einflüsse. Aus diesem Milieu ergaben
sich in höherem Maße als anderswo Anregungen für eine grundlegende
Vereinfachung der Schrift, entstand gleichzeitig auch das dringende
Bedürfnis nach einer solchen ›Schriftreform‹. Im Handelsverkehr beispielsweise mußten viele fremde Orts- und Personennamen sowie
Begriffe aus anderen Sprachen lautlich getreu aufgezeichnet werden,
was mit den herkömmlichen ›gemischten‹ Wort-Laut-Schriften nur
sehr unvollkommen und mühsam gelang.

Vor allem aber war die Ökonomie in den Levantestädten sehr viel
stärker von privatem Handel und Gewerbe, von der Tätigkeit unab-

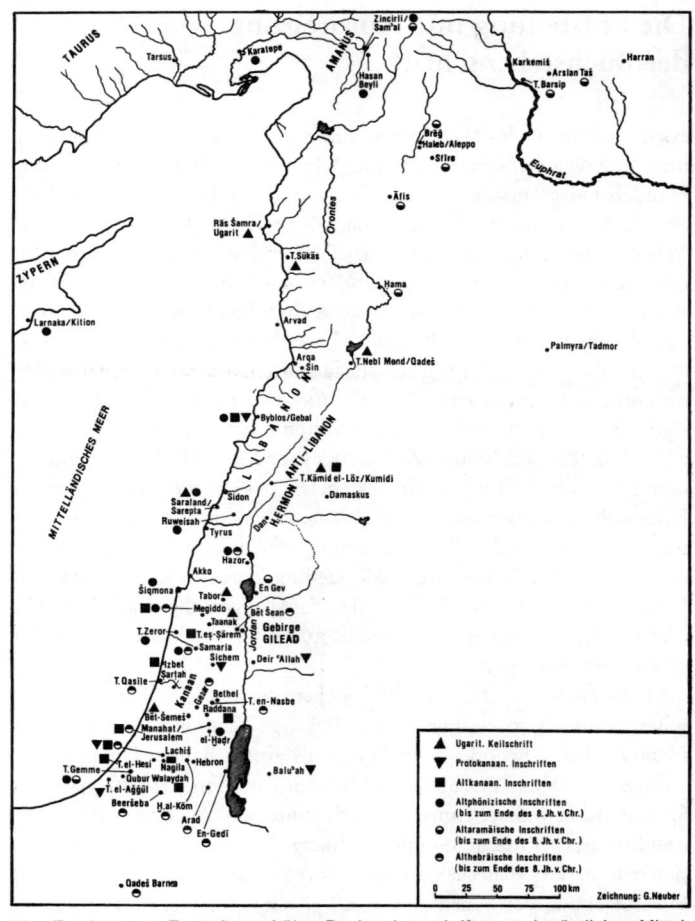

88   Fundorte von Zeugnissen früher Buchstabenschriften an der östlichen Mittelmeerküste

hängiger und auf eigene Rechnung wirtschaftender Unternehmer geprägt als etwa in den traditionsgeweihten bürokratischen Ordnungen Mesopotamiens oder Ägyptens, wo das private Unternehmertum – wenngleich zweifellos vorhanden – zumeist im Schatten der übermächtigen Palast- oder Tempelwirtschaften stand. Deren Bedürfnissen entsprach die Institution der berufsmäßigen Schreiber. Die ›mittelständischen‹ Privatkaufleute und -händler in den Levantestädten hingegen konnten sich in der Regel kaum eine eigene, festangestellte Schreibkraft leisten. Für sie war es wünschenswert, die wichtigsten alltäglichen Geschäftsnotizen und Buchungen selbst abfassen zu können, und dafür bildete eben eine leicht erlernbare und einfach zu handhabende Schrift die Voraussetzung. Es habe den Anschein, schrieb daher 1941 der britisch-australische Prähistoriker V. GORDON CHILDE, »daß eine einfache Buchstabenschrift ersonnen wurde, um die Geschäfte der kleinen Kaufleute zu erleichtern.« Er fügte hinzu: »Der Kaufmann mußte sein eigener Buchhalter sein. Dies war der soziologische Ursprung der phönizischen Schrift.«[136]

Zumindest war es einer von mehreren Faktoren (unter ihnen vielleicht auch ein gewisses Eigenständigkeitsstreben), die dazu führten, daß man um die Mitte des 2. Jts. gerade im Bereich der multikulturell und vom Handel geprägten Levanteküste einfachere, flexiblere und leistungsfähigere Schriftsysteme zu entwickeln begann. Diese lehnten sich in der Schreibtechnik und zum Teil in ihrem Zeichenbestand zwar an die auch hier gebräuchliche ägyptische Schrift oder die Keilschrift an. Im Gegensatz zu diesen beruhten sie aber auf der Fixierung aller Worte und Begriffe ausschließlich mit Einzelbuchstaben, die für die Einzellaute bzw. *Phoneme* der Sprache standen (vgl. S. 40). Damit war erstmals in der Schriftgeschichte das phonetische Prinzip konsequent durchgeführt – mit einer wichtigen Einschränkung allerdings: Man notierte in diesen frühen Buchstabenschriften nämlich nur die Konsonanten, nicht dagegen die Vokale, und das ist in den semitischen Schriften bis heute grundsätzlich so geblieben. Sie kennen im Prinzip keine Buchstaben für die Vokale, im Laufe der Zeit wurden allerdings Hilfszeichen zu ihrer Andeutung entwickelt.

Diese Vokallosigkeit der frühen semitischen Schriften veranlaßte manche Forscher zu der Vermutung, es habe sich vielleicht in Wahrheit doch noch um gleichsam ›verdeckte‹ silbische Schriftsysteme gehandelt, bei deren Konsonantenzeichen jeweils ein bestimmter Vokal ›stumm mitgedacht‹ werden mußte, ähnlich wie im Falle der ägyptischen Schrift (vgl. S. 200 f.). Ob man das nun als quasi-silbisches System bezeichnen mag oder nicht – Tatsache bleibt, daß ein leicht erlernbarer Bestand von maximal 30 konsonantischen Zeichen jetzt ausreichte, um all das aufzuzeichnen, wofür man in den bisherigen Schriftsystemen Hunderte von Wort- und Lautzeichen benötigt hatte. Die so strukturierte *Buchstabenschrift* war überdies auch sehr viel flexibler und besser geeignet, fremdsprachige Wörter und Namen – im Prinzip den gesamten menschlichen Lautbestand mit Ausnahme der Vokale – ausreichend exakt wiederzugeben.

Die genauen Entwicklungslinien dieser bahnbrechenden Neuerung sind leider bis heute noch nicht völlig klar. Im Bereich der östlichen Mittelmeerküste existierten während des 2. Jts. v. Chr. nämlich gleich mehrere Buchstabenschriften, von denen jedoch in einigen Fällen nur so wenige und so kurze Texte vorliegen, daß ihre Entzifferung und Einordnung bisher nicht vollständig gelang und die zeitlichen und entwicklungsgeschichtlichen Beziehungen zwischen ihnen zum Teil noch im dunkeln liegen.

89 Zwei steinerne Denkmäler mit Buchstabeninschriften von der Sinai-Halbinsel, vermutlich 15. Jh. v. Chr.

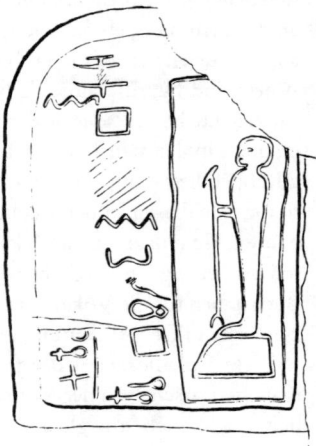

Bereits im letzten Jahrhundert, als man nur das Endresultat dieser Entwicklung, die nach etwa 1100 v. Chr. im ganzen Levantebereich verbreitete *phönizische Schrift,* kannte, sahen eine Reihe von Gelehrten, daß dieses schon sehr hoch entwickelte alphabetische System kaum ohne Vorläufer bzw. Vorbilder entstanden sein konnte und machten sich Gedanken über seine Ursprünge. Dabei dachte man immer wieder an eine direkte oder indirekte Herkunft aus der ägyptischen Schrift, und in der Tat ließen mehrere Argumente eine solche Ableitung plausibel erscheinen. So hatten ja die Ägypter als erste in der Schriftgeschichte Zeichen für die Einzellaute der Sprache entwickelt, wenngleich sie das daraus hervorgegangene ›Alphabet‹ von 24 Hieroglyphenzeichen kaum je in reiner Form verwendeten (vgl. S. 199). Es erschien durchaus denkbar, daß andere, nämlich die semitischen Völker, das Grundverfahren bei den Ägyptern abgeschaut und dann in eine reine Buchstabenschrift umgesetzt hatten. Genau dies vermutete bereits der Entzifferer der Hieroglyphen, FRANÇOIS CHAMPOLLION, nach dessen Ansicht das ägyptische ›Alphabet‹ »wenn nicht den direkten Ursprung, so doch wenigstens das methodische Vorbild« der phönizischen Buchstabenschrift darstellte.[137] Als weitere Hinweise auf einen möglichen ägyptischen Ursprung dieser Schrift wertete man ihre Vokallosigkeit, ferner die von rechts nach links führende Schreibrichtung und die mutmaßliche Hauptschreibtechnik, nämlich mit Tinte bzw. Tusche auf Papyrus oder Leder. Alle drei Merkmale hatte die phönizische Schrift mit der ägyptischen gemeinsam, vor allem mit dem Hieratischen (vgl. S. 201f.).

Eine völlig unverhoffte und scheinbar eindeutige Bestätigung dieser Theorie erbrachte im Jahre 1905 eine britische Forschungsexpedition unter der Leitung des Archäologen Sir FLINDERS PETRIE auf der Sinai-Halbinsel. Sie hatte dort, bei dem altägyptischen Tempel von Serabit el Khadem und den Türkisminen des Wadi Maghara, neben einer großen Zahl von ägyptisch-hieroglyphischen Schriftzeugnissen auch ein rundes Dutzend Inschriften in einer bis dahin völlig unbekannten Schrift entdeckt, die in Felswände eingraviert oder auf Kleinkunstwerken angebracht waren. Da sich in diesen Inschriften nur maximal 30 unterschiedliche Zeichen zählen ließen, vermuteten PETRIE und nach ihm der englische Ägyptologe ALAN H. GARDINER, der 1916 einen wegweisenden Aufsatz über die Entdeckung veröffentlichte, daß es sich um eine reine Buchstabenschrift handeln müsse. Sie stammte nach dem archäologischen Kontext aus dem 15. Jh. (nach Meinung einiger Fachleute sogar aus dem 18. Jh.) v. Chr. und war somit um einige Jahrhunderte älter als das klassische phönizische Alphabet.

Da die Zeichen dieser Sinai-Schrift oder *protosinaitischen Schrift* überwiegend bildhaften Charakter besaßen und in einigen Fällen auffallende Ähnlichkeit mit ägyptischen Hieroglyphenzeichen, in anderen dagegen Anklänge an die linearen, auf einfache Strichformen reduzierten Buchstabenzeichen der späteren phönizischen Schrift zeigten (Abb. 89), glaubten viele Forscher, hier den endgültigen Beweis für die Herkunft des phönizischen Alphabets aus der ägyptischen Schrift – gleichsam eine Zwischenstufe dieser Entwicklung – in Händen zu halten. »Hier ist das missing link [das fehlende Bindeglied] für die Abstammung des phönizischen Alphabets von der ägyptischen Schrift gefunden«, schrieb 1917 der deutsche Gelehrte KURT SETHE euphorisch.[138]

Das Verfahren der Schriftentlehnung stellte man sich zumeist so vor, daß die Erfinder der Sinai-Schrift für jeden Konsonanten ihrer semitischen Sprache ein mit diesem Laut beginnendes Wort ausgewählt und dieses durch das entsprechende ägyptische Schriftzeichen dargestellt hätten, ungeachtet seiner andersartigen Lautung in der ägyptischen Sprache. Für den konsonantischen Kehlkopfverschluß ' verwendete man dieser Theorie zufolge das mit ihm beginnende Wort *'aleph*, das ›Ochse‹ bedeutet, und schrieb es mit dem betreffenden ägyptischen Zeichen, einem kleinen Ochsenkopf; für den Laut *b* gebrauchte man das semitische Wort *beth* (›Haus‹) mit dem entsprechenden ägyptischen Hieroglyphenzeichen usw. (Abb. 94) – so, als würden wir im Deutschen den Laut *b* mit dem Bild einer Birne, den Laut *f* mit der Skizze einer Feige ›schreiben‹ und so weiter bis *z* wie Zitrone.

Dieses Verfahren, nach dem die Piktogramme den Anfangslaut des jeweils bildlich dargestellten Wortes bzw. Gegenstandes als phonetischen Wert besitzen, wird als *akrophonisches Prinzip* bezeichnet. Daß es eine wichtige Rolle bei der Entwicklung der semitischen Schrift gespielt haben müsse, nahm man auch deshalb an, weil nicht nur *'aleph* und *beth,* sondern ebenso die meisten anderen semitischen Buchstabennamen Wörter für konkrete Dinge und Gegenstände waren. Manche Forscher halten diese Schlußfolgerung allerdings für nicht stichhaltig und die Buchstabennamen für nachträgliche, von der eigentlichen Schriftschöpfung unabhängige Bezeichnungen.

Die vermutete Beziehung zwischen der protosinaitischen und der späteren phönizischen Schrift bestätigte sich eindrucksvoll, als ALAN H. GARDINER in seiner erwähnten Abhandlung von 1916 auf eine in mehreren Sinai-Inschriften wiederkehrende Gruppe von vier Zeichen (›Haus‹, ›Auge‹, ›Ochsenstachel‹ und ›Kreuz‹) versuchsweise die Lautwerte der ihnen nach Form bzw. Namen entsprechenden späteren semitischen Buchstaben übertrug und auf diese Weise die Lesung *ba'alat* (›Herrin‹) erhielt. Man deutete dieses Wort als kanaanäische Bezeichnung der ägyptischen Himmelsgöttin Hathor, die hier als Ortsgöttin verehrt wurde und der nicht nur der Tempel von Serabit el Khadem, sondern auch zahlreiche ägyptische Inschriften geweiht waren. Besonders plausibel erschien diese Deutung zusätzlich durch den Umstand, daß sich eine der an Hathor gerichteten ägyptischen Inschriften gemeinsam mit den vier Zeichen in protosinaitischer Schrift auf einer kleinen Sphinx fand. Hier mußte es sich in der Tat mit hoher Wahrscheinlichkeit um ein zweisprachig beschriftetes Weihegeschenk an die Ortsgöttin handeln.

»Ich habe keine Vorschläge für die Lesung irgendeines anderen Wortes, so daß die Entzifferung des Namens ba'alat, soweit es mich betrifft, eine nicht verifizierbare Hypothese bleiben muß«, schrieb GARDINER abschließend[139], und daran hat sich bis heute kaum etwas geändert. Zwar entdeckten seither weitere Forschungsexpeditionen auf dem Sinai neues Material, so daß mittlerweile etwa drei Dutzend protosinaitische Inschriften bekannt sind, und überdies legten mehrere Fachleute komplette oder teilweise Entzifferungs- und Lesungsvorschläge vor. Sie kamen jedoch zu sehr unterschiedlichen Resultaten, und keiner dieser Vorschläge ist bis heute in der Fachwelt einhellig anerkannt, so daß die Sinai-Schrift immer noch nicht als völlig entziffert gelten kann. Mit einiger Sicherheit läßt sich nur sagen, daß es sich um eine sehr archaische und wahrscheinlich ägyptisch beeinflußte, von Semiten entwickelte Buchstabenschrift handelt.

Ihre Benutzer dürften semitische Arbeiter gewesen sein, die in den Türkisminen des Sinai für den pharaonischen Staat schufteten. Daß diese Arbeiter die Schrift selbst vor Ort erfunden und für ihre Zwecke gestaltet haben könnten, wie man früher gelegentlich annahm, wird heute angezweifelt; und ohne Frage ist es sehr viel wahrscheinlicher, daß ein so bedeutungsvoller, schwieriger und Erfahrung im Umgang

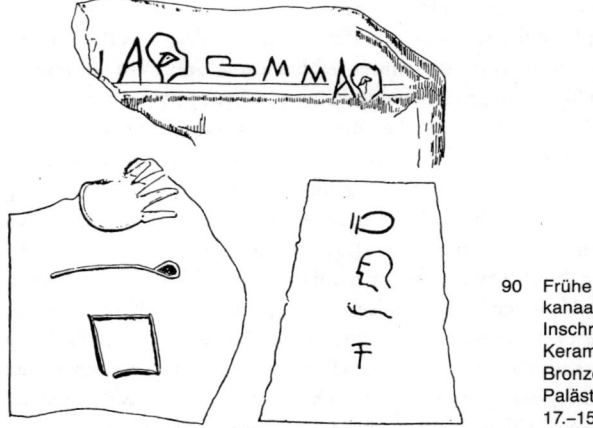

90 Frühe proto-
kanaanäische
Inschriften auf
Keramik bzw.
Bronze aus
Palästina,
17.–15. Jh. v. Chr.

mit Schriften erfordernder Schritt wie die Erfindung einer Alphabetschrift in den blühenden Zentren der levantinischen Handelsstädte
vollzogen wurde und nicht in den peripheren und unwirtlichen
Weiten des Sinai.

Tatsächlich kamen in den letzten Jahrzehnten im gesamten palästinensisch-libanesischen Küstenbereich bei Ausgrabungen mehr und
mehr Zeugnisse einer zuvor unbekannten, der *protokanaanäischen*
Schrift zutage. Ihre ältesten Belege, eine Handvoll kurzer Inschriften
mit noch sehr bildhaften und zum Teil an die Sinai-Schrift erinnern-
den Zeichen (Abb. 90), reichen bis ins 17./16. Jh. v. Chr. zurück und
sind damit vermutlich ein bis zwei Jahrhunderte älter als diese. Die
meisten Stücke stammen jedoch aus der zweiten Jahrtausendhälfte bis
etwa ins 11. Jh. v. Chr. und zeigen bereits einen deutlich stilisierten,
linearen Charakter (Abb. 91).

Die Interpretation dieser Schrift (bzw. Schriften) und ihrer Entwicklung wird durch das begrenzte Material, die teilweise noch großen zeitlichen Lücken und die Kürze der ›Texte‹ erschwert. Es handelt sich bei
ihnen fast durchweg um knappe, manchmal nur drei oder vier Zeichen
umfassende Namensangaben, Weihe- oder Besitzinschriften u. ä. auf
Keramik, Stein und auf Metallgegenständen. Diese einseitige Fundaus-
wahl ist natürlich überlieferungsbedingt und hängt mit der Vergänglichkeit der organischen Beschreibstoffe (wahrscheinlich Papyrus,

234

Holz und Leder) zusammen, für die diese Schrift ihrem ganzen Duktus und Charakter nach offensichtlich geschaffen war. Die ehemals wohl weit zahlreicheren und auch längeren Texte auf diesen Materialien haben sich nicht erhalten und stehen damit der heutigen Forschung nicht zur Verfügung; wir verfügen lediglich über flüchtige ›Graffiti‹, die teilweise vielleicht von ungeübter Hand stammen. Daher bleibt die Lesung vor allem der ältesten protokanaanäischen Inschriften bis heute weitgehend spekulativ – ja, es ist aufgrund der bislang unbekannten Gesamtzeichenzahl noch nicht einmal völlig sicher, ob es sich nicht noch um eine Art von Silbenschrift handelt (eine solche, die sogenannte *pseudohieroglyphische Schrift* mit rund 120 bekannten Zeichen, war zu Beginn des 2. Jts. v. Chr. in der libanesischen Hafenstadt Byblos in Gebrauch, nach der sie manchmal auch als *Byblos-Schrift* bezeichnet wird).

Muß die Vermutung, daß die Anfänge des Alphabets bis in die erste Hälfte des 2. Jts. v. Chr. zurückreichen, daher bislang noch mit einem Fragezeichen versehen werden, so bestehen bei den jüngeren der protokanaanäischen Inschriften (etwa ab dem 13. Jh. v. Chr.) keine derartigen Zweifel mehr. Hier haben wir eindeutig eine konsonantische Buchstabenschrift vor uns, die sich auch in ihrem äußeren Erscheinungsbild immer mehr der ›klassischen‹, linearen phönizischen Schrift der Jahrtausendwende annähert. Deshalb auch trennen sie manche Forscher von der älteren Stufe ab und fassen sie unter der Bezeichnung *altkanaanäische Schrift* als eigene Gruppe zusammen.

Daneben existierte im 14. und 13. Jh. v. Chr. noch ein weiteres Konsonantenalphabet, die sogenannte *ugaritische Schrift,* die ihre Bezeichnung nach der antiken Handelsstadt Ugarit (dem heutigen Fundort Ras Schamra) an der syrischen Mittelmeerküste trägt. Der französische

91   Altkanaanäische Buchstabeninschrift auf einem Schalenfragment aus Palästina, 12. Jh. v. Chr.

Archäologe CLAUDE F. SCHAEFFER entdeckte dort seit 1929 bei Ausgrabungen eine große Anzahl von Keilschrifttafeln, die teilweise in dem damals ›international‹ üblichen Akkadisch (vgl. S. 185), teilweise aber auch in einer bis dahin völlig unbekannten Keilschriftart geschrieben waren, deren Entzifferung im Rekordtempo innerhalb eines Jahres gelang. Die damit befaßten Gelehrten kamen zu dem bemerkenswerten Ergebnis, daß es sich um ein Keilschriftalphabet mit nur 30 verschiedenen Zeichen handelte; 27 von ihnen gaben die Konsonanten des in Ugarit gebräuchlichen semitischen Dialekts wieder, während drei ›silbische‹ Zusatzzeichen es ermöglichen sollten, auch die Sprache der in der Stadt ansässigen Hurriter annähernd lautgetreu aufzuzeichnen. Ganz offensichtlich hatten hier ugaritische Schreiber das Prinzip und den Konsonantenbestand der in Palästina/Phönizien entwickelten protokanaanäischen Schrift übernommen, gleichzeitig aber deren Form radikal abgewandelt, indem sie auf die bei ihnen übliche Keilschriftschreibweise und -technik zurückgriffen. Darin spiegelt sich natürlich die erwähnte geopolitisch-kulturelle Situation der Levante, wo im Süden ägyptischer Einfluß vorherrschte, während der Norden zeitweise stärker mesopotamisch (bzw. hethitisch) geprägt war.

Mittlerweile wurden auch an einer Reihe weiter südlich gelegener Fundorte bis hinunter nach Palästina Belege einer anderen, nur 22 Zeichen umfassenden Variante der ugaritischen Keilschrift ausgegraben – diese Schriftart scheint also nach Phönizien und Kanaan hinein ausgestrahlt und sich mit dem Verbreitungsgebiet der protokanaanäischen Schrift überschnitten zu haben (Abb. 88).

In Ras Schamra selbst wurden seit 1949 mehrere vermutlich für den Schulgebrauch geschaffene Tontafeln gefunden, die die Zeichen des ugaritischen Alphabets in der gleichen Reihenfolge (*'aleph, beth, gimel* usw.) aufführen, wie später im phönizischen und den davon abgeleiteten Alphabeten üblich. Diese kostbaren Zeugnisse belegen somit, daß die Buchstabenfolge, die sich bis in unser ›ABC‹ hinein erhalten hat, bereits im 14. Jh. v. Chr. (vermutlich aber schon in der proto- bzw. altkanaanäischen Schrift) in ihren Hauptzügen feststand, weshalb man die Fundstücke auch als die ›ABC-Tafeln von Ugarit‹ bezeichnet (Abb. 92).

Die in Ras Schamra mittlerweile ans Tageslicht gekommenen über tausend alphabetischen Keilschrifttafeln bezeugen überdies, was wir

92 Sogenannte ABC-Tafel aus Ugarit in Syrien, 14. Jh. v. Chr.

bereits für die protokanaanäische Schrift vermutet hatten, ohne es freilich wegen der spärlichen Materialüberlieferung auch belegen zu können: nämlich eine ebenso vielseitige wie massenhafte Verwendung der Buchstabenschrift schon um die Mitte des 2. Jts. Diese Tafeln enthalten religiöse Texte ebenso wie wirtschaftliche Notizen, Verwaltungsurkunden wie literarische Niederschriften. Sie verdeutlichen ein weiteres Mal, um wieviel breiter und voller unser Bild vom ehemaligen Schriftgebrauch ist, wenn haltbare Schriftträger wie Ton verwendet wurden, und wieviel uns im Falle vergänglicher Materialien verloren geht.

Die genauen entwicklungsgeschichtlichen Beziehungen und Abhängigkeiten zwischen den drei beschriebenen Schriftgruppen – der protosinaitischen, der proto- bzw. altkanaanäischen und der ugaritischen – sind, ebenso wie teilweise die Ordnung des Materials innerhalb der einzelnen Gruppen, in der Forschung bis heute umstritten. Ohne auf Details der Diskussion einzugehen, läßt sich zusammenfassend und gesichert feststellen: Um die Mitte, wahrscheinlich aber bereits in der ersten Hälfte des 2. Jts. v. Chr. waren in mehreren Gebieten der östlichen Mittelmeerküste Bemühungen im Gange, eigenständige, einfache und leistungsfähige Buchstabenschriften mit einem kleinen Zeichenbestand zu schaffen. Dabei machte man natürlich gewisse formale und technische Anleihen bei den großen Schriftsystemen der Zeit, der ägyptischen Schrift und der mesopotamischen Keilschrift. Die Vielgestaltigkeit und örtliche Unterschiedlichkeit dieser Bemühungen unterstreicht, daß die Erfindung offenbar zu dieser Zeit einfach ›in der Luft lag‹, durch die ökonomischen und sozialen Verhältnisse der Region notwendig geworden war.

Die vielfältigen Versuche und Ansätze fanden schließlich um die Jahrtausendwende ihre Vollendung in der klassischen *phönizischen Schrift,* die vermutlich aus proto- bzw. altkanaanäischen Vorläufern entstand. Erste Belege dieses aus 22 Konsonantenzeichen bestehenden Alphabets finden sich auf einer Reihe von metallenen Pfeilspitzen des 11. Jhs. v. Chr. Seit dem 10. Jh. kennt man auch längere Inschriften auf Steindenkmälern in der seit dieser Zeit feststehenden Schreibweise von rechts nach links. Die im Alltag gebräuchlichen Texte in Tinte auf organischem Material sind auch hier nur sehr spärlich überliefert.

Wie aus den Funden zu schließen, setzte sich die phönizische Schrift bald im ganzen Levantegebiet durch und verdrängte die konkurrierenden Systeme, sofern diese nicht bereits von selbst verschwunden waren. Sie wurde auch von den Israeliten in Palästina und von den Aramäern in Syrien übernommen, die aus ihr im 9. bzw. 8. Jh. v. Chr. die *hebräische* und die *aramäische Schrift* entwickelten. Besonders die letztere sollte sich als äußerst fruchtbar und einflußreich erweisen: Sie verbreitete sich als offizielle Verwaltungsschrift des persischen Achämenidenreichs bis hin nach Afghanistan, Pakistan und Nordwestindien, so daß auch die dort lebenden Völker das alphabetische Prinzip kennenlernten und in der Folgezeit zu eigenen Schriftschöpfungen angeregt wurden (auf diese Einflüße gehen beispielsweise die frühen indischen Schriften zurück).

Etwa im 2. Jh. v. Chr. übernahmen die im Gebiet südlich des Toten Meeres ansässigen arabischen Nabatäer die aramäische Schrift und gaben sie an andere arabische Stämme weiter. Daraus entstand nach der Zeitwende die *(nord)arabische Schrift,* die sich dann im Zeichen des Islam in der gesamten orientalischen Welt verbreitete und heute zu den großen Weltschriften zählt. Nur am Rande sei bemerkt, daß im Westen der Arabischen Halbinsel schon im oder vor dem 1. Jt. v. Chr. eine von der Levanteküste beeinflußte, die sogenannte *südsemitische,* Schriftengruppe entstanden war.

Alle Buchstabenschriften des Orients gingen bzw. gehen also direkt oder indirekt auf die phönizische Schrift zurück. Daß diese zur ›Urmutter aller Alphabete‹ und damit zur Urahnin der meisten heute gebräuchlichen Schriften wurde, hängt freilich in noch höherem Maße mit ihrer Übernahme und Weiterentwicklung im Westen durch die Griechen zusammen, die uns hier natürlich besonders interessiert.

In der bronzezeitlichen Welt der Ägäis und Griechenlands hatten schon im 2. Jt. v. Chr. mehrere eigenständige Schriftsysteme existiert. Die frühesten unter ihnen waren eine bildhafte ›Hieroglyphenschrift‹ und das in der Forschung als *Linear A* bezeichnete, wahrscheinlich silbische System der minoischen Kultur auf Kreta. In der späteren, auf dem Festland und Kreta blühenden mykenischen Kultur verwendete man eine *Linear B* genannte Silbenschrift – sie ist bekannt durch eine Vielzahl von Verwaltungsnotizen auf Tausenden kleiner Tontäfelchen. Diese Schriftsysteme waren jedoch um 1450 (Linear A) bzw. um 1200 v. Chr. (Linear B) zusammen mit den bronzezeitlichen Palastkulturen, die sie hervorgebracht hatten, untergegangen und in Vergessenheit geraten. Griechenland und die Ägäis erlebten um die Jahrtausendwende, so jedenfalls die traditionelle Auffassung, ein über dreihundert Jahre andauerndes ›dunkles Zeitalter‹, gekennzeichnet durch eine allgemeine kulturelle Verarmung und den Rückfall in die Schriftlosigkeit.

Die Minoer und später die Mykener hatten auch den Seehandel auf dem östlichen Mittelmeer beherrscht. Daher entstand durch den Nie-

93 Aramäischer Text in altphönizischer Buchstabenschrift auf einem Denkmal des 9./8. Jhs. v. Chr.

dergang ihrer Kulturen in diesem Bereich gleichsam ein Vakuum, in das die Phönizier hineinstießen, die ihre Handelsschiffahrt stark ausweiteten und sich seit Beginn des 1. Jts. v. Chr. als stärkste Seehandelsmacht auf dem Mittelmeer etablierten. Sie segelten im Westen bis nach Spanien und legten im Laufe der Zeit zahlreiche Häfen, Handelsstützpunkte und Niederlassungen entlang ihrer Fahrtrouten und an den Küsten ihrer Handelspartner an. Die bedeutendste phönizische Kolonie war das mächtige Karthago in Nordafrika.

Auf ihren Seereisen und Handelsfahrten führten die Phönizier nicht nur ihre wohlsortierten Warenkontingente, sondern auch ihre Rechnungsbücher und Inventarlisten mit sich, und ihre (zunächst vornehmlich griechischen) Handelspartner lernten durch sie nicht allein aufregende orientalische Erzeugnisse und Produkte kennen und schätzen, sondern auch die Vorteile der kaum weniger aufsehenerregenden und zudem noch leicht zu erlernenden Buchstabenschrift.

Natürlich reicht ein sporadischer, flüchtiger Kontakt zwischen Kaufleuten und Händlern kaum dazu aus, eine fremde Schrift wirklich zu erlernen und außerdem noch der eigenen Sprache anzupassen. Der vermutlich im Rahmen der Handelskontakte entstandene Wunsch der Griechen, sich die leistungsfähige Buchstabenschrift selbst verfügbar zu machen, muß also in einem anderen Kontext realisiert worden sein, über den die Forschung schon seit Jahrzehnten spekuliert.

Als man in den 30er Jahren bei Al Mina unweit des antiken Ugarit an der syrischen Küste eine kleine Niederlassung griechischer Kaufleute entdeckte, die im späten 9. Jh. v. Chr. gegründet worden war, glaubte man die Lösung gefunden zu haben: Hier, im phönizischen Mutterland, könnten die griechischen Händler im dauernden Kontakt mit ihren semitischen Partnern deren Schrift erlernt und übernommen haben. Man stieß jedoch bis heute in Al Mina auf keinerlei Belege frühgriechischer Schrift – die ältesten Zeugnisse stammen vielmehr von der Insel Ischia vor Neapel, aus Athen (Abb. 95), vom Berg Hymettos nahe Athen, aus Korinth sowie von Thera und anderen ägäischen Inseln (Umschlagbild, unten).

Umgekehrt bezeugen aber archäologische Funde aus jüngerer Zeit, daß schon seit der Jahrtausendwende Phönizier, und zwar vor allem auch Handwerker, sich auf Dauer im griechisch-ägäischen Bereich niederließen und dort ihre technischen und künstlerischen Fertigkeiten an einheimische Berufskollegen weitergaben. Was liegt näher als der Gedanke, daß sie ihnen im Rahmen dieses dauerhaften Zusammenlebens und -arbeitens auch die Kunst des alphabetischen Lesens und Schreibens vermittelt haben könnten?

Diese Version entspräche auch eher der altgriechischen Überlieferung, die der ›Vater der Geschichtsschreibung‹, HERODOT, im 5. Jh. v. Chr. so zusammenfaßte: »Jene mit Kadmos [einem mythischen phönizischen Königssohn] in Hellas eingewanderten Phoiniker haben durch ihre Ansiedlung in Boiotien [der mittelgriechischen Landschaft nordwestlich von Attika] viele Wissenschaften und Künste nach Hellas gebracht, so auch die Schriftzeichen, die die Hellenen, wie ich glaube, bis dahin nicht gekannt hatten. (...) Der hellenische Stamm, der damals ihr hauptsächlicher Nachbar war, waren die Ioner. Sie übernahmen die Buchstaben von den Phoinikern, bildeten sie auch ihrerseits ein wenig um und nannten sie ›Phoinikeia‹, was recht und billig war, denn die Phoiniker hatten sie ja in Hellas eingeführt.«[140]

Selbstverständlich ist dieser teilweise auf mythologischer Überlieferung beruhende Bericht keine zuverlässige historische Quelle, insbesondere was die Details betrifft. So wird der genaue Ort der griechischen Übernahme des Alphabets wohl bis auf weiteres unbekannt bleiben. Einige Forscher nehmen ohnedies an, daß sich diese Übernahme nicht nur ein einziges Mal und an einem einzigen Ort, sondern mehrfach und unabhängig voneinander in mehreren griechisch-phönizischen ›Kontaktregionen‹ vollzog. Ein Indiz dafür sehen sie in der Tatsache, daß bis ins 4. Jh. v. Chr. keineswegs eine für ganz Griechenland einheitliche Schrift, sondern mehrere in Einzelheiten unterschiedliche ›Lokalalphabete‹ existierten – eine Argumentation, die andere Fachleute allerdings ablehnen.

Ebenso umstritten wie der Ort ist auch der Zeitpunkt, an dem aus dem altsemitischen Alphabet das griechische geschaffen wurde. Die erwähnten ältesten frühgriechischen Inschriften stammen durchweg aus dem 8. Jh. v. Chr., und so herrschte einige Jahrzehnte lang weithin Konsens unter den Forschern, daß in eben diesem, frühestens aber im 9. Jh. v. Chr., die griechische Schrift entstanden sei. In jüngerer Zeit sind jedoch einige Schriftfachleute, ihnen voran der israelische Semitist JOSEPH NAVEH, zu der Auffassung gelangt, daß die Formen der frühesten griechischen Buchstaben eher denjenigen der proto- bzw. altkanaanäischen Schrift des ausgehenden 2. Jts. als denen der phönizischen Schrift des beginnenden 1. Jts. v. Chr. ähneln; sie vermuten deshalb, daß die Übernahme des semitischen Alphabets durch die Griechen schon um 1100 v. Chr. stattgefunden habe. Als weiteres Argument führen sie die Tatsache ins Feld, daß die frühen griechischen Texte abwechselnd rechts-, links- und wechselläufig, also in ihrer Schreibrichtung ebenso wenig festgelegt waren wie die protokanaanäischen Graffiti. Die entwickelte phönizische Schrift dagegen lief einheitlich von rechts nach links, was die Griechen, hätten sie sich an ihr als Vorbild orientiert, sicherlich mit übernommen hätten; statt dessen setzte sich bei ihnen im Laufe der Zeit die noch für uns verbindliche Schreibrichtung von links nach rechts durch.

Träfe diese Theorie zu, dann hätte das auch einschneidende Konsequenzen für die Bewertung der frühen griechischen Geschichte, denn das postulierte jahrhundertelange ›dunkle‹, schriftlose Zeitalter würde sich dann als eine bloße Fiktion erweisen oder zumindest in seiner Dauer erheblich zusammenschrumpfen. Noch wird diese Theorie freilich nur von einer kleinen Minderheit unter den Fachleuten vertreten, hält die Mehrheit an dem jüngeren Datum (9. oder 8. Jh. v. Chr.) fest.

Einig ist man sich jedoch darüber, daß die Griechen die semitischen Buchstaben weitgehend in ihrer bestehenden Form, ihrer festgelegten Reihenfolge und mit ihren semitischen Benennungen übernahmen (schon ein flüchtiger Blick auf die Gegenüberstellung in Abb. 94 bestätigt dies). 'aleph wurde so zu *alpha, beth* zu *beta, gimel* zu *gamma, daleth* zu *delta* usw., wobei die griechischen Namen im Gegensatz zu den semitischen keinerlei konkrete ›Wort‹-Bedeutung hatten. Die Zeichenlesungen wurden allerdings dort, wo es nötig schien, dem griechischen Lautstand angepaßt, und dabei vollzog man den letzten großen und wichtigen Schritt in der Entwicklungsgeschichte der Schrift: die gleichberechtigte Aufzeichnung der Vokale nämlich. Die Griechen verfuhren dabei so, daß sie einige der 22 phönizischen Zeichen, die für spezifisch semitische, in ihrer eigenen Sprache nicht gebräuchliche Konsonanten standen, zur Schreibung der vokalischen Laute verwendeten, die man in der semitischen Schrift ja wie erwähnt nicht fixierte.

Dieser für die Schriftgeschichte so bedeutsame Schritt wurde dabei möglicherweise gar nicht bewußt, sondern gleichsam ›zufällig‹ vollzogen. Viele Forscher nehmen an, daß die für griechische Ohren kaum

Zeile	ÄGYP.	PHON.	HEBRÄISCH Bu	Lt	Zw	Nm	GRIECHISCH Bu	Lt	Zw	Nm	LAT.	RUNEN Bu	St
1			א	'	1	álef 'Rind'	Aα	a	1	álpha	A	ᚠ	4
2			ב	b	2	beth 'Haus'	Bβ	b	2	bêtha	B	ᛒ	18
3			ג	g	3	gimel 'Kamel'	Γγ	g	3	gámma	C	–	–
4			ד	d	4	daleth 'Tür'	Δδ	d	4	délta	D	ᛙ	24
5			ה	h	5	he	Eε	e	5	è-psilón	E	M,1	19,13
6			ו	w	6	waw 'Nagel'	Fς	–	6	vaû	F	ᚡ	1
7			ז	z	7	zajin 'Waffe'	Zζ	z	7	zêta	(G)	X	7
8			ח	h	8	heth	Hη	ä	8	êta	H	ᚺ	9
9			ט	t	9	teth	Θϑ	th	9	thêta	100?	Þ	3
10			י	j	10	jod 'Hand'	Iι	i	10	jôta	I	1,S	11,12
11			כ	k	20	kaf 'offene Hand'	Kκ	k	20	káppa	K	<	6
12			ל	l	30	lamed	Λλ	l	30	lámbda	L	ᚱ	21
13			מ	m	40	mem 'Wasser'	Mμ	m	40	mŷ	M	ᛗ	20
14			נ	n	50	nun 'Fisch, Schlange'	Nν	n	50	nŷ	N	↑	10
15			ס	s	60	samek	Ξξ	x	60	xî	–	–	–
16			ע	'	70	ayin 'Auge'	Oo	o	70	ò-mikrón	O	ᛣ	23
17			פ	p	80	pe 'Mund'	Ππ	p	80	pî	P	ᚲ	14
18			צ	s	90	sade	–	–	–	–	–	–	–
19			ק	q	100	qof	Ϙϙ	–	90	kóppa	Q	–	–
20			ר	r	200	reš 'Kopf'	Ρϱ	r	100	rhô	R	R	5
21			ש	š	300	šin 'Zahn'	Σσ	s	200	sîgma	S	ᛋ	16
22			ת	t	400	tau 'Zeichen'	Ττ	t	300	taû	T	↑	17
23			ך	-k	(500)	(kaf)	Υυ	ü	400	ŷ-psilón	V	u: ᚢ	2
24			ם	-m	(600)	(mem)	Φφ	ph	500	phî	1000	w: ᚹ	8
25			ן	-n	(700)	(nun)	Χ↓	ch	600	chî	X	ng:✗	22
26			ף	-f	(800)	(fe)	↓Ψ	ps	700	psî	50?	-z:Y	15
27			ץ	-s	(900)	(sade)	Ωω	ō	800	ô-méga	–	–	–
28							↑⇑↑	–	900	sampî	–	–	–

94 Übersicht über die Entwicklung der Buchstabenschrift

95 Die älteste bekannte griechische Inschrift auf der sogenannten Dipylon-Kanne aus Athen, 8. Jh. v. Chr.

wahrnehmbaren schwachen Anfangskonsonanten des semitischen *'aleph* oder *he* schlichtweg überhört bzw. ignoriert wurden und die betreffenden Buchstabenzeichen somit gleichsam ›automatisch‹ den Lautwert des darauffolgenden Vokals erhielten. Die Tragweite dieser Neuerung war jedenfalls enorm, denn dieses konsonantisch-vokalische Buchstabensystem erlaubte erstmals, ausnahmslos alle wichtigen Phoneme der gesprochenen Sprache adäquat wiederzugeben und die Sprache dadurch wirklich lautgetreu aufzuzeichnen.

Die Griechen fügten diesem Alphabet in der Folgezeit noch einige Zusatzbuchstaben für Laute hinzu, die im Semitischen nicht existierten, und zwar in den einzelnen ›Lokalalphabeten‹ (vgl. S. 241) in recht unterschiedlicher Weise. Erst im 4. Jh. v. Chr. setzte sich überall in Griechenland das ionisch-attische Alphabet mit 24 Buchstaben als die klassische ›gemeingriechische‹ Schrift durch. Sie verbreitete sich zusammen mit anderen Kulturelementen seit 336 v. Chr. im Reich

ALEXANDERS DES GROSSEN und in der nachfolgenden Epoche des Hellenismus über weite Teile Vorder- und Mittelasiens. Auch im späteren Oströmischen und Byzantinischen Reich wurde griechisch geschrieben. Die im 9. Jh. n. Chr. geschaffene und bis heute zur Schreibung mehrerer slawischer Sprachen verwendete *kyrillische Schrift* lehnte sich ebenfalls an eine (späte) Entwicklungsform der griechischen an.

Im 8.–6. Jh. v. Chr. gründeten die Griechen Kolonien und Niederlassungen überall im westlichen Mittelmeerraum – in Südfrankreich und Spanien, besonders aber auf Sizilien und in Süditalien. Von hier aus gaben sie ihre Schrift an verschiedene italische Völker weiter, die sie für die Schreibung ihrer jeweiligen Sprachen umbildeten. Zu diesen zählten auch die Römer in der mittelitalischen Landschaft Latium, die wohl im 7. Jh. v. Chr. das Alphabet übernahmen – wahrscheinlich allerdings nicht von den griechischen Kolonisten direkt, sondern von ihren schon länger griechisch beeinflußten und schriftbesitzenden nördlichen Nachbarn, den Etruskern in der Toskana. Die Römer formten es zum zunächst 21 Buchstaben umfassenden *lateinischen Alphabet* um. Dem Aufstieg Roms zur führenden Weltmacht der folgenden tausend Jahre war es dann zuzuschreiben, daß diese anfangs rein regionale Schrift eines kleinen italischen Volkes zum beherrschenden Schriftsystem Europas wurde, das auch die Nachfolger und Erben der Römer bewahrten und weiterbildeten und das wir bis heute verwenden.

Im Zeitalter der Entdeckungen und des europäischen Kolonialismus fand das lateinische Alphabet fast weltweite Verbreitung und wurde den Völkern (bzw. den einheimischen Eliten) der Neuen Welt, Afrikas und Ozeaniens zusammen mit den anderen ›Segnungen‹ der abendländischen Zivilisation übermittelt, oft freilich auch unter brutaler

96   Die älteste lateinische Inschrift auf der sogenannten Manios-Spange aus Praeneste, 7. Jh. v. Chr.

Zerstörung ihrer eigenen Kulturen und Schriftsysteme aufgezwungen (vgl. S. 222 f.). Die fremde Buchstabenschrift kam in der Regel mit der Bibel und den Missionaren ins Land und diente zunächst vorwiegend der Verankerung des christlichen Glaubens und der Kolonialverwaltung. Heute ist das solcherart verbreitete lateinische Alphabet die weltweit führende Schrift. Sie wird zur Schreibung zahlloser unterschiedlicher Sprachen verwendet, fungiert als internationale Verkehrsschrift und hat den Sieg des Alphabets über die anderen Schriftsysteme (von denen nur noch die chinesische Wort- und die japanische Wort-Silben-Schrift eine bedeutsame Rolle spielen) vollendet.

Welche kulturgeschichtliche Bedeutung und welche gesellschaftlichen Folgen die Entwicklung und Ausbreitung der Buchstabenschrift hatte, wird seit etwa zwei Jahrzehnten besonders im angelsächsischen Raum lebhaft und kontrovers diskutiert. Dabei waren und sind die Arbeiten von Forschern wie ERIC A. HAVELOCK, JACK GOODY und WALTER J. ONG wegweisend.

Einen ganz wesentlichen Aspekt der Problematik haben wir bereits zu Beginn dieses Kapitels erwähnt: die leichte Erlernbarkeit der alphabetischen Schrift nämlich, die zwar keine unverzichtbare Voraussetzung für eine allgemeine Schriftkundigkeit der Bevölkerung darstellt (wie die Beispiele des modernen Japan und China lehren), die aber doch die Herausbildung einer solchen allgemeinen Literalität ungeheuer erleichtert und fördert, ja historisch gesehen wohl erst ermöglicht hat. »Die Erfindung des alphabetischen Prinzips brachte die Schriftkenntnis in die Reichweite von jedermann und erlaubte so die Demokratisierung der höheren Kultur«, schreibt der amerikanische Forscher FRANK MOORE CROSS[141], und sein britischer Kollege A. R. MILLARD merkt an: »Mit dem Alphabet (. . .) wurde das Monopol der Schreiber gebrochen, wenngleich man nicht annehmen sollte, daß sofort jeder zu lesen und schreiben begann.«[142]

Das wohl früheste und eindrucksvollste Beispiel breitverankerter Literalität bietet das klassische Griechenland und hier besonders Athen. Die Fachwelt streitet zwar noch darüber, ab welchem Zeitpunkt eine allgemeine Schreib- und Lesekundigkeit unter der athenischen Bürgerschaft angenommen werden kann. Einigkeit herrscht jedoch darüber, daß sie spätestens seit Ende des 5. Jhs. v. Chr. vorauszusetzen ist. Schulen mit einer größeren Zahl von Schülern werden in griechischen Quellen schon für die Zeit kurz nach 500 v. Chr. erwähnt (wenngleich es dort niemals einen kostenlosen öffentlichen Schulunterricht oder gar eine Schulpflicht im modernen Sinn gab), Vasenbilder zeigen ebenfalls schon seit dem frühen 5. Jh. Unterrichtsszenen (Abb. 97) und in den klassischen Dramen und Komödien erscheint gegen Ende des 5. Jhs. der (meist ländliche) Analphabet, der *agrammatos,* als eine Witzfigur.

Die athenische direkte Demokratie mit ihrer unmittelbaren Mitwirkung und Verantwortlichkeit der Vollbürger, von denen ein großer Teil einmal oder mehrmals im Leben staatliche Funktionen ausübte, setzte eine allgemeine Schreib- und Lesekundigkeit geradezu voraus. Gesetze und wichtige Verlautbarungen wurden daher wie selbstverständlich (oft mit dem Vermerk »damit jeder, der es wünscht, es sehen kann«[143]) als Inschriften in Stein auf öffentlichen Plätzen zugänglich gemacht. Auch eine Einrichtung wie das seit Ende des 6. Jhs. existierende Scherbengericht *(ostrakismos),* mittels dessen ein unbeliebter oder als gefährlich angesehener Politiker für zehn Jahre in die Verbannung geschickt werden konnte, wenn mindestens 6000 Bürger seinen Namen auf einer Tonscherbe einritzten, hätte ohne eine allgemeine Literalität gar nicht funktionieren können (wobei man weiß, daß durchaus auch Scherben von fremder Hand beschrieben oder sogar ›serienmäßig‹ vorgefertigt wurden). Bei alldem ist freilich immer zu bedenken, daß diese athenische Demokratie sich auf die freien männlichen Vollbürger der Stadt beschränkte und die Frauen, Sklaven und Fremden, mithin die Mehrheit der erwachsenen Bevölkerung, von vornherein ausgeschlossen und politisch rechtlos blieben. Dennoch dürfte auch unter diesen Bevölkerungsgruppen ein gewisser, sicherlich kleinerer Teil schriftkundig gewesen sein.

Das klassische Griechenland, insbesondere Athen mit seiner weiten Schriftverbreitung, dürfte in der antiken Welt einzigartig und unerreicht geblieben sein, die dortigen Verhältnisse lassen sich also kaum verallgemeinern. Tatsächlich vertreten die meisten Fachleute heute die Meinung, daß in der hellenistischen Welt und im Römischen Reich, wo die meisten Menschen nicht in Städten, sondern auf dem Lande lebten und wo beispielsweise auch die Teilnahme an der Staatsverwaltung und an öffentlichen Entscheidungsprozessen als Motiv für die Schrifterlernung und -verwendung fehlte, die Mehrheit der Bevölkerung nach wie vor weder lesen noch schreiben konnte. Im europäischen Früh- und Hochmittelalter schmolz der Schriftgebrauch sogar wieder für Jahrhunderte auf wenige ›Inseln‹ der Literalität und der Gelehrsamkeit zusammen. Dies waren vor allem die Klöster, in denen man die lateinische Schrift zur Überlieferung und Kopierung der christlichen und antiken Texte benutzte und auf diese Weise bewahrte.

Wenngleich das Alphabet sozusagen die ›technologische‹ Voraussetzung für eine allgemeine Schriftkundigkeit, gleichsam die ›Demokratisierung‹ der Schreibkunst geschaffen hat, wurde diese Möglichkeit in der antiken und mittelalterlichen Welt doch nur an einigen wenigen Stellen, wo dafür günstige gesellschaftliche und politische Voraussetzungen bestanden, realisiert. Im allgemeinen blieb der Umgang mit der Schrift das Privileg einer gesellschaftlichen Minderheit – einer Minderheit allerdings, die um einiges größer gewesen sein dürfte als die kleine Gruppe der Berufsschreiber in den altorientalischen Hochkulturen (vgl. S. 210ff.). Zu ihr gehörten neben den in der religiösen Sphäre und in der Staatsverwaltung bzw. am Herrscherhof Tätigen sicher auch viele Kaufleute, Händler und Handwerker sowie der größte Teil der gutsituierten Oberschicht, für die es nun zum guten Ton gehörte, gebildet, belesen und kulturell interessiert zu sein.

Es wäre auch ein Irrtum, anzunehmen, daß die Entwicklung der leicht anwendbaren Buchstabenschrift automatisch eine Durchdringung des gesamten Alltagslebens mit diesem neuen Medium zur Folge gehabt hätte. Selbst im klassischen Griechenland, dem antiken Paradebeispiel breitverankerter Literalität, blieb die ›Verschriftlichung‹ des Alltags in vielerlei Hinsicht begrenzt, wurden auf Mündlichkeit beruhende Traditionen und Institutionen in weiten Bereichen beibehalten. Die Literatur beispielsweise war noch lange Zeit primär für ein Zuhörer- bzw. Theaterpublikum, nicht für eine Leserschaft im heutigen Sinne konzipiert, in der Philosophie blieb der ›Dialog‹ das klassische Mittel der Lehre und der Wahrheitsfindung, und im politischen Bereich fungierte die an persönliche Anwesenheit und unmittelbare Diskussion gebundene Volksversammlung während der Periode der Demokratie als oberstes Entscheidungsorgan. Aus diesem Grunde kann ein Kulturgeschichtler, wie es der britische Althistoriker Oswyn Murray formulierte, »Griechenland als eine mündliche oder eine schriftliche Kultur ansehen, je nachdem, welchen Bereich er unter-

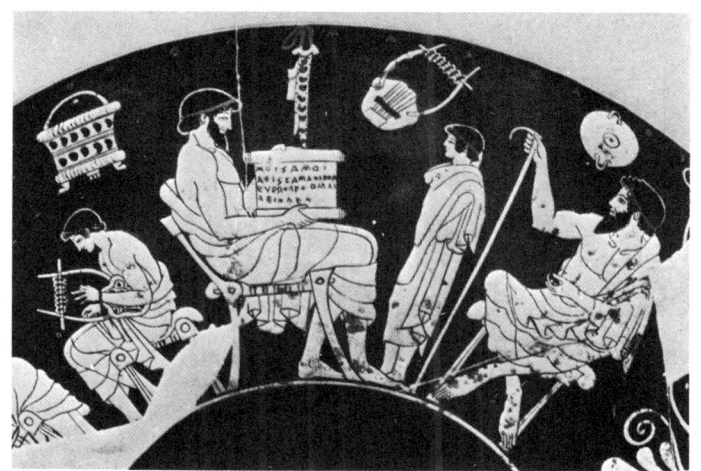

97   Unterrichtsszene auf einer attischen Schale des 5. Jhs. v. Chr.

sucht.«[144] Dies gilt in noch stärkerem Maße für die hellenistischen Staaten und das Römische Reich, in denen die Mündlichkeit gegenüber der Schrift ein noch größeres Gewicht bewahrt haben dürfte. Deshalb kann man diese Kulturen trotz der Existenz großer und wohlbestückter Bibliotheken, trotz eines umfangreichen Handels mit den damals üblichen ›Buch‹-Rollen aus Papyrus oder Pergament und trotz einer Vielzahl von Ausbildungsstätten nur mit Einschränkung als wirklich ›verschriftete‹ Kulturen bezeichnen.

Das wahre Zeitalter der literalen Massenkommunikation und des alles durchdringenden Schriftgebrauchs wurde erst eingeläutet mit der Erfindung des Buchdrucks durch JOHANNES GUTENBERG und der massenhaften industriellen Herstellung des billigen Beschreib- und Bedruckstoffes Papier im Europa des 15. Jhs. Doch das ist ein völlig neuer Abschnitt in der Geschichte der Kommunikationstechniken, der jenseits unserer Betrachtung liegt.

Italien:
Seit dem 8./7. Jh. v. Chr. etruskisches, lateinisches und andere aus dem griechischen abgeleitete italische Alphabete. In der Folgezeit setzt sich die lateinische Schrift durch und verbreitet sich später in weiten Teilen des Römischen Reiches.

Griechenland und Ägäis
In den bronzezeitl. ›Palastkulturen‹ des 2. Jts. v. Chr. mehrere Schriftsysteme: ›Hieroglyphenschrift‹ und Linear A auf Kreta, Linear B auf Kreta und dem Festland. Nach einer schriftlosen Zwischenperiode dann zu Beginn des 1. Jts. (oder bereits am Ende des 2. Jts.) v. Chr. Übernahme der semitischen Buchstabenschrift durch die Griechen und Umformung zum griechischen Alphabet.

Levanteküste:
Im 2. Jt. v. Chr. Entstehung mehrerer regionaler Buchstabenschriften unter Anlehnung an die ägypt. bzw. die mesopotam. Schrift: Protosinaitische, proto- und altkanaanäische sowie ugaritische Buchstabenschrift. Um die Wende zum 1. Jt. v. Chr. Herausbildung des klassischen phönizischen Alphabets, aus dem sich im 9./8. Jh. v. Chr. die hebräische und die aramäische Schrift entwickeln. Die phönizische Schrift regt direkt oder indirekt die Bildung zahlreicher Buchstabenschriften bei Völkern des Ostens wie des Westens an und wird damit zur ›Urmutter aller Alphabete‹.

Ägypten:
Seit 3000 v. Chr. altägyptische Hieroglyphen- und davon abgeleitete hieratische Kursivschrift. Im 7. Jh. v. Chr. Entwicklung der demotischen Kursive, die das Hieratische im Alltagsgebrauch ersetzt. Im 3. Jh. n. Chr. im Zuge der Christianisierung Aufkommen der aus dem griechischen Alphabet abgeleiteten koptischen Buchstabenschrift, die die altägyptische Schrift in kurzer Zeit verdrängt.

98 Einige wichtige frühe Schriftsysteme der Alten Welt im Überblick

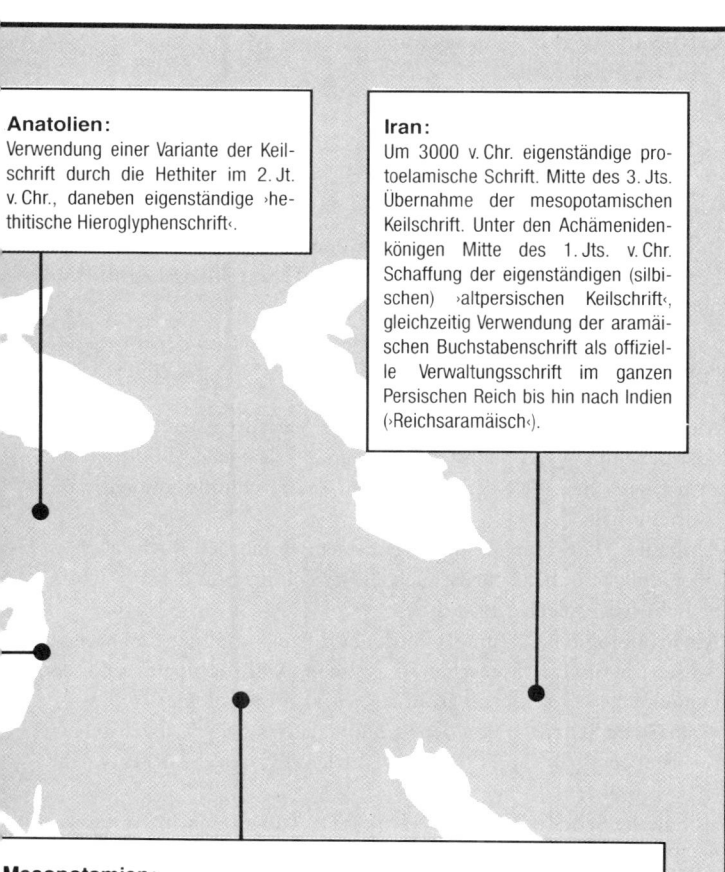

Anatolien:
Verwendung einer Variante der Keilschrift durch die Hethiter im 2. Jt. v. Chr., daneben eigenständige ›hethitische Hieroglyphenschrift‹.

Iran:
Um 3000 v. Chr. eigenständige protoelamische Schrift. Mitte des 3. Jts. Übernahme der mesopotamischen Keilschrift. Unter den Achämenidenkönigen Mitte des 1. Jts. v. Chr. Schaffung der eigenständigen (silbischen) ›altpersischen Keilschrift‹, gleichzeitig Verwendung der aramäischen Buchstabenschrift als offizielle Verwaltungsschrift im ganzen Persischen Reich bis hin nach Indien (›Reichsaramäisch‹).

Mesopotamien:
Seit etwa 3100 v. Chr. archaische ›protosumerische‹ Schrift, die sich im Laufe des 3. Jts. zur sumerischen und akkadischen Keilschrift weiterentwickelt. Letztere verbreitet sich im 2. Jt. v. Chr. in Form der babylonisch–assyrischen Keilschrift über weite Regionen des Vorderen Orients und ist dort ›internationale Verkehrsschrift‹, wird im Laufe des 1. Jts. v. Chr. aber zunehmend durch die aramäische Buchstabenschrift verdrängt.

Glossar

In das Glossar sind nur häufiger verwendete Begriffe aufgenommen. Lediglich an einzelnen Stellen erwähnte und dort erklärte Begriffe sind nicht aufgeführt.

Alter ego Spiritueller Doppelgänger (anderes Ich), der mit dem eigenen Schicksal verknüpft ist, meist ein Tier

Akrophonie/akrophonisches Prinzip Verfahren der Gewinnung oder Benennung von Buchstabenzeichen, bei dem jedes (Bild-)Zeichen als phonetischen Wert den Anfangslaut des durch ihn repräsentierten Wortes erhält

Alphabet Die konventionell geordnete Reihe der Buchstaben in einer alphabetischen Schrift; auch als Bezeichnung für die → Buchstabenschrift als solche gebräuchlich

Anthropologie Die (unterschiedliche Einzeldisziplinen umfassende) Wissenschaft vom Menschen (physische Anthropologie) und der menschlichen Gesellschaft (Kultur-/Sozialanthropologie)

aramäische Schrift Von der → phönizischen Schrift abgeleitete → Buchstabenschrift; im Nahen und Mittleren Osten des 1. Jts. v. Chr. weit verbreitet

archaische Schrift/Texte aus Uruk Die frühesten Schriftzeugnisse des Zweistromlandes aus der Zeit um 3100–2900 v. Chr.; auch als *proto-keilschriftliche* oder *protosumerische Texte* bezeichnet

Artefakt In der Archäologie Bezeichnung für jeden vom Menschen hergestellten oder veränderten, im weiteren Sinne auch nur verwendeten Gegenstand

Australopithecinen Gattung von → Hominiden, die vor ca. 4–1 Million Jahren in Afrika lebten, mehrere unterschiedliche Arten umfassend

Begriffszeichen/Begriffsschrift → Ideogramm/Ideographie

Bildzeichen/Bilderschrift → Piktogramm/Piktographie

Buchstabenzeichen/Buchstabenschrift Schriftzeichen, die die Einzellaute der Sprache (→ Phoneme) wiedergeben und die darauf basierende Schrift. Es gibt rein konsonantische Buchstabenschriften, in denen die Vokale nicht geschrieben werden, und solche mit vokalisch-konsonantischer Schreibung wie im griechischen und lateinischen Alphabet

Bulle Hier hohler Tonball zur Aufbewahrung und Sicherung tönerner ›Zählmarken‹, der → *tokens*

C-14-Datierung Datierungsmethode, die auf der Messung des Zerfalls radioaktiver Kohlenstoff-14-Isotope in organischen Materialien beruht

calculi Zählsteinchen, Zählmarken u. ä.

Demotisch Späte altägyptische → Kursiv- und Gebrauchsschrift

Determinativ/Deutzeichen ›Stummes‹, nicht mitzulesendes → Ideogramm, das andere Schriftzeichen einem bestimmten Bedeutungsfeld zuordnet

Endocraniumabdruck/-ausguß Abformung des Schädelinneren, die die grobe Struktur des ehemaligen Gehirns erkennen läßt

Ethnologie Völkerkunde

Evolution Allmählich fortschreitende Entwicklung; im engeren Sinne stammesgeschichtliche Entwicklung der Lebewesen

fossil ›urzeitlich‹; als Versteinerung erhalten

Gestik Stumme Gebärdensprache

Gegenstandsschrift Von einigen Autoren verwendete Bezeichnung für nichtschriftliche Kommunikationsmittel und Gedächtnishilfen wie → Kerbstock, → Knotenschnur u. dgl.

Glottogenese Entstehung der Sprache

Graffiti Flüchtige Schriftkritzeleien

Hieratisch Altägyptische → Kursiv- oder Gebrauchsschrift, abgeleitet von der → Hieroglyphenschrift

Hieroglyphen/Hieroglyphenschrift Im engeren Sinne die altägyptische (Monumental-)Schrift und ihre Zeichen; im weiteren Sinne alle sprachlich gebundenen Schriften mit markant bildhaften Zeichen (z.B. hethitische, kretische oder Maya-›Hieroglyphenschrift‹)

Hominiden In der Stammesgeschichte der → Primaten der Entwicklungszweig der ›Menschenartigen‹, der über eine größere Zahl von ausgestorbenen Formen zum heutigen Menschen führte

Homo erectus → Hominidenart, die vor 1,5 Millionen bis 300 000 Jahren in Afrika, Asien und Europa lebte und mehrere Unterarten umfaßte

Homo habilis Verglichen mit den → Australopithecinen relativ hoch entwickelte → Hominidenart vor etwa zwei bis einer Million Jahren, die von vielen Wissenschaftlern als erste der Gattung *Homo* (Mensch) zugerechnet wird

Homo sapiens sapiens Der (anatomisch) moderne Mensch, dessen früheste Vertreter (ab ca. 35 000 Jahre vor heute) auch als *Cro-Magnon-Menschen* bezeichnet werden

Homonyme Wörter mit gleichem Klang oder ähnlicher Aussprache, aber unterschiedlicher Bedeutung

Ideenschrift/Inhaltsschrift Bezeichnung für nicht sprachlich gebundene, d. h. noch nicht zur eigentlichen Schrift gehörende graphische Memorierungs- und Mitteilungssysteme, die keine in Wörtern formulierten Sätze, sondern in Bildern und Symbolen ›ganzheitlich‹ fixierte Ideen- und Handlungskomplexe wiedergeben; von einzelnen Wissenschaftlern auch als *Semasiographie* bezeichnet

Ideogramm/Ideographie Im engeren Sinne Begriffszeichen ohne unmittelbaren bildlichen Bezug zu dem gemeinten Begriff und die auf solchen Zeichen basierende Schriftart; im weiteren Sinne Bezeichnung für alle nicht in erster Linie laut-, sondern bedeutungstragenden (semantischen) Schriftzeichen und die darauf beruhende Schreibweise

Indus-Schrift Bezeichnung für das bisher unentzifferte Schriftsystem der sog. Indus-Kultur um 2500–1600 v. Chr.

Jungpaläolithikum Jüngste und entwickeltste Periode der Altsteinzeit (→ Paläolithikum), umfaßt mehrere aufeinanderfolgende Kulturen in der zweiten Hälfte der letzten Eiszeit (ca. 35 000–10 000 Jahre vor heute)

Kanaan/Kanaanäer Antike Bezeichnung für den palästinensisch-libanesischen Küstenstreifen und seine semitischen Bewohner

Keilschrift Die entwickelte Schrift der alten vorderasiatischen Hochkulturen, bestehend aus keilförmigen Eindrücken in Tontafeln

Kerbstock Mit eingeritzten oder -geschnittenen Kerben bzw. Markierungen versehener Holzstock (oder auch Knochen), der zur ›Aufzeichnung‹ und Übermittlung von Zahlenmengen oder anderen Informationen dient

Knotenschnur Schnur, die nach einem festgelegten System mit Knotenfolgen versehen ist, um Zahlenmengen oder andere Informationen weiterzugeben bzw. zu speichern (z. B. die altperuanischen → *quipus*)

Konvention In unserem Zusammenhang gesellschaftliche Übereinkunft über die Lesung bestimmter Schriftzeichen bzw. die Deutung bestimmter Symbole

Koptisch Schriftsprache der christlichen Ägypter nach der Zeitwende, geschrieben mit 24 griechischen und 7 → demotischen Zeichen

Kursivschrift In unserem Zusammenhang schnell und flüssig zu schreibende Form der Schrift für den täglichen praktischen Gebrauch, meist mit Tinte oder Tusche auf Papyrus, Pergament, Papier o. ä. (›Schreibschrift‹)

Lautzeichen/Lautschrift Im engeren Sinne Schriftzeichen, die die Einzellaute der Sprache (→ Phoneme) wiedergeben und die darauf basierende → Buchstabenschrift; im weiteren Sinne alle Schriftzeichen, die nicht in erster Linie bedeutungs-, sondern lauttragend sind und die darauf beruhenden Schriftsysteme (neben der alphabetischen auch die → Silbenschrift)

Levante Die Länder um das östliche Mittelmeer

Linearschrift Schrift mit nicht-bildhaften, linearen Zeichen

Linear A/B → Silbenschriften, die im 2. Jt. v. Chr. in der kretisch-minoischen bzw. in der mykenischen Kultur verwendet wurden

Linguistik Sprachwissenschaft

Linksläufigkeit Schreibweise in Zeilen von rechts nach links

Literal, aliteral, semiliteral Schriftbesitzend/schriftkundig, nicht bzw. teilweise schriftbesitzend/schriftkundig

Logogramm/Logographie Wortzeichen und die darauf beruhende Wortschrift

Mimik Mienenspiel

Mnemotechnik Unterstützung des Gedächtnisses durch verschiedenartige Hilfsmittel und Erinnerungstechniken

Monumentalschrift Sorgfältig ausgeführte ›Denkmalsschrift‹, zumeist in beständige Materialien wie Stein, Metall u. ä. eingemeißelt bzw. eingraviert

Neandertaler (*Homo sapiens neanderthalensis*) Fossiler Menschentyp, der in seiner ›klassischen‹ Form vor ca. 80 000 bis 40 000 Jahren lebte

neolithische Revolution　Eingebürgerte Bezeichnung für den Übergang zu Bodenbau und Viehzucht, zur produzierenden und seßhaften Lebensweise des *Neolithikums* (Jungsteinzeit; in Vorderasien vor ca. 10 000 Jahren beginnend)

Onomatopöie　Lautmalerei, Schallnachahmung, Bildung von Wörtern durch Nachahmung außersprachlicher Laute und Geräusche

oral　mündlich

Paläanthropologie　Wissenschaft von den fossilen Menschen- bzw. → Hominidenfunden

Paläolithikum　Altsteinzeit, die frühesten menschlichen Kulturen während des Eiszeitalters (endete vor ca. 10 000 Jahren)

Paläontologie　Wissenschaft von den fossilen, ausgestorbenen Tierarten

Partialschrift　Bisweilen verwendete Bezeichnung für rein → ideographische oder → logographische Schriften, die die Sprache nur unvollkommen wiedergeben

Phönizien/Phönizier　Antike Bezeichnung für das Gebiet des Libanon bzw. seine semitischen Bewohner

phönizische Schrift　Konsonantische Buchstabenschrift, die etwa seit dem 11. Jh. v. Chr. in → Phönizien nachweisbar ist

Phonem　Kleinste Lauteinheit der Sprache mit potentiell bedeutungsunterscheidender Funktion, aber selbst nicht bedeutungstragend

phonetisch　lautlich

Phonetisierung　Prozeß der ›Verlautlichung‹ einer Schrift, d. h. der Umstellung von bedeutungs- auf lauttragende Zeichen

Phonogramm/Phonographie　Lautzeichen und die darauf basierende Schreibweise

Phylogenese　Die stammesgeschichtliche Entwicklung (im Gegensatz zur *Ontogenese,* der Entwicklung des Einzelwesens)

Piktogramm/Piktographie　Bildhaftes bzw. Bildzeichen und die darauf beruhende bildhafte oder ›Bilderschrift‹. Der Begriff wird in der Literatur unterschiedlich verwendet: Manche Autoren bezeichnen als Piktogramm jedes formal bildhafte, aber zu einer sprachlich bzw. lautlich gebundenen Schrift gehörende Schriftzeichen (z. B. im Falle der altägyptischen → Hieroglyphen); andere dagegen setzen Piktographie mit der nicht sprachlich gebundenen → Ideenschrift (deren Zeichen daher keine Schriftzeichen im eigentlichen Sinne sind) gleich. Wegen seiner inhaltlichen Unschärfe und Mehrdeutigkeit wird der Begriff (ebenso wie ›Bilderschrift‹) in diesem Buch weitestmöglich vermieden

Primaten ›Herrentiere‹; in der Zoologie Säugetierordnung, die Halbaffen, Affen, Menschenaffen und Menschen umfaßt

proto-/altkanaanäische Schrift Vom 17. bis ins 11. Jh. v. Chr. im palästinensisch-libanesischen Küstenraum belegte Schriftengruppe, die in ihrer entwickelten Form alphabetischen Charakter hatte und zur Vorläuferin der → phönizischen Schrift wurde

protosinaitische Schrift Vermutlich aus dem 15. Jh. v. Chr. stammende, auf der Sinai-Halbinsel belegte semitische → Buchstabenschrift, die wahrscheinlich ägyptisch beeinflußt war

quipu Altperuanische, bei den Inka verwendete → Knotenschnur

Rebus-Prinzip Verfahren zur Erweiterung der Ausdrucksfähigkeit in Wortschriften, bei dem schwierig darzustellende Begriffe mit den Schriftzeichen anderer, ähnlichlautender Wörter (→ Homonyme) wiedergegeben werden; im Deutschen z. B. ›Rat‹ = Bildzeichen ›Rad‹

Rechtsläufigkeit Schreibweise in Zeilen von links nach rechts

Silbenzeichen/Silbenschrift Lautzeichen, die für bestimmte Silben stehen und die auf diesen Zeichen beruhende Schrift

städtische Revolution Gebräuchliche, wenngleich umstrittene Bezeichnung für den Übergang zur Hochkultur mit ihren verschiedenen Merkmalen

tokens Englische Bezeichnung für die vom 8. bis ins 2. Jt. v. Chr. im Vorderen Orient wahrscheinlich zu Buchführungszwecken verwendeten Tonmarken

ugaritische Schrift Keilschriftalphabet aus dem 14./13. Jh. v. Chr., das in der antiken syrischen Handelsstadt Ugarit und andernorts im Bereich der → Levante in Gebrauch war

Vollschrift Bisweilen verwendete Bezeichnung für → Lautschriften, die die Sprache annähernd getreu wiedergeben

Wortzeichen/Wortschrift → Logogramm/Logographie

Zoosemiotik Wissenschaft von den Tiersignalen

Literaturverzeichnis

Das vorliegende Verzeichnis erfaßt trotz seines Umfangs die vorhandene Literatur zu den in diesem Buch behandelten Themenbereichen auch nicht annähernd vollständig. Bei einigen spezielleren Fragen wie etwa den ›paläolithischen Kerbenreihen und Markierungen‹ oder dem ›Buchführungssystem der Tonmarken und -hüllen im Vorderen Orient‹ dürften allerdings die wichtigsten Veröffentlichungen genannt sein, während bei allgemeineren Themen wie etwa den ›Kommunikationssystemen im Tierreich‹ oder den ›anatomisch-neurologischen Sprachgrundlagen‹ nur einige wenige Publikationen beispielhaft aufgeführt werden konnten. Bei der Literatur zu einzelnen Schriftarten wie Keilschrift, Hieroglyphen usw. sind die jeweils relevanten Kapitel in den schriftgeschichtlichen Handbüchern und Standardwerken wie JENSEN (63), DIRINGER (50), GELB (61) usw. nicht gesondert aufgeführt, sondern gegebenenfalls vom Leser selbst zu berücksichtigen.

In Klammern gesetzte Zahlen verweisen auf die Numerierung des Literaturverzeichnisses.

Allgemeine Literatur zur Sprache und Sprachentstehung

1 Archaeology and Linguistics. World Archaeology 8, 1/1976
2 BARBER, CHARLES The Flux of Language. London 1964
3 BUNAK, VIKTOR V. Present State of the Problem of the Origin of Speech and the Early Stages of its Evolution. In: Cahiers d'Histoire Mondiale 5, 2/1959: 310–324
4 BUNAK, VIKTOR V. Die Entwicklungsstadien des Denkens und des Sprachvermögens und die Wege ihrer Erforschung. In: SCHWIDETZKY, ILSE (36): 226–252
5 BUSSMANN, HADUMOD Lexikon der Sprachwissenschaft. Stuttgart 1983
6 CRITCHLEY, MACDONALD The Evolution of Man's Capacity for Language. In: TAX, SOL (ed.) Evolution after Darwin. Vol. 2/1960: 289–308
7 CRITCHLEY, MACDONALD Was Gesture the Precursor of Speech? In: Ders., Silent Language. London 1975: 211–223
8 DÉCSY, GYULA Sprachherkunftsforschung. Wiesbaden 1977
9 DIAMOND, A. S. The History and Origin of Language. London 1959
10 ENGLEFIELD, F. R. H. Language – Its Origin and its Relation to Thought. London 1977

11 Die Evolution der Sprache. Acta Teilhardiana XII, München 1975 (Kongreßbericht)

12 GANS, ERIC The Origin of Language – A Formal Theory of Representation. Berkeley/Los Angeles/London 1981

13 HARNAD, STEVAN A./STEKLIS, HORST D./LANCASTER, JANE (eds.) Origins and Evolution of Language and Speech. Annals of the New York Academy of Sciences, Vol. 280, New York 1976 (Kongreßbericht)

14 HEWES, GORDON W. Primate Communication and the Gestural Origin of Language. In: Current Anthropology 14/1973: 5–24

15 HEWES, GORDON W. Language Origins – A Bibliography. Paris 1975

16 HEWES, GORDON W. The Current Status of the Gestural Theory of Language Origin. In: HARNAD, STEVAN A. et al. (13): 482–500

17 HILDEBRAND-NILSHON, MARTIN Die Entwicklung der Sprache – Phylogenese und Ontogenese. Frankfurt/New York 1980

18 HOCKETT, C. The Origin of Speech. In: Scientific American 203/1960: 88–96

19 JONAS, DORIS F./JONAS, A. DAVID Das erste Wort – wie die Menschen sprechen lernten. Hamburg 1979

20 KAVANAGH, JAMES F./CUTTING, JAMES E. (eds.) The Role of Speech in Language. Cambridge, Mass./London 1975 (Kongreßbericht)

21 Language. In: The New Encyclopaedia Britannica, Vol. 22/1985: 566–589

22 LEAKEY, RICHARD E. Die Entstehung der Sprache. In: Ders. (164): 126–141

23 LEAKEY, RICHARD E./LEWIN, ROGER Intelligenz, Sprache und Bewußtsein. In: Dies. (165): 180–205

24 LEAKEY, RICHARD E./LEWIN, ROGER Sprache, Kultur und soziales Verhalten. In: Dies., Die Menschen vom See. Frankfurt 1982: 163–185

25 LIEBERMAN, PHILIP On the Origins of Language. New York/London 1975

26 LIEBERMAN, PHILIP The Biology and Evolution of Language. Cambridge 1984

27 LUDOVICI, L. J. Origins of Language. New York 1965

28 MARQUARDT, BEATE Die Sprache des Menschen und ihre biologischen Voraussetzungen. Tübingen 1984

29 MÜLLER, HORST E. Evolution, Kognition und Sprache: Die Evolution des Menschen und die biologischen Grundlagen der Sprachfähigkeit. Berlin 1987

30 PARKER, SUE TAYLOR/GIBSON, KATHLEEN RITA A Developmental Model for the Evolution of Language and Intelligence in Early Hominids. In: The Behavioral and Brain Sciences 2/1979: 367–408

31 RENFREW, COLIN Archaeology and Language. London 1987

32 RÉVÉSZ, G. Ursprung und Vorgeschichte der Sprache. Bern 1946

33 ROSENKRANZ, BERNHARD Der Ursprung der Sprache – ein linguistisch-anthropologischer Versuch. Heidelberg ²1971

34 ROSLANSKY, JOHN D. (ed.) Communication. Amsterdam/London 1969

35 SCHARF, JOACHIM-HERMANN/KÄMMERER, WILHELM (Hrsg.) Naturwissenschaftliche Linguistik. Nova Acta Leopoldina, N.F., Nr. 245, Bd. 54/1981

36 SCHWIDETZKY, ILSE (Hrsg.) Über die Evolution der Sprache: Anatomie – Verhaltensforschung – Sprachwissenschaft – Anthropologie. Frankfurt 1973 (Reader)

37 SOMMERFELT, ALF The Origin of Language – Theories and Hypotheses. In: Cahiers d'Histoire Mondiale 1, 4/1954: 885–902

38 SPIRKIN, A. G. The Origin of Language. In: Cahiers d'Histoire Mondiale 5, 2/1959: 293–309

39 STAM, JAMES H. Inquiries into the Origin of Language. New York 1976

40 STÖRIG, HANS JOACHIM Abenteuer Sprache – ein Streifzug durch die Sprachen der Erde. Berlin/München 1987

41 STROSS, BRIAN The Origin and Evolution of Language. Dubuque, Iowa 1976

42 ZIMMER, DIETER E. So kommt der Mensch zur Sprache. Zürich 1988

43 ZISTERER, SYLVIA Probleme der phylogenetischen Sprachentstehung. In: LEIST, ANTON (Hrsg.) Ansätze zur materialistischen Sprachtheorie. Kronberg/Ts. 1975: 156–205

Allgemeine Literatur zur Schrift und Schriftentwicklung

44 BARTHEL, GUSTAV Konnte Adam schreiben? Weltgeschichte der Schrift. Köln 1972

45 CLAIBORNE, ROBERT Die Erfindung der Schrift. Reinbek bei Hamburg 1978

46 COHEN, MARCEL La grande invention de l'écriture et son évolution. Paris 1958

47 COULMAS, FLORIAN Über Schrift. Frankfurt 1982

48 COULMAS, FLORIAN/EHLICH, KONRAD Writing in Focus. Berlin/New York 1983

49 DIRINGER, DAVID Writing. New York 1962

50 DIRINGER, DAVID The Alphabet – A Key to the History of Mankind. London 1968

51 Early Writing Systems. World Archaeology 17, 3/1986

52 Ecritures – systèmes idéographiques et pratiques expressives. Paris 1982 (Kongreßbericht)

53 EHLICH, KONRAD Schriftentwicklung als gesellschaftliches Problemlösen. In: Zeitschrift für Semiotik 2/1980: 335–359

54 EKSCHMITT, WERNER Das Gedächtnis der Völker – Hieroglyphen, Schriften und Schriftfunde. München 1980

55 FAULMANN, CARL Das Buch der Schrift, enthaltend die Schriftzeichen und Alphabete aller Zeiten und aller Völker des Erdkreises. Wien 1880

56 FÖLDES-PAPP, KÁROLY Vom Felsbild zum Alphabet. Stuttgart 1966

57 FRIEDRICH, JOHANNES Entzifferung verschollener Schriften und Sprachen. Berlin 1966

58 FRIEDRICH, JOHANNES Geschichte der Schrift unter besonderer Berücksichtigung ihrer geistigen Entwicklung. Heidelberg 1966

59 Frühe Schriftsysteme. Das Altertum 31, 2/1985

60 Frühe Schriftzeugnisse der Menschheit. Göttingen 1969 (Kongreßbericht)

61 GELB, I. J.   Von der Keilschrift zum Alphabet. Stuttgart 1958

62 GRAFF, HARVEY J.   Literacy in History – An Interdisciplinary Research Bibliography. New York/London 1981

63 JENSEN, HANS   Die Schrift in Vergangenheit und Gegenwart. Berlin ³1969

64 Naissance de l'écriture – cunéiformes et hiéroglyphes. Paris 1982 (Ausstellungskatalog)

65 SCHMITT, ALFRED   Die Erfindung der Schrift. Erlangen 1938

66 SCHMITT, ALFRED   Entstehung und Entwicklung von Schriften. Köln/Wien 1980

67 SETHE, KURT   Vom Bilde zum Buchstaben – Die Entstehungsgeschichte der Schrift. Leipzig 1939

68 STEINTHAL, HEYMANN   Die Entwicklung der Schrift. Berlin 1852

69 WILLS, F. H.   Schrift und Zeichen der Völker – von der Urzeit bis heute. Düsseldorf 1977

70 Writing. In: The New Encyclopaedia Britannica, Vol. 29/1985: 982–1032

Literatur zur den einzelnen Kapiteln und Themenbereichen

Auf der Suche nach dem Ursprung der Sprache

71 AARSLEFF, HANS   An Outline of Language-Origins Theory since the Renaissance. In: HARNAD, STEVAN A. et al. (13): 4–17

72 ALLEN, W. S.   Ancient Ideas on the Origin and Development of Language. In: Transactions of the Philological Society 1948. London 1949: 35–60

73 ARENS, HANS   Sprachwissenschaft – der Gang ihrer Entwicklung von der Antike bis zur Gegenwart. Freiburg/München ²1967

74 Die Bibel (Altes und Neues Testament). Übers. v. D. LEANDER VAN ESS, Wien 1964

75 BÖKLEN, ERNST   Mythische Überlieferungen über die ersten Anfänge der Sprache. In: Ders., Die Entstehung der Sprache im Lichte des Mythos. Berlin/Stuttgart/Leipzig 1922: 131–169

76 BORST, ARNO   Der Turmbau von Babel – Geschichte der Meinungen über Ursprung und Vielfalt der Sprachen und Völker. 4 Bde., Stuttgart 1957–1961

77 CHILTON, C. W.   The Epicurean Theory of the Origin of Language. In: American Journal of Philology 83/1962

78 CHRISTMANN, HANS HELMUT (Hrsg.)   Sprachwissenschaft des 19. Jahrhunderts. Darmstadt 1977 (Reader)

79 HERDER, JOHANN GOTTFRIED   Sprachphilosophische Schriften. Hrsg. v. ERICH HEINTEL, Hamburg 1960

80 HERODOT ›Geschichten und Geschichte‹. Buch 1–4, übers. v. WALTER MARG, Zürich/München 1973

81 HEWES, GORDON WINANT   Language Origin Theories. In: RUMBAUGH, DUANE M. (140): 3–53

82 JESPERSEN, OTTO   Language – Its Nature, Development and Origin. London ^{13}1968 (1. Aufl. 1922); darin besonders: History of Linguistic Science: 19–102

83 JUNKER, HEINRICH   Sprachphilosophisches Lesebuch. Heidelberg 1948

84 MARX, OTTO   Die Geschichte der Ansichten über die biologische Grundlage der Sprache. In: LENNEBERG, ERIC H. (108): 541–574

85 MÜLLER, MAX   Vorlesungen über die Wissenschaft der Sprache. Leipzig 1866

86 NOIRÉ, LUDWIG   Max Müller und die Sprach-Philosophie. Mainz 1879

87 STEINTHAL, HEYMAN   Geschichte der Sprachwissenschaft bei den Griechen und Römern. Berlin 1863

Kommunikationssysteme im Tierreich

88 AKMAJIAN, ADRIAN et al.   Animal Communication. In: Ders. et al., Linguistics: An Introduction to Language and Communication. Cambridge/London 1984: 9–45

89 ALEXANDER, RICHARD D. et al.   Das neue Bild der Tierwelt – Verhaltensforscher berichten. Luzern/Frankfurt 1977; darin besonders: Sag es mit Zeichen und Tönen: 89–168

90 AUTRUM, HANSJOCHEM   Sprechen und Verstehen im Tierreich. Würzburger Universitätsreden, Heft 20, Würzburg 1955: 5–20

91 BOGENRIEDER, ARNO et al.   Lexikon der Biologie. Freiburg/Basel/Wien 1985

92 BRONOWSKI, J.   Human and Animal Languages. In: To Honor Roman Jakobson. The Hague/Paris 1967, Vol. 1: 374–394

93 BURKHARDT, DIETRICH (Hrsg.)   Signale in der Tierwelt. München 1966

94 CALDWELL, DAVID K./CALDWELL MELBA C.   Cetaceans: In: SEBEOK, THOMAS A. (124): 794–808

95 COUNT, EARL W.   Kommunikation zwischen Tieren und die anthropologischen Wissenschaften. In: SCHWIDETZKY, ILSE (36): 165–224

96 DESCARTES, RENÉ   Discours de la méthode. Übers. u. hrsg. v. LÜDER GÄBE, Hamburg 1960

97 EIBL-EIBESFELDT, IRENÄUS   Grundriß der vergleichenden Verhaltensforschung – Ethologie. München/Zürich ^{7}1987

98 ELLGRING, HEINER   Zur Entwicklung der Mimik als Verständigungsmittel. In: NIEMITZ, CARSTEN (Hrsg.)   Erbe und Umwelt. Frankfurt 1987: 260–280

99 ESCH, HARALD   The Evolution of Bee Language. In: Scientific American, 4/1967: 97–104

100 FRISCH, KARL VON   Tanzsprache und Orientierung der Bienen. Berlin/Heidelberg/New York 1965 (kurze Zusammenfassung Bern, 1961)

101 GEWALT, WOLFGANG   Einige Bemerkungen zur ›Sprache‹ der Delphine. In: SCHARF, JOACHIM-HERMANN/KÄMMERER, WILHELM (35): 481–485

102 GOODALL, JANE   The Chimpanzees of Gombe, Cambridge/Mass. 1986; darin: Communication: 114–145

103 GRIFFIN, DONALD R.   Expanding Horizons in Animal Communication Behaviour. In: SEBEOK, THOMAS A. (124): 26–32

104 HAFEMANN, MICHAEL   Delphine – Totem-Tiere des New Age? In: Psychologie heute 8/1987: 28–35

105 HASTINGS, HESTER (ed.)   Abbé Bougeant – Amusement philosophique sur le langage des bêtes. Genf/Lille 1954

106 HERRE, WOLF   Tier-›Sprache‹ und Domestikation. In: Die Evolution der Sprache (11): 7–21

107 KOEHLER, OTTO   Tiersprachen und Menschensprachen. In: ALTNER, GÜNTER (Hrsg.)   Kreatur Mensch. München 1973: 233–264

108 LENNEBERG, ERIC H.   Biologische Grundlagen der Sprache. Frankfurt 1972

109 LINDAUER, MARTIN   Verständigung im Bienenstaat. Stuttgart 1975

110 MARLER, PETER   Development of Communication in Animals. In: ROSLANSKY, JOHN D. (34): 24–62

111 MARLER, PETER   Kommunikation bei Primaten. In: SCHWIDETZKY, ILSE (36): 39–90

112 MARLER, PETER   On the Origin of Speech from Animal Sounds. In: KAVANAGH, JAMES F./CUTTING, JAMES E. (20): 11–43

113 MARLER, PETER   The Evolution of Communication. In: SEBEOK, THOMAS A. (124): 45–70

114 MÖHRES, FRANZ PETER   Tierische Kommunikation und menschliche Sprache. In: HAAG, HERBERT (Hrsg.)   Ursprung und Wesen des Menschen. Tübingen 1968: 81–96

115 PAYNE, ROGER S./McVAY, SCOTT   Songs of Humpback Whales. In: Science 173/1971: 585–597

116 PLOOG, DETLEV   Kommunikation in Affengesellschaften und deren Bedeutung für die Verständigungsweisen des Menschen. In: GADAMER, HANS-GEORG (Hrsg.)   Neue Anthropologie. Bd. 2, Stuttgart 1972: 98–178

117 PLOOG, DETLEV   Kommunikationsprozesse bei Affen. In: Homo 19/1968: 151–165

118 PRINCE, J. H.   Languages of the Animal World. Nashville/New York 1975

119 RENSCH, BERNHARD   Gedächtnis, Begriffsbildung und Planhandlungen bei Tieren. Berlin/Hamburg 1973

120 REYNOLDS, PETER CARLTON   Evolution of Primate Vocal-Auditory Communication Systems. In: American Anthropologist 70/1968: 300–308

121 ROBINSON, BRIAN W.   Vocalisation Evoked from Forebrain in Macaca mulatta. In: Physiology and Behavior 2/1967: 345–354

122 RUSSELL, CLAIRE/RUSSELL, W.M.S.   Sprache und Tiersignale. In: MINNIS, NOEL (Hrsg.)   Perspektiven der Linguistik. München 1974: 185–228

123 SCHMID, HERIBERT   Wie Tiere sich verständigen. Ravensburg 1979

124 SEBEOK, THOMAS A. (ed.)   How Animals Communicate. Bloomington/ London 1977

125 SEBEOK, THOMAS A.   Zoosemiotic Components of Human Communication. In: Ders. (124): 1055–1077

126 TEMBROCK, GÜNTER   Biokommunikation – Informationsübertragung im biologischen Bereich. 2 Bde., Berlin/Oxford/Braunschweig 1971

127 TEMBROCK, GÜNTER   Signalsysteme der Primaten. In: SCHARF, JOACHIM-HERMANN/KÄMMERER, WILHELM (35): 505–517

128 THIELCKE, G.   Vogelstimmen. Berlin/Heidelberg/New York 1970

129 THORPE, W. H.   Bird-Song – The Biology of Vocal Communication and Expression in Birds. Cambridge 1961

130 THORPE, W. H.   Animal Nature and Human Nature. London 1974

Sprachversuche mit Menschenaffen

131 ALLEN, R./GARDNER, BEATRICE T.   Teaching Sign Language to a Chimpanzee. In: Science 165/1969: 664–672

132 DE LUCE, JUDITH/WILDER, HUGH T.   Language in Primates – Perspectives and Implications. New York 1983 (Reader)

133 FOUTS, ROGER S./RIGBY, RANDALL L.   Man-Chimpanzee Communication. In: SEBEOK, THOMAS A. (124): 1034–1054

134 LIEBERMAN, PHILIP   Apes and Children. In: Ders. (26): 226–255

135 LINDEN, EUGENE   Die Kolonie der sprechenden Schimpansen. Wien/ München 1980

136 MARQUARDT, BEATE   Der Gebrauch artifizieller Zeichensysteme bei Menschenaffen. In: Dies. (28): 57–99

137 MARX, J.L.   Ape-Language Controversy Flares Up. In: Science 207/1980: 1330–1333

138 PREMACK, DAVID   Sprache bei Schimpansen? In: SCHWIDETZKY, ILSE (36): 91–131

139 RITTINGHAUS, DORIS   Washoe, Sarah and Lana on the Phylogeny of Language. In: KOCH, WALTER A. (Hrsg.) Semiogenesis. Frankfurt 1982

140 RUMBAUGH, DUANE M. (ed.)   Language Learning by a Chimpanzee – The Lana Project. New York 1977

141 SAVAGE-RUMBAUGH, E. S./RUMBAUGH, D. M./BOYSEN, S.   Do Apes Use Language? In: American Scientist 68/1980: 49–61

142 TERRACE, HERBERT   Can an Ape Create a Sentence? In: Science 206/1979: 891–902

143 TERRACE, HERBERT   Nim. New York 1979

144 UMIKER-SEBEOK, J./SEBEOK, T. A.   Clever Hans and Smart Simians. In: Anthropos 76/1981: 89–165

145 ZIMMER, DIETER E.   Die sprechenden Affen. In: Ders. (42): 110–118

146 ZIMMER, DIETER E.   Zeit Schimp Sprechen – über Sprachversuche mit Menschenaffen. In: Ders., Experimente des Lebens. Zürich 1989: 281–306

Die menschliche Evolutionsgeschichte und die frühen Hominiden

147 BINFORD, LEWIS R.   Die Vorzeit war ganz anders. München 1984

148 BOSINSKI, GERHARD   Der Neandertaler und seine Zeit. Köln/Bonn 1985

149 CAMPBELL, BERNARD   Human Evolution. New York ³1985

150 CHILDE, V. GORDON   Is Prehistory Practical? In: Antiquity 7/1933: 410–418

151 CLARK, J. DESMOND   The Prehistory of Africa. London 1970

152 CONSTABLE, GEORGE   Die Neandertaler. Reinbek bei Hamburg 1977

153 DARWIN, CHARLES   Die Abstammung des Menschen. Stuttgart ⁴1982

154 ENGELS, FRIEDRICH   Anteil der Arbeit an der Menschwerdung des Affen. In: MARX/ENGELS Werke Bd. 20: 444–455

155 ERBEN, HEINRICH K.   Die Entwicklung der Lebewesen. München ³1988

156 FASANI LEONE (Hrsg.)   Die Illustrierte Weltgeschichte der Archäologie. München ²1983

157 GRÜNERT H. (Hrsg.)   Homo erectus – seine Kultur und Umwelt. In: Ethnographisch-Archäologische Zeitschrift 2/1983 (Kongreßbericht)

158 HAECKEL, ERNST   Natürliche Schöpfungsgeschichte. Berlin ⁴1873

159 HEBERER, GERHARD (Hrsg.)   Der gerechtfertigte Haeckel. Stuttgart 1968

160 HENKE/ROTHE   Der Ursprung des Menschen. Unser gegenwärtiger Wissensstand. Stuttgart 1985

161 HERRMANN, JOACHIM   Die Menschwerdung – zum Ursprung des Menschen und der menschlichen Gesellschaft. Berlin 1986

162 HOWELL, F. CLARK   Der Mensch der Vorzeit. Reinbek/Hamburg 1975

163 JOHANSON, DONALD   Lucy – die Anfänge der Menschheit. München 1982

164 LEAKEY, RICHARD E.   Die Suche nach dem Menschen. Frankfurt 1981

165 LEAKEY, RICHARD E./LEWIN, ROGER   Wie der Mensch zum Menschen wurde. München 1985

166 MANIA, DIETRICH   Auf den Spuren des Urmenschen. Berlin 1990

167 MANIA, DIETRICH/DIETZEL, ADELHELM   Begegnung mit dem Urmenschen – die Funde von Bilzingsleben. Leipzig/Jena/Berlin 1980

168 MARX, KARL   Das Kapital. Bd. 1, Marx/Engels Werke Bd. 23

169 MAYR, ERNST (Hrsg.)   Evolution. Heidelberg 1984

170 MÜLLER-BECK, HANSJÜRGEN (Hrsg.)   Urgeschichte in Baden-Württemberg. Stuttgart 1983

171 MÜLLER-KARPE, HERMANN   Handbuch der Vorgeschichte. Bd. 1ff., München 1966ff.

172 PRIDEAUX, TOM   Der Cro-Magnon-Mensch. Reinbek bei Hamburg 1977

173 READER, JOHN   Die Jagd nach den ersten Menschen. Basel/Boston/Stuttgart 1982

174 SCHLETTE, FRIEDRICH (Hrsg.)   Die Entstehung des Menschen und der menschlichen Gesellschaft. Berlin 1980 (Kongreßbericht)

175 STEITZ, ERICH   Die Evolution des Menschen. Weinheim ²1979

176 VOGEL, CHRISTIAN   Menschliche Stammesgeschichte – Populationsdifferenzierung. Kiel 1974

177 WENDT, HERBERT   Der Affe steht auf. Reinbek bei Hamburg 1971
178 WHITE, EDMUND/BROWN, DALE   Die ersten Menschen. Reinbek bei Hamburg 1977
179 WOLF, JOSEF/BURIAN, ZDENĚK   Menschen der Urzeit. Hanau ²1979
180 YOUNG, J. Z./JOPE, E. M./OAKLEY, K. P. (eds.)   The Emergence of Man. London 1981 (Kongreßbericht)

Die Entfaltung der technologischen und geistigen Kultur der Frühmenschen

181 BEHM-BLANCKE, GÜNTER   Zur geistigen Welt des Homo erectus von Bilzingsleben. In: Jahresschrift für mitteldeutsche Vorgeschichte 70/1987: 41–82
182 BONNER, JOHN T.   The Evolution of Culture in Animals. Princeton 1980
183 BORDES, F.   Os percé moustérien et os gravé acheuléen du Pech de l'Azé II. In: Quaternaria XI/1969: 1–6
184 BRAIN, C. K./SILLEN, A.   Evidence from the Swartkrans Cave for the Earliest Use of Fire. In: Nature 336/1988: 464–466
185 Emergence of Human Behaviour Patterns. In: YOUNG, J. Z. et al. (180): 177 ff.
186 FRIDRICH, J.   Ein Beitrag zur Frage nach den Anfängen des künstlerischen und ästhetischen Sinns der Urmenschen (Vor-Neandertaler, Neandertaler). In: Památky Archeologické 67/1976: 5–30
187 GOODALL, JANE   Object Manipulation. In: Dies. (102): 535–564
188 HEWES, GORDON, W.   An Explicit Formulation of the Relationship between Tool-using, Tool-making and the Emergence of Language. In: Visible Language 7,2/1973: 101–127
189 HOFER, HELMUT   Zur Evolution des menschlichen Verhaltens. In: BERNHARD, WOLFRAM/KANDLER, ANNELIESE (Hrsg.)   Bevölkerungsbiologie. Stuttgart 1974: 597–637
190 HOLLOWAY, RALPH, L.   A Human Domain. In: Current Anthropology 10, 4/1969: 395–410
191 ISAAC, GLYNN L.   Stages of Cultural Elaboration in the Pleistocene. In: STEVAN A. HARNAD et al. (13): 275–288
192 KRAFT, GEORG   Der Urmensch als Schöpfer – die geistige Welt des Eiszeitmenschen. Tübingen 1948
193 LEROI-GOURHAN, ANDRÉ   Hand und Wort – Die Evolution von Technik, Sprache und Kunst. Frankfurt 1980
194 LEROI-GOURHAN, ANDRÉ   Technique et société chez l'animal et chez l'homme. In: Ders., Le fil du temps. Paris 1983: 110–123
195 MÜLLER-BECK, HANSJÜRGEN   Der Mensch – ein Techniker. In: Kindlers Enzyklopädie, Bd. 2: Der Mensch. Zürich 1982
196 OAKLEY, K. P.   Emergence of Higher Thought 3.0–0.2 Ma B.P. In: YOUNG, J. Z. et al. (180): 205–211
197 WASHBURN, SHERWOOD L. (ed.)   Social Life of Early Man. London 1962

198 WASHBURN, SHERWOOD L.   The Evolution of Human Behaviour. In: ROS-
LANSKY, JOHN D. (ed.)   The Uniqueness of Man. Amsterdam/London
1969: 167–189
199 WASHBURN, SHERWOOD L./HOWELL, CLARK F.   Human Evolution and
Culture. In: TAX, SOL (ed.)   Evolution after Darwin. Vol. 2/1960: 33–56

Anatomisch-neurologische Sprachgrundlagen und ihre Herausbildung

200 AKMAJIAN, ADRIAN et al.   Language and the Brain. In: Ders. et al., Linguistics: An Introduction to Language and Communication. Cambridge
1984: 493–515
201 ARENSBURG, B. et al.   A Middle Palaeolithic Human Hyoid Bone. In:
Nature 338/1989: 758–760
202 BLACK, DAVIDSON (ed.)   Fossil Man in China – The Choukoutien Cave
Deposits. Peking 1933
203 BONÉ, EDOUARD   Paläontologie des Menschen und Erscheinen der
Sprache. In: Die Evolution der Sprache (11): 23–29
204 BOULE, MARCELLIN/ANTHONY, RAOUL   L'encéphale de l'homme fossile
de La Chapelle-aux-Saints. In: L'Anthropologie 22/1911: 129–195
205 BURR, DAVID   Further Evidence Concerning Speech in Neanderthal
Man. In: Man 11/1976: 104–110
206 DUBRUL, E. LLOYD   Biomechanics of Speech Sounds. In: HARNAD,
STEVAN A. et al. (13): 631–642
207 DUBRUL, E. LLOYD/REED, CHARLES A.   Skeletal Evidence of Speech? In:
American Journal of Physical Anthropology 18/1960: 153–156
208 FALK, DEAN   Comparative Anatomy of the Larynx: Implications for
Language in Neanderthal. In: American Journal of Physical Anthropology 43/1975: 123–132
209 Holloway, Ralph L.   Paleoneurological Evidence for Language Origins.
In: HARNAD, STEVAN A. et al. (13): 330–348
210 KOCH, ANNEMARIE   Brain and Language. In: KOCH, WALTER A. (ed.)
Semiogenesis. Frankfurt 1982: 141–163
211 LAITMAN, JEFFREY T.   Konnte unser Urahn sprechen? In: Bild der Wissenschaft 5/1987: 38–47
212 LAITMAN, JEFFREY T./HEIMBUCH, RAYMOND C./CRELIN, EDMUND S.   Developmental Change in a Basicranial Line. In: American Journal of Anatomy
152/1978: 467–482
213 LAITMAN, JEFFREY T./HEIMBUCH, RAYMOND C./CRELIN, EDMUND S.   The
Basicranium of Fossil Hominids. In: American Journal of Physical
Anthropology 51/1979: 15–34
214 LE MAY, MARJORIE   The Language Capability of Neanderthal Man. In:
American Journal of Physical Anthropology 42/1975: 9–14
215 LENNEBERG, ERIC H.   Morphologische Korrelate. In: Ders. (108): 50–98
216 LIEBERMAN, PHILIP   The Speech of Primates. The Hague/Paris 1972
(Aufsatzsammlung)

217 LIEBERMAN, PHILIP Interactive Models for Evolution: Neural Mechanisms, Anatomy and Behaviour. In: HARNAD, STEVAN A. et al. (13): 660–672

218 LIEBERMAN, PHILIP The Phylogeny of Language. In: SEBEOK, THOMAS A. (124): 3–25

219 MARIN, OSCAR S. M. Neurobiology of Language – An Overview. In: HARNAD, STEVAN A. et al. (13): 900–911

220 MARSHALL, JOHN C. The Descent of the Larynx? In: Nature 338/1989: 702/703

221 MORRIS, DONALD H. Neanderthal Speech. In: Linguistic Inquiry 5/1974: 144

222 NIEMITZ, CARSTEN Die Stammesgeschichte des menschlichen Gehirns und der menschlichen Sprache. In: Ders., Erbe und Umwelt, Frankfurt 1987: 95–118

223 PASSINGHAM, R. E. Borca's Area and the Origins of Human Vocal Skill. In: YOUNG, J. Z. et al. (180): 167–175

224 PLOOG, DETLEV Hirnstruktur und phonetische Expression. In: SCHARF, JOACHIM-HERMANN/KÄMMERER, WILHELM (35): 565–580

225 STARCK, DIETRICH Phylogenetische Aspekte der morphologischen Substrate der Sprachfunktion. In: Die Evolution der Sprache (11): 57–85

226 STARCK, DIETRICH Stammesgeschichtliche Voraussetzungen der Entwicklung der menschlichen Sprache. In: SCHARF, JOACHIM-HERMANN/KÄMMERER, WILHELM (35): 581–596

227 VALLOIS, HENRY V. The Evidence of Skeletons. In: WASHBURN, SHERWOOD L. (197): 217–221

228 WIND, JAN Methoden zur Erforschung des Sprachursprungs. In: Die Evolution der Sprache (11): 41–55

229 WIND, JAN Phylogeny of the Human Vocal Tract. In: HARNAD, STEVAN A. et al. (13): 612–631

230 WIND, JAN Primatenevolution und Sprachursprung. In: SCHARF, JOACHIM-HERMANN/KÄMMERER, WILHELM (35): 791–800

231 ZANGWILL, OLIVER L. Die Neurologie der Sprache. In: MINNIS, NOEL (Hrsg.) Perspektiven der Linguistik. München 1974: 245–263

Zum Verhältnis von Mündlichkeit und Schriftlichkeit

232 AFANASJEVA, V. Mündlich überlieferte Dichtung (›Oral Poetry‹) und schriftliche Literatur in Mesopotamien. In: Acta Antiqua Academiae Scientiarum Hungaricae 22/1974: 121–135

233 ASSMANN, ALEIDA/ASSMANN, JAN/HARDMEIER, CHRISTOF (Hrsg.) Schrift und Gedächtnis – Archäologie der literarischen Kommunikation I. München 1983

234 CLANCHY, M. T. From Memory to Written Record – England 1066–1307. London 1979

235 ELWERT, GEORG Die Verschriftlichung von Kulturen. In: Sociologus, N.F. 36/1986: 65–78

236 FUCHS, PETER Zur Funktion der Geschichte in schriftlosen Gesellschaften. In: Mitteilungen der Anthropologischen Gesellschaft in Wien XCIX/1969: 182–188

237 GOODY, JACK The Domestication of the Savage Mind. Cambridge 1977

238 GOODY, JACK (Hrsg.) Literalität in traditionalen Gesellschaften. Frankfurt 1981

239 GOODY, JACK The Interface Between the Written and the Oral. Cambridge 1987

240 GOODY, JACK/WATT, IAN/GOUGH, KATHLEEN Entstehung und Folgen der Schriftkultur. Frankfurt 1986

241 HAVELOCK, ERIC A. The Muse Learns to Write – Reflections on Orality and Literacy from Antiquity to the Present. New Haven/London 1986

242 HODDER, IAN Symbols in Action. Cambridge 1982

243 HODDER, IAN (ed.) The Archaeology of Contextual Meanings. Cambridge 1987

244 ILLICH, IVAN/SANDERS, BARRY Das Denken lernt Schreiben – Lesekultur und Identität. Hamburg 1988

245 KLAFFKE, CLAUDIA Mit jedem Greis stirbt eine Bibliothek – Alte und neue afrikanische Literatur. In: ASSMANN, ALEIDA et al. (233): 222–230

246 LATACZ, JOACHIM Homer. München/Zürich 1985

247 LEONHARDT, CLAUS-PETER Oralität – Schriftkultur. Ein Zwischenspiel. In: Umbruch 2/1987: 46–49

248 LORD, ALBERT B. Der Sänger erzählt – wie ein Epos entsteht. München 1965

249 Mündlichkeit und Bild-Zeichen: Formen der Kommunikation. In: Sozialwissenschaftliche Informationen 15,3/1986

250 ONG, WALTER J. Orality and Literacy – The Technologizing of the Word. London/New York 1982

251 PARRY, MILMAN (ed. PARRY, A.) The Making of the Homeric Verse: The Collected Papers of Milman Parry. Oxford 1971

252 SCHOTT, RÜDIGER Das Geschichtsbewußtsein schriftloser Völker. In: Archiv für Begriffsgeschichte 12/1968: 166–205

Schrift-Vorstufen, Zählsysteme und ›Ideenschriften‹ in aliteralen Kulturen der Neuzeit

253 ANDREE, RICHARD Merkzeichen und Knotenschrift. In: Ders., Ethnographische Vergleiche und Parallelen. Stuttgart 1978: 184–197

254 DANZEL, TH. W. Die Anfänge der Schrift. Leipzig 1912

255 FETTWEIS, EWALD Das Rechnen der Naturvölker. Leipzig 1927

256 FRIEDERICI, P. Die darstellende Kunst der Eskimos. In: Globus 74/1898: 124–132

257 IFRAH, GEORGES Universalgeschichte der Zahlen. Frankfurt ²1986; darin: 1–128, 163–183

258 MALLERY, GARRICK On the Pictographs of the North American Indians. In: Fourth Annual Report of the Bureau of Ethnology, Washington 1886: 13 ff.

259 MALLERY, GARRICK Picture-Writing of the American Indians. In: Tenth Annual Report of the Bureau of Ethnology, Washington 1893: 25 ff.

260 MENNINGER, KARL Zahlwort und Ziffer – Eine Kulturgeschichte der Zahl. Göttingen ²1958; darin: Die Zählreihe. Bd. I: 17–98; Zahlzeichen des Volkes. Bd. II: 26–64

261 STREHLOW, CARL Die tjurunga der Aranda und Loritja. In: Ders., Die Aranda- und Loritja-Stämme in Zentral-Australien. Frankfurt 1908: 75–83

262 WERTHEIMER, MAX Über das Denken der Naturvölker – Zahlen und Zahlengebilde. In: Ders., Drei Abhandlungen zur Gestalttheorie. Erlangen 1925: 106–163

263 WEULE, KARL Botenstäbe bei den Buschmännern – eine südafrikanisch-australische Parallele. In: Jahrbuch des Städtischen Museums für Völkerkunde zu Leipzig, Bd. 6, Leipzig 1915: 42–48

264 WEULE, KARL Vom Kerbstock zum Alphabet. Stuttgart 1915

Zur Problematik der paläolithischen Kerbenreihen und Markierungen

265 ABSOLON, KAREL Dokumente und Beweise der Fähigkeit des fossilen Menschen zu zählen im Mährischen Paläolithikum. In: Artibus Asiae XX/ 1957: 123–150

266 BEHM-BLANCKE, GÜNTER Altpaläolithische Gravierungen von Bilzingsleben. In: Ethnographisch-Archäologische Zeitschrift 24/1983: 304–320

267 FROLOW, BORIS Die magische Sieben in der Altsteinzeit. In: Bild der Wissenschaft 3/1971: 258–265

268 FROLOW, BORIS Numbers in Paleolithic Graphics. Novosibirsk 1974

269 HAHN, JOACHIM Aurignacien Signs, Pendants and Art Objects in Central and Eastern Europe. In: World Archaeology 3, 3/1972: 252–266

270 HAHN, JOACHIM Eine menschliche Halbreliefdarstellung aus der Geißenklösterle-Höhle bei Blaubeuren. In: Fundberichte aus Baden-Württemberg 7/1982: 1–12

271 HEINZELIN, JEAN DE Ishango. In: Scientific American 206/1962: 106 ff.

272 MANIA, DIETRICH/MANIA, URSULA Deliberately Engraved Representations on Bone Artefacts from Homo erectus of Bilzingsleben. Rock Art Research, Melbourne 1988/89

273 MARSHACK, ALEXANDER The Roots of Civilisation – The Cognitive Beginning of Man's First Art, Symbol and Notation. London 1972 (insbesondere Kapitel I–X)

274 MARSHACK, ALEXANDER   Upper Paleolithic Notation and Symbol. In: Science 178/1972: 817–828

275 MOOG, F.   Paläolithische Freilandstation im älteren Löß von Wyhlen. In: Badische Fundberichte 15/1939: 36–58

276 MÜLLER-BECK, HANSJÜRGEN   Jungpleistozäne Funde aus dem Solvay-Steinbruch bei Wyhlen. In: DEHN, R. et al.   Lörrach und das rechtsrheinische Vorland von Basel (Führer zu vor- und frühgeschichtlichen Denkmälern Bd. 47), Mainz 1981: 263–267

277 PEYRONY, D.   La Ferrassie. In: Préhistoire 3/1934: 1 ff.

278 VÉRTES, L.   ›Lunar Calendar‹ from the Hungarian Upper Paleolithic. In: Science 149/1965

279 VERWORN, MAX   Die Anfänge des Zählens. In: Korrespondenz-Blatt der Deutschen Gesellschaft für Anthropologie, Ethnologie und Urgeschichte XLII/1911: 53–55

Die jungpaläolithische Kunst und ihre Symbolik

280 BATAILLES, GEORGES   Die vorgeschichtliche Malerei. Lascaux oder die Geburt der Kunst. Genf 1955

281 BOSINSKI, GERHARD   Die Kunst der Eiszeit in Deutschland und in der Schweiz. Bonn 1982

282 BREUIL, HENRI   Quatre cents siècles d'art pariétal. Montignac 1952

283 DRÖSSLER, RUDOLF   Kunst der Eiszeit von Spanien bis Sibirien. Leipzig 1980

284 FORBES JR., ALLAN/CROWDER, THOMAS R.   The Problem of Franco-Cantabrian Abstract Signs: Agenda for a New Approach. In: World Archaeology 10, 3/1979: 350–366

285 GRAZIOSI, PAOLO   Die Kunst der Altsteinzeit. Stuttgart 1957

286 HAHN, JOACHIM   Kraft und Aggression – Die Botschaft der Eiszeitkunst im Aurignacien Süddeutschlands? Tübingen 1986

287 HAHN, JOACHIM   Das Geißenklösterle I. Stuttgart 1988

288 KIRCHNER, HORST   Ein archäologischer Beitrag zur Urgeschichte des Schamanismus. In: Anthropos 47/1952: 244–286

289 LECHLER, GEORGE   The Interpretation of the ›Accident Scene‹ at Lascaux. In: Man 283/1951: 165–167

290 LEROI-GOURHAN, ANDRÉ   Prähistorische Kunst. Freiburg/Basel/Wien ⁴1971

291 LEROI-GOURHAN, ANDRÉ   Höhlenkunst in Frankreich. Bergisch-Gladbach 1981

292 LEROI-GOURHAN, ARLETTE et al.   Lascaux inconnu. Paris 1979

293 MARSHACK, ALEXANDER   Exploring the Mind of Ice Age Man. In: National Geographic 1/1975: 62–89

294 MARSHACK, ALEXANDER   Kapitel XI–XIII. In: Ders. (273): 169–340

295 MITHEN, STEVEN J.   Looking and Learning: Upper Paleolithic Art and Information Gathering. In: World Archaeology 19,3/1988: 297–327

296 MÜLLER-BECK, HANSJÜRGEN/ALBRECHT, GERD Die Anfänge der Kunst vor 30 000 Jahren. Stuttgart 1987 (Austellungskatalog)

297 UCKO, PETER J./ROSENFELD, ANDRÉE Felsbildkunst im Paläolithikum. München 1967

Schriftsysteme schon in der Steinzeit?

298 BIEGEL, GERD (Hrsg.) Das erste Gold der Menschheit – Die älteste Zivilisation in Europa. Freiburg 1985 (Ausstellungskatalog)

299 COOK, ARTHUR BERNARD Les galets peints du Mas-d'Azil. In: L'Anthropologie 14/1903: 655–660

300 HILLER, STEFAN Die Tărtăria-Tafeln. In: Archiv für Orientforschung, Beiheft 20/1985: 93–100

301 MILOJČIĆ, VLADIMIR/FALKENSTEIN, ADAM Die Tontafeln von Tărtăria. In: Germania 43/1961: 261–273

302 PIETTE, EDOUARD Les écritures de l'age glyptique. In: L'Anthropologie 16/1905: 1–11

303 PIETTE, EDOUARD Les galets coloriés du Mas-d'Azil. In: L'Anthropologie 7/1896: 385–427

304 TODOROVIĆ, JOVAN Written Signs in the Neolithic Cultures of Southeastern Europe. In: Archaeologia Iugoslavica 10/1969: 77–84

305 WILSER, LUDWIG Die bemalten Kiesel von Mas-d'Azil. In: Globus 70/1896: 361f. und Globus 85/1904: 319

306 WITTE, REINHARD Die frühen Schriftfunde Südosteuropas unter Berücksichtigung der beginnenden Kupfermetallurgie. Berlin 1980 (Dissertation; kurze Zusammenfassung in: Ethnographisch-Archäologische Zeitschrift 24/1983: 681–687)

Historisches und gesellschaftliches Milieu der Schriftentstehung

307 CASSON, LIONEL Ägypten – die Pharaonenreiche. Reinbek bei Hamburg 1971

308 CHILDE, V. GORDON The Urban Revolution. In: The Town Planning Review. April 1950

309 CHILDE, V. GORDON Stufen der Kultur. Zürich 1952

310 CHILDE, V. GORDON Der Mensch schafft sich selbst. Dresden 1959

311 CHILDE, V. GORDON Soziale Evolution. Frankfurt 1977

312 DIAKONOFF, I. M. (ed.) Ancient Mesopotamia – Socio-Economic History. Moskau 1969

313 FALKENSTEIN, ADAM La cité-temple sumérienne. In: Cahiers d'Histoire Mondiale 1,4/1954: 784–814

314 FISCHER, HUGO Die Geburt der Hochkultur in Ägypten und Mesopotamien. Stuttgart 1960

315 FREYDANK, HELMUT et al.   Wörterbuch zur Kultur und Kunst des alten Orients. Leipzig/Hanau o. J.

316 GRAYSON, A. KIRK/REDFORD, DONALD B.   Papyrus and Tablet. Prentice-Hall 1973

317 HAMBLIN, DORA JANE   Die ersten Städte. Reinbek bei Hamburg 1977

318 KOLB, HANS   Die Stadt im Altertum. München 1984

319 KRAMER, SAMUEL NOAH   Mesopotamien – Frühe Staaten an Euphrat und Tigris. Reinbek bei Hamburg 1971

320 L'écriture, expression d'une civilisation. In: Naissance de l'écriture (64): 195–321

321 NACK, EMIL   Ägypten und der Vordere Orient im Altertum. Wien 1962/1977

322 NISSEN, HANS J.   Grundzüge einer Geschichte der Frühzeit des Vorderen Orients. Darmstadt 1983

323 REDMAN, CHARLES L.   The Rise of Civilization. San Francisco 1978

324 SCHMÖKEL, HARTMUT   Geschichte des alten Vorderasien. Handbuch der Orientalistik, Bd. II, Abschnitt 3. Leiden 1957

325 SERVICE, ELMAN R.   Ursprünge des Staates und der Zivilisation. Frankfurt 1977

326 SODEN, WOLFRAM VON   Einführung in die Altorientalistik. Darmstadt 1985

327 STROMMENGER, EVA   Habuba Kabira – eine Stadt vor 5000 Jahren. Mainz 1980

328 Sumer – Assur – Babylon. Hildesheim 1978 (Ausstellungskatalog)

329 WOOLLEY, LEONARD   Ur in Chaldäa. Wiesbaden 1957

Das Buchführungssystem der Tonmarken und -hüllen im Vorderen Orient

330 AMIET, PIERRE   Elam. Auvers-sur-Oise 1966

331 AMIET, PIERRE   Il y a 5000 ans les Elamites inventaient l'écriture. In: Archéologia 12/1966: 16–23

332 AMIET, PIERRE   Glyptique susienne. Memoires de la Délégation Archéologique Française en Iran XLIII, 1972

333 AMIET, PIERRE   Archaeological Discontinuity and Ethnic Duality in Elam. In: Antiquity 53/1979: 195–204

334 AMIET, PIERRE   Comptabilité et écriture archaique à Suse et en Mésopotamie. In: Ecritures (52): 39–45

335 AMIET, PIERRE   Approche physique de la comptabilité à l'époque d'Uruk: Les bulles-envelopes de Suse. Colloque CNRS. Paris 1984

336 DITTMANN, R.   Seals, Sealings and Tablets. In: FINKBEINER, U./RÖLLIG W. (Hrsg.) Gamdat Nasr. Tübingen 1983/Wiesbaden 1986: 332–365

337 IFRAH, GEORGES   Haben Buchhalter die Schrift erfunden? In: Ders. (257): 184–203

338 JASIM, SABAH ABBOUD/OATES, JOAN   Early Tokens and Tablets in Meso-
     potamia: New Information from Tell Abada and Tell Brak. In: World
     Archaeology 17, 3/1986: 348–362
339 LE BRUN, A./VALLAT, F.   L'origine de l'écriture à Suse. Cahiers de la
     Délégation Archéologique Française en Iran 8/1978: 11–70
340 LIEBERMAN, STEPHEN J.   Of Clay Pebbles, Hollow Clay Balls and Writing:
     A Sumerian View. In: American Journal of Archaeology 84/1980: 339–358
341 OPPENHEIM, A. LEO   On an Operational Device in Mesopotamian
     Bureaucracy. In: Journal of Near Eastern Studies 18/1959: 121–128
342 SCHMANDT-BESSERAT, DENISE   An Archaic Recording System and the
     Origin of Writing. In: Syro-Mesopotamian Studies 1/2/1977: 1–32
343 SCHMANDT-BESSERAT, DENISE   Vom Ursprung der Schrift. In: Spektrum
     der Wissenschaft 12/1978: 5–12
344 SCHMANDT-BESSERAT, DENISE   An Archaic Recording System in the
     Uruk-Jemdet Nasr Period. In: American Journal of Archaeology 83/
     1979: 19–48
345 SCHMANDT-BESSERAT, DENISE   Reckoning Before Writing. In: Archaeo-
     logy 32,3/1979: 22–31
346 SCHMANDT-BESSERAT, DENISE   The Envelopes that Bear the First Writing.
     In: Technology and Culture 21,3/1980: 357–385
347 SCHMANDT-BESSERAT, DENISE   From Tokens to Tablets: A Re-Evaluation
     of the So-Called ›Numerical Tablets‹. In: Visible Language 15/1981:
     321–344
348 SCHMANDT-BESSERAT, DENISE   The Emergence of Recording. In: Ameri-
     can Anthropologist 84/1982: 871–878
349 SCHMANDT-BESSERAT, DENISE   Before Numerals. In: Visible Language
     18/1984: 48–60
350 SCHMANDT-BESSERAT, DENISE   Tonmarken und Bilderschrift. In: Das
     Altertum 31,2/1985: 76–82
351 SCHMANDT-BESSERAT, DENISE/JACOB-ROST, LIANE   Tokens from the Sanc-
     tuary of Eanna from Uruk. Forschungen und Berichte (im Druck)
352 VALLAT, FRANÇOIS   The Most Ancient Scripts of Iran: The Current
     Situation. In: World Archaeology 17,3/1986: 335–347

Die archaische Schrift der Späturuk- und Djemdet-Nasr-Zeit

353 BOTTÉRO, JEAN   De l'aide-mémoire à l'écriture. In: Ecritures (52): 13–37
354 DAMEROW, PETER/ENGLUND, ROBERT K./NISSEN, HANS J.   Die Entste-
     hung der Schrift. In: Spektrum der Wissenschaft 2/1988: 74–85
355 FALKENSTEIN, ADAM   Archaische Texte aus Uruk. Berlin/Leipzig 1936
356 FINKEL, IRVING L.   Inscriptions from Tell Brak 1984. In: Iraq 17/1985:
     187–189
357 GREEN, M. W.   Animal Husbandry at Uruk in the Archaic Period. In:
     Journal of Near Eastern Studies 39/1980: 1–35

358 GREEN, M. W.   The Construction and Implementation of the Cuneiform Writing System. In: Visible Language 15/1981: 345–372

359 GREEN, M. W./NISSEN, HANS J.   Zeichenliste der Archaischen Texte aus Uruk. Berlin 1987

360 LAMBERT, MAURICE   Pourquoi l'écriture est née en Mesopotamie. In: Archéologia 12/13/1966: 26–31, 69–76

361 LANGDON, STEPHEN   Pictographic Inscriptions from Jemdet Nasr. Oxford 1928

362 NISSEN, HANS J.   Bemerkungen zur Listenliteratur Vorderasiens im 3. Jahrtausend. In: CAGNI, LUIGI   La Lingua di Ebla. Napoli 1981: 99–108

363 NISSEN, HANS J.   The Development of Writing and of Glyptic Art. In: FINKBEINER, U./RÖLLIG. W. (Hrsg.)   Gamdat Nasr. Tübingen 1983/ Wiesbaden 1986: 316–331

364 NISSEN, HANS J.   The Emergence of Writing in the Ancient Near East. Interdisciplinary Science Reviews 1985

365 NISSEN, HANS J.   The Archaic Texts from Uruk. In: World Archaeology 17,3/1986: 317–333

366 VAIMAN, A. A.   Über die Protosumerische Schrift. In: Acta Antiqua Academiae Scientiarum Hungaricae XXII/1974: 15–27

Die Zahlzeichen der archaischen Schrift

367 DAMEROW, PETER   Die Entstehung des arithmetischen Denkens. In: DAMEROW, PETER/LEFÈVRE, WOLFGANG   Rechenstein, Experiment, Sprache. Stuttgart 1981: 11–113

368 DAMEROW, PETER/ENGLUND, ROBERT K.   Die Zahlzeichensysteme der Archaischen Texte aus Uruk. In: GREEN, M. W./NISSEN, HANS J. (359): 117–165

369 DAMEROW, PETER/ENGLUND, ROBERT K./NISSEN, HANS J.   Die ersten Zahldarstellungen und die Entwicklung des Zahlbegriffs. In: Spektrum der Wissenschaft 3/1988: 46–55

370 FRIBERG, JÖRAN   The Early Roots of Babylonian Mathematics. Vol. I & II, Göteborg 1978/79

371 FRIBERG, JÖRAN   Zahlen und Maße in den ersten Schriftzeugnissen. In: Spektrum der Wissenschaft 4/1984: 116–124

372 IFRAH, GEORGES   Die sumerischen Ziffern. In: Ders. (257): 210–221

Die Entwicklung der Keilschrift und der Keilschriftliteratur

373 CHIERA, EDWARD   Sie schrieben auf Ton. Zürich 1940

374 DIAKONOFF, I. M.   Ancient Writing and Ancient Written Language: Pitfalls and Peculiarities in the Study of Sumerian. In: Sumerological Studies in Honor of Thorkild Jacobsen. Chicago/London 1974: 99–121

375 DRIVER, G.R.   Cuneiform Scripts. In: Ders., Semitic Writing from Pictograph to Alphabet. London/Oxford ³1976: 1–77
376 EDZARD, D.O.   Keilschrift. In: Ders. (Hrsg.), Reallexikon der Assyriologie Bd. 5/1976–1980: 544–568
377 FALKENSTEIN, A.   Das Sumerische. Leiden 1964 (Handbuch der Orientalistik)
378 FALKENSTEIN, A./SODEN, W. VON   Sumerische und Akkadische Hymnen und Gebete. Zürich/Stuttgart 1953
379 KIENAST, BURKHART   Keilschrift und Keilschriftliteratur. In: Frühe Schriftzeugnisse der Menschheit (60): 39–55
380 KRAMER, S. N.   Geschichte beginnt mit Sumer. München o. J.
381 LABAT, RENÉ   Manuel d'épigraphie akkadienne. Paris ⁵1976
382 Les écritures cunéiformes. Und: Écriture et civilisation mésopotamienne. In: Naissance de l'écriture (64): 74–117, 196–262
383 POWELL, MARVIN A.   Three Problems in the History of Cuneiform Writing: Origins, Direction of Script, Literacy. In: Visible Language 15/1981: 419–440
384 SCHRAMM, WOLFGANG   Die Keilschrift. Und: Die altmesopotamische Literatur. In: Sumer – Assur – Babylon (328): 66–73
385 WIESEHÖFER, JOSEF   Die Entzifferung der Keilschrift. Hagen 1987

Die Schriftentstehung und die frühesten Schriftzeugnisse in Ägypten

386 ARNETT, WILLIAM S.   The Predynastic Origin of Egyptian Hieroglyphs. Washington 1982
387 ASSELBERGHS, HENRI   Chaos en Beheersing – Documenten uit aeneolithisch Egypte. Leiden 1961 (englische Zusammenfassung: 256–293)
388 GODRON, GÉRARD   A propos du nom royal *. In: Annales du Service des Antiquités de l'Egypte 49/1949: 217–221
389 HODGE, CARLETON T.   Ritual and Writing: An Inquiry into the Origin of Egyptian Script. In: KINKADE, M.D. (Hrsg.) Festschrift C.F. Voegelin. Lisse 1975: 331–350
390 KAPLONY, PETER   Die Inschriften der ägyptischen Frühzeit. Wiesbaden 1963
391 KAPLONY, PETER   Die ältesten Texte. In: Textes et langages (415): 3–13
392 KEIMER, LUDWIG   Bemerkungen zur Schiefertafel von Hierakonpolis. In: Aegyptus 7/1926: 169–188
393 MÜLLER-KARPE, HERMANN   Schrift – Ägypten. In: Ders. (171): Bd. II: 326–331
394 POSENER-KRIÉGER, PAULE   Les papyrus de l'ancien empire. In: Textes et langages (415): 25–35
395 RANKE, HERMANN   Eine Bemerkung zur ›Narmer‹-Palette. In: Studia Orientalia 1/1925: 167–175
396 RAY, JOHN D.   The Emergence of Writing in Egypt. In: World Archaeology 17,3/1986: 307–316

397 SCHARFF, ALEXANDER   Archäologische Beiträge zur Frage der Entstehung der Hieroglyphenschrift. München 1942

398 SCHENKEL, WOLFGANG   Wozu die Ägypter eine Schrift brauchten. In: ASSMANN, ALEIDA et al. (233): 45–63

399 SCHOTT, SIEGFRIED   Hieroglyphen – Untersuchungen zum Ursprung der Schrift. Wiesbaden 1950

400 SCHULZE, PETER H.   Auf den Schwingen des Horusfalken – Die Geburt der ägyptischen Hochkultur. Bergisch Gladbach 1980

401 WESTENDORF, WOLFHART   Die Anfänge der altägyptischen Hieroglyphen. In: Frühe Schriftzeugnisse der Menschheit (60): 56–87

Die Prinzipien der ägyptischen Schrift und die ägyptische Literatur

402 ASSMANN, JAN   Schrift, Tod und Identität. Das Grab als Vorschule der Literatur im alten Ägypten. In: Ders. et al. (233): 64–93

403 BRINKHUS, GERD (Hrsg.):   Hieroglyphenschrift und Totenbuch. Tübingen 1985 (Katalog)

404 BRUNNER, HELLMUT   Die altägyptische Schrift. In: Studium Generale 12/1965: 756–769

405 BRUNNER, HELLMUT   Die Schrift der Ägypter. In: HAUSMANN, U. (Hrsg.) Allgemeine Grundlagen der Archäologie. München 1969: 208–213

406 ERMAN, ADOLF   Die Literatur der Ägypter. Leipzig 1923

407 GARDINER, ALAN   Egyptian Grammar. Oxford/London ³1964

408 HELCK, WOLFGANG   Zur Frage der Entstehung der ägyptischen Literatur. In: Wiener Zeitschrift für die Kunde des Morgenlandes 63/64/1972: 6–26

409 HORNUNG, ERIK   Einführung in die Ägyptologie. Darmstadt 1967

410 Les écritures égyptiennes. In: Naissance de l'écriture (64): 118ff.

411 ROSSINI, STÉPHANE   Hieroglyphen lesen und schreiben. Tübingen 1986

412 SCHENKEL, WOLFGANG   Schrift. In: HELCK, WOLFGANG et al. Lexikon der Ägyptologie, Bd. V, Wiesbaden 1984: 713–735

413 SCHMITT, ALFRED   Die ägyptische Schrift. In: Ders. (66): 275–298

414 SPULER, B. (Hrsg.)   Ägyptische Schrift und Sprache (Handbuch der Orientalistik 1. Abtlg., 1. Bd., 1. Abschn.). Leiden 1959

415 Textes et langages de l'Egypte pharaonique – Hommage à Jean-François Champollion. Kairo 1972 (Reader)

416 TILL, WALTER   Vom Wesen der ägyptischen Schrift. In: Die Sprache 3/1957: 207–215

417 ZAUZICH, KARL-TH.   Hieroglyphen ohne Geheimnis. Mainz 1980

Die Entwicklung der Schrift in Mittel- und Ostasien

418 BOLTZ, WILLIAM G.   Early Chinese Writing. In: World Archaeology 17,3/1986: 420–435

419 CHOU HUNG-HSIANG   Chinesische Orakelknochen. In: Spektrum der Wissenschaft 6/1979: 31–37

420 COULMAS, FLORIAN Writing and Literacy in China. In: COULMAS, FLO-
RIAN/EHLICH, KONRAD (48): 239–253

421 FAIRSERVIS JR., WALTER A. Die Schrift der Indus-Kultur. In: Spektrum
der Wissenschaft 5/1983: 88–97

422 FAZZIOLI, EDOARDO Gemalte Wörter – 214 chinesische Schriftzeichen.
Bergisch Gladbach 1987

423 GOUGH, KATHLEEN Implikationen der Literalität im traditionalen China
und Indien. In: GOODY, JACK et al. (240): 123–145

424 HAMBIS, LOUIS Ecritures chinoises. In: Archéologia 12/1966: 32–37

425 HUNTER, G.R. The Script of Harappa and Mohenjo-Daro. London 1934

426 JANSEN, MICHAEL Die Indus-Zivilisation. Köln 1986

427 KARLGREN, BERNHARD Schrift und Sprache der Chinesen. Berlin 1975

428 MAHADEVAN, I. The Indus Script – Texts, Concordance and Tables. New
Delhi 1977

429 MARSHALL, JOHN Mohenjo-Daro and the Indus Civilization. London
1931

430 PARPOLA, ASKO The Indus Script: A Challenging Puzzle. In: World
Archaeology 17,3/1986: 399–419

431 THILO, THOMAS Die Ausbreitung des chinesischen Schriftsystems in
Ostasien. In: Das Altertum 31,2/1985: 98–106

432 UNGER, ULRICH Aspekte der Schrifterfindung – das Beispiel China. In:
Frühe Schriftzeugnisse der Menschheit (60): 11–38

433 WHEELER, MORTIMER The Indus Civilization. Cambridge 1968

Die altamerikanischen Schriftsysteme

434 BARTHEL, THOMAS S. Entzifferungen früher Schriftsysteme in Altamerika und Polynesien. In: Frühe Schriftzeugnisse der Menschheit (60):
151–176

435 BARTHEL, THOMAS S. Erste Schritte zur Entzifferung der Inkaschrift. Und:
Viraco chas Prunkgewand. In: Tribus 19/1970: 91–96; 20/1971: 63–124

436 BAUDEZ, CLAUDE-FRANÇOIS/BECQUELIN, PIERRE Die Maya. München
1985

437 BENSON, ELIZABETH P. (ed.) Mesoamerican Writing Systems. Dumbar-
ton Oaks 1972

438 EGGEBRECHT, ARNE (Hrsg.) Glanz und Untergang des Alten Mexiko –
Die Azteken und ihre Vorläufer. Hildesheim/Mainz 1986 (Ausstellungskatalog)

439 HAGEN, VICTOR W. VON Sonnenkönigreiche: Azteken – Maya – Inka.
München 1962

440 HOUSTON, STEPHEN D. Archaeology and Maya Writing. In: Journal of
World Prehistory 3/1989: 1–32

441 JARA, VICTORIA DE LA La découverte de l'écriture péruvienne. In: Archéologia 62/1973: 8–25

442 JUSTESON, JOHN S. The Origin of Writing Systems: Preclassic Meso-america. In: World Archaeology 17,3/1986: 438–458

443 KATZ, FRIEDRICH Vorkolumbische Kulturen. München 1969

444 KELM, HEINZ/MÜNZEL, MARK Herrscher und Untertanen – Indianer in Peru 1000 v. Chr. bis heute. Frankfurt 1973/74 (Ausstellungsführer)

445 PREM, HANNS J./RIESE, BERTHOLD Autochthonous American Writing Systems: The Aztec and Maya Examples. In: COULMAS, FLORIAN/EHLICH, KONRAD (48): 167–186

446 SCHARLAU, BIRGIT Wie lasen die Azteken? Göttingen 1985

447 SCHARLAU, BIRGIT/MÜNZEL, MARK Qellqay – Mündliche Kultur und Schrifttradition bei Indianern Lateinamerikas. Frankfurt/New York 1986

448 SCHELE, LINDA/MILLER, MARY ELLEN The Blood of Kings – Dynasty and Ritual in Maya Art. New York 1986

449 THIEMER-SACHSE, URSULA Zu den altamerikanischen Schriftsystemen. In: Das Altertum 31,2/1985: 107–112

Die frühe Schreibkunst als Herrschaftsmittel und soziales Privileg

450 BAINES, JOHN Literacy and Ancient Egyptian Society. In: Man 18/1983: 572–599

451 BAINES, JOHN ›Schreiben‹. In: HELCK, WOLFGANG et al. Lexikon der Ägyptologie, Bd. 5, Wiesbaden 1984: 693–698

452 BAINES, JOHN Literacy, Social Organization and the Archaeological Record: The Case of Early Egypt. In: GLEDHILL, JOHN et al. (ed.) State and Society. One World Archaeology No. 4. London 1988

453 BAINES, JOHN/EYRE, C. J. Four Notes on Literacy. In: Göttinger Miszellen 61/1983: 65–96

454 BRUNNER, HELLMUT Die Lehre des Cheti. Glückstadt und Hamburg 1944

455 BRUNNER, HELLMUT Altägyptische Erziehung. Wiesbaden 1957

456 BRUNNER, HELLMUT Schrift und Unterrichtsmethoden im Alten Ägypten. In: KRISS-RETTENBECK, LENZ (Hrsg.) Erziehungs- und Unterrichtsmethoden im historischen Wandel. Bad Heilbrunn 1986: 27–35

457 BRUNNER-TRAUT, EMMA Unter der Fuchtel autoritärer Pauker. In: Dies., Die Alten Ägypter. Stuttgart ⁴1987: 68–78

458 CLAIBORNE, ROBERT Schreibschulen. In: CLAIBORNE, ROBERT (45): 89–111

459 ERMAN, ADOLF Die ägyptischen Schülerhandschriften. Berlin 1925

460 ERMAN, ADOLF Die Schulen und ihre Schriften. In: Ders., Die Literatur der Ägypter. Leipzig 1923: 238–302

461 ERMAN, ADOLF/RANKE, HERMANN Die Wissenschaft. In: Dies., Ägypten und ägyptisches Leben im Altertum. Tübingen 1923: 374 ff.

462 FALKENSTEIN, ADAM Der ›Sohn des Tafelhauses‹. In: Die Welt des Orients 3/1948: 172–186

463 FALKENSTEIN, ADAM Die babylonische Schule. In: Saeculum 4/1953: 125–137

464 GADD, C. J. Teachers and Students in the Oldest Schools. London 1956

465 HARRIS, RIVKAH Ancient Sippar. Istanbul 1975

466 JAMES, T. G. H. Pharaos Volk. Zürich/München 1988; darin: Bildung und soziale Stellung. Und: Schreiberalltag: 139–192

467 KRAMER, SAMUEL NOAH Schooldays – A Sumerian Composition Relating to the Education of a Scribe. In: Journal of the American Oriental Society 69/1949: 199–215

468 KRAMER, SAMUEL NOAH The Sumerian School. In: MYLONAS, GEORGE E. (ed.) Studies Presented to David Moore Robinson. St. Louis 1951: 238–245

469 KRAMER, SAMUEL NOAH Die ersten Schulen. In: Ders., Geschichte beginnt mit Sumer. München 1959: 19–25

470 KRAUS, F. R. Der Schreiber – Vermittler zwischen dem altbabylonischen Menschen und uns. In: Ders., Vom mesopotamischen Menschen. Amsterdam 1973: 18–32

471 Les scribes égyptiens. In: Naissance de l'écriture (64): 339–357

472 Les scribes mésopotamiens. In: Naissance de l'écriture (64): 324–338

473 LÉVI-STRAUSS, CLAUDE Traurige Tropen. Frankfurt 1960; darin: Schreibstunden: 288–300

474 MÜLLER-WOLLERMANN, RENATE Der Schreiber. In: BRINKHUS, GERD (403): 26–33

475 SACK, RONALD H. The Temple Scribe in Chaldean Uruk. In: Visible Language 15/1981: 409–418

476 SCHNEIDER, NIKOLAUS Der dub-sar als Verwaltungsbeamter. In: Orientalia, N. S. 15/1946: 64–88

477 SJÖBERG, A. W. The Old Babylonian Eduba. In: Sumerological Studies in Honor of Thorkild Jacobsen. Chicago/London 1974: 159–179

478 VAN DIJK, J. J. A. L'edubba et son ésprit. In: Ders., La sagesse suméroaccadienne. Leiden 1953: 21–27

479 WAETZOLDT, HARTMUT Keilschrift und Schulen in Mesopotamien und Ebla. In: KRISS-RETTENBECK, LENZ (Hrsg.) Erziehungs- und Unterrichtsmethoden im historischen Wandel. Bad Heilbrunn 1986: 36–50

Die frühen Alphabetschriften der östlichen Mittelmeerküste

480 ALBRIGHT, WILLIAM FOXWELL The Proto-Sinaitic Inscriptions and their Decipherment. Cambridge/London 1969

481 BAUER, HANS Zur Entzifferung der neuentdeckten Sinaischrift. Halle 1918

482 BAUER, HANS Das Alphabet von Ras Schamra. Halle 1932

483 BAUER, HANS Der Ursprung des Alphabets. Leipzig 1937

484 BEA, AUGUSTIN Die Entstehung des Alphabets – eine kritische Übersicht. In: Studi e Testi 126/1946: 1–35

485 CROSS, FRANK M. Early Alphabetic Scripts. In: Symposia 75th Anniversary of the American Schools of Oriental Research 1975: 97–123

486 CROSS, FRANK M. The Evolution of the Proto-Canaanite Alphabet. In: Bulletin of the American Schools of Oriental Research 134/1954: 15–24

487 CROSS, FRANK M. The Origin and Early Evolution of the Alphabet. In: Eretz-Israel 8/1967: 8–24

488 DRIVER, G.R. Alphabetic Writing. Und: The Origin of the Alphabet. In: Ders. (375): 78–197

489 GARBINI, GIOVANNI Die Frage des Alphabets. In: MOSCATI, SABATINO (Hrsg.) Die Phönizier. Hamburg 1988: 86–103

490 GARDINER, ALAN H. The Egyptian Origin of the Semitic Alphabet. In: Journal of Egyptian Archaeology 3/1916: 1–16

491 GASTER, THEODOR Chronology of Palestinian Epigraphy. In: Palestine Exploration Fund Quarterly 69/1937: 43–58

492 L'alphabet et les alphabets. In: Naissance de l'écriture (64): 172–193

493 MILLARD, ALAN R. The Practice of Writing in Ancient Israel. In: The Biblical Archaeologist 35/1972: 98–111

494 MILLARD, ALAN R. The Ugaritic and Canaanite Alphabets – Some Notes. In: Ugarit-Forschungen 11/1979: 613–616

495 MILLARD, ALAN R. The Infancy of the Alphabet. In: World Archaeology 17,3/1986: 390–397

496 NAVEH, JOSEPH Early History of the Alphabet. Leiden 1982

497 RÖLLIG, WOLFGANG Die Keilschrift und die Anfänge der Alphabetschrift. In: Studium Generale 12/1965: 729–742

498 RÖLLIG, WOLFGANG Die Alphabetschrift. In: HAUSMANN, ULRICH (Hrsg.) Allgemeine Grundlagen der Archäologie. München 1969: 289–302

499 RÖLLIG, WOLFGANG Über die Anfänge unseres Alphabets. In: Das Altertum 31/1985: 83–91

500 SCHMITT, ALFRED Die Vokallosigkeit der ägyptischen und semitischen Schrift. In: Ders., Kleine Schriften. Wiesbaden 1984: 465–476

501 SETHE, KURT Der Ursprung des Alphabets. Göttingen 1916

502 SETHE, KURT Die neuentdeckte Sinai-Schrift und die Entstehung der semitischen Schrift. Göttingen 1917

503 VAN DEN BRANDEN, A. L'origine des alphabets protosinaitique, arabes préislamiques et phénicien. In: Bibliotheca Orientalis 19/1962: 198–206

504 VAN DEN BRANDEN, A. Les inscriptions protosinaitiques. In: Oriens Antiquus 1/1962: 197–214

505 YEIVIN, S. The Palestino-Sinaitic Inscriptions. In: Palestine Exploration Fund Quarterly 69/1937: 180–193

506 ZAUZICH, KARL-TH. Kommt das Alphabet aus dem Hieratischen? In: XX. Deutscher Orientalistentag – Vorträge. Wiesbaden 1980: 76–80

Die Übernahme des Alphabets durch die Griechen und seine Entwicklung im Westen

507 ANDERSEN, ØIVIND   Mündlichkeit und Schriftlichkeit im frühen Griechentum. In: Antike und Abendland 38/1987: 29–44

508 BURNS, ALFRED   Athenian Literacy in the Fifth Century B.C. In: Journal of the History of Ideas 42/1981: 371–387

509 COLDSTREAM, JOHN NICOLAS   Greeks and Phoenicians in the Aegean. In: NIEMEYER, HANS GEORG (Hrsg.)   Phönizier im Westen. Mainz 1982: 261–275

510 COLE, SUSAN GUETTEL   Could Greek Women Read and Write? In: FOLEY, HELENE P.   Reflections of Women in Antiquity. New York 1981: 219–245

511 EINARSON, BENEDICT   Notes on the Development of the Greek Alphabet. In: Classical Philology 62/1967: 1–24

512 GRIES, RAINER/ILGEN, VOLKER   Nestors Notizen – zu Verwaltung und Gesellschaft der frühgriechisch-mykenischen Palastkulturen. In: Journal für Geschichte 6/1984: 69–76

513 GRUMACH, ERNST   Der Ägäische Schriftkreis. In: Studium Generale 12/1965: 742–756

514 GRUMACH, ERNST   Die kretischen und kyprischen Schriftsysteme. In: HAUSMANN, ULRICH (Hrsg.)   Allgemeine Grundlagen der Archäologie. München 1969: 234–288

515 HARVEY, F. D.   Literacy in the Athenian Democracy. In: Revue des Études Grecques 79/1966: 585–635

516 HAVELOCK, ERIC A.   The Literate Revolution in Greece and its Cultural Consequences. Princeton 1982 (Aufsatzsammlung)

517 HELCK, WOLFGANG   Die Übernahme des ›phönizischen‹ Alphabets durch die Griechen. In: Ders., Die Beziehungen Ägyptens und Vorderasiens zur Ägäis bis ins 7. Jahrhundert v. Chr. Darmstadt 1979: 165–170

518 HEUBECK, ALFRED   Archaeologia Homerica – Schrift. Göttingen 1979

519 ISSERLIN, BENEDIKT S. J.   The Antiquity of the Greek Alphabet. In: Kadmos 22/1983: 151–163

520 JEFFERY, L. H.   The Local Scripts of Archaic Greece. Oxford 1961

521 MILLARD, ALAN R.   The Canaanite Linear Alphabet and its Passage to the Greeks. In: Kadmos 15/1976: 130–144

522 NAVEH, JOSEPH   Some Semitic Epigraphical Considerations on the Antiquity of the Greek Alphabet. In: American Journal of Archaeology 77/1973: 1–8

523 NAVEH, JOSEPH   The Greek Alphabet – New Evidence. In: Biblical Archaeologist 43/1980: 22–25

524 OLIVIER, J.-P.   Cretan Writing in the Second Millennium B.C. In: World Archaeology 17,3/1986: 377–389

525 PFOHL, GERHARD (Hrsg.)   Das Alphabet – Entstehung und Entwicklung der griechischen Schrift. Darmstadt 1968 (Reader)

526 Pöhlmann, Egert Die Schriftreform in Athen um 403 und ihre Implikationen. In: Kriss-Rettenbeck, Lenz (Hrsg.) Erziehungs- und Unterrichtsmethoden im historischen Wandel. Bad Heilbrunn 1986: 51–64

527 Wiesehöfer, Josef Das Alphabet und die Folgen in griechischer Zeit.
Hagen 1987

Zitatennachweis

Die in Klammern stehenden Zahlen verweisen auf die Nummern im Literaturverzeichnis. Zitate aus fremdsprachigen Publikationen wurden selbst übersetzt, sofern nicht bereits eine deutschsprachige Übersetzung vorlag.

1   Herodot (80): 121 f.
2   Hewes (15)
3   Borst (76): Bd. 1: 33, 39 (Ägypten), 76 (Enuma elisch), 58 f. (Rigveda); Bd. 2/1: 439, 471 (Germanen/Angelsachsen). Allen (72): 37 (Ägypter und Germanen). Böklen (75): 55 (Brahma)
4   Die Bibel (74): 1 ff., 9, 92
5   Arens (73): 19 f.
6   Böklen (75): 147
7   Arens (73): 120
8   Arens (73): 120
9   Herder (79): 31 ff., 85
10 Müller (85): 345
11 Arens (73): 388
12 Zimmer (42): 91
13 Tembrock (126): 7. Marx (84): 544 f.
14 Descartes (96): 77, 95
15 Müller (85): 12 f.
16 Hastings (105): 24, 33 ff.
17 Darwin (153): 106 f.
18 Heberer (159): 409
19 Bußmann (5): 278
20 Vogel in Darwin (153): 16
21 Darwin (153): 273
22 Darwin (153): 201
23 Vogel in Darwin (153): 17
24 Darwin (153): 268

25 Haeckel (158): 591
26 Boule/Anthony (204): 129, 193 ff.
27 Black u. a. (202): 96
28 Vallois (227): 220. Du Brul/Reed (207) 154
29 Le May (214): 9
30 Marquardt (28): 232
31 Holloway (209): 339, 346
32 Leroi-Gourhan (193): 147
33 DuBrul/Reed (207): 153
34 Lieberman (216): 97
35 Wind (229): 626
36 Arensburg et al. (201): 758 ff.
37 Fouts/Rigby (133): 1034 f. Lieberman (26): 226. Goodall (102): 11. Hewes (81) 12
38 Marquardt (28): 57
39 Noiré (86): 14
40 Marx (168):   194
41 Engels (154): 448
42 Leroi-Gourhan (193): 38
43 Childe (150): 412
44 Lieberman (25): 168
45 Isaac (191): 276
46 Holloway (190): 401 f., 407
47 Leroi-Gourhan (193): 149, 151
48 Harnad (13): 499. Clark (151): 147
49 Jonas (19): 200
50 Klaffke (245): 222
51 Schlaffer in Goody et al. (240): 15
52 Ifrah (257): 113

53 Peyrony (277): 24
54 Absolon (265): 127, 148
55 Absolon (265): 149
56 Marshack (273): 36
57 Marshack (273): 49
58 Hahn (270): 8, 11
59 Hahn in Müller-Beck (170): 317
60 Hahn (286): 215
61 Hahn (287): 233
62 Leroi-Gourhan (291): 65, 43
63 Kirchner (288): 254
64 Kirchner (288): 251
65 Weule (264): 36
66 Földes-Papp (56): 32
67 Graziosi (285): 114
68 Piette (303): 427
69 Diringer (50): 4
70 Jensen (63): 33
71 Leroi-Gourhan (193): 253
72 Leroi-Gourhan (193): 261
73 Gelb (61): 22
74 Barthel (44): 13
75 Barthel (44): 19
76 Coulmas (47): 25
77 Leroi-Gourhan (193): 326
78 Coulmas (47): 52, Anm. 1
79 Barthel (44): 15
80 Barthel (44): 231
81 Assmann et al. (233): 7f.
82 Barthel (44): 18
83 Goody et al. (240): 41
84 Childe (308), (310): 143ff., (309): 111ff.
85 Oppenheim (341): 123
86 Oppenheim (341): 126f.
87 Amíet (331): 21, 23
88 Schmandt-Besserat (350): 78
89 Schmandt-Besserat (347): 322
90 Childe (310): 71ff., (309): 60ff.
91 Schmandt-Besserat (348): 876
92 Schmandt-Besserat (350): 80
93 Amiet (333): 199
94 Schmandt-Besserat (342): 27
95 Vallat (352): 336
96 Falkenstein (355): 37
97 Green (358): 358
98 Falkenstein (355): 50
99 Damerow et al. (354): 78
100 Falkenstein (355): 65
101 Damerow et al. (354): 82
102 Schmandt-Besserat (346): 317f. Dies. (350): 79f.
103 Falkenstein (355): 25
104 Schmandt-Besserat (345): 31
105 Gelb (61): 195
106 Schmandt-Besserat (345): 31
107 Gelb (61): 195
108 Powell (383): 422
109 Nissen (365): 326
110 Nack (321): 215
111 Green (358): 359
112 Gardiner (407): 7
113 Scharff (397): 73
114 Brunner (404): 757
115 Müller-Karpe (171): Bd. II: 331
116 Kaplony (391): 9
117 Schenkel (398): 61
118 Westendorf (401): 56
119 Leroi-Gourhan (193): 256f.
120 Falkenstein (463): 130
121 Falkenstein (463): 132
122 Brunner (455): 56
123 Falkenstein (463): 129
124 Kramer (467): 206
125 Falkenstein (463): 127
126 Falkenstein (463): 130
127 Brunner (455): 24
128 Erman (460): 95
129 Brunner (454): 22ff.
130 Erman (460): 250, 247, 249
131 Brunner (455): 178
132 Erman (460): 247

133 Green (358): 367, 347
134 Lévi-Strauss (473): 294
135 Gelb (61): 198
136 Childe (309): 223 f.
137 Sethe (501): 129
138 Sethe (502): 449

139 Gardiner (490): 15
140 Wiesehöfer (527): 3 f.
141 Cross (487): 12
142 Millard (495): 396
143 Wiesehöfer (527): 80
144 Wiesehöfer (527): 103

Abbildungsnachweis

Die Zahlen in Klammern verweisen auf die Nummern des Literaturverzeichnisses.

aus: Absolon, K. (265)   Abb. 34, 36
aus: Barthel, G. (44)   Abb. 69, 70, 74, 97
aus: Behm-Blancke, G. (181)   Abb. 33 oben
aus: Biegel, G. (Hrsg.): Das erste Gold der Menschheit. Freiburg 1986   Abb. 48
aus: Bordes, F.: Faustkeil und Mammut. München 1968   Abb. 27 oben, 28
aus: Bosinski, G.: Der Neandertaler und seine Zeit. Rheinisches Landesmuseum Bonn 1985   Abb. 16
aus: Damerow, P. et al. (354)   Abb. 60, 63, 64
aus: Dehn, R. et al.: Lörrach und das rechtsrheinische Vorland von Basel. Mainz 1981   Abb. 33 unten links
aus: Eibl-Eibesfeldt, I. (97)   Abb. 9, 23
aus: Ekschmitt, W. (54)   Abb. 95
aus: Fasani, L. (Hrsg.): Die Illustrierte Weltgeschichte der Archäologie Abb. 31, 33 unten rechts
aus: Frisch, K. von: Sprache und Orientierung der Bienen. Bern/Stuttgart 1961 Abb. 11, 12
aus: Frühe Schriftsysteme (59)   Abb. 91
aus: Gelb, I. J. (61), mit freundl. Genehmigung der Univ. of Chicago Press Abb. 71, 72, 77
aus: Glanz und Untergang des Alten Mexiko – Die Azteken und ihre Vorläufer. Mainz 1986   Abb. 85
aus: Goodall, J.: In the Shadow of Man. London 1971   Abb. 10, 24
aus: Gramsch, B. Zur Entstehung und Frühentwicklung der menschlichen Arbeitstätigkeit. In: Entstehung des Menschen und der menschlichen Gesellschaft. Berlin 1980   Abb. 25, 26, 27 unten
aus: Grazioso, P. (285)   Abb. 42
aus: Green, M. W. (357)   Abb. 66
aus: Green, M. W. (358)   Abb. 61
aus: Hahn, J.: Kraft und Agression. Die Botschaft der Eiszeitkunst im Aurignacien Süddeutschlands? Tübingen 1986, Reihe Archaeologica Venatoria, Bd. 7, Verlag Archaeologica Venatoria   Abb. 38

aus: Helm, H./Münzel, M. (444)   Abb. 39, 84

aus: Helversen, Dagmar und Otto von: Korrespondenz zwischen Gesang und auslösendem Schema bei Feldheuschrecken. In: Nova Acta Leopoldina, N.F. 54, Nr. 245/1981   Abb. 6 (Nachzeichnung: Annette Bisanz)

aus: Jensen, H. (63)   Abb. 46, 76, 80, 96

aus: Lange, K./Hirmer, M.: Ägypten. München/Zürich 1978   Frontispiz

aus: Lieberman, P.: The Speech of Primates. The Hague/Paris 1972   Abb. 22 (Nachzeichnung: Annette Bisanz)

aus: Mania, D./Dietzel, A. (167)   Abb. 29, 30

aus: Marshack, A. (273)   Abb. 37 (Nachzeichnung: Annette Bisanz)

aus: Menninger, K.: Zahlwort und Ziffer. Göttingen ²1958   Abb. 35, 94

aus: Müller-Beck, H./Albrecht, G. (296)   Abb. 40

aus: Müller-Karpe, H. (171): Bd. II: Jungsteinzeit   Abb. 73

Musée Calvet, Avignon   Abb. 1

Musée du Louvre, Paris   Abb. 54

Museo Archeologico, Florenz   Abb. 82

aus: Naveh, J. (496)   Abb. 90

aus: Nissen, H. J. (322)   Abb. 62

aus: Nissen, H. J. (365)   Abb. 65

aus: Prem, H. J./Riese, B. (445)   Abb. 86

aus: Reader, J. (173)   Abb. 20

aus: Rolf, A.: Kleine Geschichte der chinesischen Kunst. Köln 1985   Abb. 79

aus: Röllig, W. (499)   Abb. 88, 92, 93

aus: Schmandt-Besserat, D. (347)   Abb. 57, 58

aus: Schmandt-Besserat, D.: Early Technologies. Malibu 1979   Abb. 55–57, 67

aus: Sumer-Assur-Babylon (328)   Abb. 50, 51, 68

aus: Thielcke, G. (128)   Abb. 8

aus: Vallat, F. (352)   Abb. 59

aus: Woolley, L. (329)   Abb. 52

aus: Young, J. Z. et al. (180)   Abb. 32

aus: Zimen, E.: Der Wolf – Mythos und Verhalten. Wien/München 1978   Abb. 7

Gezeichnet von Annette Bisanz nach Angaben des Autors: Abb. 13, 19

Helga Everhartz und Anna Maria Klages, DuMont Buchverlag, nach Angaben des Autors: Abb. 17, 18, 53, 75, 98

Archiv des DuMont Buchverlages: Abb. 41, 43, 78

Vom Autor zur Verfügung gestellte Abbildungen: 2–5, 14, 15, 21, 45, 47, 49, 81, 83, 86, 89

Die Umschlagabbildung wurde vom Autor gestaltet.

Namenregister

Absolon, K.   108 f.
Ainu   105
Akkader   181
Alexander d. Gr.   245
Amiet, P.   144 f., 150, 152 f., 156, 172 f.
Amun   12
Anthony, R.   60 f., 67
Aoiden   102
Arensburg, B.   70
Aristoteles   28
Arnett, W. S.   196
Ase (Wodan)   12
Assurbanipal   184, 212
Assyrer   181
Azteken   224 f.

Babylonier   181
Baines, J.   210
Barden   102
Big Road   126
Black, D.   61
Bougeant, G.   30
Boule, M.   60 f., 67
Brahma   12
Broca, P.   58
Broom, R.   55
de Brosses, Ch.   17
Brunner, H.   191, 196
Bunak, V. V.   85

Capitan, D.   107
Champollion, F.   199, 231
Cheti   216
Childe, V. G.   78, 139, 149, 229
Christy, H.   108

Clark, D.   95
de Condillac, E. B.   17
Crelin, E.   67 ff.

Dakota   124 ff.
Damerow, P.   169 ff.
Dart, R.   55
Darwin, Ch.   22 f., 30, 46, 48, 78
Delbrück, B.   20 ff.
Descartes, R.   29, 33, 71
Dickens, Ch.   106
Diodor von Sizilien   15 f., 50
Diringer, D.   130
Dupont de Nemours   30

Elamiter   185
Engels, F.   76
Englund, R. K.   160, 166, 169 ff.
Etrusker   245
Ewe   105
Eyre, Ch.   210

Falkenstein, A.   160 f., 164 f., 167, 173, 180
Fester, R.   96
Földes-Papp, K.   123
Fouts, R.   72, 74
Franklin, B.   76
Friberg, J.   169 f.
Friedrich II.   11
Frisch, K. von   35 f., 43 f.
Frolow, B.   108

Gardiner, A. H.   190, 231 ff.
Gardner, Ehepaar   72, 74
Gelb, I. J.   176 f., 221

Goodall, J. 36, 78
Goody, J. 135, 246
Graziosi, P. 123
Green, M. W. 160, 164, 166, 219 f.
Griechen 238 ff., 244 f.
Grotefend, G. F. 185
Guslaren 102
Gutenberg, J. 249

Haeckel, E. 30 f., 46, 48 ff.
Hahn, J. 113, 119
Hammurapi 184
Hampathé Ba, A. 101
Harris, R. 211
Hathor 187, 233
Havelock, E. A. 246
Herder, J. G. 17 f., 71
Hermes 14 f.
Herodot 11, 241
Hesse, H. 136
Hethiter 185
Hewes, G. W. 96
Holloway, R. L. 62, 84
Homer 102
Hooton, E. 67
Horns 190
von Humboldt, W. 134
Hurriter 185
Huxley, T. 46 f.

Inanna 169
Inka 114, 138, 223 f.
Isaak, G. 82

Jakob IV. 11
Jensen, H. 131
Jonas, D. 97 f.

Kadmos 241
Kaplony, P. 195
Kirchner, H. 122
Klíma, B. 117

Köhler, W. 78
Konfuzius 22

Laitmann, J. 68 f.
Lartet, E. 108
Le Brun, A. 156
Le May, M. 61 f.
Leakey, L. 55
Leakey, M. 55
Leakey, R. 55
Leroi-Gourhan, A. 77, 84 f., 109 f.,
    120 f., 122 f., 131 f., 135, 209
Lévi-Strauss, C. 220
Liebermann, P. 67 ff.
Lord, A. 102
Lorenz, K. 28
Lukrez 15, 50
Lyell, Ch. 46

Mania, D. 86, 106
Mao Zedong 209
Maori 105
Marshack, A. 110 ff., 118 f.
Marx, K. 76
de Maupertuis, P. L. 17
Max, G. von 50
Maya 222, 225 f.
Menes 188
Menzel, E. 78
Mettrie, J. de la 71
Millard, A. R. 246
Minoer 239 f.
Moctezuma 225
Monboddo 17
Montaigne, M. de 30
Moore Cross, F. 246
Mortillet, G. de 66, 108
Müller, M. 20, 29, 71
Müller-Karpe, H. 191 f.
Murray, O. 248
Mykener 239 f.

Nafteta 201
Narmer 186ff., 190, 192
Naveh, J. 241f.
Nisaba 212
Nissen, H. J. 160, 166f., 169f., 174, 177f.
Nofretete 201

Oakley, K. 76
Oglala-Sioux 126
Ong, W. 246
Oppenheim, A. L. 143ff.

Pacal 225
Parry, M. 102
Pepi 216
Pepys, S. 71
Petrie, F. 231
Peyrony, D. 107
Phönizier 185, 240f., 254
Piette, E. 108, 127
Platon 14, 22, 136f.
Pokorný, A. 108
Powell, M. A. 177
Premack, D. 72f.
Prometheus 86
Psammetich I. 11
Ptah 12

Rawlinson, H. C. 185
Robertson, D. 55
Römer 245
Rousseau, J.-J. 17
Rumbaugh, D. 73

Sapir, E. 22
Schaeffer, C. F. 236
Scharff, A. 191, 196
Schenkel, W. 195f.
Schepers, G. W. H. 61
Schlaffer, H. 101

Schlegel, F. 136
Schmandt-Besserat, D. 145f., 148ff., 153f., 156, 171–177
Schopenhauer, A. 134
Schott, S. 196
Schreiber 211ff.
Sebeok, T. 73
Semiten 233
Sereq (›Skorpion‹) 190, 192
Seschat 212
Sethe, K. 195f., 232
›Skorpion‹ 190, 192
Sokrates 136f.
›Sonnengott‹ 127
Starck, D. 62
Süßmilch, J. P. 17

Tai T'ung 132
Terrace, H. 73
Thamus 136
Thomas von Aquin 14
Thot (Theut) 12, 136
Tinbergen, N. 28

Vāc 12
Vaiman, A. 169f.
Vallat, F. 156f.
Verworn, M. 108f.
Vogt, K. 46
Voltaire 132

Wallace, A. R. 46
Washburn, S. L. 82
Wernicke, C. 58
Westendorf, W. 196
Weule, K. 123
Wind, J. 69
Wodan 12

Yerkes, R. 71

Sachregister

Seitenzahlen, die über das Inhaltsverzeichnis zu ermitteln sind, erscheinen hier nicht.

Abbevillien   53, 82
Achämeniden   185
Acheuléen   53, 82
Ägypten   138 ff., 185, 186–203, 210–221, 227, 229
Akkader   181
aliterale Kulturen → mündliche Kulturen
Akrophonie   232
Al Mina   240
Alphabet → Buchstabenschrift
Anatomie   22, 58, 65, 70
Aramäer   185, 238
Arbeitsteilung, gesellschaftliche   138, 210
Assyrer   181
Aufklärung   17, 29
Aurignacien   53, 83
Australopithecinen → Hominiden
Azteken   224 f.

Babylonier   181
Bedeutungsübertragung   179 f.
Begriffsschrift → Ideographie
Bibliotheken   135, 184, 223, 249
Bilderschrift → Piktographie
Bildungs- und Wissensmonopol   210 ff., 219 ff., 246, 248
Bipedie   55
Botenstäbe   115
Broca-Zentrum   58 f.
Bronzezeit   139, 222
Buchstabenschrift   132, 134, 185, 203, 229 f., 237, 246–249

Bulle (Tonhülle)   143 ff., 151–157
Byblos-Schrift → Schrift, pseudo-hieroglyphische

calculi   115, 146
Codices, altamerikanische   224
Cro-Magnon-Mensch → Hominiden (– Homo sapiens sapiens)

Delphine   38
Demokratie, athenische   246 f.
Demotisch   202 f.
Determinativ   182, 200, 207 f.
Deutzeichen → Determinativ
Diffusionismus   198
Djemdet-Nasr-Periode   160
Dryopithecinen   51

Eanna-Kultbezirk (Uruk)   158, 167 f.
edubba   213 f.
›Eiszeitkunst‹ → Kunst, steinzeitliche
Elamiter   157, 185
Endocraniumabdruck   60 ff.
Erfahrungsübermittlung → Tradition, soziale
Ethologie → Verhaltensforschung
Etrusker   245
Evolution
– biologische   22, 30, 46 f., 74 f., 78
– kulturelle   74–78, 85, 93 ff.
exchequer tallies   106

Faustkeile   53, 82, 85, 91
Feuergebrauch   85 f.
Fruchtbarer Halbmond   149

Gegenstandsschrift   131
Gehirn   56–64
Gerätegebrauch im Tierreich   78 f.
Geräteherstellung beim Menschen
   55, 75 f., 84 f.
Geröllgeräte   55, 81 f., 85
Geschichtsschreibung   102, 135, 167,
   183 f., 191 f., 226
Gestentheorie   18, 96 f.
Gestik   36, 96
Gilgamesch-Epos   184
Grammatik → Syntax
Gravettien   53, 83, 117
Griechen   240–245
Gyrus angularis   59

Hammurapi, Kodex des   184
Heidelberg-Mensch → Hominiden
   (– Homo erectus)
Hethiter   185, 227
Hierakonpolis   186
Hieratisch   201 f.
Hieroglyphen   187, 195 ff., 199–203,
   210, 231
Hochkultur   138 f., 153, 222
Hominiden
– Australopithecinen   51 f., 55 ff.,
   61, 68, 81, 88
– Homo erectus   52, 57, 61, 66, 68,
   82, 85–92, 95 f., 106 f.
– Homo habilis   52, 55 ff., 81, 88
– Homo sapiens neanderthalensis
   50, 53 f., 57, 60 f., 66–70, 94, 107
– Homo sapiens präsapiens   53 f.,
   57, 68, 82
– Homo sapiens sapiens   53 f., 57,
   83, 85, 92, 94 ff., 107

Homonym   180, 199 f., 207 f.
Honigbiene, ›Tanzsprache‹ der
   35, 43–46
Hurriter   185, 236

Ideenschrift   24, 131 f., 196
Ideographie   132, 134, 160 f., 174,
   187–190, 199, 207 ff.
Imitation → Nachahmung
Indus-Kultur   138, 204 f.
Indus-Schrift   204 f.
Inhaltsschrift → Ideenschrift
Inka   114 f., 138, 223 f.
Interjektionstheorie   18

Jagd auf Großwild   85, 87 ff., 97
Java-Mensch → Hominiden (– Homo
   erectus)

Kalligraphie   209
Kanaanäer   227
Karanavo, Stempelsiegel von   128 ff.
Kehlkopf   64 f., 67 ff.
Keilschrift   164 ff., 178–185, 210, 229,
   236
Kerbstock/Kerbholz   104–110
Kinnapophyse → Spinae mentales
Klingenindustrien   83, 95
Knochen- und Geweihgeräte   86, 95
Knotenschnur   114 f.
Kommunikation, Begriff der   40
Konsonantenzeichen   199 f., 229 f.
Koptisch   203
Körpersprache   26, 36 f.
kultische Praktiken, steinzeitliche
   90 f., 94 f.
Kunst, steinzeitliche   90 f., 95, 106 f.,
   110, 117–123

La Chapelle, Neandertaler von   60 f.,
   67 f., 94

La Pasiega, ›Inschrift‹ von 123
Larynx → Kehlkopf
Lascaux, Höhlenmalerei von 121f.
Lateralisation, sprachliche 59f., 64, 98
Lautbildungsorgane 64–70
Lautschrift 132, 134, 160f., 181f., 199ff., 229f., 242, 244
Levallois-Technik 82
Levante 227ff.
lexikalische Listen 165f.
limbisches System 33
Linear A, B 239
Linguistik → Sprachwissenschaft
Literalitätsrate 210ff., 246–249
Literatur 101ff., 167, 184, 195, 219
Logographie 132, 134, 160f., 207f.

Magdalénien 53, 83, 108f., 118, 121
Mas d'Azil, bemalte Kiesel von 127f.
Maya 225f.
Maya-Schrift 225f.
Menschenaffen 36f., 96, 98
Menschenaffen, Sprachversuche mit 64, 71–74, 78f.
Mesopotamien 138ff., 157, 158–185, 210–221, 227, 229
Mienenspiel → Mimik
Mimik 36, 96
minoische Kultur 239
Mnemotechniken 101f., 115
Mondkalender 110–113
Monogenese, sprachliche 96
Morpheme 40
motorisches Sprachzentrum → Broca-Zentrum
Moustérien 53, 83
mündliche Kulturen 100–103, 115, 134–137, 212, 248f.
Mund-Gebärden-Theorie 97
mykenische Kultur 239
Mythogramme 120, 131

Nabatäer 238
Nachahmung, Lernen durch 79–82
Nachahmungstheorie 18
Narmer-Palette 186–190
Neandertaler → Hominiden (– Homo sapiens neanderthalensis)
Neocortex 32
neolithische Revolution 149f.
Neurologie 22, 58, 70
nichtverbale Verständigung 26, 36f.
numerical tablet → Zahlentäfelchen
Nuzi, Tonhülle von 143f.

Oldowan 53, 81f.
Orakelknochen 206
orale Kulturen → mündliche Kulturen
oral-poetry-theory 102
ostrakon 214, 247

Paläanthropologie 25, 50–55
Paläolaryngologie 67ff.
Paläoneurologie 60–64
Papier 202, 249
Papyrus 194, 202, 231, 234, 249
Partialschrift 132, 224
pebble tools → Geröllgeräte
Peking-Mensch → Hominiden (– Homo erectus)
Pergament 249
Philosophie, antike 14ff., 136f., 248
Phoneme 40, 64, 229
Phonetisierung der Schrift (Mesopotamien) 180–183
Phönizier 185, 227, 240f.
Phryger 11
Piktographie 160, 199, 232
Pithecanthropus alalus 47, 49f.
Poesie 18, 101f.
Pongiden 51

quillca-System 224
quipu 114f., 138, 223f.

Radikal (chines. Schriftelement)
207f.
Ramapithecus 51
Rationalismus 17, 29
Rebus-Verfahren 181, 187–190, 199,
207, 224f.
Rechtshändigkeit 61, 64, 98
Reichseinigungszeit (Ägypten)
186, 196
Rollsiegel 152
Römer 245

Sänger 102
Schimpansen → Menschenaffen
Schöpfungsmythen (der Sprache)
12ff.
Schreiber 212–219, 229
Schreibgerät (Ägypten) 194, 202
Schrift (Definition) 132ff.
Schrift
– altkanaanäische 235
– arabische 238
– aramäische 185, 238
– archaische (Babylonien)
158–166, 173f.
– aztekische 224f.
– chinesische 106, 205–209
– griechische 240–245
– hebräische 238
– konsonantisch-vokalische 242ff.
– kyrillische 245
– lateinische 245f.
– nichtphonetische 132, 134, 160f.,
180
– phonetische 132, 134, 161, 180f.,
229f., 242, 244
– phönizische 231f., 238, 241f.
– protoelamische 157, 185

– protokanaanäische 234f., 241f.
– protosinaitische 231–234
– protosumerische (Protokeilschrift)
→ archaische (Babylonien)
– pseudohieroglyphische
(Byblos-Schrift) 235
– semantische 160f., 180
– südsemitische 238
– ugaritische 235ff.
s. auch: Buchstabenschrift,
Demotisch, Gegenstandsschrift,
Hieratisch, Hieroglyphen, Ideen-
schrift, Ideographie, Indus-Schrift,
Keilschrift, Konsonantenzeichen,
Lautschrift, Linear A, B, Logogra-
phie, Maya-Schrift, Partialschrift,
Piktographie, Vollschrift, Wort-
symbole
Schrifterfindung, Begriff der
176f., 196
schriftlose Kulturen → mündliche
Kulturen
Schulen 166, 210, 213ff., 246f.
Shang-Dynastie 205ff.
Signale, tierische 25–28, 32f.,
37, 40
Silbenschrift 132, 134, 181f., 229f.,
235
Sinanthropus → Hominiden
(– Homo erectus)
›Skorpion‹, Prunkkeule des 190
Spätoruk-Zeit 156, 160
Spinae mentales 66f.
Sprache (Definition) 38, 40ff.
›Sprachloser Affenmensch‹
→ Pithecanthropus alalus
Sprachwissenschaft 7, 20, 22f.
Sprachzentrum, sensorisches
→ Wernicke-Zentrum
›Städte-Palette‹ (Ägypten) 190
städtische Revolution → Hochkultur

Stammeschroniken, indianische
→ *winter count*
Steingeräte 75 f., 81–85, 94
Steinheim- und Swanscombe-Mensch
→ Hominiden (– Homo sapiens
präsapiens)
Stimmbänder → Kehlkopf
Stimmtrakt → Lautbildungsorgane
Sumerer 161 f., 181
Susa 156 f.
Symbole, jungpaläolithische 117 f.,
121, 123, 127, 131 f.
Syntax 41, 72, 84

Tărtăria, Tontafeln von 128 ff.
Tell Abada 148
Tell el-Amarna, Archiv von 185
Tempelwirtschaft 141, 153,
168, 229
Tierfiguren und -darstellungen, jungpaläolithische 118 ff.
tocapu-Symbole 224
tokens 143, 145–151, 154,
171–175
Tonmarken → *tokens*
Tradition, soziale 76–81, 134 ff.
tschuringa 115–117

Ugarit 235 f.
Ur, Standarte von 140 f.

Ursprache 20, 22, 96
Uruk/Warka 158 f., 168

Vererbung 33 f., 36 f., 41, 74–78
Verhaltensforschung 25, 28, 43
Vogelgesang 34 f.
Vokabular 41
Vokale 199 ff., 229 f., 242, 244
Vollschrift 132, 222, 225

Wale 38
Warnlaute im Tierreich 25, 32 f.
Wernicke-Zentrum 58 f.
winter count 124 f.
Wortschatz → Vokabular
Wortschrift → Logographie

xingsheng-Zeichen (China) 207 f.

Zahlbegriff 104, 170 ff.
Zahlentäfelchen 155 ff., 171
Zählstab → Kerbstock
Zahlzeichen, frühsumerische
168–172
Zeichenkombination 180, 207 f.
Zeichensprachen 42, 71 f., 97
Zhou-Dynastie 206
Ziffern 109, 161
Zoosemiotik 28
Zungenbein 70

Höhlenkunst der Eiszeit

Wege zur Sinndeutung der ältesten Kunst Europas
Von Hans Biedermann. 173 Seiten mit 21 farbigen und 52 einfarbigen Abbildungen und Zeichnungen, Übersichtskarte, Bibliographie, Register, kartoniert (DuMont Taschenbücher, Band 154)

»Hans Biedermann hat sich das Ziel gesteckt, Information und Faszination zu vermitteln. Das ist ihm in seinem knapp gehaltenen, stets jedoch faßlich formulierten Forschungsbericht auch gelungen.«
Frankfurter Allgemeine Zeitung

Kleine Geschichte der ägyptischen Kunst

Von Karlheinz Schüssler. 352 Seiten mit 24 farbigen und 181 einfarbigen Abbildungen, kartoniert (DuMont Taschenbücher, Band 214)

»Ein kleines Standardwerk, reich und gut illustriert, straff gegliedert, das alles Wissenswerte enthält.«   *Bayerischer Rundfunk*

»Der fachkundige Verfasser legt mit diesem Buch einen historisch-systematisch streng gegliederten Überblick über die Kunst Ägyptens von den prähistorischen Anfängen bis hin zur koptischen Zeit vor.«
Einkaufszentrale für öffentliche Bibliotheken

Kleine Geschichte der altamerikanischen Kunst

Die Hochkulturen Mittel- und Südamerikas
Von Wolfgang Müller. 241 Seiten mit 18 farbigen und 74 einfarbigen Abbildungen, 9 Karten, Plänen, Zeittafeln, Literaturhinweisen, Register, kartoniert (DuMont Taschenbücher, Band 203)

»Das vorliegende Taschenbuch stellt eine handliche, knappe und zugleich doch sehr vielfältige und kenntnisreiche Einführung in ein komplexes kulturelles Gebiet dar, das wir immer noch summarisch als ›präcolumbisch‹ zu bezeichnen gewohnt sind.«   *Deutsches Ärzteblatt*

Wörterbuch der Ethnologie

Herausgegeben von Bernhard Streck. 338 Seiten mit 49 einfarbigen Abbbildungen, Literaturhinweisen, Sach- und Autorenindex, kartoniert (DuMont Taschenbücher, Band 194)

»Das Ergebnis ist bemerkenswert. Kaum ein Beitrag, der sich nicht mit großem Gewinn liest, der nicht weit über das hinausgeht, was man von einem Lexikon erwarten würde. Hier kommt eine junge Generation von Ethnologen zu Wort, die den Vergleich nicht zu scheuen braucht.«
Frankfurter Allgemeine Zeitung

Die Indus-Zivilisation

Wiederentdeckung einer frühen Hochkultur

Von Michael Jansen. 312 Seiten mit 16 farbigen und 148 einfarbigen Abbildungen, Plänen und Karten, Verzeichnis der Fundorte und Forscher, Register, kartoniert (DuMont Dokumente – Archäologie)

»Das Buch ist sicherlich ein bedeutendes wissenschaftliches Werk. Es gelingt dem Autor jedoch, auch den Laien durch seine spannende Erzählform zu fesseln. Zahlreiche Farbfotos, Zeichnungen und Skizzen wecken die Neugier des Lesers und ermöglichen eine plastische Vorstellung einer vergessenen Kultur.« *Aachener Nachrichten*

Hattuscha

Hauptstadt der Hethiter
Geschichte und Kultur einer altorientalischen Großmacht

Von Kurt Bittel. 232 Seiten mit 18 farbigen und 122 einfarbigen Abbildungen, Zeichnungen und Plänen, Literaturangaben, Register, kartoniert (DuMont Dokumente – Archäologie)

»Eingebettet in Ausführungen zur Geschichte des Hethiterreiches, der Stadt Hattuscha und der Forschungsgeschichte, liegt der Schwerpunkt des Buches auf der Beschreibung und Deutung der Stadt, ihrer Bauwerke und der Umgebung. Das Buch ist eine interessante Lektüre für alle, die an der Geschichte und Religionsgeschichte des alten Orients interessiert sind.« *Darmstädter Echo*

Die Kunst des Alten Mesopotamien – Sumer und Akkad

Von Anton Moortgat. 256 Seiten mit 238 einfarbigen Abbildungen, 63 Grundrissen und Zeichnungen, kartoniert (DuMont Dokumente – Archäologie)

»In der zusammenfassenden Sicht und gedanklichen Durchdringung ist Moortgats Arbeit eine außergewöhnliche kunstwissenschaftliche Leistung.« *Neue Osnabrücker Zeitung*

Die Kunst des Alten Mesopotamien – Babylon und Assur

Von Anton Moortgat. 320 Seiten mit 4 farbigen und 117 einfarbigen Abbildungen, 84 Grundrissen und Zeichnungen, kartoniert (DuMont Dokumente – Archäologie)

»Das Buch ist eine Kunstgeschichte, die sich ebenso an Fachleute wie an interessierte Laien wendet. Der Leser gelangt zu einem neuen Verständnis der kunstgeschichtlichen Zusammenhänge.« *Antike Welt*

DuMont Taschenbücher *Stand Sommer '89*

Band 2   Horst W. und Dora Jane Janson
Malerei unserer Welt

Band 3
August Macke – Die Tunisreise

Band 4   Uwe M. Schneede
René Magritte

Band 6   Karin Thomas
DuMont's kleines Sachwörterbuch zur Kunst des 20. Jahrhunderts

Band 8   Christian Geelhaar
Paul Klee

Band 12   José Pierre
DuMont's kleines Lexikon des Surrealismus

Band 13   Joseph-Émile Muller
DuMont's kleines Lexikon des Expressionismus

Band 14   Jens Christian Jensen
Caspar David Friedrich

Band 15   Heijo Klein
DuMont's kleines Sachwörterbuch der Drucktechnik und grafischen Kunst

Band 18   Horst Richter
Geschichte der Malerei im 20. Jahrhundert

Band 23   Horst Keller
Marc Chagall

Band 25   Gabriele Sterner
Jugendstil

Band 26   Jens Christian Jensen
Carl Spitzweg

Band 28   Hans Holländer
Hieronymus Bosch

Band 29   Herbert Alexander Stützer
Die Etrusker und ihre Welt

Band 30   Johannes Pawlik (Hrsg.)
Malen lernen

Band 31   Jean Selz
DuMont's kleines Lexikon des Impressionismus

Band 32   Uwe M. Schneede
George Grosz

Band 33   Erwin Panofsky
Sinn und Deutung in der bildenden Kunst

Band 35   Evert van Uitert
Vincent van Gogh

Band 38   Ingeborg Tetzlaff
Romanische Kapitelle in Frankreich

Band 39   Joost Elffers (Hrsg.)
DuMont's Kopfzerbrecher
TANGRAM

Band 44   Fritz Baumgart
DuMont's kleines Sachlexikon der Architektur

Band 45   Jens Christian Jensen
Philipp Otto Runge

Band 47   Paul Vogt
Der Blaue Reiter

Band 56   Ingeborg Tetzlaff
Romanische Portale in Frankreich

Band 57   Götz Adriani
Toulouse-Lautrec und das Paris um 1900

Band 59   Hugo Munsterberg
Zen-Kunst

Band 60   Hans H. Hofstätter
Gustave Moreau

Band 63   Hans Neuhaus
Werken mit Ton

Band 65   Harald Küppers
Das Grundgesetz der Farbenlehre

Band 66   Sam Loyd/Martin Gardner (Hrsg.)
Mathematische Rätsel und Spiele

Band 67   Fritz Baumgart
»Blumen-Brueghel«

Band 69   Erich Burger
Norwegische Stabkirchen

Band 70   Ernst H. Gombrich
Kunst und Fortschritt

Band 71   José Pierre
DuMont's kleines Lexikon der Pop Art

Band 72   Michael Schuyt/Joost Elffers/Peter Ferger
Rudolf Steiner und seine Architektur

Band 73   Gabriele Sterner
Barcelona: Antoni Gaudi

Band 74   Eckart Kleßmann
Die deutsche Romantik

Band 76   Werner Spies
Max Ernst 1950–1970

Band 77   Wolfgang Hainke
Siebdruck

Band 78   Wilhelm Rüdiger
Die gotische Kathedrale

Band 80   Rainer Wick/Astrid Wick-Kmoch (Hrsg.)
Kunst-Soziologie

Band 81   Klaus Fischer
Erotik und Askese in Kult und Kunst der Inder

Band 83
Ekkehard Kaemmerling (Hrsg.)
Ikonographie und Ikonologie

Band 84   Hermann Leber
Plastisches Gestalten

Band 85   Sam Loyd/Martin Gardner (Hrsg.)
Noch mehr Mathematische Rätsel und Spiele

Band 88   Thomas Walters (Hrsg.)/Gabriele Sterner
Jugendstil-Graphik

Band 90   Ernesto Grassi
Die Theorie des Schönen in der Antike

Band 91   Hermann Leber
Aquarellieren lernen

Band 93   Joost Elffers/Michael Schuyt
Das Hexenspiel

Band 94   Kurt Schreiner
Puppen & Theater

Band 95   Karl Hennig
Japanische Gartenkunst

Band 99   Bernd Fischer
Wasserburgen im Münsterland

Band 100   Peter-T. Schulz
Der olle Hansen und seine Stimmungen

Band 101   Felix Freier
Fotografieren lernen – Sehen lernen

Band 103   Kurt Badt
Die Farbenlehre van Goghs

Band 104   Wilfried Hansmann
Die Apokalypse von Angers

Band 105   Rolf Hellmut Foerster
Das Barock-Schloß

Band 107   Joost Elffers / Michael Schuyt /
Fred Leeman
Anamorphosen

Band 109   Bernd Fischer
Hanse-Städte

Band 110   Günter Spitzing
Das indonesische Schattenspiel

Band 114   Peter-T. Schulz
Der Kuckuck und der Esel

Band 115   Angelika Hofmann
Ton – Finden, Formen, Brennen

Band 116   Sara Champion
**DuMont's Lexikon archäologischer
Fachbegriffe und Techniken**

Band 117   Rosario Assunto
Die Theorie des Schönen im Mittelalter

Band 119   Joachim Petsch
Geschichte des Auto-Design

Band 121   Renate Berger
Malerinnen auf dem Weg ins 20. Jahrhundert

Band 123   Fritz Winzer
DuMont's Lexikon der Möbelkunde

Band 124   Walter Dohmen
Die Lithographie

Band 125   Ulrich Vielmuth /
Pierre Kandorfer (Hrsg.)
**Fachwort-Lexikon
Film · Fernsehen · Video**

Band 127   Peter-T. Schulz
Rapunzel

Band 128   Lu Bro
Wie lerne ich Zeichnen

Band 130   Bettina Gruber / Maria Vedder
DuMont's Handbuch der Video-Praxis

Band 131   Anneliese und Peter Keilhauer
Die Bildsprache des Hinduismus

Band 132   Reinhard Merker
Die bildenden Künste im Nationalsozialismus

Band 133   Barbara Salberg-Steinhardt
Die Schrift:
Geschichte – Gestaltung – Anwendung

Band 134   Götz Pochat
**Der Symbolbegriff in der Ästhetik
und Kunstwissenschaft**

Band 135   Karlheinz Schüssler
Die ägyptischen Pyramiden

Band 137   Nikolaus Pevsner
Wegbereiter moderner Formgebung

Band 139   Peter-T. Schulz
Guten Tag! Eine Gulliver-Geschichte

Band 142   Rudolf Wittkower
**Allegorie und der Wandel der Symbole
in Antike und Renaissance**

Band 143   Martin Warnke (Hrsg.)
Politische Architektur

Band 144   Miriam Magall
Kleine Geschichte der jüdischen Kunst

Band 145   James F. Fixx
Rätsel und Denkspiele mit Seitensprung

Band 146   Rose-Marie und Rainer Hagen
Meisterwerke europäischer Kunst
als Dokumente ihrer Zeit erklärt

Band 148   Renée Violet
Kleine Geschichte der japanischen Kunst

Band 149   Lawrence Treat
Detektive auf dem Glatteis

Band 150   Alexandra Lavizzari-Raeuber
Thangkas   Rollbilder aus dem Himalaya

Band 151   Hartmut Kraft
Psychoanalyse, Kunst und Kreativität heute

Band 153   Ingeborg Ebeling
Masken und Maskierung

Band 154   Hans Biedermann
Höhlenkunst der Eiszeit

Band 156   Herbert Alexander Stützer
Kleine Geschichte der römischen Kunst

Band 157   Paul Maenz
Die 50er Jahre

Band 159   Anita Rolf
Kleine Geschichte der chinesischen Kunst

Band 160   Felix Freier / Norbert Sarrazin
Fotos: Selbst entwickeln – Selbst vergrößern

Band 163   Harald Küppers
**Die Farbenlehre der Fernseh-, Foto- und
Drucktechnik**

Band 164   Nora Gallagher
Wohnzimmerspiele – alt und neu

Band 165   Renate Berger /
Daniel Hammer-Tugendhat (Hrsg.)
Der Garten der Lüste

Band 167   Eckhard Neumann (Hrsg.)
Bauhaus und Bauhäusler

Band 169   Wolfgang Kemp (Hrsg.)
Der Betrachter ist im Bild

Band 170   Hans Sedlmayr
Die Revolution der modernen Kunst

Band 171 Ernst H. Gombrich
Eine kurze Weltgeschichte für junge Leser

Band 173 Eve-Marie Helm
555 Teekessel

Band 174 Abbie Salny / Marvin Grosswirth
m. d. Mitgliedern von Mensa
Phantastische Mensa-Rätsel

Band 177 Vittorio Lampugnani
Architektur als Kultur

Band 178 Michael Koulen
Go

Band 180 Walter Dohmen
Der Tiefdruck

Band 181 Stephan Schmidt-Wulffen
Spielregeln

Band 182 Martin Schuster
Kunsttherapie

Band 183 Bazon Brock / Hans Ulrich Reck /
Internationales Design Zentrum Berlin e.V.
(Hrsg.)
Stilwandel

Band 184 Wilfried Hansmann
Balthasar Neumann

Band 185 Manfred Görgens
Kleine Geschichte der indischen Kunst

Band 186 Veruschka und Gábor Bódy (Hrsg.)
Video in Kunst und Alltag

Band 188 Ralph Tegtmeier
Tarot

Band 189 Marie Luise Syring
Kunst in Frankreich

Band 190 Peter Bolz / Bernd Preyer
Indianische Kunst Nordamerikas

Band 191 Abbie Salny / Marvin Grosswirth
m. d. Mitgliedern von Mensa
Das endgültige Mensa-Quiz-Buch

Band 192 Karl-Heinz Koch
... lege Spiele!

Band 193 Gerald Kahan
E = mc²

Band 194 Bernhard Streck
Wörterbuch der Ethnologie

Band 195 Wolfgang Hautumm
Die griechische Skulptur

Band 197 Andreas Mäckler (Hrsg.)
Was ist Kunst ...?

Band 198
Veruschka Bódy / Peter Weibel (Hrsg.)
Clip, Klapp, Bum

Band 199 Ingeborg Tetzlaff
Romanische Engelsgestalten in Frankreich

Band 200 Peter-T. Schulz
Ein Glück!

Band 201 Ernst Kitzinger
**Kleine Geschichte der frühmittelalterlichen
Kunst**

Band 203 Wolfgang Müller
Kleine Geschichte der altamerikanischen Kunst

Band 204 John Sladek
Auf heißer Spur ...

Band 205 Joachim Knuf
Unsere Welt der Farben

Band 206 Peter Sager
Unterwegs zu Künstlern und Bildern

Band 207 Klaus Lankheit
Revolution und Restauration

Band 208 Robert Wolf
**Konfliktsimulations- und Rollenspiele:
Die neuen Spiele**

Band 209 Hinnerk Topf
Rätsel-Reime   Reim-Rätsel

Band 210 Alfred Stolz
Schamanen – Ekstase und Jenseitssymbolik

Band 211 Marion Milner
**Zeichnen und Malen ohne Scheu:
Ein Weg zur kreativen Befreiung**

Band 212 Toshihiko und Toyo Izutsu
Die Theorie des Schönen in Japan

Band 213 Scot Morris
Rätsel für Denker und Tüftler

Band 214 Karlheinz Schüssler
Kleine Geschichte der ägyptischen Kunst

Band 215 Andreas Mäckler
Was ist Liebe ...?

Band 216 Internationales Design Zentrum
Berlin e.V. (Hrsg.)
Simulation und Wirklichkeit

Band 218 Joachim Petsch
Eigenheim und gute Stube

Band 219 Till Förster
Kunst in Afrika

Band 220 H. A. Ripley
»Wer ist der beste Detektiv?«

Band 221 Johannes Stahl
An der Wand

Band 222 H. A. Stützer
Ravenna und seine Mosaiken

Band 223 Rolf Harris
Cartoon-Zeichnen leicht gemacht

Band 224 Jochen Maes
Fahrradsucht

Band 225 Erwin Panofsky
Gotische Architektur und Scholastik

Band 226 Richard Kostelanetz
John Cage im Gespräch

Band 227 Oskar Bätschmann
Entfernung der Natur

Band 228 Otto J. Brendel
Was ist römische Kunst?

Band 229 Uwe Springfeld
Schreibspiele

Band 230 Kasimir Malewitsch
Suprematismus – Die gegenstandslose Welt

Band 231 Andreas Mäckler /
Christiane Schäfers (Hrsg.)
Was ist der Mensch ...?

Band 232 Martin Kuckenburg
Die Entstehung von Sprache und Schrift

Band 233 Peter-T. Schulz
Erleben ist alles